L'UNIVERS

de la Mythologie grecque

L'UNIVERS
de la Mythologie grecque

Guus Houtzager

Adaptation française
de Jean-Louis Houdebine

Gründ

Adaptation française : Jean-Louis Houdebine
Secrétariat d'édition : Yannick Le Bihen
Texte original : Guus Houtzager
Illustrateur : Janneke Maas

ISBN 2-7000-1770-6
Dépôt légal : août 2004
PAO : Tifinagh
Imprimé en Slovénie

Sommaire

Introduction **7**

La mythologie grecque à travers les âges 7

L'univers des dieux grecs 14

Mythologie et histoire 18

Les sources écrites 18

À propos de l'organisation du dictionnaire 21

Dictionnaire de la mythologie grecque **24**

Bibliographie **259**

Index **262**

Remerciements **267**

Crédits photographiques **268**

Introduction

La mythologie grecque à travers les âges

Malgré près de vingt siècles de christianisme, les dieux et les héros de la Grèce antique sont loin d'être oubliés. Les vestiges des temples où ils étaient révérés autrefois continuent d'attirer chaque année des millions de touristes, leurs représentations sont considérées comme d'inestimables œuvres d'art, et les contes et légendes les célébrant sont toujours aussi populaires. La mythologie grecque constitue ainsi un extraordinaire patrimoine culturel et un fascinant témoignage des pouvoirs fabuleux de l'imagination humaine.

Les mythes sont des récits qui mettent en scène des dieux, et qui, à l'origine, avaient probablement pour but d'expliquer les phénomènes naturels et ces événements mystérieux que sont, par exemple, la vie et la mort, ou la destinée des individus. Dans les sociétés archaïques, dépourvues de connaissances scientifiques, il fallait bien trouver une explication au fait que les plantes, obéissant à quelque force mystérieuse, repoussent régulièrement chaque année. Cette force fut personnifiée sous l'aspect d'un dieu ou d'une déesse. Avec le temps, de nouvelles caractéristiques furent attribuées aux puissances génératrices des phénomènes naturels, de même que leur furent associées nombre d'histoires et de légendes. Ainsi naquit tout un ensemble de

Depuis la Renaissance, les ruines des édifices de l'Antiquité n'ont cessé de fasciner les visiteurs. Pietro Capelli, peinture à l'huile, XVIIe-XVIIIe siècle.

La mythologie grecque est l'un des plus beaux fleurons du patrimoine de l'humanité. Dans cette peinture à l'huile d'Arnold Houbraken (XVIIIe siècle), Athéna, déesse des arts et de l'artisanat, rend visite à Apollon et aux Muses, protecteurs des artistes.

mythes constituant un système explicatif des choses extrêmement complexe.

À la différence de beaucoup d'autres mythologies, la mythologie grecque est empreinte d'une tonalité joyeuse, qui n'est certainement pas pour rien dans la permanence de sa popularité. Non que les côtés les plus sinistres de l'existence aient été ignorés des anciens Grecs : leurs dieux les plus importants ne sont nullement dépourvus d'aspects déplaisants, et

Les récits de la mythologie grecque ont souvent beaucoup de grâce et d'élégance. On voit ici un jeune garçon grimpant sur un monstre marin. Peinture sur vase, Athènes, VIe siècle av. J.-C.

Un coup d'œil sur le ciel nocturne suffisait aux Grecs de l'Antiquité pour qu'ils se souviennent de leurs mythes. Beaucoup de signes du zodiaque tirent leurs noms de personnages de la mythologie grecque, comme en témoigne ce plafond peint.

Artémis, la virginale déesse de la chasse et de la nature sauvage, était un personnage aussi charmant que cruel. Ses flèches pouvaient apporter mort et destruction. Statue de la déesse, Antalya, Turquie.

La mythologie était intimement liée à la religion des anciens Grecs. Scène d'offrande, peinte sur un vase athénien, ve siècle av. J.-C.

Les dieux antiques étaient omniprésents et même représentés sur les monnaies. Pièce d'argent romaine (denier) datant de 61 av. J.-C. à l'effigie de Cérès (Déméter), déesse de l'agriculture.

Paysage de Crète, île considérée comme le berceau de la civilisation grecque.

Arc de triomphe de l'empereur romain Constantin le Grand, qui, au IVe siècle de notre ère, fit du christianisme la religion officielle de l'Empire romain.

s'agissant de la vie après la mort, les Grecs avaient moins d'illusions que la plupart des autres peuples, mais l'attente angoissée d'une fin inévitable du monde et de toute création, comme on peut la trouver dans la mythologie germanique ou dans les mythes d'Amérique centrale, leur était étrangère.

La représentation des dieux et des héros n'est pas restée la même durant toute l'Antiquité – étant donné la longueur de cette période, cela aurait été impossible. Ce qu'on appelle communément la « culture grecque » (la culture gréco-romaine) apparaît et se développe vers l'an 2000 avant notre ère sur l'île de Crète, et disparaît avec la chute de l'Empire romain, en 476 apr. J.-C. Au Ve siècle de notre ère, la culture gréco-romaine traditionnelle, avec sa religion et sa mythologie, était déjà bien mal en point : le christianisme était devenu la religion officielle des Romains depuis près d'un siècle, et les premiers chrétiens n'étaient guère tolérants envers la vieille culture païenne. Leur Dieu unique supplanta rapidement la multiplicité des dieux de l'Antiquité, lesquels menèrent une sorte d'existence souterraine durant le Moyen Âge avant d'être redécouverts quelques siècles plus tard.

Même à l'époque de son âge d'or, la mythologie gréco-romaine n'avait rien d'un système dogmatique et immuable. La représentation des dieux et leur culte évoluèrent sans cesse.

Avec les conquêtes d'Alexandre le Grand, la culture grecque se répandit dans tout le Moyen-Orient. Effigie d'Alexandre sur une pièce d'or (statère) d'Amphipolis, IVe siècle av. J.-C.

À Rome, le Panthéon est l'un des édifices les plus anciens du monde occidental les mieux conservés. Il fut construit au IIe siècle de notre ère et dédié à tous les dieux romains, d'où son nom, qui signifie « tous les dieux ».

Certains dieux gagnèrent en importance, d'autres virent la leur diminuer. Il y avait également de grandes différences d'une région à une autre : certains dieux étaient fanatiquement révérés à tel ou tel endroit, et considérés comme insignifiants dans d'autres. Rappelons, à cet égard, que la Grèce ancienne était beaucoup plus étendue que la Grèce moderne. Le monde grec, qui ne constitua jamais une entité politique unifiée mais était composé d'une multitude de cités-États et de petits empires, comprenait également la partie occidentale de l'Asie mineure (la Turquie actuelle) et les îles de son littoral, de même que la Sicile et le sud de l'Italie, colonisés aux VIIIe et VIIe siècles av. J.-C. par des marins et des commerçants grecs. Au IVe siècle av. J.-C. le monde grec s'étendit même jusqu'aux limites du vaste empire macédonien créé par Alexandre le Grand, et la culture grecque avec sa mythologie devint un excellent « produit d'exportation » : dans tout le Moyen-Orient et le bassin méditerranéen, les dieux grecs furent associés aux dieux locaux et s'enrichirent ainsi de traits orientaux. Les Romains, qui intégrèrent par la suite le monde grec dans leur gigantesque empire, admiraient la civilisation grecque, qu'ils connaissaient déjà par les colonies établies dans le sud de l'Italie, qu'on appelait *Magna Graecia*. Non seulement les riches Romains se mirent à parler grec entre eux, mais la mythologie grecque fut elle-même adoptée par Rome. Les anciens dieux romains et italiens furent assimilés aux dieux grecs correspondants – et il en alla de même dans l'ensemble du monde méditerranéen. La plupart gardèrent leurs noms latins, mais Jupiter, par exemple, l'ancien dieu romain du ciel et des

À partir de la Renaissance, les artistes reprennent les thèmes mythologiques. Ce dieu-fleuve qui orne les Quatre Fontaines du Quirinal, à Rome, date de la fin du XVIe siècle.

Les vestiges des édifices de l'antiquité contribuent à notre connaissance de la mythologie. Ci-dessous, ruines d'un temple dédié à la déesse Héra dans la Vallée des Temples en Sicile.

éléments, fut identifié à Zeus, le dieu suprême des Grecs ; de même, Vénus, la déesse romaine de l'amour, fut assimilée à l'Aphrodite grecque. Les mythes ayant trait aux dieux grecs furent également appliqués aux dieux latins, ce qui n'empêcha pas les traditions et les mythes proprement romains de continuer à prospérer. La mythologie resta ainsi une culture vivante, constamment remodelée et réinventée aussi bien dans la vie quotidienne que dans les œuvres des peintres, des sculpteurs, des poètes et des écrivains.

C'est grâce à ces artistes que la mythologie fut redécouverte à partir de la Renaissance. Des peintres, comme Raphaël et Michel-Ange, se passionnèrent pour les vestiges souterrains des anciens palais romains et y découvrirent des fresques d'une beauté incroyable, qui influencèrent leur œuvre. On se mit à rechercher les grands textes classiques de l'Antiquité dans les bibliothèques des monastères ; les manuscrits originaux n'étaient pas toujours en bon état et nécessitaient souvent une restauration minutieuse. La connaissance du latin, la langue des Romains, s'était maintenue au Moyen Âge, essentiellement en raison du fait qu'il s'agissait de la langue officielle de l'Église ; quant au grec ancien, il fallut le redécouvrir entièrement, tâche assurée par les humanistes, tel Érasme, le grand savant hollandais. Toutefois, depuis la Renaissance, par rapport aux Grecs et aux Romains de l'Antiquité, quiconque s'intéressant à la mythologie est dans la situation de quelqu'un qui essaierait d'apprendre dans un livre une langue étrangère. La mythologie ne se communique plus automatiquement aux hommes : la connaissance que nous en avons nous vient des œuvres soigneusement réimprimées des Anciens, ainsi que des vases peints, des sculptures, des fresques et autres vestiges du monde antique.

De manière surprenante, la mythologie grecque n'a pas été seulement l'objet d'une redécouverte et d'une reconstitution. Les cultes religieux qui l'accompagnaient ont beau avoir disparu, remplacés par les religions monothéistes, les mythes de l'Antiquité n'en sont pas moins restés sources d'inspiration pour les générations ultérieures. À l'instar de Dante qui, dans La *Divine Comédie*, accepte d'être guidé par Virgile, le poète latin, à travers les feux de l'Enfer, nombre de grands peintres, écrivains et compositeurs ont été influencés par la mythologie antique. Ainsi, les grands drames athéniens mettant en scène Œdipe, le roi de Thèbes qui tua son père et épousa sa mère, ont servi de modèles à beaucoup

Le mythe d'Actéon, était bien plus qu'une banale histoire érotique. Le chasseur qui surprit dans leur bain la virginale Artémis et ses suivantes fut transformé en cerf et dévoré par ses propres chiens. Peinture à l'huile, Andreas Goetting, XVIIe siècle.

d'œuvres consacrées au même thème, qu'il s'agisse de Freud et de la psychanalyse, ou des pièces de théâtre de Stephen Berkoff.

De même, le mythe d'Orphée, le musicien dont les airs enchanteurs ramènent Eurydice, sa bien-aimée morte, dans le monde des vivants, a inspiré plusieurs compositeurs, dont Glück et Meyerbeer. Il en va de même pour les grandes œuvres poétiques de l'Antiquité. Ainsi, au cours des cinq derniers siècles, nombre de contes mythologiques racontés par le poète latin Ovide ont été « illustrés » par les grands peintres, et un artiste aussi exceptionnel que Picasso n'a cessé d'être obsédé par le mythe du Minotaure, ce monstre hybride, mi-homme mi-taureau, qui vivait dans le Labyrinthe sur l'île de Crète.

Le grand attrait des mythes grecs réside, pour une grande part, dans leur application universelle aux comportements humains. Au premier abord, beaucoup de mythes peuvent sembler absurdes, comiques, fantastiques, voire ridicules, mais en y regardant de plus près, il émane d'eux une profonde sagesse.

Prenons l'exemple de l'histoire d'Actéon, le malheureux chasseur qui tombant par hasard sur Artémis, la virginale déesse de la nature, alors qu'elle se baigne nue, est transformé par elle en cerf destiné à être mis en pièces par ses propres chiens de chasse. À première vue, cela ressemble à un conte de fées tragique, avec

On vénérait originellement en Crète une puissante déesse-mère. Peut-être ces femmes en étaient-elles les prêtresses. Peinture du palais de Cnossos.

Pour les Grecs de l'Antiquité, le sommet du mont Olympe, souvent enseveli sous la brume, était le séjour des douze dieux olympiens.

Zeus, le dieu suprême des Grecs, était le dieu du ciel. Il présidait au tonnerre et aux éclairs, aux nuées d'orage, à la pluie, à la grêle et à la neige. Statue de bronze égyptienne, période romaine, début de notre ère.

une touche d'érotisme. Mais à un niveau plus profond, le mythe peut s'interpréter comme une réflexion sur le rapport de l'homme à la nature. Que l'homme se conduise de manière irrespectueuse envers la nature, et celle-ci prendra sa revanche : tel est l'un des messages possibles du récit.

L'histoire d'Actéon et d'Artémis faisait probablement partie d'un rituel ayant trait à la chasse. Notons d'ailleurs que dans une culture totalement différente – celle des Mayas d'Amérique centrale –, il existait des mythes et des rituels similaires dont le but était d'apaiser les dieux de la forêt auxquels le chasseur « dérobe » quelque chose qui leur appartient.

On pourrait en dire beaucoup plus sur les similitudes entre les mythes de cultures différentes, mais tel n'est pas ici notre propos. Voyons maintenant comment les Grecs et les Romains se représentaient le monde des dieux.

L'univers des dieux grecs

L'Antiquité grecque et romaine qui s'étend sur une très longue période fut de ce fait marquée par d'importantes évolutions, y compris dans les domaines religieux et mythologique.

On ne peut pas connaître avec certitude les mythes de la Grèce archaïque. Les sources écrites manquent, mais tout indique que comme dans beaucoup d'autres cultures préhistoriques une déesse-mère y avait rang de divinité suprême. Il semble qu'en Crète, berceau de la civilisation grecque, était adorée une Terre-Mère primitive, en charge de la fertilité de la terre et des moissons ; une sorte de culte du taureau devait également y exister, comme en témoignent une abondante iconographie, de même que les mythes grecs se rapportant à la Crète, beaucoup plus tardifs, dans lesquels le taureau joue un rôle majeur. Déesse-Mère et taureau étaient également révérés en Asie mineure (la Turquie actuelle). Des conquérants, venus du nord au second millénaire avant notre ère, adoraient probablement, quant à eux, des dieux célestes. Au bout d'un certain temps, ces nouveaux dieux reléguèrent au second plan la Déesse-Mère et les autres dieux de la terre et de la fertilité.

Cette théorie est en grande partie hypothétique, mais ce qui est certain, c'est que dans la mythologie grecque qui nous est connue à partir de sources écrites (les plus anciennes remontent à environ 800 av. J.-C.), les dieux du ciel occupent la première place. Le dieu suprême des Grecs est Zeus (Jupiter pour les Romains), qui est également le dieu du tonnerre, de la foudre et de tous les autres phénomènes célestes. Selon la plupart des récits le concernant, il peut prendre une forme humaine et réside dans un palais situé sur l'Olympe, montagne culminant à 3 250 mètres, à la frontière entre la Thessalonique et la Macédoine. Depuis son sommet enneigé, souvent caché par les nuages, il surveille la terre et les humains ; chaque fois que cela lui paraît nécessaire, il intervient dans les affaires terrestres et envoie sa foudre frapper ceux qui ont désobéi à ses lois. Il est entouré de onze autres dieux « olympiens » (ainsi que de serviteurs immortels). Eux aussi ressemblent à des humains, sont membres de la famille de Zeus et sont en charge de certains phénomènes naturels ou incarnent des concepts abstraits. Ils se sont soumis à Zeus mais ne reconnaissent pas sincèrement son autorité, qu'ils contestent souvent, jusqu'à ce que Zeus les remette à leur place. S'ajoutent à eux divers dieux mineurs, de la terre et de la mer, qui doivent obéissance aux résidents de l'Olympe.

Outre Zeus, les dieux les plus importants sont ses frères, Poséidon (le Neptune romain) et Hadès, qui règnent respectivement sur l'eau et le monde souterrain. Ils sont les égaux de Zeus, mais reconnaissent sa suprématie. Les Grecs concevaient le monde comme un disque plat recouvert des pays dont ils avaient connaissance. Ils connaissaient l'existence de l'Inde, de l'Europe du Nord et de l'Afrique du Nord, mais l'Amérique, la Chine et le Japon leur restèrent inconnus. Le disque du monde était pour eux entouré d'un grand fleuve, l'Océan, du nom du dieu Océanos qui en était le souverain. L'ensemble de ce monde plat était surplombé par le ciel, présenté comme un firmament en forme de dôme, et soutenu par le géant Atlas. Chaque jour Hélios, le dieu du soleil, traverse le firmament sur son char de

À côté des dieux, la mythologie grecque met en scène nombre de créatures surnaturelles d'un rang inférieur, comme les satyres. Tête de satyre en terre, Sicile, Ve siècle av. J.-C.

Dieux de l'Olympe se reposant près d'une fontaine consacrée aux nymphes. Peinture à l'huile, Maerten Van Heemskerck, XVIe siècle.

Dans la mythologie grecque, chaque fleuve ou rivière est personnifié(e) par un dieu distinct. Cette statue du dieu du Nil, datant du IV*e siècle de notre ère, orne la Piazza del Campidoglio à Rome depuis le* XVI*e siècle.*

feu. Il part chaque matin de la rive orientale de l'Océan, pour atteindre le soir sa rive occidentale, avant de regagner par bateau, pendant la nuit, la rive orientale.

Au-dessous du disque du monde s'étend le sombre royaume d'Hadès, le dieu des morts. Ceux-ci y sont représentés comme des ombres n'éprouvant ni peine ni chagrin, mais le monde souterrain des Grecs et des Romains n'en est pas pour autant un au-delà céleste. Les ombres sont des sortes d'apparitions grisâtres, n'ayant plus de conscience ou de souvenir de leur existence terrestre. La partie la plus profonde du monde souterrain est occupée par le Tartare, sorte de lieu de supplices où ceux qui ont commis des fautes graves contre les dieux et leurs lois subissent éternellement un châtiment terrible.

Fils de Zeus et d'une mortelle, Alcmène, Héraclès fut le plus célèbre demi-dieu de la mythologie grecque. Ce sarcophage d'Antalya, en Turquie, présente différents épisodes de la vie d'Héraclès.

Les dieux sont eux-mêmes immortels et bénéficient donc d'une perpétuelle jeunesse. La maladie et les infirmités physiques leur sont inconnues. Ils se nourrissent d'ambroisie et s'abreuvent de nectar, nourriture et boisson surnaturelles. Ils ne sont pourtant pas exempts de souffrance et autres désagréments physiques, car nombre de récits présentent des dieux souffrant de blessures (mineures). Un bref traitement à l'ambroisie suffit généralement à les guérir de leurs maux.

Si l'on en croit la mythologie et sa vision générale du monde, les dieux et les déesses de l'Olympe, quoiqu'immortels, n'étaient apparemment pas éternels. Le plus célèbre des récits grecs de la Création raconte comment, à partir d'une sorte d'espace primaire nommé Chaos, fut créée Gaia, la Terre-Mère. De son union avec Ouranos, dieu du ciel, naquirent douze enfants – les Titans, divinités de taille gigantesque et quelque peu primitives. Le plus jeune des Titans, Cronos, détrôna son père et prit le commandement de l'univers. Afin de ne pas connaître le même sort qu'Ouranos, il tuait les enfants issus de son union avec Rhéa, son épouse, sitôt après leur naissance. Zeus, leur plus jeune fils, fut toutefois épargné, et se débarrassa plus tard de son père, après une longue bataille menée contre Cronos et les Titans (la « Bataille des Titans »). Ainsi se mit en place l'ordre du monde tel que se le représentait la mythologie grecque.

Outre une multitude de dieux qui sont évoqués plus en détail dans notre dictionnaire, il y avait aussi quantité d'êtres surnaturels et immortels : dieux des fleuves, nymphes, satyres, centaures, géants et autres monstres étranges. Il s'agissait tantôt de divinités « mineures », révérées dans telle localité particulière ; tantôt d'esprits du monde naturel, rattachés à un arbre particulier, à une montagne, à un fleuve, etc. Ils sont présentés dans notre dictionnaire chaque fois qu'ils jouent un rôle dans des mythes importants.

Il existait encore une autre catégorie d'êtres mythiques, dont le statut se situe entre celui des dieux et celui des mortels, celle des demi-dieux, les héros, nés, comme leur nom l'indique, de parents dont l'un est divin et l'autre humain. Ils disposent donc de certains pouvoirs surnaturels – une force incroyable, un courage indomptable, une endurance extraordinaire. Ils n'en sont pas moins des mortels, ce qui ajoute habituellement une dimension tragique à leur destinée. Ces demi-dieux sont les protagonistes d'un grand nombre de mythes célèbres. Les demi-dieux importants, comme Héraclès (l'Hercule des Romains, qui finit par obtenir l'immortalité), Thésée, Persée et Achille, sont au centre d'innombrables récits, avec parfois des variantes régionales. Les souverains s'identifiaient à ces demi-dieux ou prétendaient descendre de l'un d'eux, et nombre de cités se glorifiaient d'avoir été fondées par un demi-dieu.

Sur ce relief sculpté sur un mur de pierre d'Arsaméia (Turquie), on voit un roi serrer la main du demi-dieu Héraclès. Ce type de représentation permettait aux rois de se prévaloir d'une origine divine ou d'une autorité sacrée.

Têtes de dieux et de héros, sculptées dans la pierre, sur le site archéologique de Nemrut Dagh, en Turquie. Les découvertes archéologiques nous indiquent que certains récits mythiques étaient (en partie) fondés sur des faits historiques.

Certains héros pouvaient ne pas revendiquer une origine divine mais bénéficier de la protection d'une ou plusieurs divinités. C'est le cas d'Ulysse, l'un des personnages les plus fameux de toute la mythologie grecque, bien qu'il reste un humain « ordinaire ». Pourtant, sans le soutien constant de la déesse Athéna, il n'aurait jamais réussi à sortir vainqueur de toutes ses aventures.

Mythologie et histoire

Mythes et récits mythologiques ne suivent pas la même logique que la vie réelle. Non seulement y abondent les interventions surnaturelles des dieux et toutes sortes d'éléments propres aux contes de fées, mais la chronologie y est souvent surprenante. Certains héros y vivent jusqu'à un âge incroyablement avancé, ou interviennent dans des événements qui, selon d'autres récits, auraient dû se produire bien avant leur naissance. Le lecteur attentif est souvent confronté à ces types d'incohérences. Celles-ci sont inhérentes au mode de penser mythique, lequel ne se fonde pas sur la chronologie historique des événements et résulte fréquemment de la fusion entre des traditions issues de cultures et de régions différentes.

Cela dit, beaucoup de récits sont loin d'être de pures affabulations totalement coupées de la réalité historique. Par exemple, on a longtemps pensé que la guerre de Troie, racontée par Homère et d'autres auteurs de l'Antiquité, était complètement imaginaire, sans rapport avec des événements réels. Or, quand à la fin du XIXe siècle l'aventurier allemand et archéologue amateur Heinrich Schliemann entreprit des fouilles à l'endroit exact décrit par Homère, il mit au jour les vestiges d'une cité antique – en fait, de plusieurs villes qui s'étaient succédé sur le même site. L'une d'entre elles se révéla avoir été manifestement détruite par un terrible incendie, comme dans la Troie homérique : pour Schliemann, la célèbre bataille devait avoir été livrée à cet endroit. La datation des vestiges correspondait plus ou moins à la chronologie connue des Anciens, pour lesquels la guerre de Troie avait eu lieu vers 1 200 avant notre ère. La « vraie Troie » avait-elle été découverte ? Après plus d'un siècle de recherches archéologiques, la question fait toujours l'objet de débats passionnés entre spécialistes.

Chez les auteurs ultérieurs, comme Hérodote d'Halicarnasse – Ve siècle av. J.-C. – premier historien et premier écrivain-voyageur du monde occidental, s'ajoutèrent à la retranscription des mythes, les observations personnelles, les récits relatés par des tiers et les conjectures formulées par l'auteur. Durant ses longs voyages dans des contrées qui ne figuraient sur aucune carte, Hérodote fait preuve d'un esprit critique remarquable et d'un grand talent d'observateur. S'intéressant à l'origine des dieux grecs, il se montre frappé par leur ressemblance avec les dieux égyptiens.

La déesse égyptienne Hathor, représentée sur le mur d'un temple à Philae. Hérodote, le grand voyageur et historien grec, s'est particulièrement intéressé aux rapports entre les dieux grecs et égyptiens.

Les sources écrites

Les œuvres des deux auteurs qui viennent d'être mentionnés comptent parmi les quelques sources disponibles nous permettant de connaître la mythologie grecque. Les deux épopées d'Homère, le poète avec lequel commence l'histoire de la littérature grecque – et donc occidentale – restent une de nos sources d'informations les plus importantes. On discute encore pour savoir si l'œuvre qui lui est attribuée a été effectivement écrite par un seul auteur : en fait, on sait très peu de chose sur Homère et il n'est même pas sûr qu'il ait existé. On suppose qu'il était originaire d'Asie Mineure (l'ouest de la Turquie actuelle) et qu'il vécut dans la première moitié du VIIIe siècle avant notre ère. Selon une tradition persistante, il aurait été aveugle, ce que semble contredire l'extraordinaire vivacité visuelle des descriptions dans son œuvre. Outre des œuvres mineures qu'il ne peut réellement avoir écrites, deux de ses poèmes épiques ont survécu – l'*Iliade* et l'*Odyssée.*

L'*Iliade* relate un épisode – la colère d'Achille contre Agamemnon – survenu lors du siège de Troie. En raison d'un conflit qui l'oppose au chef des Grecs, Agamemnon, Achille refuse de continuer à participer à la guerre. Mais après la mort de son ami Patrocle, tué par le Troyen Hector, il se lance à nouveau dans l'action. Il tue à son tour Hector et profane son corps en le traînant dans la poussière jusqu'à la dépouille mortelle de Patrocle. Par la suite, il accepte de livrer le cadavre d'Hector au père de ce dernier, Priam, roi de Troie.

L'*Odyssée* est d'une tonalité moins sombre. Le poème raconte l'interminable voyage de retour d'Ulysse, l'astucieux héros auquel les Grecs doivent d'avoir vaincu les Troyens (Ulysse fait construire un énorme cheval de bois dans lequel sont cachés des guerriers. L'armée grecque ayant annoncé qu'elle abandonnait le siège, les Troyens commettent l'erreur de faire entrer le cheval dans leur cité). Ulysse passe dix ans à tenter de regagner Ithaque, son île natale. Les obstacles se multiplient sur sa route – dieux irrités, monstres marins, géants dotés d'un seul œil, magiciennes, etc. Il finit par atteindre son île, et il y massacre les « prétendants » qui avaient profité de son absence pour s'installer dans son palais et tenter d'épouser Pénélope, sa fidèle femme.

Considérés dans l'Antiquité gréco-romaine comme d'insurpassables chefs-d'œuvre littéraires, ces deux poèmes épiques sont aussi, aujourd'hui une vraie mine d'or pour l'amateur de mythologie. En effet, Homère fournit une description précise des dieux qu'il présente comme des êtres humains dotés de pouvoirs surnaturels. Ces derniers observent le monde des hommes depuis le mont Olympe, intervenant dans les événements pour favoriser les humains qu'ils protègent ou nuire à ceux auxquels ils sont hostiles. La représentation homérique des dieux a été un modèle fondamental pour tous les auteurs ultérieurs mais également pour nous. La connaissance que nous avons aujourd'hui, de la mythologie grecque, nous la devons pour beaucoup à l'œuvre d'Homère.

Le poète Hésiode est un contemporain d'Homère. Dans ses poèmes beaucoup plus courts,

Le poète Homère est le père de la littérature grecque, et donc de toute la littérature occidentale. Il est non seulement un très grand écrivain, mais également une précieuse source d'informations sur les croyances de son époque. Ci-dessous, une représentation imaginaire d'Homère faisant partie du monument dédié à Goethe dans le parc de la Villa Borghese à Rome.

Les littératures grecque et latine sont d'une grande qualité esthétique, et on lit toujours les grandes œuvres de l'Antiquité classique. Ci-dessous, jeune fille tenant un manuscrit, peinture sur une coupe (kylix) athénienne, ve siècle av. J.-C.

la *Théogonie* et *Les Travaux et les Jours*, lui aussi nous a transmis un important matériau sur la mythologie. Hésiode nous parle des dieux, de la création du monde et des êtres humains. Il est un poète moins brillant qu'Homère, et son style est parfois obscur, mais nous lui sommes redevables des récits grecs de la Création, de ceux concernant les Titans et tous les thèmes qui s'y rapportent.

Les trois grands dramaturges athéniens, Eschyle, Sophocle et Euripide, vécurent aux VIe et Ve siècles avant notre ère, et ils écrivirent un grand nombre de pièces dont beaucoup sont toujours représentées aujourd'hui. Leurs tragédies reprennent un matériau mythologique extrêmement riche, traité avec une intelligence et une profondeur de pensée exceptionnelle. C'est à eux que nous devons la connaissance du terrible mythe d'Œdipe, le roi de Thèbes, et des conséquences du meurtre d'Agamemnon, qui commandait les Grecs pendant la guerre de Troie.

Virgile, qui vécut au premier siècle avant notre ère, est chez les Romains l'équivalent d'Homère. Son *Énéide*, qu'il compose sur le modèle de l'*Iliade* et de l'*Odyssée*, est un poème épique dont le personnage central est le héros troyen Énée. Ce dernier réussit à s'échapper de Troie en flammes avec un groupe de fidèles compagnons et parvient en Italie après de multiples pérégrinations, parmi lesquelles un passage à Carthage, en Afrique du Nord (dans la Tunisie actuelle), où il vit une dramatique histoire d'amour avec la reine Didon. Énée fonde son propre empire en Italie après avoir durement combattu les souverains locaux.

L'épopée de Virgile avait des implications politiques importantes : les premiers empereurs romains se disaient en effet les descendants d'Énée ; le récit de Virgile en apportait selon eux la preuve et contribuait à donner à leur pouvoir un fondement mythique et divin. L'œuvre d'Ovide, contemporain de Virgile, est d'une tonalité très différente. D'un style beaucoup plus léger, son poème narratif les *Métamorphoses* reprend de nombreux mythes centrés sur les transformations (les « métamorphoses ») de leurs protagonistes. L'idée sous-jacente en est la très ancienne pensée philosophique selon laquelle rien dans ce monde ne reste identique à soi-même, que tout y est pris dans un flux constant. Parmi les récits racontés par Ovide, citons l'histoire du roi Midas, à qui le dieu Apollon donna des oreilles d'âne pour le punir de son mauvais goût musical ; ou celle de Phaéton, qui se tua accidentellement en conduisant le char qui appartenait à son père, Hélios, dieu du soleil ; ou encore celle d'Hermaphrodite, transformée en nymphe androgyne, et de Daphné, la nymphe métamorphosée en laurier.

Beaucoup d'autres poètes de l'Antiquité, bien sûr, se sont inspiré des récits de la mythologie en les adaptant à leur guise. Il nous a été impossible de tous les citer dans les limites d'un ouvrage, qui, après tout, n'est qu'un simple dictionnaire, et non une histoire de la littérature grecque et latine. On y trouvera toutefois un grand nombre de citations extraites des œuvres de ces différents auteurs, qui permettront de mieux comprendre comment les hommes d'autrefois se représentaient l'univers de la mythologie. Les lecteurs désireux d'en savoir davantage trouveront dans notre bibliographie les titres des œuvres citées.

Sur l'organisation du dictionnaire

On trouvera dans notre dictionnaire les noms d'un grand nombre de dieux et de héros de la mythologie grecque et, dans quelques cas exceptionnels, de la mythologie romaine. Chaque article est consacré à l'un d'entre eux et à la présentation de son rôle dans les mythes classiques.

Étant donné la complexité de la mythologie grecque, dont les récits mettent en scène toutes sortes de personnages, et ne cessent de se renvoyer les uns aux autres, de manière souvent rocambolesque et avec de multiples variantes, les mêmes mythes et épisodes narratifs ont tendance à revenir plus d'une fois. Dans ces conditions, l'aventure des Argonautes, par exemple, sera présentée dans l'article « Argonautes », tout en apparaissant également dans les articles « Jason » et « Médée » : alors l'accent sera mis naturellement sur le rôle de ces deux personnages dans l'histoire des Argonautes ainsi que sur les autres récits les concernant.

Dans le cas de figures moins importantes, on se contente d'un renvoi (*voir*...) soit à un article distinct, soit à un article consacré à un personnage d'importance majeure. Il en va de même pour les noms latins des principales divinités. Indiquons enfin que la translittération des noms grecs est celle communément admise en français.

Hommes et femmes apportant des offrandes à un autel, accompagnés par le dieu du vin Dionysos (connu chez les Romains sous le nom de Bacchus). Peinture sur un vase d'Apulie, Italie, env. 330 av. J.-C.

ROME ANCIENNE
ÉTRURIE
MER ADRIATIQUE
ROME
OSTIE
ALBE LA LONGUE
LAVINIUM
ITALIE
VÉSUVE
POMPÉI
MER TYRRHÉNIENNE
ETNA
SICILE
SYRACUSE
CARTHAGE
AFRIQUE

GRÈCE ANCIENNE

Dictionnaire de la mythologie grecque

Achille

Achille, fils de la déesse Thétis et du mortel Pélée, est l'un des grands héros grecs. Il est le plus redoutable de tous les combattants de la guerre de Troie. Son rôle y est décisif, mais il ne lui est pas accordé d'assister à la chute de la cité. En fait, malgré toutes ses qualités exceptionnelles, Achille est un mortel et, contrairement à un personnage comme Héraclès (Hercule) (*voir* **Héraclès**), une fois mort, il n'est pas promis à la déification, mais au sort désespérant d'une ombre dans le monde souterrain. Cruel et arrogant, il est doté d'une vigueur et d'une séduction stupéfiantes. Achille devient alors le prototype de tous ceux qui ont à payer le prix fort d'une vie illustre et dangereuse menée à toute allure. Ce genre d'existence aboutit toujours à une mort précoce, ainsi qu'en témoigne un destin comme celui d'Alexandre le Grand, le conquérant macédonien lui-même grand admirateur d'Achille.

Zeus et Poséidon courtisèrent Thétis, la charmante fille de Nérée, dieu marin ; mais comme selon une ancienne prédiction, le fils de Thétis devait surpasser son père (*voir* **Prométhée**), celle-ci épousa finalement Pélée, roi de Phtie, en Thessalie.

Le demi-dieu Achille fut le héros le plus redoutable de la guerre de Troie. Vainqueur de quantité d'adversaires, il n'en était pas moins conscient que sa vie serait courte.

Lors de la célébration de leurs noces, apparurent les premiers germes de la future guerre de Troie, quand Éris, déesse de la discorde, lança une pomme d'or parmi les invités. Cette pomme était destinée à Héra, la déesse la plus belle, mais Athéna et Aphrodite lui contestèrent cette distinction : on demanda à Pâris, le prince héritier troyen, de choisir l'une des trois. Le choix de Pâris eut des conséquences désastreuses (*voir* **Aphrodite, Hélène, Pâris** *et* **Thétis**).

Thétis savait que son fils allait grandir et devenir un héros exceptionnel, mais aussi qu'il mourrait jeune. Prudente et aimante comme elle était, elle fit de son mieux pour conjurer ce mauvais sort en plongeant le jeune Achille dans les eaux du Styx, le fleuve infernal, pour le rendre immortel. Elle y réussit presque, sauf qu'en plongeant le petit garçon dans l'eau, elle le tint par un talon, et cette partie du corps resta vulnérable. Et c'est bien le « talon d'Achille » qui, finalement, se révéla fatal au héros.

Selon une autre interprétation, Thétis tenta de rendre immortel le jeune Achille en le plaçant, sous les yeux horrifiés de son père, dans le feu du foyer et en le frottant chaque jour de la divine ambroisie.

Achille fut élevé par le sage Chiron, le Centaure, auquel furent également confiés divers autres héros (*voir* **Chiron**). Chiron l'entraîna notamment à la course, ce qui devait plus tard l'avantager considérablement dans les combats. Achille « au pied rapide » est l'un des qualificatifs qui reviennent régulièrement dans l'*Iliade*, l'épopée d'Homère.

Comme Thétis savait que son fils risquait d'être tué en combattant, afin qu'il ne puisse participer à la guerre de Troie, elle le cacha à la cour du roi Lycomède, dans l'île de Scyros, où il dut passer son temps déguisé en fille. Ce qui ne l'empêcha pas de courtiser Déidamie, la fille de Lycomède, et d'en avoir un fils, Néoptolème.

Dans l'espoir de rendre son fils Achille invulnérable, Thétis le plongea dans les eaux du Styx. Mais il lui fallut bien le tenir par le talon, seule partie du corps du héros qui resta vulnérable. Peinture à l'huile, Peter Paul Rubens, XVIIe siècle.

Le séjour d'Achille dans cet endroit protégé ne dura pas longtemps. Quand les Grecs décidèrent de faire voile vers Troie pour en ramener Hélène, Artémis refusa de leur fournir les vents favorables tant que leur chef, Agamemnon, roi de Mycènes, ne lui aurait pas offert sa fille, Iphigénie, en sacrifice. Agamemnon attira celle-ci à Aulis, le port où la flotte était réunie, en lui faisant croire qu'elle épouserait Achille. Quant à ce dernier, c'est le rusé Ulysse qui se chargea de le faire venir : il dissimula des armes parmi les bijoux gardés par les femmes dans leur quartier du palais de Lycomède et fit ensuite sonner l'alarme par des trompettes, et l'on vit l'une des « jeunes filles » (Achille déguisé en femme) se précipiter sur les armes, et non sur les bijoux.

Chiron est le Centaure plein de sagesse qui fut le tuteur d'Achille et l'aida à s'accomplir pleinement, sur le plan physique et spirituel. Fragment d'un plat de terre cuite datant du IIe *ou du* IIIe *siècle de notre ère.*

À Troie, Achille confirma immédiatement sa réputation de guerrier acharné et invincible. Les Troyens tremblaient de peur chaque fois qu'ils le voyaient s'avancer sur son char de combat conduit par Automédon. Ce char était tiré par des chevaux immortels, Xanthos et Balios, dotés d'une voix humaine (*voir* **Xanthos et Balios**). Avant même que commence effectivement le siège de la ville, Achille tua Cycnos, l'un des fils de Poséidon. Cycnos étant invulnérable aux armes ordinaires, Achille l'étrangla avec la jugulaire de son casque.

Alors qu'il escortait un groupe de Troyennes, parmi lesquelles Polyxène, sorties de la ville pour aller puiser de l'eau, Troïlos, l'un des fils d'Hécube, la reine de Troie, et du dieu Apollon, fut également tué par Achille lors d'une embuscade tendue par ce dernier.

Pendant les dix années que dura le siège de Troie, les Grecs pillèrent les différentes petites villes environnant la cité-État. Achille joua un rôle essentiel dans ces attaques. Au cours de l'une d'entre elles, il enleva la belle Briséis, dont il fit sa favorite. Agamemnon, qui prélevait une part substantielle sur le butin de guerre ramené par Achille, avait pris lui aussi une maîtresse, Chryséis, laquelle lui plaisait bien davantage que son épouse, Clytemnestre, restée à la maison. Mais comme Chryséis était la fille d'un prêtre important d'Apollon, afin

Suite à une ruse d'Ulysse (à droite), Achille (habillé en femme) s'empare des armes. Les filles du roi Lycomède le regardent avec crainte. Peinture à l'huile, Peter Paul Rubens, XVIIe *siècle.*

Le prince troyen Troïlos (à droite) est tué par Achille (à gauche) dans une embuscade. Illustration sur un miroir de bronze de Préneste (Italie), IVe *siècle av. J.-C.*

d'éviter le courroux du dieu, Agamemnon fut contraint de rendre la fille à son père. Achille ayant insisté pour qu'il fasse ce geste, Agamemnon exigea qu'on remplace Chryséis par Briséis.

Achille, à contrecœur, abandonna Briséis, mais il proclama que dorénavant il ne prendrait plus part au combat. Blessé dans son orgueil, il demanda même à sa mère, Thétis, d'implorer Zeus pour que la guerre soit remportée par les Troyens. Et c'est ce qui sembla se produire. Le siège de Troie ne cessa de se prolonger (dix ans), et la situation des Grecs d'empirer. Lorsque les Troyens firent une sortie et assaillirent le camp des Grecs, Achille refusa de rejoindre les combattants. Toutefois, quand les Troyens menacèrent de mettre le feu aux bateaux, il autorisa Patrocle, son compagnon d'armes et son meilleur ami, à prendre part au combat. Patrocle revêtit l'armure d'Achille et remporta immédiatement des succès spectaculaires, tant les Troyens, qui le prenaient pour Achille en personne, étaient saisis d'effroi à sa vue. Mais Patrocle n'était pas Achille : Hector, prince héritier de Troie, réussit à l'abattre et s'appropria les armes d'Achille (*voir* **Patrocle**).

Achille fut bouleversé par la mort de son ami. Même la déesse Thétis, sa mère, qui lui rendit visite sous sa tente, fut incapable de le consoler. Le héros ne désirait qu'une chose : se venger d'Hector, et quand Thétis l'avertit qu'il avait été prédit qu'il mourrait peu après la mort d'Hector, Achille répondit : « Que je meure donc tout de suite, puisque je vois qu'il était dit que je ne pourrais porter aide à mon ami devant la mort ! Il a péri loin de sa terre, et il ne m'a pas trouvé pour le préserver du malheur. » (*Iliade*, XVIII, 98-100). Thétis comprit qu'elle ne pouvait arrêter son fils, et elle fit appel à Héphaïstos (dieu du feu), qui forgea de nouvelles armes magnifiques pour Achille.

Ainsi armé, le héros monta sur son char de combat et se rendit sur le champ de bataille. Par trois fois il poursuivit Hector autour des murs de la cité, puis il le tua et attacha son corps dénudé à son char. Chaque jour, il le traînait ainsi dans la poussière. Ce n'est qu'après un temps considérable que Thétis parvint à le convaincre de rendre le corps d'Hector à son père Priam. Celui-ci, guidé par Hermès le messager des dieux, et apportant avec lui une « immense » rançon, vint personnellement présenter ses respects à Achille sous sa tente. Le jeune homme fut ému par la douleur du vieillard : il lui remit le corps de son fils et lui dit qu'il pouvait l'inhumer en paix dans un lieu à sa convenance.

Peu avant sa propre mort, Achille participa à une bataille contre une armée d'Amazones

Le jeune conquérant macédonien, Alexandre le Grand, représenté ici sur son cheval favori, Bucéphale, avait fait d'Achille son modèle de héros. Fragment du « Sarcophage d'Alexandre », IIe *siècle av. J.-C.*

Terreur des Troyens, Achille s'apprête à monter sur son char de combat. Son cocher, Automédon, tient à la fois la lance du héros et les rênes des chevaux immortels, Xanthos et Balios. Peinture sur une coupe (kylix) athénienne, VIe siècle av. J.-C.

venue en aide aux Troyens. Il blessa mortellement leur reine, Penthésilée, mais tomba amoureux d'elle quand il vit son corps inerte une fois dépouillé de son armure.

Un peu plus tard, Achille fut atteint d'une flèche tirée par Pâris, lequel n'avait pourtant rien d'un guerrier intrépide. Mais la flèche guidée par Apollon, qui n'aimait guère Achille, le frappa au seul endroit vulnérable de son corps, le talon.

Achille fut pleuré pendant soixante-dix jours par Thétis et les autres filles de Nérée. Les Muses elles-mêmes vinrent chanter un chant de lamentation près de son bûcher funéraire. Après son incinération, ses cendres furent placées dans une urne forgée par Héphaïstos et déposées dans la tombe où Patrocle avait été enterré, en bordure de mer.

Une bataille féroce éclata alors parmi les Grecs pour savoir qui hériterait de la précieuse armure d'Achille. Ajax, qui avait ramené le corps d'Achille du champ de bataille, la réclama, mais elle fut attribuée à Ulysse. Pris d'un terrible accès de violence, puis accablé par le remord, Ajax se suicida avec l'épée d'Hector, et Ulysse fit cadeau de l'armure au fils d'Achille, Néoptolème, venu renforcer les rangs des Grecs dans la phase finale de la

Ce sarcophage magnifiquement sculpté de scènes de guerre et de chasse fut identifié à tort comme la sépulture du grand admirateur d'Achille qu'était Alexandre le Grand. Le « Sarcophage d'Alexandre », IIe siècle av. J.-C.

guerre de Troie. Après le départ de son père pour Troie, Néoptolème – également nommé Pyrrhos (« le Roux ») en raison de sa chevelure flamboyante – était resté à la cour de Lycomède. Mais les Grecs, ayant appris par un devin que la présence de Néoptolème était indispensable à leur victoire sur les Troyens, chargèrent Ulysse d'aller le chercher.

Ce même Ulysse devait plus tard rencontrer l'ombre d'Achille dans le monde souterrain, scène décrite par Homère dans l'*Odyssée*. Achille y apparaît très différent de ce qu'il était dans sa jeunesse. « Ne me console donc pas de la mort, illustre Ulysse », dit-il au visiteur en provenance du monde des vivants. « J'aimerais mieux, serf attaché à la glèbe, être aux gages d'autrui, d'un pauvre homme, que de régner sur des morts, qui ne sont plus rien. » (*Odyssée*, XI, 488-491).

Selon une autre tradition, l'ombre d'Achille, lequel, peu avant que les Grecs partent de Troie, avait réclamé pour lui Polyxène, la fille de Priam (*voir* **Polyxène**), aurait rejoint Patrocle sur l'île de Leucé, une zone paradisiaque du monde souterrain réservée aux plus grands héros.

Enfin certains récits supposent que le héros avait échappé à son existence d'ombre pour mener une vie simple, dans le monde des vivants.

Actéon

Actéon est le fils d'Aristée et d'Autonoé, et le petit-fils de Cadmos, fondateur de la cité de Thèbes. Grâce aux leçons reçues du centaure Chiron, il était un excellent chasseur. Peut-être même était-il trop habile, car Artémis fut agacée par ses vantardises. Elle n'apprécia pas non plus son projet d'épouser sa tante Sémélé.

Selon la principale tradition, à l'occasion d'une pause durant une partie de chasse, Actéon assista involontairement au bain de la chaste Artémis au milieu de ses nymphes. Afin d'empêcher Actéon d'aller dire partout qu'il l'avait vue nue, elle le métamorphosa en cerf. Sous cette forme, Actéon fut, peu après, mis en pièces par ses propres chiens de chasse.

Actéon est le chasseur qui surprit involontairement la chaste déesse Artémis et ses nymphes alors qu'elles se baignaient. Il paya cher ce sacrilège. Tableau de l'école de Titien, XVIIe siècle.

Adonis

Adonis est en réalité un dieu d'origine asiatique (peut-être phénicien) qui fut incorporé dans la mythologie grecque. Son culte – important en particulier dans la cité de Byblos – était étroitement lié à celui d'Aphrodite.

Dans la mythologie grecque, Adonis est présenté comme le fils de Cinyras, roi de Chypre, et de sa fille Myrrha de Smyrne. Comme Myrrha ne rendait pas un culte suffisamment respectueux à Aphrodite, la déesse de l'amour, celle-ci la punit en la faisant tomber amoureuse de son père. Avec l'aide de sa nourrice, Myrrha réussit à partager plusieurs fois la couche de Cinyras sans que ce dernier s'aperçoive de la supercherie. Quand Cinyras découvrit qu'il avait commis un inceste, il dégaina son épée, mais Myrrha, qui était alors enceinte, réussit à s'échapper et fut transformée par les dieux en arbre à myrrhe.

Par la suite, l'arbre se fendit en deux pour donner naissance à Adonis, dont la beauté apparut immédiatement exceptionnelle. Profondément mécontente, Aphrodite cacha le petit Adonis dans un coffre qu'elle confia à Perséphone, la déesse du monde souterrain. Ayant regardé à l'intérieur du coffre, Perséphone fut aussitôt conquise et elle éleva le charmant enfant dans son propre palais, refusant de le rendre à la déesse de l'amour.

Zeus se vit donc dans l'obligation d'intervenir. Le dieu suprême décida que le beau jeune homme passerait un tiers de l'année avec Aphrodite, un autre tiers avec Perséphone, et le tiers restant tout seul. Selon une autre tradition, c'est la muse Calliope qui eut à trancher la querelle, et elle ordonna qu'Adonis passe six mois de l'année avec chacune des deux déesses.

Toujours est-il qu'Aphrodite succomba à la beauté d'Adonis. La déesse de l'amour tomba – sans espoir – amoureuse, et qui plus est, d'un mortel. Elle avertit expressément Adonis qu'il lui fallait être prudent à la chasse, et qu'il ferait mieux de consacrer ses compétences à des tâches plus utiles. Mais le jeune homme insouciant négligea cet avertissement et, pendant une partie de chasse, il fut attaqué par un sanglier. On ne sait si ce fut Perséphone qui persuada

Statue figurant Aphrodite, la déesse de l'amour. Cette divinité ne put s'empêcher de succomber à la beauté d'Adonis, connaissant à son tour les affres de la passion dont elle savait si bien accabler ceux et celles qu'elle envoûtait habituellement. Statue taillée dans un os, Égypte, période romaine.

Aphrodite eut la douleur de voir Adonis être tué au cours d'une chasse par un sanglier. Chasse au sanglier, *peinture à l'huile de Abraham Hondius, XVIIe siècle.*

l'amant jaloux d'Aphrodite, Arès, le dieu de la guerre, de prendre la forme du sanglier : reste que l'attaque portée contre Adonis lui fut fatale. Inconsolable, Aphrodite fit en sorte que de chaque goutte de sang du jeune homme naquit une anémone, couleur rouge sang.

Selon d'autres versions du mythe, Zeus permit à Adonis de revenir à la vie au printemps et en été, afin qu'il puisse passer ces deux saisons en compagnie d'Aphrodite.

Adonis, dont le nom symbolise encore aujourd'hui la beauté masculine, était en fait un dieu de la végétation. Sa légende, comme celle de Perséphone, est liée au changement des saisons, au cours desquelles la nature ne meurt que pour renaître une nouvelle fois (*voir* **Déméter** et **Perséphone**).

Aegeus/Égée

Égée (Aegeus en latin) est le fils aîné (ou adopté, selon certaines versions) de Pandion, roi d'Athènes, et le père de Thésée, le futur grand héros de l'Attique. Malgré sa promesse de partager le pouvoir avec ses frères, il régna seul sur Athènes.

Après deux mariages, il n'avait toujours pas d'enfant. Ayant consulté l'oracle de Delphes à ce propos, il en reçut une réponse des plus confuses : ce n'est qu'après être revenu à Athènes, lui dit la Pythie, qu'il devrait ouvrir son outre à vin. Il répéta ces mots mystérieux à son ami Pitthée, roi de Trézène, lequel comprit que l'oracle avait prédit que Égée donnerait naissance à un grand héros. Pitthée enivra alors Égée et le fit coucher avec sa fille Aéthra, afin que le futur héros soit de sa lignée. Mais quand Égée réalisa ce qui s'était passé, il cacha son épée et sa paire de sandales sous un énorme rocher, puis dit à Aéthra qu'il ne reconnaîtrait son enfant pour son fils que lorsqu'il viendrait à Athènes porteur de cette épée et de ces sandales.

Vestiges du sanctuaire de Delphes dédié à Apollon. C'est ici que se trouvait le fameux oracle que les Anciens, comme Égée, roi d'Athènes, vinrent souvent consulter. L'oracle donna une réponse obscure à Égée.

Égée s'était mis d'accord avec son fils Thésée : si celui-ci revenait sain et sauf de Crète, il hisserait une voile blanche au mât de son navire. Mais Thésée oublia d'abaisser la voile noire. Désespéré, Égée se précipita alors dans la mer.

Une fois revenu à Athènes, Égée épousa la magicienne Médée, qui avait cherché refuge auprès de lui après la fin tragique de son mariage avec Jason (*voir* **Argonautes** *et* **Médée**). Médée donna un fils, Médos, à Égée.

Beaucoup plus tard, quand Thésée, le fils d'Aéthra issu de son union avec Égée, vint à Athènes, après s'être bâti entre-temps une glorieuse réputation de héros, Médée comprit immédiatement qui il était. Or, elle avait bien l'intention de défendre les intérêts de son propre fils, et elle s'abstint d'informer Égée de la véritable identité du nouvel arrivant. Elle lui fit même croire qu'on ne pouvait lui faire confiance et versa un poison mortel dans son vin. Mais au moment où Thésée s'apprêtait à le boire, Égée reconnut l'épée portée par celui-ci et lui arracha des mains la coupe empoisonnée.

Médée s'enfuit d'Athènes et Égée organisa de grands banquets en l'honneur de son fils retrouvé. Thésée, devenu l'héritier du royaume, à son tour, prêta main-forte à son père dans sa lutte contre les Pallantides – les cinquante fils de Pallas, le frère d'Égée, qui lui disputait le pouvoir à Athènes – qui seront finalement tous tués.

D'autres difficultés surgirent quand Androgée, fils de Minos, le puissant roi de Crète, fut tué par les Athéniens. Selon certains récits, il fut victime d'un dangereux taureau remis en liberté par Héraclès et qui ravageait la région de Marathon (*voir* **Héraclès** *et* **Thésée**). Minos attaqua les Athéniens mais il ne put les vaincre militairement. Toutefois, la famine, les tremblements de terre et les épidémies les mirent à sa merci. Ayant consulté l'oracle de Delphes, Égée accepta les conditions imposées par Minos, parmi lesquelles l'obligation d'offrir tous les neuf ans sept jeunes garçons et sept jeunes filles d'Athènes au Minotaure, le monstre mi-homme mi-taureau (*voir* **Minos**) enfermé dans le Labyrinthe construit par Dédale.

Avec l'aide d'Ariane, la fille de Minos, Thésée parvint à tuer le Minotaure, libérant Athènes de cette terrible obligation (*voir* **Ariane** *et* **Thésée**). Mais lors de son retour à Athènes, Thésée oublia ce dont il était convenu avec son père avant son départ : si tout s'était bien passé, il devait hisser une voile blanche au mât de son bateau. Or, bouleversé d'avoir dû abandonner Ariane sur l'île de Naxos (ou trop content d'être presque arrivé chez lui), Thésée laissa en place la voile noire. Quand Égée vit au loin s'approcher ainsi le bateau de son fils, il se jeta de désespoir dans la mer du haut d'une falaise. Depuis ce temps, la mer dans laquelle le malheureux roi d'Athènes perdit la vie, s'appelle la mer Égée.

Énée fut l'un des rares à pouvoir s'échapper de Troie en flammes, portant même son vieux père, Anchise, sur ses épaules.

Le Mausolée d'Auguste, sur le Champ de Mars, à Rome. Premier empereur romain, Auguste prétendait être un descendant d'Énée, donnant ainsi à son pouvoir une dimension sacrée.

Aeneas/Énée

Énée (Aeneas en latin) est le fils d'Aphrodite (Vénus) et du mortel Anchise. Son rôle dans la mythologie grecque est modeste, mais il est d'une extrême importance chez les Romains. Après la destruction de Troie par les Grecs, Énée fit voile vers l'Italie où il fonda un royaume dont Rome naquit par la suite. C'est son histoire qui est au centre de la célèbre épopée de Virgile, l'*Énéide*, inspirée par les œuvres d'Homère.

Anchise, le père d'Énée, était un descendant de Tros, le roi éponyme de Troie, et faisait donc partie de la famille royale régnant sur la ville. Il ne participa pas à la guerre en raison de son grand âge : d'ailleurs, Zeus l'avait rendu boiteux pour s'être vanté un jour de ses rapports charnels avec Aphrodite, lesquels donnèrent naissance à Énée.

Pendant la guerre de Troie, Énée fut le plus vaillant des Troyens après Hector, sans égaler toutefois les plus grands des héros grecs. Diomède l'aurait même tué sans aucune difficulté si sa mère Aphrodite et le dieu Apollon n'étaient pas intervenus pour l'éloigner du champ de bataille. Certains désaccords surgirent au cours de la guerre entre Hector et Énée, de même qu'entre ce dernier et le père d'Hector, Priam, le roi de Troie. Énée avait épousé la fille de Priam, Créüse, dont il avait eu un fils, Ascagne.

Contrairement à la plupart des Troyens, Énée réussit à s'échapper de Troie après que les Grecs se furent emparés par ruse de la ville (c'est le fameux épisode du cheval de bois imaginé par Ulysse). Il existe différentes versions de sa fuite. D'après la principale légende, rapportée par Virgile, Énée s'échappa de la ville en flammes portant le vieux Anchise sur son dos et tenant par la main le petit Ascagne. Auparavant, il avait vainement essayé de sauver Cassandre et assisté au meurtre de Priam dans son palais envahi par les Grecs. Créüse disparut elle aussi pendant la fuite, mais son ombre prédit à Énée un avenir brillant s'il se rendait en Occident.

Après qu'Énée eut pris la direction des Troyens survivants au pied du mont Ida et qu'il leur eut fait construire des bateaux, commença le long et difficile voyage vers l'ouest. Trompés par un oracle mal interprété, Énée et ses compagnons de misère abordèrent en Crète. C'est là que, dans un rêve, il reçut l'ordre de faire voile vers l'Hespérie, le « pays du couchant ». Mais une tempête le détourna vers les Strophades, où les Troyens durent subir les assauts des Harpyes, monstres ailés au visage de vieilles femmes, qui leur firent de sombres prédictions pour la suite du voyage.

Énée débarqua ensuite en Épire, où son compatriote, le prophète Hélénos, qui avait

Site de l'ancienne ville de Troie tel qu'il apparaît aujourd'hui. C'est de là que partirent Énée et ses compagnons fuyant la cité en flammes, après qu'elle eut été prise par les Grecs.

Temple dorique (Ve siècle av. J.-C.), surplombant autrefois la ville de Ségeste, en Sicile, probablement fondée par des exilés troyens restés fidèles à Énée.

épousé entre-temps la veuve d'Hector, Andromaque, lui conseilla de cingler vers la Sicile et lui prédit qu'il fondera une grande nation. C'est sur la côte occidentale de la Sicile, dans un sanctuaire dédié à Vénus, la mère d'Énée, qu'Anchise mourut, et que son corps fut enterré.

Héra (Junon) était toujours aussi mal disposée envers Énée et les Troyens, et elle déclencha une tempête qui dérouta leurs navires vers l'Afrique du Nord. Sur ces rivages méridionaux de la Méditerranée, la jeune reine Didon s'employait alors à fonder la ville de Carthage. Bien qu'Énée eût fait vœu de ne jamais se remarier, une violente passion naquit entre Didon et lui, qui aboutit à leur union charnelle lors d'une partie de chasse, après qu'une tempête les eut conduits à se réfugier ensemble dans une grotte. Il s'agit là d'une des histoires d'amour les plus célèbres de l'Antiquité, qui a inspiré d'innombrables écrivains, poètes, peintres et compositeurs.

Cet amour connut une fin tragique. Énée réalisa qu'il ne pouvait écouter son cœur car il lui fallait obéir aux dieux qui lui intimaient l'ordre de fonder un nouveau royaume. Envoyé par Zeus (Jupiter), Hermès (Mercure), le messager des dieux, vint de nouveau rappeler à Énée quel était son devoir. Énée se soumit et partit. Alors Didon se donna la mort en se frappant de l'épée que son amant lui avait offerte. Pour leurs descendants, ce triste épisode devait avoir des conséquences encore plus désastreuses, puisque telle fut l'origine (mythique) de l'hostilité entre Carthage et Rome, qui conduisit, aux IIIe et IIe siècles av. J.-C., aux trois guerres successives ayant abouti à la destruction de Carthage.

Énée revint en Sicile, le temps d'y organiser des jeux funèbres en l'honneur d'Anchise et d'y fonder une ville où purent s'établir les femmes et les vieillards fatigués par cet interminable voyage. Quant à lui, il reprit sa route vers l'Italie. À Cumes, il descendit aux Enfers où il rencontra l'ombre de son père, qui lui donna ses conseils et lui confirma une fois encore qu'il serait le fondateur d'un grand empire.

Énée continua à progresser vers le nord, remontant le Tibre pour débarquer dans le Latium (le Lazio actuel), région alors gouvernée par le roi Latinus. La fille de ce dernier, Lavinia, était promise à Turnus, roi des Rutules, mais un oracle fit savoir qu'il valait mieux la marier à un étranger. En conséquence, Latinus

Le navire d'Énée fut détourné de sa route par une violente tempête et vint s'échouer sur la côte de la Tunisie actuelle. Ce tableau du peintre Frederik van Valkenborch (XVIIe siècle) donne une image romantique du naufrage.

Maréchaux romains se serrant la main. Énée fut le grand modèle héroïque des soldats de l'Empire romain. Peinture à l'huile, Peter Paul Rubens, XVIIe *siècle.*

En Italie, Énée, Ascagne et les autres Troyens durent affronter les populations locales dans une bataille longue et pénible. Relief romain illustrant ce conflit.

donna la main de Lavinia à Énée. Héra envoya alors Alecto, l'une des Furies, déesses de la vengeance, pour inciter Amata, l'épouse de Latinus, et Turnus, l'ancien fiancé, à se dresser contre Énée. Turnus fit alliance avec des peuples voisins ; Énée fit de même, notamment avec les Étrusques. Sa mère, Aphrodite, lui fit fabriquer une armure neuve par son époux Héphaïstos (Vulcain).

S'ensuivit une très longue bataille, à laquelle le jeune fils d'Énée, Ascagne, prit une part active. Il y eut beaucoup de morts, dont Pallas, fils d'un allié important d'Énée, Évandre. À un moment, Énée lui-même fut blessé, mais il fut soigné par sa mère. Finalement, un duel entre Énée et Turnus s'avéra décisif. Énée triompha de Turnus et voulut lui laisser la vie sauve, mais quand il vit que ce dernier portait comme un trophée le baudrier de Pallas, il l'acheva aussitôt.

La paix rétablie, Énée épousa Lavinia. Puis Troyens et Latins vécurent ensemble pacifiquement : les Troyens adoptèrent la langue et les coutumes de la population locale. Énée fonda la ville de Lavinium, du nom de sa nouvelle épouse. Plus tard, Ascagne qui était également appelé Iulus – d'où le fait que la famille romaine des Iulii, César et Auguste, le considérait comme leur ancêtre – fonda la ville d'Albe la Longue, qui devint la capitale de la région. Des siècles plus tard, Romulus, fils d'Arès (Mars) et de la princesse Rhéa Silvia (elle-même originaire d'Albe la Longue), devait fonder la ville de Rome sur les collines du Palatin surplombant le Tibre.

Le pont Fabricio fut construit en 62 av. J.-C. et il est à Rome le pont le plus ancien au-dessus du Tibre. C'est non loin de là que les descendants d'Énée, Romulus et Rémus, décidèrent de fonder la ville en 753 av. J.-C.

Si Virgile se permet de s'inspirer très largement de l'*Iliade* et l'*Odyssée*, multipliant les références et les allusions aux poèmes épiques d'Homère, l'atmosphère de *l'Énéide* n'en est pas moins complètement dissemblable. Énée lui-même est un héros très différent des héros grecs, comme Achille et Ulysse, à l'impulsivité foudroyante. Virgile l'appelle souvent le « pieux Énée » : il est effectivement un personnage respectueux des dieux, et son sens du devoir fait de lui le type même du Romain austère, dont la vertu est diamétralement opposée à celle des héros grecs.

Agamemnon

Agamemnon est le fils du roi mycénien Atrée et d'Aéropé, la petite-fille du roi Minos. Après qu'Atrée eut été assassiné, Agamemnon et son frère cadet Ménélas s'emparèrent du trône de Mycènes, Ménélas succédant ultérieurement à Tyndare comme roi de Sparte. Chacun des deux frères épousa une fille de Tyndare, Agamemnon épousant Clytemnestre et Ménélas la ravissante Hélène. Agamemnon et Clytemnestre eurent trois filles, Iphigénie, Électre et Chrysothémis, et un fils, Oreste.

Quand Hélène fut enlevée par Pâris, le prince troyen, conduisant ainsi les Grecs à déclarer la guerre à Troie, Agamemnon devint le commandant en chef de l'armée grecque composée de soldats représentant les multiples royaumes grecs. Dans sa détermination à défendre l'honneur bafoué de Ménélas, Agamemnon en vint aux pires extrémités. Ainsi lorsque la flotte grecque se révéla incapable de faire voile vers Troie, car Artémis, qu'Agamemnon avait autrefois offensée, refusait de fournir un vent favorable, celui-ci se prépara à offrir sa fille Iphigénie en sacrifice à la déesse. On ne sait pas avec certitude si ce sacrifice eut réellement lieu : selon certaines sources, Iphigénie fut épargnée et devint prêtresse d'Artémis en Tauride. Quoiqu'il en fut, l'épisode témoigne du caractère peu scrupuleux d'Agamemnon (*voir* **Iphigénie**).

Dans l'*Iliade* du poète Homère, Agamemnon est dépeint comme un chef courageux mais têtu, insensible et arrogant, souvent gouverné par ses désirs et ses caprices, peu soucieux de l'avis d'autrui et qui traite comme des vassaux les souverains qui l'accompagnent. Selon Homère, Agamemnon fit voile vers Troie avec cent vaisseaux et son sceptre d'ivoire avait été fabriqué par Héphaïstos.

La porte des Lionnes, à Mycènes, dont Agamemnon était l'illustre roi. Le cadre de la porte est constitué de quatre énormes blocs monolithiques, tandis qu'au-dessus du linteau, le triangle de décharge est orné d'un motif sculpté figurant deux fauves qui s'affrontent de chaque côté d'un autel sur lequel repose un pilier sacré.

Chef suprême des forces grecques, Agamemnon conduisit à Troie une flotte très importante. Mosaïque représentant des navires quittant Ostie, le port de Rome. Ier-IVe *siècle apr. J.- C.*

Las du siège de Troie, Agamemnon commit une faute grave quand il décida de s'approprier Briséis, la maîtresse d'Achille, après que lui-même eut été mis en demeure de rendre son esclave Chryséis à son père, Chrysès, prêtre d'Apollon. Achille, qui n'appréciait guère, de toute façon, ce chef hautain, en éprouva une profonde amertume et décida de ne plus combattre. Les Grecs, qui avaient eu jusqu'alors le dessus dans la guerre, furent poussés dans leurs derniers retranchements. Au cours d'une attaque, les Troyens s'approchèrent tout près des bateaux grecs et furent sur le point d'y mettre le feu. Il fallut que Patrocle, le fidèle compagnon d'armes d'Achille, qui avait revêtu les armes de ce dernier, intervienne pour empêcher un désastre militaire.

Achille (le jeune homme à droite) devint fou de rage quand Agamemnon (sur le trône) lui ordonna de se séparer de Briséis, sa jolie maîtresse. La déesse Athéna (au-dessus) essaie en vain de le calmer. Peinture à l'huile, Peter Paul Rubens, XVIIe *siècle.*

Comme on le vit à son retour de Troie, Agamemnon s'était également fait peu d'amis dans sa propre maison. Son épouse, Clytemnestre, n'avait pu, en effet, lui pardonner d'avoir voulu offrir Iphigénie en sacrifice, et elle avait pris pour amant Égisthe, l'un des meurtriers du père d'Agamemnon. Il existe plusieurs versions du meurtre d'Agamemnon. Selon le récit d'Homère, qui met en scène la rencontre d'Ulysse avec l'ombre d'Agamemnon dans le monde souterrain, le roi mycénien fut invité par Égisthe à un banquet pour y être traîtreusement assassiné, ainsi qu'un grand nombre de ses compagnons d'armes et Cassandre, la princesse troyenne qu'il avait ramenée de la guerre. Dans la tragédie d'Eschyle, c'est en sortant de son bain, dans son palais, qu'Agamemnon est assailli par Égisthe et Clytemnestre, qui le tuent à coups de hache.

Lance et bouclier du puissant Ajax.

Ajax

On trouve dans l'*Iliade* d'Homère deux héros du nom d'Ajax, tous les deux combattaient aux côtés des Grecs. Le plus important des deux, également surnommé le « grand Ajax », est fils de Télamon de Salamine. Il est, après Achille, le héros grec le plus redoutable de la guerre de Troie. Il est décrit à la fois comme un homme courageux, taciturne et emporté.

Ajax accomplit au combat nombre d'actes héroïques, réussissant presque à abattre Hector, le héros troyen, au cours d'un duel. On le voit souvent se porter au secours de frères d'armes. Il parvient ainsi à sauver Ulysse qui avait été blessé dans un combat l'ayant opposé à des Troyens supérieurs en nombre. Quand Patrocle, l'ami intime d'Achille, est tué par Hector, c'est Ajax qui recouvre le corps de son immense bouclier. Et quand, plus tard, le grand Achille est atteint par la flèche tirée par Pâris, c'est encore Ajax qui ramène du champ de bataille le héros mort et ses armes.

Cet épisode est directement lié à la mort d'Ajax : après la mort d'Achille, les Grecs se disputent en effet sa merveilleuse armure, qui avait été fabriquée par le dieu Héphaïstos en personne. C'est Ulysse qui finit par l'emporter. Ajax en est touché si durement qu'il décide de profiter de la nuit pour attaquer ses propres compagnons. Mais la déesse Athéna le frappe de folie, et Ajax, dans son délire, ne massacre qu'un troupeau de moutons. Le lendemain matin, Ajax retrouve la raison, mais sa honte est trop forte et il se jette sur son épée. D'autres récits de la mort d'Ajax existent, mais cette version, élaborée par Sophocle dans sa

*Nombre de Troyens périrent sous les coups d'Ajax armé de sa lance. Cette image d'un guerrier blessé est peinte sur une coupe (*kylix*) athénienne du VIe siècle av. J.-C.*

Les murs de la cité de Troie dans leur état actuel. Pendant la guerre de Troie, Ajax combattit à plusieurs reprises devant ces murailles, mais il ne joua aucun rôle dans la prise finale de la ville.

La déesse Athéna. La vengeance de la divinité s'abattit sur le « petit Ajax » après que celui-ci eut violenté Cassandre, princesse troyenne, devant l'autel de la déesse et renversé sa statue. Ses crimes et son impiété lui coûtèrent la vie.

tragédie *Ajax*, est la plus communément reçue.

L'autre Ajax qui apparaît dans l'*Iliade*, le « petit Ajax », est le fils d'Oïlée. Il excelle à la course et au lancer du javelot. Contrairement à son célèbre homonyme, il fut un homme hautain, qui offensa gravement Athéna. Après la chute de Troie, il attira sur lui la colère de la déesse en violant Cassandre, la princesse troyenne, dans le sanctuaire d'Athéna où elle s'était réfugiée. Malgré ce terrible sacrilège, et bien qu'il eût, en plus, jeté à terre la statue de la déesse, les Grecs se refusèrent à le punir, alors qu'Ulysse, lui-même protégé par Athéna, le leur avait vivement conseillé. Profondément offensée, Athéna, qui avait soutenu les Grecs tout au long de la guerre de Troie, demanda alors à Zeus, son père, de leur infliger une épouvantable tempête pendant leur voyage de retour. Ce qui fut fait, et Athéna se chargea elle-même de foudroyer le navire d'Ajax. Ce dernier parvint à s'enfuir à la nage, mais Poséidon favorisa sa noyade.

Alceste

Alceste est la fille du roi Pélias de Thessalie. Celui-ci avait décidé de ne la donner en mariage qu'à un homme capable d'atteler ensemble un lion et un sanglier au char nuptial. Admète, roi des Phères, y réussit, avec l'aide d'Apollon. Le dieu lui accorda cette faveur en contrepartie de l'année de pénitence qu'Admète lui avait consacrée. Mais Admète oublia d'accomplir l'indispensable sacrifice à Artémis, déesse de la chasse, pour la remercier du mariage.

Par vengeance, celle-ci répandit des serpents dans la chambre conjugale, signe qu'Admète ne vivrait pas longtemps. Apollon mystifia alors les Destins et leur fit promettre qu'Admète resterait en vie aussi longtemps que quelqu'un d'autre accepterait de mourir à sa place. Alceste fit savoir qu'elle était prête à se sacrifier pour son mari. Perséphone, l'épouse du dieu du monde souterrain, Hadès, en fut si touchée qu'elle permit à Alceste de revenir parmi les vivants.

Selon une autre version du mythe, c'est Héraclès, lequel était alors l'hôte d'Admète, qui alla chercher Alceste chez les morts. Cette variante est à la base de la pièce, *Alceste*, écrite par le dramaturge athénien Euripide.

Grâce au courage d'Héraclès, Alceste fut sauvée juste à temps du monde des morts. Le héros est ici représenté sur un statère (pièce de monnaie) d'or d'origine macédonienne.

Alcmène

Alcmène est la fille d'Électryon – fils du héros Persée – et la mère d'Héraclès, le plus grand de tous les héros grecs.

Devenue l'épouse d'Amphitryon (petit fils de Persée), roi de Tirynthe dans le Péloponnèse, elle exigea de lui qu'il vengeât le meurtre de ses frères avant de pouvoir partager sa couche. Amphitryon eut alors à surmonter nombre de revers, dont le meurtre accidentel de son beau-père. Il se retrouva ainsi banni de Thèbes avec Alcmène. Après avoir enfin accompli la vengeance de son épouse, il apprit avec étonnement qu'il avait déjà couché la veille avec elle, et c'est le devin Tirésias qui lui révéla ce qui s'était réellement passé. Zeus avait pris l'apparence d'Amphitryon, lorsque celui-ci avait quitté la cité de Thèbes, et s'était uni à Alcmène, la femme la plus belle et la plus sensuelle qu'il pouvait trouver sur terre, afin d'engendrer un mortel destiné à accomplir de grands exploits. Le temps venu, ce fils aiderait les dieux dans leur lutte contre les Géants. En effet, le dieu suprême voulait engendrer un fils capable, par sa puissance physique extraordinaire, de protéger les dieux et les mortels.

Alcmène tomba enceinte de jumeaux, Héraclès, fils de Zeus, et Iphiclès, fils d'Amphitryon.

Zeus, roi des dieux grecs, poursuivit de ses assiduités nombre de mortelles dont Alcmène. On le voit ici serrant de près l'une de ses victimes. Amphore athénienne, vers. 475 av. J.-C.

Héraclès, le célèbre fils d'Alcmène, est représenté ici en jeune homme encore imberbe. La peau de lion qu'il porte sur son bras gauche montre qu'il a déjà tué son premier fauve. Statuette de bronze, IVe siècle av. J.-C.

Durant la grossesse d'Alcmène, l'imprudent Zeus fit savoir un peu partout qu'un mortel extraordinaire engendré par lui allait bientôt naître.

La jalouse épouse de Zeus, Héra, demanda donc à la déesse des enfantements, Ilithye, d'empêcher l'accouchement, mais la ruse d'une servante permit de sauver Alcmène et ses fils. Héra introduisit alors deux énormes serpents dans le berceau d'Héraclès à peine agé de huit mois, mais le tout jeune héros les étrangla de ses mains.

Zeus empêcha définitivement Héra d'attenter à la vie d'Héraclès en prenant Alcmène sous sa protection. Ainsi quand Amphitryon voulut la faire brûler vive pour lui avoir été infidèle, Zeus déclencha une soudaine averse qui éteignit le feu du bûcher.

Après la mort d'Amphitryon, Alcmène épousa le Crétois Rhadamante (selon une autre version, elle dut s'enfuir en Attique sous la menace d'Eurysthée, le persécuteur de son fils Héraclès). Quand enfin elle mourut de vieillesse, Zeus ordonna que son corps fût conduit par Hermès

Amalthée, qui allaita le jeune Zeus, avait probablement pris la forme d'une chèvre. Peut-être ressemblait-elle à ce mouflon, peint au VIIe siècle av. J.-C.

aux champs Élysées. Elle y connut un bonheur éternel aux côtés de Rhadamante, l'un des juges des Enfers (*voir* **Héraclès**).

Amalthée

Amalthée était une nymphe qui possédait une chèvre – selon une autre version, elle-même avait la forme d'une chèvre. Elle vivait en Crète sur le mont Ida, et c'est elle – ou sa chèvre – qui allaita Zeus dans une caverne, après que sa mère Rhéa lui eut confié le bébé.

Selon certaines versions du mythe, Zeus fut nourri du contenu d'une corne de chèvre qu'on avait brisée, laquelle corne contenait d'inépuisables réserves de nectar et d'ambroisie, respectivement boisson et nourriture des dieux. D'où l'expression proverbiale : la « corne d'abondance ».

Les Amazones

Peuple de femmes guerrières issu de l'union entre Arès, le dieu de la guerre, et la nymphe Harmonie. Les Amazones habitaient une région à l'est de la mer Noire. Le nom grec « amazones » (« celles qui sont privées d'un sein ») était peut-être lié au fait qu'elles se coupaient un de leurs seins pour tirer plus facilement à l'arc.

Outre leur ancêtre Arès, elles vénéraient également Artémis, la virginale déesse de la chasse. Les Grecs croyaient qu'elles s'unissaient parfois aux hommes d'une autre tribu. Elles gardaient les filles nées de cette union et tuaient les garçons. Leur reine, Lysippe, avait fondé leur société matriarcale : les femmes y étaient des guerrières, tandis que les hommes autorisés par elles à survivre étaient cantonnés aux travaux domestiques.

Les Amazones étaient de rudes et excellentes guerrières, particulièrement brillantes

Les Amazones étaient de brillantes guerrières et des archers exceptionnels Afin de tirer plus facilement à l'arc, elles se coupaient le sein droit.

Les Amazones étaient d'excellentes guerrières, qui pouvaient l'emporter sur les plus grands héros. Cette amphore athénienne datant de 330 av. J.-C. montre des Amazones en train de combattre.

Un grand nombre d'Amazones périrent dans la bataille qui les opposa à Héraclès, après que la déesse Héra les eut incitées à se révolter contre le héros et leur reine Hippolyté. Amazone blessée d'un coup de lance, fragment d'une peinture sur un vase, Tarente, IVe siècle av. J.-C.

dans le tir à l'arc. Sous leurs reines successives Marpésia, Lampado et Hippo, elles conquirent une partie considérable de l'Asie occidentale. Troie elle-même tomba un jour sous leur autorité. Pendant la guerre de Troie, les Amazones combattirent aux côtés des Troyens. Le grand héros grec, Achille, tua leur reine, Penthésilée, mais succomba à son charme quand il découvrit la beauté de celle qu'il venait d'abattre.

L'un des douze travaux d'Héraclès consista à s'emparer de la ceinture de Hippolyté, la reine des Amazones. Celle-ci se sentait attirée par Héraclès et elle lui aurait bien donné volontairement sa ceinture ; l'épisode n'en eut pas moins une fin tragique, puisque Héraclès tua Hippolyté et plusieurs autres Amazones (*voir* **Héraclès**).

À l'occasion d'une expédition militaire, le héros Thésée enleva Antiopé, reine des Amazones, qui, selon certains récits, tomba amoureuse de lui. Les autres Amazones se lancèrent à la poursuite de Thésée et lui livrèrent bataille sur le territoire athénien. Thésée finit par triompher. De l'union entre Thésée et Antiopé (ou Hippolyté, selon certaines sources) naquit un fils, Hippolyte.

Dans d'autres récits, Thésée ne se rendit pas seul chez les Amazones, mais accompagna Héraclès quand celui-ci s'empara de la ceinture d'Hippolyté.

De nos jours, une amazone désigne une femme montant à cheval avec les deux jambes du même côté.

Amour *voir* Éros

Andromaque

Andromaque est la fille d'Éétion, roi d'Asie Mineure et l'épouse d'Hector, le plus brave des Troyens. Hector et Andromaque eurent un fils, Astyanax. Les sept frères d'Andromaque, ainsi que son père, furent tués par Achille, le héros grec, de même qu'Hector, son époux. Ce bain de sang eut pour cause la mort de Patrocle, l'ami le plus cher d'Achille, qui avait été tué peu auparavant par Hector.

Dans un passage émouvant de l'*Iliade*, Homère met en scène Hector prenant congé de sa femme et de son jeune fils avant de partir au combat. De manière significative, le petit Astyanax est effrayé par le panache qu'il voit osciller sur le casque de son père. Non moins

Les passages dans lesquels Homère décrit Andromaque et Astyanax sont les premiers dans la littérature occidentale à être consacrés à l'amour des parents pour leurs enfants. Andromaque et Astyanax ne devaient pas être très différents de la mère et de l'enfant représentés sur cette bouteille d'huile datant d'environ 460 av. J.-C.

pathétiques sont les vers évoquant la réaction d'Andromaque quand elle apprend que son époux est tombé au combat. Elle se lamente ainsi, sur Hector et sur son fils désormais sans père : « S'il [Astyanax] échappe à la guerre, source de pleurs, que nous font les Achéens [les Grecs], l'avenir pour lui ne sera que peines et que deuils; d'autres lui raviront ses champs. Le jour qui fait un enfant orphelin le prive en même temps des amis de son âge. Devant tous il baisse la tête; ses joues sont humides de larmes » (*Iliade*, XXII, 486-491).

Mais l'enfant n'aura pas ce destin, puisqu'après la chute de Troie, il fut précipité du haut des murs de la ville. Andromaque fut enlevée par Néoptolème, le fils d'Achille. Ce dernier se révéla d'un tempérament aussi violent que son père en tuant le vieux roi Priam sur l'autel du temple de Zeus. Andromaque donna un fils (trois, selon certains récits) à Néoptolème, tout en ayant à supporter la haine de son épouse grecque, Hermione, laquelle était stérile. Cette dernière, soutenue par son père, Ménélas, tenta même d'assassiner Andromaque, mais elle en fut empêchée par Pélée, le grand-père de Néoptolème.

Plus tard, Andromaque épousa le devin Hélénos, qui avait été ramené comme elle de Troie par Néoptolème. Elle vécut avec lui à Pergame, une nouvelle cité d'Asie Mineure, dont le nom était calqué sur celui de la citadelle de l'ancienne Troie. Selon une version différente, ce serait Pergame, le fils d'Hélénos

Ruines de la cité de Pergame, où Andromaque passa peut-être les dernières années de sa vie.

Andromède fut enchaînée à un rocher au bord de la mer pour y être la proie du monstre envoyé par Poséidon, le dieu de la mer.

Andromède devint une constellation dans le ciel. Cette illustration extraite d'un vieil atlas astronomique montre comment on pouvait reconnaître le personnage mythologique dans la constellation.

et d'Andromaque, qui aurait fondé cette ville.

Épouse aimante et sans défense, victime d'une guerre impitoyable, Andromaque est restée un personnage mythique à la dimension humaine, dont le destin n'a malheureusement rien perdu de son actualité. Elle est également l'un des personnages de la pièce poignante d'Euripide, *Les Troyennes*, qui évoque son triste sort de concubine de Néoptolème, ainsi que les tentatives d'Hermione pour l'éliminer (*voir* **Hector** *et* **Néoptolème**).

Cassiopée, l'arrogante mère d'Andromède, devint elle aussi une constellation.

Andromède

Andromède est la fille de Cassiopée et du roi éthiopien Céphée. Quand Cassiopée se vanta que la beauté d'Andromède était supérieure à celle des Néréides, les nymphes marines, celles-ci se plaignirent à Poséidon. Ce dernier, indigné d'une telle arrogance, envoya un monstre marin détruire l'empire de Céphée.

Un oracle ayant indiqué que d'autres désastres pourraient être évités si Andromède – innocente, pourtant, des vantardises de sa mère – était offerte en sacrifice au monstre, elle fut enchaînée à un rocher au bord de la mer. C'est là que le héros Persée la trouva, alors qu'il passait muni de sandales ailées.

Persée emportait avec lui la tête de la Gorgone Méduse, qu'il venait de vaincre (*voir* **Gorgones** *et* **Persée**). Il s'éprit immédiatement d'Andromède, et après s'être assuré qu'elle n'était pas encore mariée, il engagea le combat contre le monstre marin. Au grand soulagement de Céphée et de Cassiopée, il réussit à le tuer grâce à la faucille d'acier que lui avait donnée Hermès. Puis, se servant de la tête de Méduse – dont le regard pouvait transformer en pierre toute créature vivante –, il transforma les algues en corail.

Après cet exploit, le héros fut autorisé à épouser la belle princesse. Malheureusement, Céphée avait déjà promis sa fille à son frère, Phinée, lequel s'éleva violemment contre ce mariage. Mais Persée fut de nouveau vainqueur : à l'aide de la tête de Méduse, il transforma Phinée et ses partisans en pierres. Par la suite, Persée et Andromède allèrent s'établir à Argos, roi et reine de Tirynthe.

Après leur mort, Athéna fit de Persée et d'Andromède deux constellations célestes. Cassiopée devint elle aussi une constellation, mais pour la punir de son arrogance, elle fut condamnée à tourner indéfiniement dans le firmament.

Antigone

Antigone est la fille d'Œdipe, roi de Thèbes, et de Jocaste, son épouse et mère. Sophocle, le grand dramaturge athénien, raconte son histoire dans ses pièces, *Œdipe roi* et *Antigone*.

Quand Œdipe s'aperçut qu'il avait involontairement tué son père et épousé sa mère, il se creva les yeux et fut banni de Thèbes, tandis que Jocaste se pendit (*voir* **Œdipe**). L'oncle d'Œdipe, Créon, devint le régent de Thèbes,

Donner aux morts une sépulture décente était un devoir sacré pour les Grecs. Antigone aurait bien voulu que ses frères soient traités comme cette femme décédée, pleurée par ses parents. Fragment d'un pot de grès noir athénien daté d'env. 325 av. J.-C.

puis les frères d'Antigone, Étéocle et Polynice, s'emparèrent du trône. Antigone accompagna Œdipe dans son errance à travers la Grèce. Thésée, roi d'Athènes, finit par lui donner asile : ayant retrouvé la sérénité de l'âme, le malheureux put enfin mourir en paix. Avant cela, toutefois, sa seconde fille, Ismène, était arrivée à Athènes porteuse d'un message indiquant qu'Étéocle avait chassé Polynice afin de régner sur Thèbes en maître absolu. Il avait le soutien de Créon, lequel se dirigeait même vers Athènes avec son armée pour y capturer Antigone et Ismène. Après l'intervention de Thésée, Créon changea d'avis, et les deux sœurs revinrent à Thèbes de leur plein gré.

Polynice, entré en guerre avec six de ses partisans contre sa ville natale, mourut lors d'un duel avec Étéocle, duel au cours duquel ce dernier périt également.

Créon remonta donc sur le trône. Il enterra Étéocle avec les honneurs dus à son rang, mais il laissa le corps de Polynice sans sépulture – comble de l'humiliation pour un citoyen grec. Il interdit même à quiconque, sous peine de mort, d'enterrer Polynice. Antigone brava l'interdiction en jetant trois poignées de terre sur le cadavre de son frère. Créon la fit arrêter et la condamna à mort ; mais pour éviter de se rendre coupable de la mort d'un proche parent, il la fit emmurer vivante dans une caverne avec de quoi manger et boire.

Tirésias, le devin aveugle, adjura Créon d'ensevelir Polynice et de délivrer Antigone. Effrayé par les paroles de Tirésias, Créon suivit son conseil, mais quand on ouvrit la caverne où Antigone était enfermée, on la trouva pendue. Hémon, fils de Créon et fiancé d'Antigone, qui avait en vain plaidé sa cause auprès de son père, se suicida après avoir maudit Créon (l'épouse de ce dernier se suicida également).

Il existe différentes versions de ce mythe qui toutes insistent sur l'exceptionnel courage moral dont fait preuve Antigone. La fascination exercée par ce thème, si brillamment traité par Sophocle dans une pièce écrite vers 440 avant notre ère, ne s'est jamais démentie. Le drame de Sophocle a fait l'objet de multiples interprétations. Signalons également la pièce écrite par Jean Anouilh (1910-1987), *Antigone*, très souvent mise en scène et connue d'un public extrêmement nombreux.

Aphrodite forme la poignée de ce miroir athénien datant du ve siècle av. J.-C. La déesse est accompagnée de colombes et de cygnes, ses compagnons habituels.

On pensait qu'Aphrodite, déesse de l'amour, était née de l'écume de la mer avant d'aborder sur l'île de Cythère ou sur celle de Chypre. La colombe lui était consacrée.

Aphrodite
(déesse romaine : Vénus)

Aphrodite, la déesse grecque de l'amour et de la beauté, est l'une des douze divinités séjournant sur le mont Olympe avec Zeus, la divinité suprême. Vénus, déesse de l'amour, est son équivalente chez les Romains.

C'est elle qui introduit dans le monde la beauté et l'amour, particulièrement l'amour érotique, et on ne peut pas dire qu'elle encourage la fidélité conjugale. Elle suscita plus d'une fois la colère d'Héra (Junon), gardienne des liens du mariage. Aphrodite est décrite comme une jeune femme parfaite et séduisante au sourire irrésistible. Dans son entourage, on trouve les trois Grâces et son fils, Éros (Cupidon), le petit dieu ailé de l'amour avec son arc et ses flèches. Dans des représentations plus tardives, elle est souvent accompagnée de plusieurs de ces petits dieux enfants (*voir* **Éros**).

Le culte d'Aphrodite est né au Moyen-Orient où des déesses similaires, comme

Aphrodite, déesse de l'amour et de la beauté, incarnait et incarne toujours la beauté féminine idéale. Statue d'Asie Mineure, période hellénistique.

Astarté, déesse phénicienne de la fécondité (son équivalente en Mésopotamie est la déesse Ishtar), étaient vénérées depuis longtemps. Son culte passa en Grèce via les îles de Cythère et de Chypre. Selon la légende, Aphrodite naquit sur l'une de ces îles, après que le titan Cronos eut coupé et jeté dans la mer les organes sexuels de son père, Ouranos, dieu du ciel et premier souverain de l'univers (*voir* **Cronos**). De l'écume se forma alors dans l'eau d'où sortit Aphrodite (le mot grec *aphros* signifie « écume »), qui aborda les rivages de Chypre ou de Cythère en belle jeune femme. Aussi l'appelait-on « la Cythérée » ou « la Chypriote », ou encore « celle qui est née de la mer ». Selon la version retenue par Homère, Aphrodite était la fille de Zeus et de Dioné, déesse de la terre, qu'on vénérait à Dodone, en Étolie. De manière surprenante, son mari était Héphaïstos (Vulcain), le dieu artisan difforme et boiteux. À l'instar de son père, la frivole Aphrodite fut plus d'une fois infidèle à son époux. Homère nous la présente trompant Héphaïstos avec Arès, le dieu de la guerre, physiquement bien plus séduisant. Mais Hélios, le dieu du soleil, les surprit dans leurs ébats et en informa Héphaïstos. Furieux, le mari trompé forgea un filet d'une telle finesse qu'il était presque invisible, et le plaça au-dessus du lit de son épouse. Puis il fit mine de partir en voyage. Arès se rendit aussitôt chez Héphaïstos. Mais à peine les deux amants se furent-ils mis au lit, que le filet tomba sur eux sans qu'ils puissent s'en débarrasser. Revenu chez lui, Héphaïstos invita les autres dieux à venir voir la scène et, ceux-ci, contemplant le couple adultère pris au piège, éclatèrent de rire. Précisons toutefois qu'Hermès, le messager des dieux, fut assez franc pour remarquer : « Qu'on me charge, Apollon ! et trois fois plus encore, de chaînes infinies et venez tous me voir, vous tous, dieux et déesses ; mais que je dorme aux bras d'Aphrodite d'or ! » (l'*Odyssée*, VIII, 340-342). Finalement, Poséidon, le dieu de la mer, se chargea de réconcilier Héphaïstos et Aphrodite.

Arès eut d'Aphrodite plusieurs enfants : Déimos et Phobos (« crainte » et « peur »), Harmonie (épouse de Cadmée) et Éros, bien qu'on

À l'instar de leur mère, les cygnes, fils et auxiliaires d'Aphrodite, avaient le pouvoir de rendre les gens amoureux. Ceux présentés ci-dessous sont attelés au char de la déesse (on voit seulement son bras, à gauche). Vase décoré, ve siècle av. J.-C.

ait dit que celui-ci s'était engendré lui-même à une date bien antérieure.

Ainsi qu'en témoignent les vers d'Homère qu'on vient de citer, Arès n'était pas le seul à désirer Aphrodite. Ce fut également le cas d'Hermès, et encore de Dionysos (Bacchus), le dieu du vin et de la végétation, dont l'union avec Aphrodite engendra Priape, le dieu de la fécondité, qui était doté d'un énorme phallus. Par ailleurs, Hermaphrodite, nymphe à la fois masculine et féminine, naquit de l'union d'Hermès et d'Aphrodite (*voir* **Hermaphrodite**).

Un seul mortel s'unit à Aphrodite. Il s'agit d'Anchise, père d'Énée, le héros troyen qui posa les fondements de la future ville de Rome. Aphrodite elle-même succomba aux charmes d'Adonis, mais leur histoire d'amour eut une fin tragique, avec la mort d'Adonis sous les coups d'un sanglier, au cours d'une chasse (*voir* **Adonis**).

Aphrodite avait également la capacité de faire naître la passion chez les dieux comme chez les mortels. Les seuls êtres à avoir su lui résister furent les vertueuses et virginales déesses qu'étaient Athéna, Artémis et Hestia. Selon Homère, Aphrodite possédait une « ceinture magique brodée de fourrure » qu'il lui arriva de prêter à Héra, un jour que celle-ci voulu exciter les sens de Zeus et lui faire perdre la tête.

Parfois, cependant, les caprices d'Aphrodite eurent de terribles conséquences. Elle fut ainsi, dans une large mesure, responsable de l'éclatement de la guerre de Troie.

L'affaire commença bien innocemment, lors du mariage du mortel Pélée et de la déesse de la mer Thétis, quand Éris, déesse de la discorde – qui n'avait pas été invitée – lança une pomme d'or parmi les convives, laquelle portait l'inscription « pour la plus belle ». Héra, Athéna et Aphrodite furent chacune d'avis que la pomme leur revenait de droit. Zeus ordonna alors à Pâris, le séduisant fils de Priam, le roi de Troie, de dire laquelle des trois déesses étaient la plus belle.

Chacune tenta d'influencer le jugement de Pâris. Héra lui promit le pouvoir, Athéna, la victoire dans les combats, et Aphrodite, la plus belle femme du monde. Pâris ne fut pas long à choisir : Aphrodite fut désignée comme « la plus belle ». Le seul ennui était qu'Hélène, la plus belle femme du monde, n'était pas libre : elle était l'épouse de Ménélas, roi de Sparte. Sous l'influence d'Aphrodite, toutefois, elle fut aussitôt séduite par Pâris et tous les deux s'enfuirent à Troie. Ménélas, son puissant frère Agamemnon, et beaucoup d'autres souverains grecs, affrétèrent une flotte pour ramener Hélène. Ils s'embarquèrent pour Troie et finirent par détruire la ville après une guerre de dix années (*voir* **Hélène** *et* **Pâris**).

La déesse Athéna, (avec la chouette qui lui était consacrée) se retrouve sur les deux faces de cette pièce de monnaie athénienne datée du Ve siècle av. J.-C. Aphrodite et Athéna pouvaient à l'occasion se trouver en rivalité, comme ce fut le cas lors du célèbre Jugement de Pâris, qui conduisit à la guerre de Troie.

C'est probablement Aphrodite (à droite) qui est honorée sur ce mur peint de la Villa des mystères à Pompéi (Ier siècle av. J.-C.). En plus de ses charmes, Aphrodite avait aussi un côté sombre moins séduisant.

Vestiges d'un temple dédié à Aphrodite dans la Turquie moderne. Durant toute la période gréco-romaine, Aphrodite fut l'une des divinités les plus populaires et les plus vénérées.

Les pouvoirs d'Aphrodite firent bien d'autres victimes – volontaires ou involontaires. Comme Didon, la reine de Carthage, qui, pour son malheur, s'éprit d'Énée, le fils d'Aphrodite.

Elle n'hésitait pas à punir durement toutes celles qui lui manquaient d'égards. C'est à cause d'elle, par exemple, que Pasiphaé, épouse de Minos, roi de Crète, fut fécondée par un taureau et donna le jour au terrifiant Minotaure. Les femmes de Lemnos, qui avaient négligé de lui rendre un culte, se virent affligées d'une odeur si désagréable que leurs maris les abandonnèrent : en représailles, elles les tuèrent tous. La Muse Clio, qui avait osé railler l'amour d'Aphrodite pour le mortel Adonis, fut punie en tombant elle-même amoureuse d'un mortel. Calliope, une autre Muse, qui selon certains avait servi d'arbitre dans la querelle opposant Aphrodite et Perséphone au sujet d'Adonis, vit son fils Orphée tomber sous les coups des sauvages Ménades qui s'étaient éprises de lui. Psyché, la pauvre princesse qui était si belle que les gens en oubliaient de rendre hommage à Aphrodite et qui avait même involontairement conquis le cœur d'Éros, eut elle aussi à souffrir de la personnalité toute en nuances d'Aphrodite.

Apollon, dieu de la lumière et des arts, joue ici de la lyre. C'était un dieu très important, aux multiples facettes.

Bien qu'immortelle, la déesse de l'amour était loin d'être invulnérable. Quand elle tenta de porter secours à son fils Énée, gravement blessé lors de la guerre de Troie, le héros grec Diomède la frappa au bras si violemment de sa lance qu'elle en hurla de douleur. Et on put voir Athéna, déesse encore plus puissante qu'elle, la jeter à terre quand elle vint au secours de son amant Arès.

Apollon

Apollon, également appelé Phébus, est l'un des dieux grecs les plus importants. Il fait partie des douze dieux qui vivent sur le mont Olympe aux côtés de Zeus, la divinité suprême. Ses attributions sont très diverses et évoluèrent au cours des siècles.

Fils de Zeus et de Léto, il était –entre autres– le dieu de la divination, des arts (particulièrement la musique) et du tir à l'arc. Il était également un dieu de la lumière liée au soleil (*phoibus* signifie « brillant »). Ses flèches pouvaient répandre des maladies contagieuses, raison pour laquelle on l'appelait encore « celui qui frappe de loin », mais il était aussi capable de favoriser la guérison. Cette nature ambivalente apparaît également dans le fait qu'il était la divinité protectrice des bergers tout en étant, en même temps, identifié au loup, leur ennemi par excellence.

Apollon était originaire de Lycie, dans ce qui est actuellement le sud-ouest de la Turquie.

Artémis, ici en guerrière recouverte d'une peau de lion, était la sœur jumelle d'Apollon et, comme lui, un archer exceptionnel – elle tient son arc dans la main gauche. Artémis Bendis, Tarente, IVe siècle av. J.-C.

Vers l'an 1000 avant notre ère, il était déjà vénéré comme l'un des principaux dieux grecs.

Léto mit au monde Apollon et sa sœur jumelle Artémis, déesse de la chasse, sur l'île de Délos (qui devint un endroit sacré où il était formellement interdit de naître et de mourir), où elle avait fui la colère d'Héra, la femme jalouse de Zeus (*voir* **Léto**). Apollon atteignit l'âge adulte sept jours seulement après sa naissance. Il décide alors de se rendre chez les Hyperboréens, un peuple mythique pieux et vertueux, sur un char tiré par des cygnes blancs, pour y instaurer son culte. Après ce séjour dans ce pays situé à l'extrême Nord de la région de Boré, Apollon retourne en Grèce. Il gagne alors la région de Delphes, en Grèce continentale, où vivait Python, le gigantesque serpent femelle, dans une crevasse du sol. Python

Toute une partie de Delphes, comportant divers édifices, était consacrée à Apollon. On voit ici les vestiges d'un gymnase.

Représentation d'un dauphin sur un petit vase. Le dauphin, consacré à Apollon, servait de figure de proue sur le navire de son grand prêtre quand il circulait au large des côtes grecques.

était la fille de Gaia, déesse de la Terre. Elle dévorait les hommes en Phocide, et elle avait auparavant tenté d'empêcher la naissance d'Apollon et d'Artémis. Apollon abattit le monstre (selon le poète Ovide) d'« un millier de flèches ». Bien qu'il eût à faire pénitence pour avoir tué le divin serpent, il fut autorisé à établir son célèbre oracle à l'endroit même occupé autrefois par le monstre. L'oracle de Delphes (rattaché aux sanctuaires d'Apollon), situé selon les Grecs près du « nombril » du monde (c'est-à-dire son centre), conserva tout au long de l'Antiquité une réputation extraordinaire et d'innombrables fidèles vinrent le consulter. Les Grecs ne partaient jamais en guerre avant d'avoir demandé conseil à l'oracle de Delphes. La réponse aux questions posées était apportée par la Pythie, prêtresse du lieu (son nom renvoie au mot « python »). Elle était assise sur un trépied placé au-dessus de la crevasse dans laquelle avait séjourné le gigantesque serpent, et d'où ses prédictions lui étaient communiquées à voix basse par Apollon en personne. Ce « langage oraculaire » était habituellement obscur et susceptible d'interprétations diverses, ce qui n'était pas sans contribuer à la réputation d'infaillibilité de l'oracle. On pense aujourd'hui que la Pythie était probablement soumise à des émanations toxiques issues des profondeurs, agissant sur son cerveau et transformant son discours en un charabia qu'il suffisait ensuite de traduire en prédictions « utilisables ».

Les jeux Pythiques furent introduits à Delphes après le meurtre de Python. Au début, on y fit essentiellement des concours de musique, puis on y organisa des jeux sportifs. Selon la légende, les premiers prêtres de Delphes vinrent de Crète, après qu'Apollon (sous la forme d'un dauphin) eut conduit leur navire au port de Delphes.

Les flèches d'Apollon firent beaucoup d'autres victimes. Ainsi, par exemple, avec sa sœur Artémis il tua le géant Tityos qui avait violé leur mère. Ce meurtre fut exceptionnellement approuvé par Zeus et Tityos fut soumis à d'éternels tourments dans le Tartare, la partie la plus « infernale » du monde souterrain.

Niobé fut, elle aussi, victime de la vengeance d'Apollon et d'Artémis. Épouse d'Amphion, roi de Thèbes, elle avait eu sept fils et sept filles. Elle se vantait d'être plus féconde que Léto et trouvait même inutile de lui faire des sacrifices. Elle fut terriblement punie de son arrogance. Apollon abattit de ses flèches les sept fils de Niobé, tandis qu'Artémis réservait le même sort aux filles. Alors que la dernière vivait encore, s'agrippant désespérément à la robe de sa mère, Niobé implora qu'on l'épargnât. En vain : une flèche vint frapper la petite fille (dans une autre version, elle est sauvée, *voir* **Chloris**). De douleur, Niobé se changea en pierre (*voir* **Niobé**).

Éros de bronze datant du IIe siècle av. J.-C. Une querelle opposa Éros à Apollon quand ce dernier minimisa ses talents d'archer. Éros lui décocha une flèche qui le rendit follement amoureux de la nymphe Daphné.

Apollon dut expier ses actes de violence en se mettant au service d'un mortel. Durant cette période d'esclavage, il construisit les murailles de Troie (entre autres choses) en compagnie de Poséidon, le dieu de la mer (selon un autre récit, il avait entrepris ce travail moyennant salaire, mais le roi troyen Laomédon refusa de payer sa dette).

Pendant la guerre de Troie, Apollon fut le protecteur divin des Troyens le plus acharné et le plus redouté. Quand les Grecs enlevèrent la fille de l'un de ses prêtres, il suscita parmi eux une épidémie de peste. Selon certains, c'est lui qui porte la responsabilité de la mort d'Achille, Celui-ci mourut d'une flèche tirée par Pâris, qui l'atteignit au talon, seule partie vulnérable de son corps. Mais Pâris étant un archer médiocre, c'est Apollon qui aurait dirigé sa

Asclépios, dieu de la médecine, était fils d'Apollon, dont les flèches pouvaient, à l'occasion, répandre des maladies contagieuses. Statue de bronze de l'époque romaine.

flèche. C'est lui encore qui accorda des dons prophétiques aux deux enfants du roi Priam, Cassandre et Hélénos. Mais Cassandre s'étant refusée à Apollon, elle ne put guère tirer avantage de ses dons : Apollon fit en sorte que ses prédictions – pourtant exactes – ne soient jamais crues.

Daphné rejeta aussi les avances d'Apollon. Éros, qui avait été offensé par Apollon, se vengea de lui en le faisant tomber amoureux de la nymphe Daphné. Désespérée, celle-ci s'enfuit, poursuivie par le dieu enflammé de désir. Au moment d'être rattrapée, la nymphe supplia qu'on la débarrasse de son corps si désirable, et elle fut changée en laurier (*voir* **Daphné**). Apollon eut plus de succès avec les garçons. Mais ses rapports avec le beau Hyacinthos eurent une fin tragique : un disque lancé par le dieu tua accidentellement le jeune homme (*voir* **Hyacinthos**).

Apollon eut plusieurs enfants, et le fils qu'il eut de la princesse Coronis, Asclépios, devint le dieu de la médecine. La naissance de ce dernier fut toutefois des plus singulières. Coronis s'étant montrée infidèle à Apollon, Artémis la

Apollon joue de la lyre devant un temple orné d'une statue en or du dieu. Apollon était un musicien accompli, et il n'était pas recommandé de critiquer ses talents, comme en témoigne ce qui arriva au roi Midas. Décoration d'un cratère, Tarente, IVe siècle av. J.-C.

Le temple d'Apollon à Pompéi, avec à l'arrière-plan le volcan du Vésuve qui détruisit la ville. Les Romains voyaient en Apollon le symbole même de la civilisation grecque.

tua, et ce fut Apollon (ou Hermès) qui vint arracher l'enfant encore à naître du sein de sa mère dont le corps était déjà sur le bûcher.

Ses dons pour l'art et la musique sont un aspect extrêmement important de la personnalité d'Apollon. Il commande aux sept Muses, divinités tutélaires des arts et des sciences. Lui-même est l'inventeur de la cithare, instrument grec reconnu pour être l'ancêtre du luth et de la guitare, mais son instrument favori, avec lequel il est le plus souvent représenté, est la lyre. Non qu'il en ait été l'inventeur : ce fut le jeune Hermès qui lui en fit cadeau, en compensation d'un vol de bétail qu'il avait commis à son encontre (*voir* **Hermès**). Apollon jouait également de la flûte, et fort bien. Le satyre Marsyas, qui pensait en jouer mieux que lui et eut l'audace de le défier dans un concours, subit une défaite humiliante, avant d'être écorché vif par le dieu.

Le dieu de la guerre Arès, d'une sauvagerie redoutable, n'était pas très intelligent.

Midas, le roi phrygien, fit lui aussi l'expérience de l'extrême susceptibilité d'Apollon en matière de musique. Après avoir d'abord entendu le dieu Pan jouer de sa flûte de roseau, puis Apollon dans un numéro de pure virtuosité à la lyre, il eut le malheur de dire, contre l'avis de tous les auditeurs, qu'il préférait ce que Pan avait joué. Apollon en fut si irrité qu'il affubla Midas de deux oreilles d'âne.

Maître des oracles et de leurs prédictions, Apollon était également le dieu favori des poètes, des chanteurs et des musiciens qui adoptèrent son instrument de prédilection. Divinité intégralement grecque, il n'en fut pas moins adopté par les Romains, grands admirateurs et imitateurs de la civilisation grecque. Le premier empereur romain, Auguste, lui dédia un temple en 28 av. J.-C., sur le mont Palatin, en plein cœur de Rome, soulignant par là la mission civilisatrice universelle qu'il assignait à l'Empire romain.

Arès (dieu romain : Mars)

Arès, fils de Zeus, le dieu suprême, et d'Héra, son épouse, est le dieu grec de la guerre. Il est l'un des douze dieux Olympiens qui vivent aux côtés de Zeus sur le mont Olympe. Contrairement à la rusée Athéna, dont les dons en matière de stratégie font merveille à la guerre, Arès est une brute agressive et violente, qui ne brille guère par son intelligence. Zeus, son père, lui confia même une fois sans ménage-

La déesse Aphrodite (Vénus). La séduisante déesse de l'amour, épouse d'Héphaïstos, le forgeron difforme, eut une liaison avec le dieu de la guerre Arès. Statue de grès du Ier siècle de notre ère.

Au cours de la guerre de Troie, Arès (à droite) eut affaire à une Athéna (à gauche) bien plus intelligente que lui. Peinture à l'huile, Rubens, XVIIe siècle.

ments qu'il ne tolérait sa présence que parce qu'il était son fils.

Arès demeura célibataire, mais il eut de multiples liaisons. La plus célèbre est celle avec Aphrodite, la déesse de l'amour et de la beauté, dont il eut Harmonie (épouse de Cadmos) et les jumeaux Déimos (« crainte ») et Phobos (« peur »). Aphrodite trompa son mari, Héphaïstos avec Arès. Averti de l'adultère de son épouse, Héphaïstos fabriqua un filet invisible qu'il plaça au-dessus de son lit. Quand Arès et Aphrodite vinrent s'y coucher, le filet les emprisonna ; pour les humilier, Héphaïstos invita les autres dieux à venir voir le spectacle (*voir* **Aphrodite**).

Arès était révéré à Sparte, la cité-État grecque, où on avait véritablement le culte de la guerre. Mais Athènes, par excellence patrie de la culture, ne le négligeait nullement. L'endroit où siégeait la Cour suprême de la justice athénienne avait pour nom l'Aréopage, la « colline d'Arès ». On disait qu'un fils de Poséidon, le dieu de la mer, y avait violé autrefois une mortelle, Alcippé. Arès avait battu à mort le criminel et avait été jugé – et acquitté – en cet endroit même par un tribunal composé de dieux. D'où le nom donné à cette colline.

Pendant la guerre de Troie, Arès prend le parti des Troyens, mais ses performances sur le champ de bataille sont loin d'être impressionnantes. Le mortel Diomède réussit à le blesser et à le mettre en fuite, et il connut également la défaite lors d'une confrontation directe avec Athéna. Héraclès réussit lui aussi à le blesser.

Mars, le dieu latin qui est l'équivalent d'Arès, était d'une importance bien plus grande pour les Romains, car il était le père de Rémus et Romulus, les fondateurs de Rome. Pour les Romains, c'est en partie grâce au soutien de Mars, ainsi qu'à la parfaite organisation de leurs armées et au rôle central qu'ils accordèrent à la puissance militaire, qu'ils furent en mesure de créer un fabuleux empire. Le Champ de Mars (*Campus Martius*), situé au cœur de la cité, lui était expressément consacré. Le mois du même nom figure toujours dans notre calendrier.

Embarqués sur le navire Argo, *les Argonautes firent voile vers la lointaine Colchide, pays situé à l'est de la mer Noire. L'Argo devait ressembler à cette réplique moderne d'une trirème athénienne.*

Argonautes

Les Argonautes sont un groupe de héros qui s'embarquèrent pour la Colchide sur un navire commandé par Jason, l'*Argo*, afin de conquérir la Toison d'or, c'est-à-dire la peau d'un bélier surnaturel. L'histoire de ce voyage aux multiples péripéties peut être considérée comme l'un des plus anciens récits d'aventures de la littérature occidentale. Nombre d'auteurs de l'Antiquité, parmi lesquels Apollonios de Rhodes, poète de l'époque hellénistique, et Ovide, poète latin, ont raconté l'expédition de ces cinquante audacieux héros vers la lointaine Colchide.

Le prologue de ce récit met en scène le voyage de deux enfants d'ascendance royale,

*L'équipage de l'*Argo *était composé de héros exceptionnels. Ce relief représentant un navire fut sculpté au* VIII*e siècle av. J.-C. en Anatolie, dont les Argonautes longèrent la côte septentrionale.*

Phrixos et Hellé, qui s'enfuirent de Béotie. Montés sur le dos d'un bélier ailé à la toison d'or, ils tentaient d'échapper à la haine de leur belle-mère, Ino. Au cours du voyage, Hellé tomba du bélier et se noya dans la mer qui porte aujourd'hui encore son nom – l'Hellespont. Phrixos parvint à atteindre la Colchide (à l'est de la mer Noire) et y demeura à la cour du roi Aeétès. La Toison d'or du bélier fut clouée à un arbre dans un bois consacré à Arès et gardée par un dragon qui ne s'endormait jamais.

Par la suite, Jason, fils d'Aeson, reçut de son oncle Pélias l'ordre d'aller en Colchide et d'en ramener la Toison d'or. Les intentions de Pélias étaient loin d'être honorables. Il s'était emparé, aux dépens du père de Jason, du trône d'Iolcos, une cité-État de Magnésie en Thessalie. Pour le sauver, la mère de Jason prétendit que son fils (encore enfant) était mort, mais elle l'avait secrètement confié au Centaure Chiron, personnage d'une grande sagesse qui s'était déjà chargé dans le passé d'instruire plusieurs héros (*voir* **Chiron**). Pendant ce temps, Pélias avait appris par l'oracle de Delphes qu'il aurait à se méfier d'un descendant d'Aeson qui se présenterait à lui ne portant qu'une seule chaussure. Quand Jason, devenu jeune homme, revint à Iolcos, Héra, sa protectrice, fit en sorte qu'il perde l'une de ses sandales en traversant une rivière, si bien que lorsqu'il arriva à la cour de Pélias l'un de ses pieds étant nu. Pélias promit alors à Jason le trône d'Iolcos, mais à la condition qu'il lui ramène la Toison d'or. À ses yeux, il s'agissait là d'une tâche impossible, et Pélias était sûr que Jason n'y survivrait pas.

Les Dioscures Castor et Pollux faisaient partie des héros accompagnant Jason. Les talents de Pollux à la boxe furent bien utiles aux Argonautes. Ci-dessous, statue de l'un des Dioscures sur le Capitole de Rome.

L'oracle de Delphes, pourtant, émit un avis favorable sur les chances de Jason. Ce dernier demanda donc à Argos (« le rapide ») de lui construire l'*Argo*. La déesse Athéna ajouta à la proue du navire une poutre taillée dans un chêne parlant du bois sacré de Zeus à Dodone. Puis, Jason rassembla cinquante héros pour l'accompagner dans ce voyage périlleux. Chacun d'eux était d'une valeur exceptionnelle. On y trouvait les Dioscures Castor et Pollux, Pélée (époux de la déesse Thétis et père d'Achille), Thésée, le héros d'Athènes, Orphée, le célèbre chanteur et musicien, Calaïs et Zétès (fils de Borée, le vent du nord), Tiphys, le timonier, Argos, le constructeur de bateaux, Admète, roi des Phères, et même Héraclès, le plus grand de tous les héros grecs.

Les audacieux marins connurent de multiples aventures. Ils firent d'abord escale à Lemnos, île dont les femmes avaient été punies par Aphrodite : affligées par elle d'une odeur épouvantable, et donc délaissées par leurs maris, elles avaient exterminé tous les hommes de l'île. Les Argonautes s'unirent donc à elles et leur donnèrent des fils.

Hylas était un beau jeune homme qui fut enlevé par des nymphes en Bithynie. Cette nymphe des eaux veille sur un bassin de la Villa Borghese, à Rome.

Harpyes peintes sur une louche à vin. Le roi Phinée eut affaire à ces monstres à têtes de femmes que les héros Calaïs et Zétès réussirent à chasser.

Héraclès quitta l'*Argo* après avoir sauvé le navire attaqué par un groupe de géants à six bras. Fasciné par la beauté d'Hylas, son porte-bouclier, qui avait été enlevé par les Nymphes, il resta en Bithynie. Il devait ensuite retourner en Grèce afin de poursuivre ses douze travaux (*voir* **Héraclès**).

Amycos, le roi des Bébryces, avait pris la fâcheuse habitude de défier tous ses hôtes dans des matchs de boxe qui se terminaient invariablement par la mort de son adversaire. Quant à ceux qui refusaient de relever le défi, ils étaient jetés dans la mer du haut d'une falaise. Mais Pollux, l'un des deux Dioscures, était lui-même un excellent boxeur, et il tua Amycos au cours de leur match.

L'*Argo* fit ensuite escale en Thrace. Phinée, le roi local, qui était aveugle et pouvait prédire l'avenir, était alors persécuté par les Harpyes (*voir* **Harpyes**). Ces êtres monstrueux, mi-oiseaux mi-femmes, lui volaient sa nourriture et souillaient sa table de divers excréments. Calaïs et Zétès, les héros ailés, mirent en fuite les Harpyes, mais Zeus leur ordonna de les

Avant de passer les Symplégades, les Argonautes envoyèrent d'abord un pigeon qui se faufila entre ces roches dangereuses. Pièce de monnaie en argent, Grèce, IVe siècle av. J.-C.

épargner. Phinée n'en fut pas moins délivré de ces monstres, et en signe de gratitude il donna aux Argonautes de précieux conseils pour la suite de leur voyage.

Les Argonautes se présentèrent ensuite devant les Symplégades, près du Bosphore, à l'entrée de la mer Noire (appelée par les Grecs *Pontos Euxeinos*, « mer hospitalière » – à entendre par antiphrase !). Les Symplégades étaient deux rochers mobiles, qui ne cessaient

Pour conquérir la Toison d'or, Jason eut d'abord à atteler à une charrue une paire de bœufs soufflant le feu par les naseaux. Rhyton *(vase à boire) en forme de tête de bœuf, Tarente, IVe siècle av. J.-C.*

Illustration antique de la constellation du Dragon. Le dragon qui gardait la Toison d'or s'endormit aussitôt après avoir bu la potion magique de Médée.

d'ouvrir et de fermer alternativement le passage. Heureusement, Phinée avait conseillé aux Argonautes de lancer d'abord un pigeon. L'oiseau réussit à passer entre les rochers, tout en perdant quelques plumes de sa queue. Si un pigeon avait pu passer, les rameurs exceptionnellement vigoureux de l'*Argo* pouvaient en faire autant. Effectivement, le navire réussit lui aussi à passer, ne perdant qu'une partie de sa poupe. Précisons qu'après cet exploit, les Symplégades (on les appelait également les Roches Bleues) perdirent leur pouvoir de s'opposer au passage des navires.

Après d'autres aventures, Jason et ses compagnons atteignirent finalement la capitale de la Colchide, où Jason demanda au roi Aétès l'autorisation de ramener à Iolcos la Toison d'or.

Le roi y consentit, mais à condition que Jason réussisse à atteler à une charrue deux taureaux aux sabots d'airain qui soufflaient le feu par leurs naseaux. Il devait ensuite labourer un champ et y semer des dents de dragon d'où jaillirait une moisson d'hommes puissamment armés qu'il aurait à combattre. Aux yeux d'Aétès, c'était là une tâche impossible, mais il n'avait pas prévu que sa fille Médée,

Sirène se désolant. Les sirènes furent à coup sûr très affligées de voir Orphée, le grand musicien, les surpasser dans l'art de chanter. Fragment d'un chapiteau, Tarente, IVe siècle av. J.-C.

sorcière accomplie, tomberait éperdument amoureuse de Jason.

Elle donna au héros un baume magique qui le rendit invulnérable au feu soufflé par les taureaux et elle lui dit de jeter une lourde pierre au milieu des guerriers nés des dents de dragon qui se mettraient alors à se battre entre eux. Tout se passa selon les prévisions de

Bronze représentant un Triton à deux queues. Le dieu marin tient probablement un bateau dans ses mains. C'est Triton en personne qui permit au navire Argo, *bloqué dans le lac Tritonis, de retrouver la haute mer.*

Médée et Jason put se rendre dans le bois sacré pour s'emparer de la Toison d'or. Le dragon qui la gardait ne lui posa aucun problème, car Médée avait donné à Jason des herbes magiques qui plongèrent le monstre dans un profond sommeil.

Furieux, Aétès se lança à la poursuite des Argonautes qui avaient pris Médée à leur bord et aussitôt quitté la Colchide. Médée tua alors son jeune frère, Apsyrtos, et coupa son corps en morceaux qu'elle jeta à la mer. Aétès ne pouvait laisser son fils sans sépulture : le temps qu'il mit à récupérer ses restes permit aux Argonautes de lui échapper et de faire voile vers Iolcos.

Selon une autre version, ce fut Apsyrtos (adulte) qui se lança à leur poursuite sur les ordres de son père. Après négociation, Jason obtint d'Apsyrtos le droit de garder la Toison d'or, mais à condition que Médée retourne en Colchide. Celle-ci se mit en colère contre Jason, qui la rassura immédiatement : il s'agissait seulement de tromper Apsyrtos, lequel fut en effet pris par traîtrise et abattu par les deux complices. Zeus fut si horrifié par cet acte que s'adressant à Médée et à Jason au moyen de la poutre parlante située à la proue de l'*Argo*, il leur ordonna d'aller expier leurs fautes chez la tante de Médée, la magicienne Circé.

*Vue des côtes de l'île de Crète. C'est de là que Talos, l'effrayant « robot » de bronze, jeta d'énormes rochers sur l'*Argo.

Circé habitait l'île d'Aéa, en fait une presqu'île au large de la côte occidentale de l'Italie. Elle purifia les fugitifs, mais ayant pris conscience de la gravité de leur crime et leur prévoyant un avenir difficile, elle les pria de quitter sa demeure.

Pélias accepta la Toison d'or tout en n'ayant nullement l'intention d'abdiquer. Mais il n'était pas de taille à rivaliser avec Médée et ses tours de magie. Peu après l'arrivée de l'*Argo*, celle-ci réussit à rajeunir Aeson, le vieux père de Jason que son âge avait considérablement affaibli. Ayant pris connaissance de ce prodige, les filles de Pélias voulurent en faire autant avec leur père. Médée, qui n'attendait que cela, ne se fit pas prier pour leur montrer comment procéder. Elle découpa un vieux bélier et en fit bouillir les morceaux dans un pot avec quantité d'herbes magiques : et l'on vit l'animal jaillir du pot comme un jeune agneau de printemps. Les filles de Pélias tuèrent donc leur père et le mirent à cuire – malheureusement pour elles, Médée avait omis d'y ajouter les herbes requises.

Après cet acte de vengeance, Jason ne devint pas pour autant roi de Iolcos : il se rendit avec Médée à Corinthe, où naquirent leurs deux fils. Puis Jason décida de répudier Médée et de prendre pour épouse Glaucé, la fille du roi de Corinthe.

La réaction de Médée fut terrible. Elle offrit à la future mariée une superbe robe nuptiale qu'elle avait magiquement traitée. Quand Glaucé revêtit la robe, elle prit feu et mourut, de même que son père qui tentait de lui porter secours. Puis, afin de frapper Jason encore plus durement, Médée tua ses deux fils avant de s'enfuir d'Athènes sur un char attelé à deux dragons ailés. Elle trouva refuge auprès du roi Égée, qu'elle épousa par la suite (*voir* **Égée** *et* **Médée**).

Le cœur brisé, Jason demeura à Corinthe. On pouvait l'y voir souvent près de son vieux navire, se remémorant sombrement ses glorieuses aventures passées. L'*Argo* n'était guère en meilleur état que son ancien capitaine. Un jour, un morceau de bois pourri se détacha du bateau et tua Jason (*voir* **Jason** *et* **Médée**).

Ariane

Ariane est la fille de Minos, roi de Crète, et de sa femme, Pasiphaé. Elle s'éprit de Thésée, le héros athénien, quand celui-ci se rendit chez Minos, accompagnant les sept jeunes garçons et les sept jeunes filles qu'on devait, tous les neuf ans, offrir en sacrifice au Minotaure, le monstre carnivore enfermé dans le Labyrinthe près du palais de Minos.

Thésée promit à Ariane de l'épouser s'il réussissait à tuer le Minotaure et à en revenir vivant. Ariane consulta alors Dédale, l'architecte qui avait construit le Labyrinthe, et échafauda un plan d'action. Quand Thésée pénétra dans le Labyrinthe, elle lui donna une longue corde qui avait été fixée à l'entrée. Thésée tua le Minotaure et grâce au « fil » qu'Ariane lui avait donné, il put retrouver son chemin et sortir du Labyrinthe. Thésée et Ariane s'enfuirent ensuite de Crète, mais pour une raison obscure le héros abandonna la jeune fille sur l'île de Naxos. Peut-être dut-il la céder à Dionysos, le dieu du vin, mais il est également possible que Dionysos ait de lui-même recueilli Ariane une fois abandonnée. Selon la version communément admise, Ariane épousa le dieu, et en son honneur, celui-ci lança en l'air son diadème qui devint une constellation (*voir* **Dédale, Minos, Minotaure** *et* **Thésée**).

Le fil qu'Ariane donna à Thésée lui permit de retrouver son chemin pour sortir du Labyrinthe.

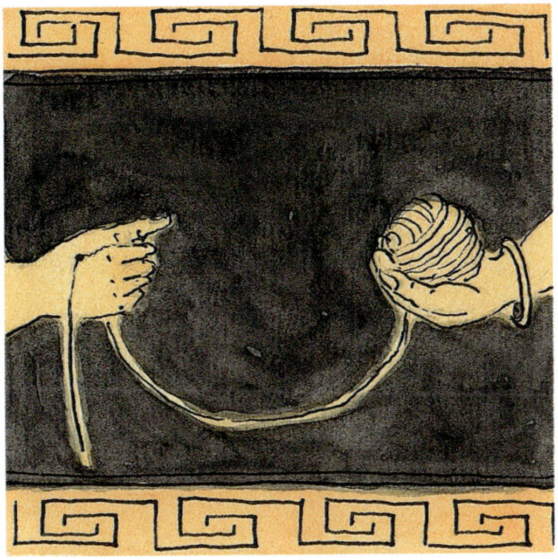

Arion

Célèbre chanteur et joueur de lyre, Arion était originaire de l'île de Lesbos. Il passa une grande partie de sa vie à la cour de Périandre, le tyran de Corinthe (personnage historique qui régna de 625 à 585 av. J.-C.).

Après avoir fait une tournée en Italie et en Sicile, il voulut revenir à Corinthe. Pour plus de sûreté il prit un bateau muni d'un équipage entièrement corinthien. Mais malgré cette précaution, les marins s'emparèrent de l'argent qu'il avait gagné dans sa tournée et s'apprêtèrent à le tuer. Arion les supplia de lui laisser la vie sauve et de lui accorder la faveur de chanter une dernière fois. Les marins n'y virent pas d'objection et, après avoir chanté un air magnifique dédié à Apollon, Arion sauta dans la mer.

Le navire poursuivit sa route, mais un dauphin vint au secours du chanteur et le porta sur

Ruines du palais du roi Minos à Cnossos en Crète. Il est possible que le fameux Labyrinthe habité par le Minotaure ait fait partie de cette construction gigantesque.

son dos jusqu'à la côte du Péloponnèse. Ayant retrouvé la terre ferme, Arion revint à Corinthe et raconta son histoire à Périandre qui refusa d'y croire. Mais quand les marins vinrent ensuite dire à Périandre qu'ils avaient laissé Arion en Italie, celui-ci apparut soudain, et les menteurs furent aussitôt châtiés.

Représentation du mariage de Dionysos, dieu du vin, et d'une Ariane voilée. Dionysos épousa Ariane sur l'île de Naxos. Peinture sur coupe (kylix) athénienne, VIe siècle av. J.-C.

Arion, le célèbre chanteur et joueur de lyre, fut sauvé par un dauphin après que l'équipage du navire sur lequel il voyageait l'eut volé et jeté par-dessus bord. L'animal le porta sur son dos jusqu'à la terre ferme. Décoration d'un plat octogonal, IVe siècle de notre ère.

Pour les Grecs, la constellation de la Couronne boréale (à gauche) était le diadème d'Ariane, lancé au ciel par celui qu'elle venait d'épouser, Dionysos.

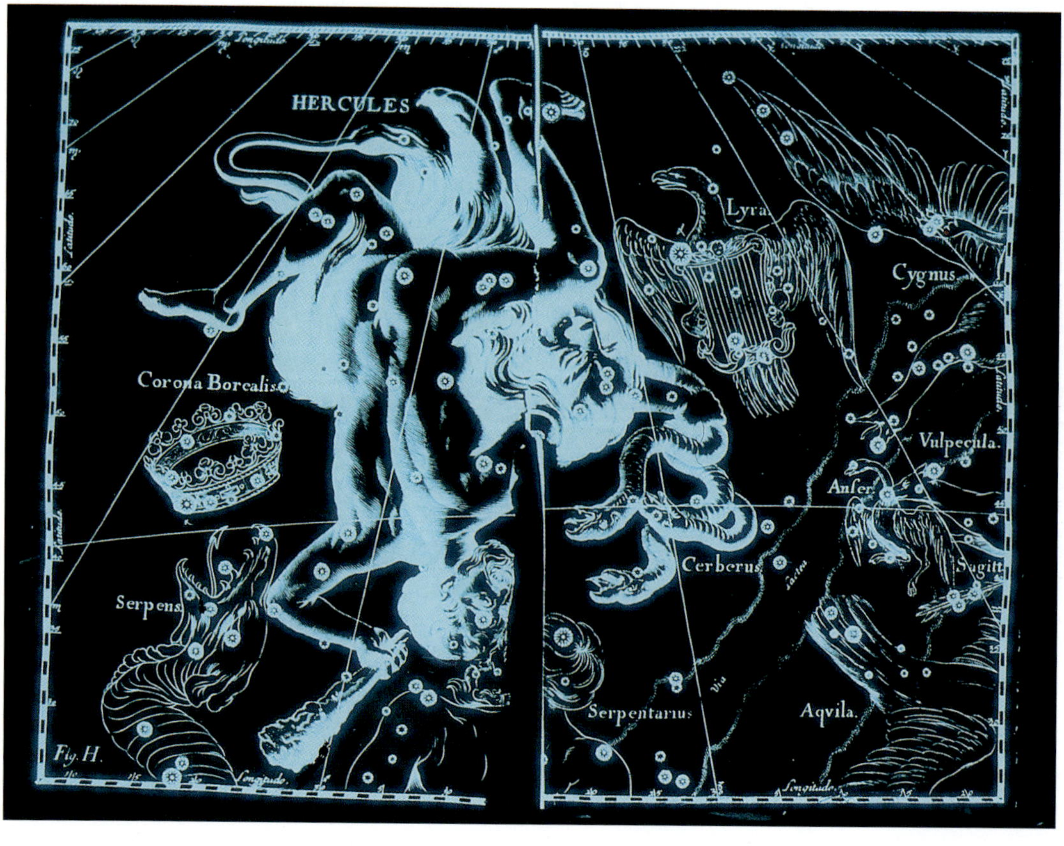

Artémis
(déesse romaine : Diane)

Fille de Zeus, la divinité suprême, et de Léto, Artémis fait partie des douze Olympiens qui résident avec Zeus sur le mont Olympe. Elle est la sœur jumelle d'Apollon et la déesse de la chasse et de la nature sauvage. Bien qu'elle soit le plus souvent décrite comme une déesse virginale à laquelle toute forme de sexualité fait horreur, elle fut probablement à l'origine une déesse-mère moins pudibonde qui était vénérée à Éphèse (dans la partie occidentale de la Turquie actuelle).

Son frère, Apollon, avait le pouvoir de répandre des maladies contagieuses parmi les hommes tout en étant, en même temps, le dieu de la médecine. De la même manière, Artémis était à la fois déesse de la chasse et la protectrice des animaux sauvages (Homère l'appelle « maîtresse des animaux »). Comme Apollon, elle était habile au tir à l'arc, se chargeant de frapper de ses flèches les femmes qui avaient mal agi. Ainsi, Apollon tua les fils de Niobé,

À l'instar de son frère jumeau Apollon, Artémis, déesse de la chasse et de la nature, était habile au tir à l'arc.

qui s'était vantée d'être plus féconde que Léto (la mère d'Apollon et d'Artémis), mais ce fut Artémis qui tua ses filles (*voir* **Apollon** *et* **Niobé**).

Le géant Tityos, qui avait violé Léto, fut lui aussi la victime des jumeaux divins. Après qu'ils l'eurent abattu, son corps fut enfermé dans le Tartare, chez Hadès, et soumis à des tourments sans fin. Les aspects sinistres de la personnalité d'Artémis en font l'égale de l'effrayante Hécate, déesse des magiciennes et des sorcières. Et Artémis pouvait effectivement être terrible. Admète, le roi des Phères, qui ne l'avait pas honorée comme il fallait, trouva sa chambre nuptiale remplie de serpents (*voir* **Alceste**). Agamemnon, le puissant roi de Mycènes, dut sacrifier sa fille Iphigénie à la déesse après qu'il l'eut offensée (*voir* **Agamemnon** *et* **Iphigénie**). Ce côté sombre d'Artémis est confirmé par le fait qu'elle était associée à Séléné, déesse de la Lune ; Apollon (le « brillant »), son frère jumeau, était, quant à lui, associé au Soleil.

Tête d'Artémis. La déesse de la chasse est parfois représentée enveloppée dans la peau d'un lion, dont la tête lui sert ici de capuchon. Antéfixe, Tarente, IVe siècle av. J.-C.

Artémis ne pouvait toutefois rivaliser avec Héra, l'épouse de Zeus, qui poursuivait de sa rancune tous les enfants que Zeus avaient eus avec d'autres femmes. Homère nous montre Héra s'en prenant violemment à Artémis (qui soutenait les Troyens dans la guerre de Troie) et la frappant au visage ; et Artémis, habituellement si rude, éclata en sanglots et courut se faire consoler par son père Zeus.

En dépit de sa virginité hautement revendiquée, Artémis n'était pas insensible à la beauté masculine, comme en témoigne l'histoire d'Orion, le grand chasseur béotien, qui devint le compagnon de la déesse. Selon une des versions du mythe, Orion eut le malheur de coucher ensuite avec Éos, la déesse de l'Aurore, et la jalouse Artémis le tua. Dans une autre version, c'est Apollon qui fut jaloux de la liaison entre sa sœur jumelle et le séduisant chasseur. Un jour qu'Orion se baignait dans la mer, en l'absence d'Artémis, Apollon, par ruse, amena

Artémis se séchant après son bain. Actéon, le chasseur qui l'avait involontairement surprise dans sa nudité, en fut sévèrement puni. Peinture à l'huile, Peter Paul Rubens, XVIIe *siècle.*

Artémis découvre que Callisto, victime de Zeus et de ses fredaines érotiques, est enceinte. La déesse exigeait des nymphes de sa suite de rester vierges. Peinture à l'huile, Adriaan van der Werff, XVIIe-XVIIIe *siècle.*

sa sœur à tirer une flèche, qui vint frapper mortellement le nageur (*voir* **Orion**).

Actéon apprit également à ses dépens qu'Artémis ne badinait pas avec les principes. L'ayant involontairement surprise en train de se baigner, nue, avec ses nymphes, la déesse le changea en cerf, et le malheureux chasseur fut déchiqueté par sa propre meute de chiens. (*voir* **Actéon**).

Callisto, l'une des nymphes de la suite d'Artémis, perdit sa virginité quand Zeus la viola. Au moment du bain, Artémis découvrit que Callisto était enceinte et elle la chassa immédiatement. Héra, furieuse que Callisto ait ainsi éveillé la passion de Zeus, la transforma en ourse pour la faire tuer à la chasse par Artémis. Par la suite, Zeus transforma Callisto en constellation, la Grande Ourse, mais là encore Héra eut le dernier mot, en obtenant que cette constellation soit à jamais condamnée à tourner autour de l'étoile polaire (*voir* **Callisto**).

Ascagne

Ascagne est le fils d'Énée, le héros troyen, et de sa première femme Créüse. Selon la mythologie romaine, Ascagne a fondé la ville d'Albe la Longue, trente-trois ans après l'arrivée en Italie d'un groupe de fugitifs troyens commandés par Énée (*voir* **Énée**). Son autre nom était Iule (originellement Ilus, dérivé d'Ilion, l'ancien nom grec de Troie) : aussi les Iulii (la famille de Jules César et de l'empereur Auguste) prétendaient-ils descendre d'Énée et d'Ascagne.

Pour l'historien latin Tite-Live, la mère d'Ascagne n'était pas Créüse mais Lavinia, la princesse du Latium dont le mariage avec Énée mit fin à la guerre entre Troyens et Latins. Énée aurait alors fondé Lavinium en l'honneur de son épouse. Selon cette version, Ascagne devint roi de Lavinium après la mort d'Énée et fonda Albe la Longue. Plusieurs générations après, ses descendants, les frères Rémus et Romulus, fondèrent la ville de Rome.

La statue de Jules César, homme d'État et chef des armées romaines, domine le Forum de Rome. César et sa famille prétendaient descendre d'Énée et d'Ascagne.

Asclépios
(dieu romain : Esculape)

Fils d'Apollon et de la nymphe Coronis, Asclépios est le dieu grec de la médecine. Coronis ayant été infidèle à Apollon, Artémis, la sœur jumelle d'Apollon, la tua avant qu'elle ait pu donner naissance à Asclépios, mais ce dernier fut arraché vivant du cadavre de sa mère par son père (ou par Hermès). Il fut élevé par le centaure Chiron qui lui enseigna les arts et la médecine. En tant que fils d'Apollon – lequel avait lui-même des pouvoirs thérapeutiques – Asclépios possédait à sa naissance un don de guérisseur.

Asclépios était vénéré à Épidaure dans le Péloponnèse. L'île de Cos avait également un Asclépion important, sanctuaire dédié au dieu où les malades venaient en pèlerinage soigner leurs maux. Le serpent jouait un rôle important dans la médecine d'Asclépios, et on le voit souvent représenté enroulé autour du bâton d'Asclépios – cette image symbolise encore aujourd'hui l'art médical. Peut-être ce pouvoir de guérison attribué aux serpents est-il à rapprocher de leur capacité à « rajeunir » chaque année en changeant de peau.

Asclépios épousa Epioné et eut deux fils qui combattirent pendant la guerre de Troie, soignant leurs camarades blessés. Curieusement, bien qu'il fût un dieu guérisseur, Asclépios n'était pas immortel, et sa capacité à redonner vie aux morts, grâce au sang de Méduse qu'Athéna lui avait donné, se retourna contre lui. Zeus, le dieu suprême, le frappa de sa foudre pour le punir de sa présomption.

Par la suite, Apollon le transforma en une constellation, le Serpentaire, qui brille au ciel entre le Sagittaire et le Scorpion.

Asclépios fut arraché du cadavre de sa mère Coronis, selon la tradition la plus fréquente. Plat peint, Francesco Urbini et Giorgio Andreoli, XVIe siècle.

Vestiges du grand Asclépion sur l'île de Cos. Ce sanctuaire comportait une source d'eau sulfureuse et était une sorte d'établissement thermal.

Ce petit temple aux colonnes ioniques est dédié à Asclépios. Il fut édifié au XVIIIe siècle dans les jardins de la Villa Borghese, à Rome. Une statue du dieu se dresse à l'intérieur du temple.

Illustration antique de la constellation du Serpentaire, en laquelle son père Apollon métamorphosa Asclépios. Après sa mort, contrairement à ceux qui avaient défié Zeus, Asclépios ne fut pas condamné aux Enfers.

Atalante

Il existe deux versions différentes du mythe de la grande chasseresse. Dans la première, Atalante est la fille de Iasos d'Arcadie ; dans la seconde, son père est Schoenée, le Béotien. Dans les deux cas, sa mère est Clyméné.

Son père ayant préféré avoir un fils, elle fut abandonnée à sa naissance sur une montagne. Une ourse prit soin d'elle et l'allaita, jusqu'à ce que des chasseurs la recueillent et l'élèvent parmi eux. Cette enfance inhabituelle fit d'elle une jeune fille très masculine ne s'intéressant qu'à la poursuite du gibier. Elle était vigoureuse et habile au combat, comme s'en aperçurent deux centaures qui tentèrent de lui faire violence : elle les tua de ses flèches. Elle fut même recrutée pour faire partie des Argonautes (*voir* **Argonautes**), mais leur chef, Jason, refusa de prendre une femme à bord de son bateau.

Coq de grès, VIe siècle av. J.-C. Quand Socrate, le philosophe athénien, fut condamné à mort et à boire la ciguë, il demanda à ses disciples d'offrir un coq à Asclépios pour que son âme soit enfin libérée de la prison du corps.

Quand les environs de la cité de Calydon furent dévastés par un redoutable sanglier qui avait été envoyé par Artémis, Atalante se joignit aux chasseurs partant à la recherche du monstre. Elle réussit à atteindre l'animal de sa flèche. La jalousie conduisit certains de ses compagnons à faire des remarques désobligeantes, à leurs risques et périls ! Quand Méléagre, qui était amoureux d'Atalante, eut réussi à abattre le sanglier, il voulut en partager l'honneur avec la jeune femme, ce qui souleva à nouveau la colère des autres chasseurs et Méléagre tua aussitôt deux d'entre eux.

Atalante fit de son mieux pour ne pas se marier. Elle demanda à son père de ne la marier qu'à un homme qui l'aurait vaincu à la course et que tous ceux dont elle aurait triomphé fussent tués sur place. Comme Atalante était extrêmement belle, beaucoup d'hommes relevèrent le défi, mais aucun de ces candidats au mariage ne put la dépasser. Jusqu'à ce que, avec l'aide d'Aphrodite, la déesse de l'amour, Mélanion (dans la version arcadienne) ou Hippomènes (dans la version béotienne) réussit à

La grande chasseresse Atalante fut abandonnée à sa naissance et allaitée par une ourse. Relief d'ours sur un plat de terre cuite, IIIe siècle de notre ère.

la dépasser : la ruse d'Aphrodite consista à donner au jeune homme trois pommes d'or qu'il jeta successivement sur le trajet ; rendue curieuse par ces fruits inhabituels, Atalante (qui était déjà tombée amoureuse du jeune homme et ne pouvait supporter l'idée qu'il puisse mourir) s'arrêta à trois reprises pour les ramasser. C'est ainsi que Milanion/Hippomènes gagna la course et qu'Atalante devint sa femme. Mais il omit de témoigner de sa gratitude à la déesse de l'amour, et il osa même faire l'amour à Atalante dans le temple de la déesse Cybèle, ce qui n'était guère convenable ! Se jugeant offensée, Aphrodite changea les deux jeunes gens en lion et en lionne – punition d'autant plus cruelle que les lions, à l'époque, ne s'unissaient qu'à des panthères.

Tous ceux qui prétendaient épouser Atalante devaient d'abord la vaincre à la course. Ces coureurs sont ici représentés sur une amphore du VIe siècle av. J.-C. donnée en prix aux jeux Panathéniens.

Athéna
(déesse romaine : Minerve)

Athéna – ou Pallas Athénée – est l'une des douze divinités vivant sur l'Olympe aux côtés de Zeus. Elle est l'une déesses grecques les plus importantes : déesse de la guerre, mais tout autant de la sagesse et de la science, et protectrice d'activités multiples. Elle a une affection particulière pour les villes, notamment pour Athènes, où elle était vénérée dans de nombreux temples en tant que divinité tutélaire de la cité.

Atalante fut changée en lionne par Aphrodite, devenant à son tour la proie des chasseurs. Mosaïque au sol, Pella (Macédoine).

Sa sagesse et l'abondance de ses talents résultent directement du caractère exceptionnel de sa naissance. Zeus s'était uni à l'Océanide Mêtis (« prudence » ou « pensée »), laquelle fut, selon certaines versions du mythe, sa première épouse. Après que Gaia, déesse de la Terre, et Ouranos, dieu du Ciel, eurent prédit à Zeus que le dieu qui naîtrait de cette grossesse le détrônerait, Zeus dévora son épouse. Il eut alors un épouvantable mal de tête. Héphaïstos, le dieu artisan, vint à son secours avec ses outils, et lui fendit le crâne d'où jaillit une Athéna tout armée et déjà adulte.

Athéna vint au monde d'une manière exceptionnelle : elle naquit directement de la tête de son père, Zeus.

La bravoure extraordinaire d'Athéna est son trait le plus frappant. Mince et de grande taille, elle apparaissait le plus souvent casquée et armée d'une lance, portant l'égide – une cuirasse en peau de chèvre – que son père lui avait donnée, et qui était décorée d'une tête de Méduse, la Gorgone dont le regard terrifiant vous changeait en pierre ; cette tête de Méduse ornait également son bouclier (*voir* **Gorgones**).

La chouette et le rameau d'olivier qu'on voit sur cette pièce de monnaie de l'Attique étaient les symboles caractéristiques d'Athéna, la déesse protectrice d'Athènes et de l'Attique.

Une chouette, qui symbolisait sa sagesse, l'accompagnait souvent. Homère la compare à cet oiseau, ce qui semble indiquer que la déesse avait été autrefois vénérée sous la forme d'une chouette. Cet oiseau apparaissait également sur les pièces de monnaie en circulation à Athènes.

Les liens particuliers unissant Athéna à Athènes s'établirent à l'époque où la déesse était en compétition avec Poséidon, le dieu de la mer, pour la maîtrise de l'Attique, la région où est située Athènes. Le dieu de la mer se servit de son trident pour faire jaillir une source sur l'Acropole, mais Athéna y fit pousser un olivier. Les dieux et les déesses pris pour arbitres jugèrent qu'un olivier était un cadeau plus précieux. Les habitants de la ville choisirent donc Athéna comme protectrice et donnèrent son nom à leur cité. Les temples les plus importants bâtis sur l'Acropole, l'Érechthéion et le Parthénon – littéralement « maison des vierges », en raison de la dimension virginale d'Athéna – lui étaient consacrés. Dans le Parthénon se dressait une magnifique statue de la déesse de plus de douze mètres de haut, œuvre du grand sculpteur Phidias. Ses vêtements étaient d'or pur. L'olivier sacré offert à la cité par Athéna occupait une place d'honneur au milieu des temples de l'Acropole, et l'arbre se remit même miraculeusement à pousser après les destructions infligées par les Perses en 480 av. J.-C. Aujourd'hui encore, un olivier pousse à côté du temple.

Athéna en robe et coiffée d'un casque. Elle porte sur les épaules la lourde « peau de chèvre » et sur sa main est perchée la chouette, symbole de sa sagesse. Statuette de bronze, Ier siècle av. J.-C.

Comme Artémis, la grande et mince Athéna était une vierge convaincue. Elle n'en avait pas moins une préférence pour les héros d'une virilité affirmée. Statuette de grès, Tarente, IIIe siècle av. J.-C.

La déesse Athéna est présentée ici en guerrière, munie de toutes ses armes. Détail d'un tableau d'Arnold Houbraken, XVIIIe siècle.

Selon un autre récit des débuts mythiques de la cité, Athéna décida un jour de se donner à Héphaïstos, pour le remercier d'avoir contribué à sa mise au monde, mais au dernier moment elle se déroba à son étreinte et la semence d'Héphaïstos tomba à terre. Il en naquit Érichthonios, qu'Athéna confia aux filles de Cécrops, l'un des premiers rois d'Athènes (*voir* **Cécrops**). Érichthonios devint plus tard roi d'Athènes.

Contrairement à Artémis, Athéna n'est ni farouche ni solitaire : elle ne cherche pas à fuir les humains en se réfugiant dans les forêts et les montagnes. Elle intervient activement dans la vie des hommes, ce dont témoignent d'innombrables récits.

Peu de dieux s'impliquèrent autant qu'elle dans la guerre de Troie, dans laquelle elle fut l'infatigable soutien des Grecs. C'est elle qui les poussa à déclarer la guerre, qui les protégea, qui vint à leur secours et parfois combattit directement à leurs côtés. Son demi-frère, Arès, qui soutenait les Troyens, n'était pas de taille à rivaliser avec elle : Arès est le dieu de la fureur désordonnée, alors qu'Athéna incarne l'intelligence dans l'art de la guerre. Le soutien apporté aux Grecs par Athéna ne fut pourtant ni illimité ni inconditionnel. Ainsi quand, après la chute de Troie, le jeune Ajax viola Cassandre sur l'autel d'Athéna et renversa du même coup sa statue, la déesse cessa de soutenir les Grecs. Pour Ajax, tout cela se termina mal (*voir* **Ajax**), et seul Ulysse continua de bénéficier des faveurs d'Athéna. Mais ce dernier était le type d'homme cher à son cœur, un héros qui utilise son intelligence plutôt que la force brutale.

Parmi les autres héros protégés par Athéna, citons Héraclès, Jason, Bellérophon et Persée. C'est avec l'aide de la déesse que ce dernier tua Méduse, la Gorgone. Méduse avait offensé Athéna et fut changé par elle en une créature hideuse, si répugnante que quiconque la voyait était instantanément transformé en pierre. Persée trancha la tête de Méduse et l'offrit à sa protectrice qui l'attacha à son égide et la fit représenter sur son bouclier. Oreste reçut également le soutien d'Athéna.

Oreste, fils d'Agamemnon et de Clytemnestre, tua sa mère pour venger le meurtre de son père (*voir* **Oreste** *et* **Agamemnon**). Les Érinyes se lancèrent alors à sa poursuite. Cependant, avec l'aide d'Athéna il trouva asile à Athènes. La déesse veilla à ce qu'il fût jugé sur l'Aréopage et son vote en sa faveur s'avéra décisif. Athéna est ainsi à l'origine de la tradition athénienne qui fait du jury la base d'une bonne administration de la justice. Autre grande tradition athénienne : celle consistant à accorder l'asile aux réfugiés politiques ou autres. Dans la mythologie, le malheureux roi Œdipe bénéficie de cette coutume.

Dans cette illustration qui met en valeur son rôle de protectrice des arts et des activités industrieuses, Athéna/Minerve est exceptionnellement entourée de quatre angelots. Peinture à l'huile, Jacob de Wit, XVIIIe siècle.

Minerve, la déesse romaine des arts, des activités industrieuses, de la science et de la sagesse, était vénérée dans toute l'Italie. À l'origine, elle était probablement une divinité étrusque. Elle fut très tôt identifiée à Athéna et si l'esprit belliqueux de celle-ci lui faisait défaut, au début, les Romains la représentèrent par la suite munie de ses armes : Minerve devint une déesse de la guerre autant que de la sagesse. Roma, la divinité tutélaire de Rome, était représentée sous ses traits.

Atlas

Le Titan Atlas est le fils de Japet et de la nymphe Clyméné. Après que les Titans eurent été vaincus par Zeus et ses frères, Atlas fut le seul à ne pas être emprisonné dans les Enfers souterrains. Zeus lui infligea un châtiment spécial, celui de porter la voûte céleste sur ses épaules. Pour cette tâche gigantesque, Atlas fut placé à l'extrémité occidentale du monde (tel qu'il était alors connu des Grecs), non loin du détroit de Gibraltar.

Contrairement aux autres Titans, Atlas ne fut pas emprisonné dans le monde souterrain, mais il fut condamné à porter la voûte céleste sur ses épaules.

À l'occasion de l'un de ses douze travaux, Héraclès rendit visite à Atlas – il s'agissait pour le héros d'aller cueillir les pommes d'or du Jardin des Hespérides. Gaia, la déesse de la Terre, avait donné ces pommes à Héra quand celle-ci avait épousé Zeus. Héra les avait ensuite confiées aux Hespérides, les filles d'Atlas, qui les mirent en sûreté dans un beau jardin gardé par le dragon Ladon.

Atlas fit une proposition à son visiteur : afin d'éviter à Héraclès d'avoir à combattre le dragon, il irait lui-même chercher les pommes. Héraclès n'avait qu'à le remplacer un moment et maintenir en état la voûte céleste : il était assez fort pour cela. Atlas se rendit donc au jardin. De retour avec les pommes, il confia qu'il serait ravi de les apporter lui-même à Eurysthée (celui qui avait ordonné ce « travail » au héros) pensant qu'Héraclès pouvait bien continuer à remplir sa tâche pendant ce temps-là. Ce der-

Atlas portant le ciel sur son dos, tandis qu'au centre Zeus siège sur son trône et règne sur l'ensemble des constellations du zodiaque.

La tête de la Gorgone Méduse (exceptionnellement belle dans cette représentation) fut utilisée par le héros Persée pour changer Atlas en pierre, créant ainsi la chaîne montagneuse du même nom. Grès sculpté, Tarente, ve siècle av. J.-C.

nier fit semblant d'accepter, tout en demandant à Atlas de bien vouloir le remplacer un court instant pour qu'il puisse mettre un coussin sur son épaule endolorie. Atlas accepta volontiers. Héraclès en profita pour prendre le large avec les pommes, et Atlas ne cesse, depuis, de gémir sous le poids de son fardeau.

Le poète Ovide raconte que le héros Persée (fils de Zeus, comme Héraclès) se rendit lui aussi auprès d'Atlas. Persée lui demanda l'hospitalité pour la nuit, mais Atlas la lui refusa, se souvenant qu'un oracle lui avait prédit qu'un fils de Zeus viendrait dérober les pommes à ses filles (allusion probable à Héraclès). Atlas proféra des menaces contre Persée, lequel se servit alors de la tête de Méduse (*voir* **Gorgones** *et* **Persée**) pour changer Atlas en une montagne de pierre (la chaîne montagneuse de l'Atlas au Maroc). Le problème avec cette version du mythe est que la visite de Persée à Atlas précède apparemment celle d'Héraclès, et que ce dernier rencontra bel et bien un Titan, et non une montagne.

Descendant de Pélops, Atrée dut affronter la malédiction dont Myrtilos, fils du dieu Hermès, avait frappé son ancêtre. Hermès de bronze, Étrurie, Ve siècle av. J.-C.

Atrée

Atrée est l'un des fils de Pélops et d'Hippodamie. Roi de la puissante cité de Mycènes, il est le père d'Agamemnon, chef des Grecs durant la guerre de Troie, et de Ménélas. Toute cette lignée des Atrides eut à souffrir tragiquement du sort que Myrtilos, fils du dieu Hermès, avait jeté sur Pélops pour l'avoir trahi et mortellement blessé (*voir* **Pélops**). Ainsi commença pour les Atrides un cycle épouvantable de meurtres et de vengeances qui ne prit fin qu'après qu'Oreste, le petit-fils de Pélops, eut été jugé à Athènes (*voir* **Agamemnon** *et* **Oreste**).

Entrée du prétendu « Trésor d'Atrée » à Mycènes, ville dont Homère a célébré la puissance.

Atrée et Thyeste, son frère, tuèrent leur demi-frère Chrysippos et furent bannis de son royaume par Pélops. Atrée fut ensuite trahi par son épouse Aéropé : celle-ci s'était éprise de son beau-frère, Thyeste, et l'avait aidé à s'emparer par ruse du royaume de Midée. Toutefois, secouru par Hermès, Atrée réussit (là encore par ruse) à l'emporter sur son frère : il l'exila, mais regretta bien vite ce châtiment trop léger quand il découvrit la manière dont il avait été joué par Thyeste et Aéropé. Il mit donc à mort les trois fils de Thyeste et invita son frère à un « banquet de réconciliation ».

Durant le repas, il servit à Thyeste une viande constituée en réalité des corps de ses enfants. Quand Thyeste eut fini de manger, il lui montra les mains et les pieds de ses fils et lui révéla ce qu'il venait de consommer. Par la suite, Thyeste eut un autre fils en s'unissant à sa propre fille, dont un oracle lui prédit qu'il le vengerait des atrocités commises par Atrée. Par un miraculeux concours de circonstances, ce fils, Égisthe, fut élevé dans le palais d'Atrée. Après que les fils de ce dernier, Agamemnon et Ménélas, se furent emparés de Thyeste, Égisthe réalisa ce qui était arrivé à sa famille et par quel crime il avait été mis au monde. Il se retourna donc contre Atrée et le tua.

Égisthe devint plus tard l'amant de Clytemnestre, l'épouse d'Agamemnon. Tous deux assassinèrent Agamemnon, et furent tués à leur tour par Oreste, le fils d'Agamemnon. Ce n'est qu'après qu'Oreste eut été purifié de son meurtre à Athènes que prit fin la malédiction qui avait pesé sur la famille des Atrides.

Attis

Fils de Nana, la nymphe du dieu-fleuve Sangarios, Attis fut élevé par un bouc. Jeune berger d'une grande beauté, il fut passionnément aimé par Cybèle, la déesse-mère phrygienne. Aussi, quand Attis voulut épouser l'une des filles du roi Midas, Cybèle fut jalouse. Elle frappa de folie le jeune homme qui s'émascula. Selon une version de ce mythe, ce dernier ne survécut pas à son acte et l'inconsolable Cybèle le transforma en pin. Elle instaura ensuite un rite de deuil annuel et décréta qu'en souvenir d'Attis tous ses prêtres seraient des eunuques. Selon une autre version, Attis fut tué par le père de Cybèle, puis ressuscité par la déesse. Sa tombe était vénérée près de Pessinonte, en Phrygie.

Un autre récit du mythe, dû au poète latin Catulle, nous présente un Attis ayant survécu à son automutilation et contraint de devenir

Le séduisant berger Attis est représenté ici dormant sur un rocher, une chèvre à ses pieds. Statue de grès, période hellénistique.

un prêtre de Cybèle. Submergé par le regret, le jeune homme erre dans les forêts de Phrygie, condamné à être l'esclave de Cybèle. « Ayant perdu le sommeil, débarrassé de sa furieuse folie, Attis retournait dans sa tête tout ce qu'il s'était infligé, et calmement, lucidement, il considérait ce qu'il était devenu et ce qui lui manquait ; frappé d'horreur, il repartit en courant vers les bords venteux de l'océan et s'y arrêta en larmes [...] ». Dans la suite de ce passage, Cybèle envoie un lion qui ramène Attis à l'intérieur des forêts.

Le mythe et le culte rendu à Attis présentent nombre de points communs avec l'histoire d'Adonis (*voir* **Adonis** *et* **Cybèle**).

Bacchus *voir* Dionysos

Balios *voir* Xanthos et Balios

Bellérophon

Bellérophon à cheval sur Pégase, la monture ailée qu'il a apprivoisée à l'aide d'une bride donnée par Athéna.

Bellérophon est le fils de Glaucos, roi de Corinthe, et le petit-fils de Sisyphe (*voir* **Sisyphe**). Bellérophon réussit à apprivoiser Pégase, le cheval ailé, réalisant ainsi un exploit considéré comme impossible. Pégase était né du sang qui avait coulé du corps de Méduse, la Gorgone, quand le héros Persée lui avait tranché la tête (*voir* **Gorgones, Pégase** *et* **Persée**).

Pégase, le cheval ailé, illustre cette pièce d'argent de la monnaie corinthienne, IVe siècle av. J.-C.

Pégase fuyait les humains, mais Bellérophon réussit à le dompter à l'aide d'une bride que lui avait donnée Athéna.

Ayant tué le tyran Belléros, Bellérophon fut banni de Corinthe. C'est alors qu'il changea son nom originel, Hipponous, en celui de Bellérophon, qui signifie « le Tueur de Belléros ».

Il trouva asile à Argos, auprès du roi Protéos, mais la femme de celui-ci, Sthénébée, s'éprit de lui. Bellérophon ayant repoussé ses avances, elle l'accusa de harcèlement sexuel. Protéos la crut, mais n'osa pas tuer son hôte. Il l'envoya à son beau-père Iobatès, en Lycie, porteur d'une lettre scellée dans laquelle il demandait à Iobatès de mettre à mort celui qui avait importuné sa fille. Iobatès n'osa pas, lui non plus, tuer Bellérophon, mais il lui ordonna de tuer la Chimère (née de l'union entre Échidna et le géant Typhon), monstre horrible à tête et corps de lion, à queue de serpent, et qui portait une tête de chèvre sur le dos. Monté sur son cheval ailé, Bellérophon tua la Chimère à coups de flèches ; puis, Iobatès, impressionné, l'envoya combattre les peuples voisins, notamment les Amazones. Bellérophon triomphant de tous ses adversaires, en dernier ressort, Iobatès lui tendit une embuscade, mais le héros s'en tira une fois de plus. Iobatès finit par lui révéler le contenu de la lettre que lui avait écrite son gendre, et accepta les démentis que lui opposa Bellérophon.

Selon une tragédie perdue d'Euripide, le grand dramaturge athénien, Bellérophon prit plus tard sa revanche sur Sthénébée. Il l'invita à monter avec lui sur Pégase et la précipita dans le vide.

La Chimère était une créature à tête et corps de lion, dotée d'une queue en forme de serpent et portant une tête de chèvre sur le dos. Ce monstre, qui vomissait des flammes et dévorait les hommes, fut tué par Bellérophon. Pièce d'argent, IVe siècle av. J.-C.

Illustration de la constellation de Pégase dans un ancien traité d'astronomie.

Bellérophon finit par être victime de son orgueil. Après avoir accompli tant d'exploits, il lui sembla qu'il n'était en rien inférieur aux dieux et il décida de s'envoler avec Pégase vers leurs palais de l'Olympe. Zeus fut si irrité de sa prétention qu'il envoya un frelon piquer Pégase. La ruade du cheval ailé qui en résulta, jeta à bas le cavalier. Bellérophon survécut à sa chute, mais il en resta infirme et finit par mourir dans la solitude et le désespoir.

Borée

Borée est le dieu personnifiant le vent du Nord. Fils d'Éos, la déesse de l'Aurore, et du Titan Astraeos, il vivait en Thrace, au nord de la mer Égée. D'une nature entièrement différente de Zéphyr, le vent d'Ouest à la douceur agréable, Borée était connu pour ses terribles tempêtes. Il est représenté en personnage à deux visages et doté de deux ailes énormes.

Borée enleva Orithye, la fille du roi d'Athènes Érechthée, un jour qu'elle dansait au bord du fleuve Ilissos. Il la recouvrit d'un nuage et l'emmena ainsi jusqu'en Thrace. Elle lui donna deux filles et deux fils, Calaïs et Zétès, les héros ailés qui rejoignirent Jason et les Argonautes et s'embarquèrent avec eux pour la lointaine Colchide. Au cours de ce voyage, Calaïs et Zétès délivrèrent le roi Phinée des Harpyes qui le persécutaient (*voir* **Argonautes**).

Des liens particuliers unissaient Borée à la cité d'Athènes, et des fêtes étaient organisées chaque année en son honneur. Le vent du Nord vint même parfois apporter son aide aux Athéniens, comme durant la bataille d'Artémision, en 480 av. J.-C., quand Borée causa d'énormes dommages à la flotte d'attaque des Perses qui, malgré sa supériorité numérique, fut mise en déroute par les Grecs.

Borée, personnification du vent du Nord et de ses tempêtes, enlève Orithye, fille du roi d'Athènes.

Sur le conseil d'Athéna, Cadmos sème les dents du dragon – dont sortiront des guerriers puissamment armés – près du lieu où Thèbes allait être fondée.

Cadmos

Frère de la princesse Europe et fondateur de Thèbes, Cadmos est le fils d'Agénor roi de Tyr, la cité phénicienne.

Zeus, le dieu suprême, s'éprit passionnément d'Europe. Il se changea en un taureau d'une blancheur éclatante et l'enleva : il l'emmena en Crète, où il eut d'elle trois fils, Minos, Rhadamante et Sarpédon (*voir* **Europe**).

Cadmos et ses frères durent partir à la recherche de leur sœur : en cas d'échec, la cour d'Agénor leur serait interdite.

Cadmos partit accompagné de sa mère, qui mourut en Thrace, après quoi Cadmos décida d'aller consulter l'oracle de Delphes. Celui-ci lui conseilla de se mettre d'abord en quête d'une vache portant sur le flanc une marque en forme de croissant de lune, puis ensuite de fonder une ville à l'endroit où l'animal se coucherait pour se reposer. Cadmos acheta à Pélagon, roi de Phocide, une vache qui correspondait à ce signalement; quand elle s'écroula d'épuisement après avoir longuement marché, Cadmos décida de fonder à cet endroit la ville de Thèbes (ce nom signifie « repos de la vache », mais la ville s'appelait initialement Cadmaea, d'après le nom de son fondateur). Cadmos voulut alors offrir la vache en sacrifice à Athéna pour la remercier : il ordonna à plusieurs de ses hommes d'aller chercher de l'eau, mais un dragon, envoyé par Arès, le dieu de la guerre, les massacra. Cadmos se retourna contre le monstre, le tua, et sur le conseil d'Athéna, dispersa autour de lui la moitié des dents du dragon. Des hommes puissamment armés surgirent de ces dents, qui se mirent à se battre entre eux après que Cadmos eut jeté une pierre au milieu de leur groupe. Cinq d'entre eux survécurent et se joignirent à Cadmos pour bâtir Cadmaea; ils furent considérés par la suite comme les ancêtres des plus importantes familles de Thèbes.

Athéna (à gauche) tend une pierre à Cadmos. Celui-ci devait la jeter au milieu des guerriers nés des dents de dragon qu'il avait semés. Amphore athénienne, env. 440 av. J.-C.

Cadmos eut à expier pendant huit ans le fait d'avoir tué le dragon envoyé par Arès. Quand il eut purgé sa peine, Athéna le couronna roi de Thèbes et Zeus lui donna pour épouse Harmonie, la fille d'Arès et de la déesse de l'amour, Aphrodite. Et comme Harmonie était elle-même d'origine divine, les dieux lui firent la faveur exceptionnelle de venir au mariage. Le seul mortel à avoir également eu cet honneur est le héros Pélée, quand il épousa la déesse Thétis.

Les invités apportèrent de merveilleux cadeaux. Aphrodite offrit à sa fille un collier fabriqué par Héphaïstos, qui rehaussait la beauté d'Harmonie. Athéna lui donna une somptueuse robe de mariée, Hermès une lyre, et Déméter du blé.

Cadmos et Harmonie furent des époux heureux et de bons souverains. En revanche, toutes sortes de malheurs frappèrent leurs descendants. Leur fille Autonoé vit son fils Actéon changé en cerf et mis en pièces par ses propres chiens après qu'il eut involontairement surpris Artémis nue (*voir* **Actéon**). La jalouse Héra frappa Ino de folie et la poussa à se jeter avec son plus jeune fils, du haut d'une falaise, dans la mer (*voir* **Ino**). Sémélé, qui fut aimée de Zeus et lui donna Dionysos, le dieu du vin, mourut brûlée pour avoir voulu voir de trop près la gloire foudroyante de son amant (*voir* **Dionysos**). Enfin, Agavé déchira membre à membre son propre fils Penthée au cours d'une crise de folie dionysiaque. Polydoros, le seul fils de Cadmos et d'Harmonie, eut droit à un meilleur sort, mais ses descendants furent frappés d'une terrible malédiction. Petit-fils de Polydoros, Laïos fut tué par son fils Œdipe, lequel épousa ensuite sa propre mère Jocaste (*voir* **Antigone, Laïos** *et* **Œdipe**).

Devenu vieux, Cadmos abdiqua en faveur de son petit-fils Penthée. Après la mort terrible de ce dernier, Cadmos et Harmonie quittèrent leur ville sur le conseil de Zeus. Ils se rendirent en Illyrie et furent par la suite changés en serpents inoffensifs par Arès. Finalement, Zeus leur fit gagner les champs Élysées, à l'extrémité occidentale du monde souterrain.

Vue panoramique du paysage autour des vestiges de Troie. Calchas, le devin de l'armée grecque, faisait ses prédictions à partir du vol des oiseaux de cette région.

Calchas

Fils de Thestor, Calchas est le devin attitré des Grecs pendant la guerre de Troie. Il prédit l'avenir d'après le vol des oiseaux, mais il est également capable d'interpréter à la perfection d'autres présages. Avant leur départ d'Aulis, les Grecs virent un serpent dévorer un moineau avec sa nichée de huit petits, puis se transformer en pierre. Calchas en conclut que la guerre durerait neuf années pleines et qu'elle prendrait fin dans la dixième – ce qui s'avéra exact. Toujours à Aulis, lorsque la flotte grecque fut dans l'incapacité de quitter le port faute de vent favorable, Calchas annonça qu'il fallait sacrifier Iphigénie, la fille d'Agamemnon (le chef des Grecs), à la déesse Artémis (*voir* **Agamemnon** *et* **Iphigénie**). Quand la guerre en fut à sa dixième année, Calchas révéla que la colère d'Apollon, dont les flèches avaient déclenché l'épidémie de peste parmi les Grecs, ne serait apaisée qu'avec la restitution à son père de Chryséis, la fille du prêtre d'Apollon enlevée par Agamemnon.

Calchas mourut peu après la chute de Troie, et d'une manière qui lui avait été prédite dans sa jeunesse. Il perdit un concours de divination qui l'opposait à Mopsos, petit-fils du célèbre devin Tirésias (*voir* **Tirésias**) et mourut de honte. Selon une autre version de cette histoire, Mopsos avait prédit que Calchas planterait une vigne dont il ne boirait jamais le vin. Quelque temps plus tard, Calchas invita son collègue à venir goûter le premier vin de sa vigne. Mopsos refit alors sa prédiction en présence de Calchas, lequel éclata d'un rire si énorme qu'il s'étouffa.

Représentation décorative de la constellation de la Grande Ourse, tirée d'un traité d'astronomie du Moyen Âge. Dans la mythologie, la Grande Ourse est la malheureuse Callisto, placée au firmament par Zeus.

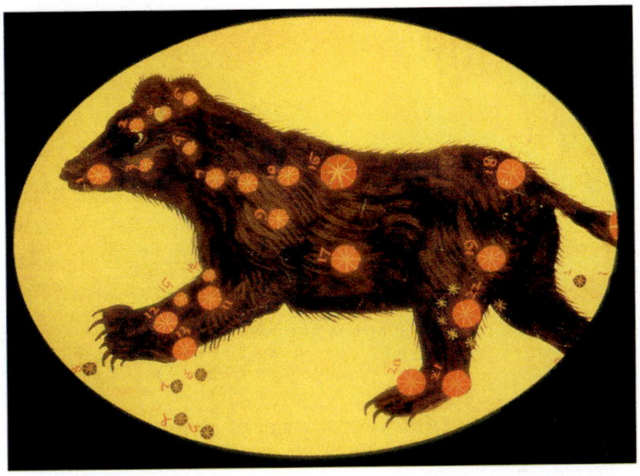

Artémis devint folle de rage quand elle découvrit que Callisto était enceinte, et chassa la pauvre nymphe hors de sa présence. On voit ici Callisto soutenue par deux amies. Peinture à l'huile de Peter Paul Rubens, XVIIe siècle.

Callisto

Callisto, fille de Lycaon, roi d'Arcadie, fait partie de l'escorte d'Artémis, la virginale déesse de la chasse et de la nature sauvage. Les jeunes filles et les nymphes composant la suite d'Artémis devaient jurer de préserver à jamais leur virginité. Or, Zeus s'éprit de Callisto, et un après-midi qu'elle se reposait dans la forêt, il prit la forme d'Artémis, engagea la conversation avec Callisto et lui donna de ces « baisers trop passionnés et tels que ne saurait en donner une vierge » (Ovide). Puis il la viola. Neuf mois plus tard, au cours d'une baignade avec ses amies, Artémis s'aperçut que Callisto était à l'évidence enceinte. Se jugeant offensée, elle chassa la jeune femme de sa suite.

Callisto eut un fils, Arcas. La jalouse Héra, furieuse, refusait de voir que tout cela s'était passé contre la volonté de Callisto, et changea la malheureuse en ourse. Des années plus tard, alors qu'Arcas chassait, il tomba nez à nez avec sa mère et l'abattit d'une flèche. Selon une autre version du mythe, c'est Artémis, elle-même, lors d'une partie de chasse qui tua Callisto transformée en ourse. Zeus transforma alors Callisto en une constellation, la Grande Ourse. Arcas accompagna sa mère au firmament, où il devint la Petite Ourse. Mais la jalouse Héra eut malgré tout le dernier mot, et elle fit en sorte que les deux constellations soient condamnées à tourner éternellement autour de l'étoile polaire (*voir* **Artémis**).

Cassandre, fille du roi Priam, fut cruellement punie par Apollon qu'elle avait offensé. Il lui donna le pouvoir de prophétiser, mais fit en sorte que personne ne prît au sérieux ses prédictions.

Cassandre

Cassandre est la fille de Priam, le roi de Troie, et de son épouse Hécube. Elle était réputée la plus belle des filles de Priam et, selon Homère, sa beauté pouvait rivaliser avec celle d'Aphrodite, la déesse de l'amour.

Il n'est donc pas surprenant qu'Apollon se soit épris d'elle. Pour lui faire sa cour, il lui apprit à prédire l'avenir. Mais Cassandre repoussa finalement ses avances, et le dieu, furieux, trouva un moyen astucieux de la punir : il la condamna à passer sa vie à faire des prédictions exactes auxquelles personne ne croirait.

Comme Cassandre entrait dans d'étranges états d'extase chaque fois qu'elle prophétisait, les gens la croyaient folle. Après que son frère Pâris eut enlevé Hélène, elle prédit que Troie serait frappé d'un grand malheur. Personne ne la crut, et il en alla de même quand elle adjura les Troyens de ne pas faire entrer dans la ville le cheval de bois que les Grecs avaient laissé, après leur départ, à l'extérieur des murs de la cité.

Après la conquête de la ville par les Grecs, Cassandre fut violée par Ajax, le fils d'Oïlée, près du sanctuaire de la déesse Athéna. Ajax et les autres guerriers grecs furent sévèrement punis pour cet acte barbare (*voir* **Ajax** *et* **Athéna**).

Cassandre devint ensuite l'esclave d'Agamemnon, le chef de l'armée grecque, et elle fut tuée en même temps que lui par Clytemnestre et Égisthe. Mais avant d'être mortellement frappée, elle réussit à prédire les conséquences terribles que son crime aurait pour Clytemnestre et ses descendants (*voir* **Agamemnon** *et* **Oreste**).

Le personnage de Cassandre est évoqué de manière émouvante dans deux tragédies célèbres, l'*Agamemnon* d'Eschyle et *Les Troyennes* d'Euripide.

Cette sculpture montre clairement le désespoir de la malheureuse Cassandre. Fragment d'un relief, Tarente, IIIe siècle av. J.-C.

Castor et Pollux *voir* Dioscures

Cécrops

Cécrops est une créature née directement de la terre. Il avait le corps d'un humain et une queue de serpent. Il fut le premier roi mythique d'Athènes et de l'Attique. Sa femme, Aglauros, lui donna trois filles et un fils : mais ce dernier mourut jeune et les filles, Hersé, Pandrosos et Aglauros, furent elles aussi malheureuses. La déesse Athéna leur demanda de garder une corbeille dans laquelle le petit Érichthonios avait été caché. Érichthonios était né des profondeurs de l'Attique au moment où la semence d'Héphaïstos était tombée à terre, après qu'il eut tenté d'abuser d'Athéna (*voir* **Athéna**). La déesse interdit aux filles de Cécrops de regarder à l'intérieur de la corbeille, mais Aglauros ne put s'empêcher de l'ouvrir. Les jeunes filles virent alors à côté du bébé un serpent monstrueux : rendues folles de terreur, Hersé et Pandrosos se jetèrent du haut

Les filles de Cécrops ouvrent le panier que leur a confié Athéna. Tout heureux, le petit Érichthonios, qui y était caché, leur tend les bras. Mais les jeunes filles voient également un serpent monstrueux qui les glace d'effroi. Peinture à l'huile, Moses van Uyttenbroeck, XVIIe siècle.

de l'Acropole d'Athènes. Érichthonios, qui, selon certaines versions, avait le bas du corps en forme de serpent, exactement comme Cécrops, devint plus tard roi d'Athènes.

Quand Athéna et Poséidon se disputèrent la souveraineté sur l'Attique, Cécrops fut choisi comme arbitre. Athéna fit pousser un olivier sur l'Acropole et se vit accorder la victoire sur Poséidon qui avait fait apparaître, au même endroit, un puits d'eau salée (*voir* **Athéna**). Cécrops installa une cour de justice sur l'Aréopage (la « colline d'Arès »), là où Arès, le dieu de la guerre, avait été jugé après avoir tué celui qui avait violé sa fille. Cette cour de justice fonctionnait de manière bien réelle dans l'Athènes historique. Un autre apport important de Cécrops fut sa décision de mettre fin aux sacrifices humains.

Centaures

Les Centaures étaient des êtres sauvages et disgracieux, à tête et torse d'homme et à corps de cheval. Ils étaient en général très dangereux.

Les Centaures étaient des créatures mi-hommes mi-chevaux. Ils descendaient d'Ixion, le premier homme à avoir assassiné un membre de sa famille, et qui conçut le premier Centaure en s'unissant à une nuée à laquelle Zeus, le dieu suprême, avait donné la forme de son épouse, Héra (*voir* **Ixion**).

Les Centaures vivaient en Thessalie, autour du mont Pélion, et étaient considérés comme des êtres sauvages, non-civilisés. Ils entrèrent en conflit avec leurs voisins, les Lapithes : profitant du mariage de Pirithoos, le roi des Lapithes, ils avaient tenté d'enlever la mariée ainsi que d'autres femmes Lapithes. Les héros Thésée et Nestor prirent part au combat pendant lequel beaucoup de Centaures périrent. Nestor, qui vécut très vieux, était intarissable sur ce sujet.

Ce Centaure agressif est sur le point de jeter une pierre à la tête de quelqu'un. Il porte une peau de panthère sur le bras gauche. Décoration d'un scyphos *(tasse ou vase à boire) athénien, env. 450 av. J.-C.*

Chiron fut un Centaure très différent des autres : personnage aimable et cultivé, il se vit confier l'éducation d'un grand nombre de dieux et de héros (*voir* **Chiron**).

Héraclès, le plus grand des héros grecs, eut à plusieurs reprises maille à partir avec les Cen-

Sur ce vase italique, datant du IIIe siècle av. J.-C., deux Centaures entourent une tête ailée de Méduse. Nikê, personnification de la Victoire, occupe le haut du vase.

taures. Un jour qu'il était l'hôte de Pholos, alors qu'il chassait le sanglier d'Érymanthe, le héros se plaignit qu'on ne lui servait pas de vin, alors même qu'une jarre de vin était entreposée dans la pièce. Pholos lui fit remarquer que Dionysos, le dieu du vin, avait décrété que cette jarre appartenait en commun à tous les Centaures. On ouvrit la jarre, et les autres Centaures, qui avaient senti l'odeur du vin, arrivèrent en foule. Une bagarre éclata alors, au cours de laquelle Héraclès abattit plusieurs Centaures de ses flèches empoisonnées. Son hôte, Pholos, mourut lui aussi, et l'une des flèches d'Héraclès atteignit même l'immortel Chiron. Ce dernier souffrit tellement de sa blessure qu'il préféra finalement renoncer à son immortalité.

Le Centaure Nessos (en latin Nessus) allait se venger par la suite d'Héraclès. Beaucoup plus tard, après avoir vainement tenté d'abuser de l'épouse d'Héraclès, Déjanire, et avoir été mortellement blessé par une flèche du héros, il conçut un plan machiavélique. Avant de mourir, il murmura à l'oreille de Déjanire qu'il pouvait lui donner un moyen infaillible de s'assurer de la fidélité de son époux. Il lui suffisait de recueillir le sang coulant de sa blessure : chaque fois qu'elle aurait des doutes sur la fidélité d'Héraclès, elle n'aurait qu'à en enduire ses vêtements, et plus jamais il ne la trahirait. À l'insu d'Héraclès, Déjanire remplit donc un flacon du sang de Nessos, qu'elle mit soigneusement de côté.

Des années plus tard, dans un moment de doute et de jalousie, Déjanire mit en pratique le remède de Nessos. Les conséquences en furent dramatiques. Couverte du sang empoisonné de Nessos, la tunique d'Héraclès lui provoqua d'horribles brûlures et le héros mourut dans des souffrances épouvantables (*voir* **Héraclès**).

Cerbère

Cerbère est un chien monstrueux qui garde l'entrée du monde souterrain (*voir* **Hadès**). Conçu par les monstres Typhon et Échidna, il passait pour être le frère de l'Hydre de l'Herne et de la Chimère, créatures aussi terrifiantes que lui (*voir* **Héraclès** *et* **Bellérophon**). Cerbère avait trois têtes (selon certaines versions du mythe, beaucoup plus), une queue de serpent et une sorte de crinière faite d'une multitude de têtes de serpents. Son souffle et sa salive étaient empoisonnés, et comme dans le cas de Méduse, la Gorgone, un regard de Cerbère pouvait vous changer en pierre.

Cerbère, l'effrayant chien à trois têtes gardien du monde souterrain, est ici emporté par Héraclès (partiellement visible à gauche). Fragment d'un vase en terre cuite, VIe siècle av. J.-C.

Hadès, dieu du monde souterrain, se servait de ce chien essentiellement pour empêcher les ombres des morts de s'échapper, mais Cerbère avait également pour mission d'en interdire l'entrée aux vivants. L'un des douze travaux d'Héraclès consista à aller chercher Cerbère et à l'apporter à Eurysthée. Hadès l'y autorisa, mais à condition qu'Héraclès s'abstienne d'utiliser ses armes. Le héros captura donc le monstre à mains nues, l'apporta à Eurysthée, puis le ramena aux Enfers.

Cérès *voir* Déméter

Charites (divinités romaines : Grâces)

Les Charites, plus connues sous leur nom latin, les Grâces, sont les filles de Zeus, la divinité suprême, et d'Eurynomé, fille d'Océanos. Selon la version la plus courante, les trois Charites avaient pour noms Aglaé, Euphrosyne et Thalie. Divinités plutôt mineures, elles faisaient partie de la suite d'Aphrodite, déesse de l'amour et de la beauté, et personnifiaient elles-mêmes la beauté . Ceux qui étaient choisis par elles se voyaient offrir la beauté physique.

Dans l'*Iliade*, Homère cite une Charite nommée Pasithéa. Hypnos, le dieu du sommeil, se languit d'elle « à longueur de journée ». Héra, jalouse comme à son habitude, promet à Hypnos de la lui donner en épouse à condition qu'il veuille bien plonger Zeus dans un profond sommeil.

Charon

Charon est le fils d'Érèbe (« Ténèbres ») et de Nyx (« Nuit »). Il est le passeur des ombres des morts qui ont à franchir le fleuve Styx dans sa barque avant d'entrer dans le royaume d'Hadès. Charon est un vieillard bougon, désagréable, auquel ses clients doivent payer leur obole (une pièce de monnaie) pour prix de leur passage. De là la coutume des Grecs qui enterraient leurs morts avec une obole entre les lèvres.

Les trois Charites – les trois Grâces – jouent un rôle modeste dans la mythologie, mais elles incarnaient tout ce qui était beau, charmant et séduisant.

Dans la Grèce antique, les morts étaient enterrés avec une pièce de monnaie – une obole – entre les lèvres, afin de payer Charon, le passeur qui leur ferait traverser le Styx et les conduirait au royaume des morts. Obole d'argent, Arados, IVe siècle av. J.-C.

Les Charites accompagnaient Aphrodite, déesse de l'amour. Statue en bronze d'Aphrodite, période hellénistique.

Charybde *voir* Odyssée et Ulysse *et* Scylla

Chimère

Chimère était un monstre crachant le feu, dont le corps composite présentait une tête de lion, une tête de chèvre (au milieu de son dos) et une queue à tête de serpent. Selon différentes traditions, ce monstre fabuleux serait le fruit de l'union d'Échidna (la vipère) avec le géant Typhon. La Chimère répandait la terreur en Lycie, au sud-ouest de l'Asie Mineure (la

La Chimère était un monstre aux formes disparates, empruntées à des animaux différents. Bellérophon fut chargé de la tuer.

Turquie d'aujourd'hui). Bellérophon, monté sur Pégase, le cheval ailé, réussit à la tuer (*voir* **Bellérophon**).

Le doux et sage Chiron avait un caractère très différent des autres Centaures. Il devint le tuteur d'un grand nombre de héros. L'un de ses élèves fut Achille, qu'on voit ici à cheval sur son dos et apprenant ainsi l'équitation. Peinture à l'huile de Peter Paul Rubens, XVIIe siècle.

Chiron

Chiron est un Centaure exceptionnel (*voir* **Centaures**), doté comme ses congénères d'un torse d'homme et d'un corps de cheval. À la différence des autres Centaures, qui descendaient d'Ixion, il est le fils de Cronos et de Philyra : la forme de son corps vient du fait que Cronos s'était uni à la nymphe Philyra en prenant l'apparence d'un cheval, afin que son épouse Rhéa ne se doute de rien.

Tandis que les autres Centaures sont des brutes grossières, l'immortel Chiron est un être intelligent et sage, affable et cultivé. Amateur de musique, il est également célèbre pour ses connaissances médicales. Les héros de l'*Iliade* d'Homère apprécient particulièrement ses traitements des blessures de guerre par les herbes médicinales. Le dieu Apollon, qui était un de ses amis personnels, lui confia l'éducation de son fils Asclépios, dieu de la médecine, honneur apprécié à sa juste valeur par Chiron. Grâce à Apollon, Chiron devint un habile archer. Asclépios ne fut pas le seul élève du bon Centaure, qui se chargea également d'instruire Jason, Actéon, Achille et bien d'autres.

Chiron vivait dans une grotte du mont Pélion en Thessalie. Il fut marié à Chariclo et eut une fille. Il accorda un soutien précieux à son petit-fils Pélée, quand celui-ci entreprit de

Par la volonté de Zeus, Chiron fut placé au milieu des étoiles où il devint la constellation du Centaure. Cette illustration médiévale montre clairement comment reconnaître la nuit le Centaure qui tire à l'arc.

faire la cour à la jolie déesse de la mer Thétis (c'est de cette union que naquit Achille).

Chiron connut malheureusement une fin particulièrement cruelle et douloureuse. Hébergé par Pholos (un autre Centaure), Héraclès fut pris dans une bagarre à propos d'une jarre de vin. Chiron fut accidentellement atteint par l'une des flèches empoisonnées d'Héraclès (*voir* **Héraclès**). Les souffrances de Chiron furent alors si grandes qu'il abandonna son immortalité et en fit cadeau à Prométhée. Après la mort de Chiron, Zeus fit de lui une constellation céleste, le Centaure.

Chloris, charmante déesse des fleurs et personnification du Printemps, était célébrée à Rome par des fêtes joyeuses saluant le renouveau de la nature.

Chloris
(déesse romaine : Flora)

Il existait deux personnages du nom de Chloris dans la mythologie grecque. La première Chloris était la plus jeune des filles de Niobé qui, ayant offensé la déesse Léto, dut assister au meurtre de ses enfants tués à coups de flèches par Apollon et Artémis. Selon certaines versions du mythe, Chloris fut le seul enfant à survivre à cette cruelle vengeance (*voir* **Apollon** *et* **Niobé**).

Le rôle joué par la seconde Chloris est plus agréable : elle était la déesse du printemps et des fleurs. Elle n'était pas une divinité très importante dans le panthéon grec, mais les Romains la vénéraient sous le nom de Flora. Chaque année, à la fin d'avril, on célébrait en son honneur les Floralia. Durant ces festivités, qui duraient six jours, les Romains se

La redoutable magicienne Circé vivait dans un palais sur une petite île au large des côtes italiennes. Il ne faisait pas bon y aborder sans avoir été invité. Ici, les compagnons d'Ulysse ont été changés en cochons.

paraient de fleurs dans une atmosphère de joie et d'exubérance.

Circé

Fille d'Hélios, dieu du Soleil, et de la nymphe marine Perséis, Circé est la sœur d'Aétès, roi de Colchide, et la tante de la redoutable Médée, la magicienne. Elle aussi est une puissante magicienne. Elle vit sur l'île d'Aéa, qui était probablement située au large de la côte italienne, non loin de Naples aujourd'hui. Des loups et des lions inoffensifs se promènent en

La spécialité de Circé en tant que magicienne était de transformer les gens en animaux. Autour de son palais, on pouvait voir nombre de lions et de loups inoffensifs, victimes de ses expériences. Ci-dessous, petit bronze représentant un lion, Corinthe.

liberté dans son palais : sa spécialité consiste en effet à changer les humains en animaux.

C'est ainsi qu'elle transforma en cochons les membres de l'équipage d'Ulysse à l'occasion de leur escale à Aéa, lors de leur long voyage de retour, après la chute de Troie. Devenus des animaux, les marins n'en avaient pas moins gardé leur conscience humaine, mais ils étaient enfermés dans une étable. Heureusement, le dieu Hermès avait donné à Ulysse une herbe spéciale qui l'immunisa contre les pouvoirs magiques de Circé, et quand Ulysse la menaça de son épée, tous ses hommes retrouvèrent leur forme humaine. Ulysse partagea ensuite la couche de la magicienne pendant une année. Ses compagnons et lui vécurent sur l'île dans le luxe et l'abondance : Ulysse dut pourtant reprendre la route, et bien que Circé eût préféré le garder près d'elle, elle lui indiqua comment mener à bien la dangereuse mission qui l'attendait – il s'agissait de descendre dans le royaume des morts (*voir* **Odyssée et Ulysse**).

Dans une version de l'histoire des Argonautes, Jason et Médée se rendirent eux aussi sur l'île de Circé, afin d'y expier le meurtre d'Apsyrtos, le propre frère de Médée (*voir* **Argonautes**). Circé pouvait également être méchante et dangereuse, c'est ce dont témoigne le sort de la malheureuse nymphe Scylla. La magicienne jalouse la changea en un affreux monstre marin chargé de garder le détroit de Sicile en compagnie de Charybde, le terrible tourbillon – ce qui en rendait le passage particulièrement périlleux.

Créon

Créon est le fils de Ménoecée et un descendant des hommes armés qui étaient nés des

Pendant la régence de Créon, la ville de Thèbes fut ravagée par le Sphinx, un monstre qui dévorait tous ceux qui n'avaient pu résoudre les énigmes qu'il leur posait. Ces jeunes garçons sont représentés en train de fuir le Sphinx. Peinture sur vase athénien, env. 550 av. J.-C.

dents de dragon semées par Cadmos, le fondateur de Thèbes.

Il est le frère de Jocaste, l'épouse de Laïos, roi de Thèbes. Quand Laïos fut tué par son fils Œdipe en dehors des limites de la cité (celuici avait été abandonné à sa naissance et n'avait pas pu reconnaître son père), Créon devint régent. À la même époque, le Sphinx (*voir* **Sphinx**) répandait la terreur dans la région et tuait tous les voyageurs s'étant montrés incapables de résoudre l'énigme qu'il leur présentait. Créon offrit le trône et la main de Jocaste à quiconque se montrerait plus malin que le Sphinx. Œdipe trouva la clé de l'énigme, devint roi de Thèbes, épousa Jocaste et eut d'elle des enfants. C'est bien des années après, alors qu'une épidémie de peste frappait la ville de Thèbes, que le devin Tirésias révéla que Jocaste était en fait la mère d'Œdipe, et que ce dernier avait tué son propre père. Bouleversé, Œdipe se creva les yeux et fut banni de Thèbes. Jocaste se pendit, et Créon dut assurer à nouveau la régence.

Par la suite, Étéocle et Polynice, les fils d'Œdipe, accédèrent au trône. Ils se querellèrent et Créon prit le parti d'Étéocle. Les deux frères trouvèrent la mort dans le duel qui les opposait l'un à l'autre et Créon assuma de nouveau le pouvoir. Il fit normalement enterrer Étéocle, mais laissa le corps de Polynice sans sépulture à l'extérieur des murs de la cité, ce qui était une infamie pour les Grecs. Antigone, la sœur d'Étéocle, qui était restée pendant ce temps aux côtés de son malheureux père, jugea cette situation insupportable. En dépit de l'interdiction formelle de Créon, elle jeta de la terre sur le corps de Polynice en signe symbolique d'inhumation. Créon n'osa pas condamner à mort Antigone et la fit emmurer vivante dans une grotte. Le devin Tirésias lui annonça alors que s'il voulait continuer à voir la lumière du jour, il lui fallait enterrer le mort et libérer Antigone. Créon se rangea à l'avis de Tirésias, mais quand on ouvrit la grotte, Antigone s'était déjà pendue. Haemon, le fils de Créon, qui était fiancé à Antigone et avait vainement plaidé sa cause, se suicida après avoir maudit son père. L'épouse de Créon se supprima elle aussi. Quant à Créon, il resta en vie et assura la régence pour le compte du plus jeune fils d'Étéocle (*voir* **Antigone** *et* **Œdipe**).

Bien avant cela, Amphitryon, l'époux d'Alcmène, avait dû se réfugier à Thèbes, chez Créon, pour y expier le meurtre accidentel de son beau-père. C'est ainsi qu'Héraclès, conçu par Zeus et Alcmène, naquit à Thèbes. Il devait épouser plus tard Mégara, la fille de Créon, qu'il tua lors d'une crise de folie suscitée par Héra (*voir* **Héraclès**). Créon fut lui-même tué par Lycos, qui envahit Thèbes. Dans une autre version du mythe, Lycos est tué par Thésée, le héros athénien, avec lequel il avait été antérieurement en conflit lorsque Thésée avait offert l'asile à Œdipe.

Il existe nombre de versions différentes du mythe de Créon, si souvent évoqué dans les grandes tragédies athéniennes. La mythologie grecque fait également état d'un autre Créon : un roi de Corinthe, qui accorda l'hospitalité à Jason et à Médée quand ils se furent enfuis d'Iolcos. Ce Créon trouva la mort après avoir donné à Jason sa fille, Glaucé, en mariage. La jalouse Médée offrit à celle-ci une robe nuptiale ensorcelée qui prit feu dès que Glaucé s'en revêtit. Créon mourut en voulant la sauver des flammes (*voir* **Argonautes** *et* **Médée**).

Cronos
(dieu romain : Saturne)

Le Titan Cronos est fils d'Ouranos, dieu du ciel, et de Gaia, déesse de la terre. Ouranos se comporta de manière particulièrement cruelle envers Gaia et leurs enfants : les Titans, les Géants aux cent bras, et les Cyclopes. Il maintint prisonniers les Cyclopes dans le corps de leur mère – autrement dit : dans les profondeurs de la terre – et les empêcha de naître. Gaia en éprouva des douleurs atroces. À l'aide de la faucille que lui donna sa mère, Cronos trancha les organes virils de son père et prit le contrôle de l'univers. Il épousa sa sœur, Rhéa.

Il devint bientôt un tyran aussi terrible que son père. Il emprisonna de nouveau les Cyclopes, et comme on lui avait prédit que l'un de ses fils le détrônerait, il prit l'habitude de dévorer ses propres enfants aussitôt après leur naissance. Il en fut ainsi d'Hestia, de Déméter, d'Héra, d'Hadès et de Poséidon. Toutefois, lorsque Rhéa mit au monde leur plus jeune fils, Zeus, elle lui substitua une pierre enveloppée de langes qu'elle donna à avaler à Cronos. Zeus fut secrètement élevé en Crète par la nymphe (ou la chèvre) Amalthée (*voir* **Amalthée**). Devenu adulte, Zeus força Cronos à régurgiter ses frères et ses sœurs, probablement avec l'aide de l'Océanide Mêtis (personnification de la sagesse et de l'intelligence).

La lutte pour le pouvoir s'engagea, au cours de laquelle Zeus et ses frères l'emportèrent sur Cronos et les autres Titans. Le facteur décisif dans cette « bataille titanesque » fut le soutien apporté à Zeus par les Géants aux cent bras qu'il avait délivrés du Tartare. Les Cyclopes, qui avaient été également libérés, donnèrent à Zeus le tonnerre et la foudre, à Poséidon le trident, et à Hadès un casque qui le rendait invisible. Après leur défaite, Cronos et les autres Titans furent jetés dans le Tartare. Le Titan Atlas fut le seul à recevoir un autre châtiment : il fut condamné à supporter sur ses épaules la voûte céleste (*voir* **Atlas**). À partir

Vestiges du temple de Saturne sur le Forum de Rome. À la différence de Cronos, le dieu grec auquel il était identifié, Saturne était vénéré par les Romains comme divinité de l'agriculture.

Après avoir affronté les Titans, les dieux olympiens durent se battre contre les Géants, fils de la déesse Gaia. On confond souvent ces deux conflits. Mosaïque de la Villa del Casale, Sicile, IIIe-IVe siècle de notre ère.

de ce moment, Zeus et ses frères régnèrent sur l'univers – Zeus sur le ciel, Poséidon sur les eaux, et Hadès sur le monde souterrain.

Les Romains assimilèrent Cronos à leur dieu de l'agriculture, Saturne. La fête organisée en son honneur, les Saturnales, était l'un des événements marquants de l'année dans la Rome antique (*voir* **Saturne**).

Cupidon *voir* Éros

Cybèle

Cybèle est à l'origine une déesse phrygienne. Les Grecs en firent principalement la Mère des Dieux, mère de Zeus et d'autres dieux importants. Son culte dérivait probablement de la vénération ancienne d'une Grande Mère, déesse de la fertilité comparable à Déméter, déesse de l'agriculture.

Selon un mythe phrygien, alors que Zeus dormait un jour sur le mont Didyme en Phrygie (la Turquie centrale actuelle), sa semence se répandit sur le sol. Une créature hermaphrodite en naquit, qui fut castrée par les dieux. C'est ainsi que fut créée la déesse Cybèle. De ses organes génitaux tranchés sortit un amandier dont le fruit passa ensuite dans le sein de la nymphe Nana. Celle-ci eut alors un fils qu'elle abandonna après sa naissance. Le garçon, Attis, fut élevé par une chèvre et devint un beau jeune homme, dont Cybèle tomba follement amoureuse. Aussi, lorsqu'Attis commença à envisager de se marier à une autre femme, elle devint si jalouse qu'elle le força à se castrer (*voir* **Attis**). Il existe de multiples versions du mythe de Cybèle et Attis, et toutes ont pour thème la mort et la résurrection. Selon certains récits, Attis ne survécut pas à son automutilation et fut changé en pin. Dans d'autres récits, il fut enterré à Pessinonte et ressuscité par Cybèle, ou encore, il aurait vécu en eunuque devenu prêtre de la déesse.

C'est à Rome que Cybèle devint une déesse importante et populaire. Son culte y fut introduit pendant la seconde guerre punique (218-201 av. J.-C.), à l'occasion des revers subis alors par les Romains : selon les *Livres sibyllins* (sorte de recueil d'oracles), en effet, ils ne renoueraient avec la victoire qu'à partir du moment où la « Grande Mère » serait vénérée dans la cité.

Cette statue très abîmée représente Cybèle, déesse de la terre et de la fertilité, flanquée de deux lions, dans un temple de Phrygie (dans la Turquie actuelle). C'est de cette région qu'était originaire le culte de Cybèle.

Cybèle, dont le culte se répandit à Rome à partir du IIIe siècle av. J.-C., siège ici sur un trône en tant que grande déesse-mère : elle a une cymbale à la main, et le lion, animal qui lui était consacré, est couché dans son giron. Statue de marbre, Athènes, IVe siècle av. J.-C.

L'animal sacré de Cybèle était le lion. La déesse est ainsi souvent représentée en lionne sur un char tiré par des lions. Le poète Ovide la décrit « traversant le ciel avec son attelage de lions », tandis que sa progression est accompagnée des « sons assourdissants des cymbales et du buccin ». Processions et rituels bruyants caractérisaient également le culte de Cybèle à Rome. Pendant les festivités, ses prêtres, les Galles, enterraient d'abord un pin symbolisant Attis. Quelques jours plus tard, ils se transperçaient les bras dans une atmosphère de transes effrénées et aspergeaient de leur sang l'autel de la déesse. Le dernier jour,

Géants malfaisants dotés d'un seul œil, les Cyclopes décrits par Homère vivaient dans une île lointaine, probablement la Sicile.

on célébrait la résurrection d'Attis et la statue de Cybèle était portée en procession dans la ville, puis rituellement purifiée.

Cyclopes

Les Cyclopes sont des géants dotés d'un seul œil au milieu du front. Les premiers Cyclopes étaient fils d'Ouranos, le dieu du ciel, et de Gaia, la déesse de la terre. Craignant que ses fils ne lui prennent son pouvoir, Ouranos les refoula dans le ventre de leur mère (la terre). Après que le Titan Cronos eut détrôné son père Ouranos, les Titans connurent une brève période de liberté, mais furent bientôt emprisonnés dans le Tartare, la partie la plus sinistre du monde souterrain. C'est Zeus, le fils de Cronos et future divinité suprême, qui les délivra. Zeus et ses frères avaient en effet besoin de leur soutien dans la lutte qu'ils avaient engagée contre Cronos et les autres Titans. Grâce notamment aux Cyclopes, Zeus et ses frères remportèrent la victoire. Pour remercier Zeus de les avoir libérés, les Cyclopes lui forgèrent des éclairs foudroyants, ainsi que le trident de Poséidon et, pour Hadès, dieu du monde souterrain, un casque qui le rendait invisible. Durant toute l'Antiquité, les Cyclopes gardèrent cette image d'habiles techniciens au service d'Héphaïstos, le dieu artisan. Le poète romain Horace, qui vécut au premier siècle avant notre ère, parle des « puissantes forges des Cyclopes », qu'on situait alors dans le volcan de l'Etna. Selon un autre grand poète latin, Virgile, c'est dans les profondeurs de l'Etna que les Cyclopes forgèrent l'armure du héros Énée. On pensait également que les murailles des cités grecques de Mycènes et de Tirynthe avaient été bâties par les Cyclopes.

Dans l'*Odyssée*, Homère présente une image très différente des Cyclopes. Lors de son éprouvant voyage de retour après la chute de Troie, Ulysse débarque sur une île habitée par les Cyclopes – probablement la Sicile. Ceux-ci sont décrits comme « des brutes sans foi ni lois, qui dans les Immortels ont tant de confiance qu'ils ne font de leurs mains ni plants ni labou-

Les premiers Cyclopes étaient d'habiles métallurgistes. Pour remercier Zeus de les avoir délivrés du Tartare, ils lui fabriquèrent ses armes terrifiantes, les éclairs. Main de bronze tenant un éclair, période romaine.

Une grotte en Sicile, dite l'« Oreille de Dionysos ». La caverne du Cyclope Polyphème, dans laquelle Ulysse et ses hommes passèrent des heures d'angoisse, devait probablement ressembler à une oreille.

Ulysse (au centre) qui se propose d'enivrer Poyphème, le Cyclope mangeur d'hommes (représenté ici avec trois yeux !), lui offre du vin. On aperçoit au premier plan l'un des moutons qui permettront à Ulysse et à ses compagnons de s'échapper. Mosaïque de la Villa del Casale, Sicile, IIIe-IVe siècle de notre ère.

rages ». Dépourvus de toute capacité technique, ces géants sont ici des bergers primitifs et des bandits inhospitaliers. Le Cyclope Polyphème, fils du dieu de la mer, Poséidon, commence par dévorer six des compagnons d'Ulysse et garde les autres enfermés dans une caverne afin de les manger plus tard. Mais Ulysse, qui a dit à Polyphème qu'il s'appelait « Personne », réussit à enivrer le monstre et à lui crever son œil unique à l'aide d'un pieu enflammé. Alertés par les hurlements de Polyphème, les autres Cyclopes entendent ce dernier leur dire que c'est « Personne » qui l'a frappé : ils en concluent que Polyphème est devenu fou, et Ulysse parvient à s'échapper avec ses hommes en s'accrochant à la laine des moutons du Cyclope (*voir* **Odyssée et Ulysse** *et* **Polyphème**).

Les Cyclopes anthropophages d'Homère semblent avoir été les modèles de ces terrifiants géants qui ont peuplé depuis d'innombrables contes de fées et de livres pour enfants.

Daidalos/Dédale

Dédale (Daidalos en grec) est un brillant Athénien, tour à tour architecte, inventeur et artiste. Ses origines varient selon les récits, mais il faisait probablement partie de la famille royale régnant sur l'Attique. Socrate lui-même, le philosophe (469-399 av. J.-C.), affirmait être un descendant de Dédale.

Dédale était un artiste universel. Les décorations du palais de Cnossos en Crète étaient d'une qualité exceptionnelle et, selon la légende, c'est lui qui en était l'auteur. Peinture murale de Cnossos, reconstituée d'après des originaux du second millénaire av. J.-C.

Le neveu de Dédale, Talos (ou Perdix), qui était également son élève, se révéla encore plus intelligent et habile que son maître : s'inspirant de la nageoire dentelée d'un poisson, il inventa la scie. C'est lui aussi qui inventa le compas et la roue de potier. Dédale en fut si jaloux qu'il le précipita du haut de l'Acropole, mais Athéna sauva le jeune homme en le changeant en perdreau.

Dédale fut alors banni d'Athènes. Il s'établit en Crète où il réalisa diverses œuvres d'art pour le roi Minos. L'épouse de ce dernier, Pasiphaé, s'étant éprise d'un beau taureau blanc offert par Poséidon, il construisit pour elle une vache en bois à l'intérieur de laquelle elle se glissa pour s'unir à son amant divin (il s'agissait de Zeus). De cette union étrange naquit le Minotaure, au corps d'homme et à la tête de taureau (*voir* **Minos, Minotaure** *et* **Pasiphaé**).

Minos, bien embarrassé de cette progéniture, fit construire par Dédale le Labyrinthe, palais souterrain gigantesque aux couloirs compliqués, qui ne possédait qu'une seule entrée et une seule sortie. Le Minotaure y fut laissé en liberté, se nourrissant de chair fraîche. Les Athéniens, qui, à cette époque, payaient des impôts aux Crétois (*voir* **Égée, Ariane** *et* **Thésée**), eurent l'obligation de sacrifier à Minos, tous les neuf ans, sept jeunes garçons et sept jeunes filles.

Par la suite, Thésée, le héros athénien, tua le Minotaure avec l'aide d'Ariane, la fille de Minos. Et comme celle-ci avait elle-même bénéficié de l'aide de Dédale dans cette affaire, Minos enferma Dédale à son tour dans le Labyrinthe, avec son jeune fils Icare. Dédale savait mieux que quiconque qu'il était impossible de s'en échapper. En dernier ressort, il fabriqua deux paires d'ailes, avec des plumes et de la cire, l'une pour Icare et l'autre pour

Dédale, figuré ici en train de voler, assiste à la chute de son fils Icare qui s'est approché trop près du soleil et dont la cire maintenant ses ailes a fondu. Peinture à l'huile, dans le style de Paul Bril, XVIe-XVIIe *siècle.*

La taille et la complexité impressionnantes du palais de Cnossos rendent encore plus crédible le mythe selon lequel le Labyrinthe avait été construit par Dédale.

lui-même. Avant de prendre leur envol, Dédale avertit Icare de ne pas voler trop haut. Les ailes fonctionnèrent parfaitement, et ils s'envolèrent comme des oiseaux, laissant la Crète derrière eux. Ils passèrent bientôt au-dessus de l'île de Délos, apercevant déjà au loin les îles de Paros et de Samos.

Mais Icare, oubliant les avertissements de son père, se mit à s'élever dangereusement dans les airs. Il s'approcha ainsi trop près du soleil, et la cire de ses ailes se mit à fondre : Icare tomba dans la mer et se noya. Son père l'enterra alors sur l'île qui, depuis, porte son nom, Icaria.

Dédale se réfugia en Sicile, à la cour du roi Cocalos. Mais une ruse astucieuse permit à Minos de le retrouver. Il envoya à différents rois le problème suivant : comment faire passer un fil à l'intérieur d'un coquillage d'une forme particulièrement compliquée ? Il pensait que Dédale serait le seul à pouvoir le résoudre. C'est ainsi qu'il retrouva la trace de Dédale. Cocalos, pourtant, refusa d'abandonner son hôte au roi crétois. Il fallut que Minos assiège sa capitale pour que Cocalos accepte de faire des concessions. Ce dernier invita Minos à un banquet pour fêter leur traité de paix. Avant le dîner, les filles de Colacos proposèrent à Minos de prendre un bain : mais Dédale avait aménagé des tuyaux spéciaux apportant de l'eau bouillante, et le bain se révéla fatal pour Minos.

Dédale mourut probablement en Sicile. Les Grecs lui attribuaient la création d'un grand nombre de bâtiments, d'œuvres d'art et d'outils. Il passait pour avoir inventé le mât et la voile, la colle, la hache, et les tuyaux de plomb. On disait aussi qu'il avait fabriqué des statues de bois qui avaient des yeux et des membres mobiles, et qui pouvaient même marcher. Selon certains, c'est lui qui avait bâti les pyramides d'Égypte. On l'assimila ainsi au légendaire architecte égyptien Imhotep, lui-même déifié, qui construisit la première pyramide à Sakkara, et auquel ont été attribuées nombre d'inventions.

Danaé

Danaé était la fille d'Acrisios, roi d'Argos. Un oracle lui ayant prédit que le fils de Danaé le tuerait, Acrisios enferma sa fille dans une tour de bronze. Zeus vint y retrouver Danaé sous la forme d'une pluie d'or, et de leur union naquit le héros Persée. Acrisios enferma alors dans un coffre sa fille et son petit-fils et les jeta à la

Fils de Danaé, Persée fut chargé par le roi Polydectès de lui rapporter la tête de la Gorgone Méduse – mission a priori impossible. Statue de pierre représentant une gorgone, Grèce.

mer. Mais loin de se noyer, le courant les emporta sur le rivage de l'île de Sériphos, où le pêcheur Dictys les sauva et leur offrit l'hospitalité. Par la suite, le roi local Polydectès, qui était le frère de Dictys, chargea Persée de lui rapporter la tête de Méduse, la Gorgone, mission dont il pensait et espérait qu'elle serait impossible (*voir* **Persée**). Persée revint après une année d'aventures multiples : par bonheur, il arriva à temps pour secourir Danaé et Dictys persécutés par Polydectès. Il montra au roi la tête de Méduse, dont la vue était si terrible qu'elle transformait immédiatement en pierre quiconque la regardait. Polydectès et ses partisans ne firent pas exception à la règle.

Danaé accompagna Persée et son épouse, Andromède, à Argos, où Persée tua accidentellement (avec un disque qu'il avait lancé) le père de Danaé, Acrisios : comme toujours dans la mythologie, l'oracle avait dit vrai. Selon le poète latin Virgile, Danaé se rendit ensuite en Italie. Turnus, le grand adversaire d'Énée, était son petit-fils (*voir* **Énée**).

Danaïdes

Les Danaïdes sont les cinquante filles de Danaos, roi d'Afrique du Nord. Après une dispute avec Aegyptos, son frère, Danaos se réfugia

Les Danaïdes étaient les cinquante filles du roi Danaos qui furent condamnées au Tartare pour leurs crimes inqualifiables. Elles avaient à remplir d'eau des jarres dépourvues de fond.

à Argos, en Grèce, avec ses filles. Mais les cinquante fils d'Aegyptos partirent à leur poursuite, dans le but de prendre pour épouses les filles de Danaos. Ce dernier donna son consentement, tout en donnant des poignards à ses filles afin qu'elles puissent tuer leurs maris pendant leur nuit de noces. Les jeunes femmes obéirent toutes à l'ordre de leur père, à l'exception d'une seule, Hypermnestre, la plus âgée, qui aimait son mari, Lyncée, et lui permit de s'échapper sain et sauf. Le poète latin Horace a évoqué en ces termes la terrible nuit de noces : « Elles étaient mauvaises, que pouvaient-elles faire de pire ? Elles étaient mauvaises, ainsi capables de manier l'impitoyable couteau et de tuer leurs maris. Une seule, parmi toutes, se montra digne de la flamme nuptiale, et refusa d'obéir à ce père sans foi. Cette glorieuse vierge sera honorée dans tous les âges. » (*Odes et Épodes*, III, 11)

Hypermnestre fut emprisonnée par son père et jugée, mais elle fut relâchée après l'intervention d'Aphrodite. À la demande de Zeus, les quarante-neuf autres Danaïdes furent rituellement purifiées par Athéna et Hermès et remariées à des hommes d'Argos, lesquels n'avaient initialement montré que peu d'intérêt pour elles. Mais Danaos offrit de magnifiques cadeaux de mariage et organisa des jeux et des concours, dont les gagnants avaient le droit de choisir les plus belles de ses filles. Après leur mort, les Danaïdes durent expier leur crime. Elles furent envoyées dans le Tartare, la partie la plus sinistre du monde souterrain. Elles y furent condamnées à verser éternellement de l'eau dans un tonneau sans fond (*voir* **Hadès**).

Daphné n'avait aucune chance d'échapper au dieu Apollon. Désespérée, la nymphe se transforma en un buisson de laurier.

Daphné

Daphné est la fille de Pénée, dieu-fleuve de Thessalie. Elle est, comme Artémis, une virginale déesse de la chasse et de la nature. Dans le plus célèbre récit la concernant, elle est, contre son gré, l'objet des désirs du dieu Apollon.

L'histoire commence ainsi : Apollon avait offensé Éros, le dieu de l'amour. Apollon, qui aimait se vanter de son habileté au tir à l'arc, pensait qu'Éros était un piètre archer. Ce dernier lui montra qu'il n'en était rien en le frappant en plein cœur d'une flèche à pointe d'or, qui le rendit éperdument amoureux de Daphné. Éros en fit de même avec Daphné, sauf que la flèche dont il l'atteignit avait une pointe de plomb – ce qui la rendit encore plus hostile à l'amour qu'elle ne l'était déjà. Hors de lui, Apollon se mit à la poursuivre, lui criant : « Ô nymphe, fille du Pénée, je t'en supplie, reste ! Tu fuis comme la brebis fuit le loup, la biche le lion, comme les colombes fuient l'aigle d'une aile tremblante, chacune devant son ennemi. C'est l'amour qui me lance à ta poursuite, malheureux que je suis ! » (Ovide, *Les Métamorphoses*, I) Daphné pour échapper à Apollon supplia son père (ou Zeus selon une autre version) de la délivrer de ce corps qui avait éveillé le désir d'Apollon, et elle fut changée en laurier.

Apollon l'ayant offensé pour avoir mis en doute ses talents d'archer, Éros se vengea en tirant sur le dieu une flèche qui le rendit follement amoureux de Daphné. Statuette d'Éros en grès, Égypte, Ier siècle de notre ère.

Décorations de la Maison des Vettii à Pompéi, évoquant le mythe d'Apollon et de Daphné. Peinture dans le quatrième style pompéien.

Daphnis

Daphnis était un berger sicilien – mais certains disaient qu'il était fils d'Hermès. Il grandit au milieu des nymphes des forêts et des montagnes de Sicile. Son personnage est directement lié à l'invention de la poésie pastorale (genre littéraire dans lequel est célébrée la beauté de la nature, et dont les rôles principaux sont tenus par des bergers et des bergères). Daphnis est protégé par Apollon, Artémis et Pan, lequel lui offrit sa flûte.

Selon le poète Ovide, Daphnis fut la victime d'une dramatique histoire d'amour, à l'issue de laquelle il fut changé en pierre par les agissements d'une nymphe devenue jalouse de la femme qui s'était unie à lui. Il existe plusieurs versions du récit évoquant les histoires d'amour de Daphnis avec des nymphes et des mortelles. Dans le poème de Virgile consacré à la mort de Daphnis, celui-ci est présenté comme un personnage à la manière de Dionysos, dont le char est tiré par des tigres et qui apprend aux gens à faire un thyrse (*voir* **Dionysos**). Les dieux, les nymphes, les animaux et les humains pleurèrent la mort de Daphnis, mais leur deuil fut de courte durée car Daphnis fut déifié peu après.

Au IIIe ou IVe siècle de notre ère, l'écrivain grec Longus écrivit un roman pastoral dont les deux personnages sont Daphnis et Chloé, un jeune garçon et une jeune fille élevés par des parents adoptifs. Ils s'éprennent l'un de l'autre, se marient et vivent une longue vie heureuse dans un décor bucolique. Daphnis et Chloé représentent depuis lors le modèle du couple de bergers.

Paysage aride de Sicile, où le berger Daphnis vivait parmi les nymphes. Son histoire est à la base du premier roman pastoral, Daphnis et Chloé, *de l'écrivain grec Longus.*

Déméter (déesse romaine: Cérès)

Déméter, représentée ici tenant une « corne d'abondance » dont sort une gerbe de blé. Sœur de Zeus, Déméter était la déesse de l'agriculture.

Déméter fait partie des Olympiens, les douze dieux et déesses qui vivent sur le mont Olympe aux côtés de Zeus, le dieu suprême. Elle est fille de Cronos et Rhéa et sœur de Zeus, Poséidon, Hadès, Héra et Hestia. Déesse de la terre, de l'agriculture et du blé, Déméter est l'une des déesses grecques les plus importantes, et il faut voir en elle l'une des variantes de la Terre-Mère vénérée depuis les premiers âges de l'humanité.

En Europe et dans le monde méditerranéen, le culte d'une divinité maternelle primitive remonte à l'âge de pierre. Cette statue d'une Terre-Mère, flanquée de lions, a été retrouvée en Turquie et date du VIe ou du VIIe millénaire avant notre ère.

Des statues datées des débuts de l'âge de pierre attestent du fait qu'une Terre-Mère de la fécondité était alors (20 000 ans avant notre ère) adorée en Europe et au Moyen-Orient.

Déméter est également apparentée à la déesse égyptienne Isis, à la déesse phénicienne Astarté, et à la divinité mésopotamienne Ishtar. Dans la mythologie grecque, outre Déméter, plusieurs autres déesses ont des caractéristiques de « divinité primitive », Aphrodite notamment et, dans une moindre mesure, Artémis et Athéna. On peut leur ajouter la Cybèle phrygienne, vénérée plus tard à Rome en tant que Terre-Mère. Certains aspects de ce culte de la déesse mère se retrouvent dans la vénération de la Vierge Marie, mère de Jésus-Christ.

La vénération de Déméter intégrait les thèmes de la mort, de la croissance et de la résurrection, et présentait les caractéristiques des religions à mystères. Chaque année, en septembre ou octobre, on célébrait les mystères d'Éleusis (une localité située à une trentaine de kilomètres d'Athènes). Les participants allaient en procession d'Athènes à Éleusis, où ils étaient initiés à des rites secrets, probablement similaires aux rites primitifs des moissons et symbolisant la mort et la résurrection. L'histoire de Déméter et de sa fille Perséphone y était sans doute représentée, car elle constitue la partie la plus importante du mythe de Déméter.

Portrait d'une femme avec deux torches. Les hommes et les femmes participant aux mystères d'Éleusis se rendaient en procession d'Athènes à Éleusis. À leur arrivée, on procédait aux rites secrets se rapportant au mythe de Déméter et de Perséphone. Petit vase grec, Ve siècle av. J.-C.

Perséphone est la seule fille de Déméter et elle avait été conçue par Zeus. À l'insu de sa mère, ce dernier la promit en mariage à Hadès, oncle de la jeune fille et maître du monde souterrain. Alors que la jeune Perséphone était en Sicile, cueillant des fleurs dans la forêt avec ses amies les filles d'Océanos (ou du dieu-fleuve Achéloos, qui, selon certains, les transforma en sirènes – *voir* **Sirènes**), le sombre dieu de la mort apparut sur son char tiré par de noirs chevaux et enleva la jeune fille. Celle-ci jeta les fleurs fraîchement cueillies et appela sa mère à l'aide, craignant pour sa vie : mais rien n'y fit. Hadès l'avait enlevée et emportée dans son royaume souterrain.

Quand Déméter s'aperçut que sa fille avait disparu, elle se mit immédiatement à sa recherche. Elle marcha neuf longs jours sans manger ni boire, en quête de Perséphone. Elle rencontra alors Hécate, qui avait entendu les cris de frayeur de Perséphone. Hécate conduisit Déméter auprès d'Hélios, le dieu du soleil, lequel, depuis son char traversant le ciel, pouvait voir tout ce qui se passait sur la terre. Il révéla à la déesse que Perséphone se trouvait dans le monde souterrain (d'après Ovide, c'est la nymphe Aréthuse qui renseigna Déméter).

Déméter fut si bouleversée qu'elle répandit partout dans le monde la sécheresse et la famine. Refusant de retourner sur l'Olympe avec les dieux, elle erra sur la terre, hébétée de tristesse. Alors qu'elle s'était assise découragée près d'une source à Éleusis, ayant pris les traits d'une vieille femme, les filles du roi Céléos et de la reine Métanira vinrent puiser de l'eau. Déméter leur ayant dit qu'elle était une nourrice crétoise dont l'enfant avait été enlevé par des voleurs, elles la ramenèrent avec elles au palais, où on lui confia le petit prince qui venait de naître, Démophon. Déméter décida de donner l'immortalité au bébé. Elle le frotta d'ambroisie, et la nuit venue, elle le plaça dans le feu de la cheminée. Métanira la surprit alors et Déméter lui révéla sa véritable identité. Elle ordonna à Céléos et à Métanira de lui bâtir un sanctuaire à Éleusis, là où, précisément, devaient être célébrés plus tard les mystères Éleusis.

Déméter demeura un an dans son nouveau temple, refusant tout contact avec les autres dieux. Pendant ce temps, plus rien ne poussait sur la terre devenue totalement aride. Zeus comprit qu'il fallait faire quelque chose, et il envoya sa messagère Iris à Déméter pour la raisonner. Mais celle-ci ne voulait qu'une chose : que sa fille lui soit rendue. Zeus eut beau l'assurer qu'il pourrait difficilement lui

Le chagrin de Déméter après l'enlèvement de sa fille par le roi du royaume des morts eut de terribles conséquences. Les moissons se desséchèrent et Zeus dut intervenir. Déméter, statue de grès, Tarente, IVe siècle av. J.-C.

trouver un meilleur mari qu'Hadès, lequel était son frère unique, et donc de rang équivalent, Déméter resta inflexible. Il n'y eut donc pas d'autre solution que de ramener Perséphone, et Hermès, le dieu messager, fut envoyé la chercher. Mais selon une clause très ancienne, on ne pouvait quitter le monde souterrain qu'à condition d'y avoir respecté un jeûne complet. Hadès connaissait cette disposition et il fit manger à Perséphone les grains d'une grenade (selon Ovide, c'est Perséphone elle-même qui avait cueilli le fruit en se promenant dans le jardin d'Hadès). Perséphone nia d'abord avoir mangé quoi que ce soit, Mais Ascalaphos, le fils d'une nymphe, l'ayant vu faire, il en informa les dieux.

Par la suite, Zeus décida que Perséphone partagerait son temps entre Déméter et Hadès. Durant la partie de l'année où elle était avec Déméter, le blé poussait et mûrissait ; quand elle était avec Hadès, la terre restait aride. La période pendant laquelle Perséphone était « sur terre » commençait avec l'automne et durait jusqu'au début de l'été, et donc du moment des semailles à celui de la moisson. Le temps qu'elle passait sous terre correspondait aux mois d'été des pays méditerranéens, quand les champs sont arides et brûlés par le soleil. Plus tard, on stipula que Perséphone séjournait chez Hadès durant l'hiver (quand

Déméter était chargée de répandre partout dans le monde la culture du blé. Le blé était autrefois considéré comme une denrée alimentaire essentielle et un présent d'une grande valeur. Pièce de monnaie de Métaponte, VIe siècle av. J.-C.

Sur le conseil de Prométhée, le sage Titan, Deucalion, l'équivalent grec du Noé de la Bible, construisit un navire qui lui permit de survivre au déluge suscité par les dieux. Pièce de monnaie d'argent (obole), Arados, IVe siècle av. J.-C.

la nature « se repose »), et qu'elle rejoindrait Déméter au printemps et en été (quand tout se met à « pousser »). C'est ainsi que le mythe de Déméter, Hadès et Perséphone expliquait le changement de saison.

Après que Déméter eut retrouvé sa fille, elle ordonna au héros éleunisien Triptolème (selon certains, ce nom désigne le prince Démophon que Déméter avait nourri) de répandre l'agriculture et la culture du blé partout dans le monde. L'histoire de Déméter symbolise alors un changement de civilisation : le passage d'une culture de la chasse et de la cueillette à une vie sédentaire fondée sur l'agriculture (*voir* **Hadès** *et* **Perséphone**).

Destins *voir* Moires

Deucalion

Deucalion, le Noé de la mythologie grecque, est le fils de Prométhée et de Pronoia, et le mari de Pyrrha, fille d'Épiméthée et de Pandore. L'humanité est encore, à son époque, très primitive, ce qui explique que le roi d'Arcadie, Lycaon, ait pu offrir à Zeus, venu vérifier si son impiété était aussi grande qu'il le prétendait, un ragoût de chair humaine. Zeus le changea en loup et décida de détruire la race humaine au moyen d'un déluge.

Seuls Deucalion et Pyrrha furent autorisés à survivre au désastre. Sur le conseil de son père Prométhée, Deucalion construisit un bateau dans lequel ils s'abritèrent des pluies pendant neuf jours, avant que leur embarcation finisse par aborder au pied du mont Parnasse.

Quand Deucalion et Pyrrha réalisèrent qu'ils étaient les seuls humains à avoir survécu, ils supplièrent la déesse Thétis, dont l'autel était resté intact, de leur dire comment empêcher la destruction totale de l'humanité. Elle leur ordonna de se défaire de leurs vêtements, de revêtir des voiles et de jeter les os de leurs mères par-dessus leur épaule. Deucalion et Pyrrha commencèrent par refuser à accomplir un acte qui revenait à profaner des restes mortuaires. Puis Deucalion comprit que « mère » signifiait ici la terre, et les « os » des pierres : il fit alors ce que Thétis lui avait dit.

Des pierres qu'il avait jetées par-dessus son épaule jaillirent des hommes, et des femmes de celles jetées par Pyrrha. C'est ainsi que fut créée la nouvelle race humaine et que l'humanité put continuer à exister. Hellen, le fils de Deucalion et de Pyrrha, occupa une position particulière parmi cette nouvelle race, au titre d'ancêtre des Hellènes, autrement dit des Grecs.

Didon

Assise sur son bûcher funéraire, Didon met fin à sa vie après la décision d'Énée de ne pas l'épouser et de satisfaire au contraire à ses obligations divines.

Didon, la légendaire première reine de Carthage, est la fille du Mutto, roi de la cité phénicienne de Tyr. Son importance dans la mythologie tient principalement à son histoire d'amour tragique avec le héros troyen Énée, quand celui-ci, après s'être échappé de Troie,

Quand Didon et ses partisans s'établirent en Afrique du Nord, les animaux qui y vivaient comprenaient des ânes et des autruches. Mosaïque tunisienne, période romaine.

trouva refuge auprès d'elle. Didon avait dû fuir sa ville natale après que son mari eut été tué par Pygmalion, le frère de Didon. Avec sa sœur Anna et un groupe de compagnons fidèles, elle débarqua sur les côtes d'Afrique du Nord, dans ce qui est actuellement la Tunisie.

Iarbas, un roi local, était prêt à lui vendre une partie de son territoire, mais cela ne devait pas excéder en superficie la taille d'une peau de taureau. L'astucieuse Didon découpa donc la peau d'un taureau en bandes étroites avec lesquelles elle délimita l'emplacement de la ville qu'elle désirait fonder – Carthage.

Carthage était encore en construction quand Énée y débarqua, son navire ayant été dérouté par des vents contraires. Entre Didon et lui naquit rapidement une violente passion. Quand, durant une partie de chasse, éclata une forte tempête, les amants cherchèrent refuge dans une grotte où Didon se donna à Énée. Elle espérait naturellement qu'il deviendrait son nouvel époux. Telle était également l'intention d'Énée, mais les dieux lui rappelèrent que sa destinée l'appelait en Italie, où il avait à fonder un nouveau royaume. Héros

La région de Carthage fut plus tard colonisée par les Romains, lesquels se considéraient comme les descendants des Troyens d'Énée. Ce monumental amphithéâtre est situé à El Djem, dans la Tunisie moderne.

obéissant et craignant les dieux, Énée repartit. Cruellement offensée et déshonorée, Didon monta sur un bûcher funéraire et se frappa de l'épée dont Énée lui avait fait présent.
Durant le second et le premier siècle avant notre ère, diverses guerres opposèrent les descendants d'Énée, les Romains, à ceux de Didon, les Carthaginois. Les amours tragiques d'Énée et de Didon furent racontées par le poète latin Virgile, dont s'inspirèrent par la suite nombre d'artistes (*voir* **Énée**).

Diomède

Il existe deux personnages du nom de Diomède dans la mythologie grecque. Le premier est le fils d'Arès, dieu de la guerre : il possédait quatre chevaux mangeurs d'hommes, lesquels devaient par la suite être attrapés par Héraclès dans l'un de ses douze travaux (*voir* **Héraclès**).

Le second Diomède est le fils de Tydée et de Déipyle. Il fut roi d'Argos et l'un des héros grecs les plus redoutables pendant la guerre de Troie. Disons même qu'il avait la guerre dans le sang. Son père, l'un des alliés de Polynice (le fils d'Œdipe), était tombé au combat devant les murs de Thèbes. Diomède et les autres fils des « Sept » qui avaient assiégé Thèbes, concentrèrent à nouveau leurs forces contre la cité. Et les fils, connus sous le nom des Épigones, firent mieux que leurs pères : les Thébains durent s'enfuir de la ville dont les murailles furent abattues.

Diomède est un guerrier hardi qui n'avait pas peur d'affronter les dieux eux-mêmes. On le voit ici blesser au bras la déesse de l'amour, Aphrodite.

Diomède fut ensuite l'un des rois grecs qui cherchèrent à obtenir la main de la belle Hélène. Comme tous les autres prétendants, il fit le serment de prêter assistance à Ménélas (choisi comme mari de la jeune femme) en cas de difficultés (*voir* **Ménélas**). Diomède tint sa promesse et s'embarqua pour Troie. Durant les dix ans que dura le siège de la ville, il se montra un magnifique héros, surpassé par les seuls Achille et le « grand » Ajax. Et, à en croire Hélénos, le fils devin de Priam, le roi troyen, le belliqueux Diomède fut « le plus fort de tous les Grecs », encore plus redouté qu'Achille. On le voit souvent accompagner Ulysse en parfait compagnon d'armes, et il est avec lui le protégé favori de la déesse Athéna. Au cours de la dixième année de guerre, celle-ci lui assure la victoire dans de nombreux combats – notamment contre l'excellent archer Pandoros. Il inflige également une grave blessure à Énée, et n'est aucunement effrayé par les dieux qui combattent du côté des Troyens : il n'hésite pas à faire face à Apollon et met en fuite Arès, le dieu de la guerre, et réussit même, de sa lance, à blesser au bras Aphrodite, la déesse de l'amour – mais celle-ci ne peut guère être qualifiée de belliqueuse.

Fils du dieu de la guerre Arès, Diomède possédait quatre chevaux mangeurs d'hommes. Héraclès le leur donna à dévorer, après quoi ces animaux devinrent eux-mêmes la proie des prédateurs. Peinture sur vase grec.

Dans la guerre de Troie, on retrouve toujours Diomède au premier rang des combattants et il extermine d'innombrables adversaires. Guerriers combattants, Antonio Pollaiuolo, XVe siècle.

Avec son ami Ulysse, Diomède lance des reconnaissances nocturnes à l'extérieur du camp grec. Le Troyen Dolon fut tué lors d'une de ces expéditions, de même que le roi Rhésos, allié thrace des Troyens, avec douze de ses hommes. Un peu avant cet épisode, le Lycien Glaucos, qui combattait du côté troyen, connut un meilleur sort : Diomède et lui découvrent à cette occasion que leurs grands-pères respectifs – Oenée et Bellérophon – avaient été de grands amis. Aussi décidèrent-ils de ne pas se battre, et même d'échanger leurs armes. Ce qui permit à Diomède de recevoir une fabuleuse armure d'or, d'une valeur dix fois supérieure à celle de ses armes de bronze.

Diomède accomplit beaucoup d'autres exploits, avec ou sans l'aide d'Ulysse. Ensemble, ils s'emparèrent du Palladium, une statue d'Athéna à Troie, condition nécessaire à la victoire des Grecs. Il accompagna également Ulysse à Lemnos pour en ramener l'archer Philoctète (*voir* **Odyssée et Ulysse**).

Après la guerre de Troie, Diomède revint chez lui sain et sauf, mais Aphrodite, qui n'avait pas oublié qu'il l'avait blessée, l'obligea à renoncer au trône d'Argos. Il alla s'établir alors dans le sud de l'Italie, où il fonda la ville d'Argypira (ou Arpi). C'est au cours de ce voyage que nombre de ses compagnons, qui avaient provoqué Aphrodite, furent changés par elle en oiseaux. Diomède sentit qu'il ne gagnerait pas grand-chose à s'allier aux adversaires d'Énée, qui voulaient expulser ce dernier de « leur » territoire. Il pensa qu'il avait déjà suffisamment contrarié Aphrodite, et il préféra faire la paix avec son fils Énée.

Dionysos

Dionysos, qui est le fils de Zeus et de Sémélé, est bien connu pour être le dieu du vin, notamment quand il prend la forme du dieu romain Bacchus, mais il a une importance bien plus grande dans la mythologie grecque. En tant que dieu de la végétation et du délire mystique, il est l'un des dieux les plus importants du panthéon grec, particulièrement durant la période hellénistique (IVe-IIIe siècle avant notre ère).

À l'origine, Dionysos était vénéré en Thrace et en Phrygie, où il avait probablement une fonction similaire à celle de Déméter, déesse de l'agriculture. Son intégration dans la culture grecque fut relativement tardive. Dans l'œuvre du poète Homère, qui vécut vers 800 avant notre ère, il est encore un dieu mineur. C'est par la suite qu'il devint l'objet d'un culte autrement plus frénétique, comme en témoignent ses fidèles les plus ferventes, les Ménades (ou Bacchantes). Celles-ci se livraient à des transes extatiques, revêtues de peaux de cerf, errant dans la campagne en portant des torches et des thyrses (bâtons ornés d'une pomme de pin et enveloppés de rubans, de lierre et de sarments de vigne), allant même parfois jusqu'à dévorer des animaux vivants.

Dionysos est issu de l'union de Zeus avec Sémélé, fille de Cadmos, le fondateur de Thèbes. Ayant pris une forme humaine, Zeus s'unit à elle, mais par la suite, sur les conseils perfides de la jalouse Héra, Sémélé demanda à son amant divin de se montrer à elle sous sa

Dionysos naît en sortant de la cuisse de Zeus. Le roi des dieux avait récupéré son fils dans le cadavre de sa mère Sémélé, avant de l'implanter dans sa propre cuisse.

Dionysos à cheval, accompagné d'une panthère. Les animaux prédateurs faisaient partie de l'escorte du dieu du vin. Vase peint, Athènes, Ve siècle av. J.-C.

Dionysos avec trois Ménades, chacune tenant un thyrse à la main. Fragment d'une peinture sur vase, Tarente, IVe siècle av. J.-C.

forme véritable. Zeus, qui savait d'avance ce qui allait en résulter, ne put faire autrement qu'accéder à sa demande, et Sémélé périt brûlée par la splendeur fulgurante de Zeus (*voir* **Sémélé**). Ce dernier eut juste le temps de sortir Dionysos du ventre de sa mère. Il se fit alors une entaille dans la cuisse et y plaça le petit dieu. C'est ainsi que, quelque temps plus tard, Dionysos naquit directement de son père et fut confié à Ino, la sœur de Sémélé (*voir* **Ino**).

Dionysos fut d'abord élevé par des nymphes, puis par Silène, un gros vieillard chauve qu'on représentait souvent porté par

Procession triomphale de Bacchus, l'équivalent latin de Dionysos. Peinture à l'huile, Peter Paul Rubens, XVIIe siècle.

un âne, ou soutenu à grand-peine par des satyres tellement il était ivre. Ce Silène n'en avait pas moins une grande sagesse et le don de prophétiser. Quand Dionysos fut devenu adulte, il continua de faire partie de sa suite, au milieu des nymphes, des satyres et des Ménades.

Les satyres étaient représentés avec des cornes et des sabots, et Dionysos fut lui-même doté pendant un certain temps d'une forme animale. Face aux menaces que la jalousie d'Héra faisait peser sur lui, Zeus (ou Hermès) le transforma en chevreau et le plaça sous la garde des nymphes du mont Nysa. Selon certaines versions, c'est sur cette montagne que Dionysos découvrit le secret de la fabrication du vin, dont il répandit ensuite la culture dans le monde.

Il existe d'autres versions de la naissance de Dionysos et de sa prime jeunesse. Selon ces récits, qui jouaient un rôle dans certains mystères (rites religieux réservés aux seuls initiés), le dieu était le fils de Déméter ou de Persé-

Naissance de Dionysos, représentée sur un relief de Nysa (Turquie). Selon le mythe, c'est sur la montagne de Nysa que Dionysos découvrit l'art de faire du vin.

Silène, le tuteur de Dionysos, est presque toujours représenté en état d'ivresse, comme ici, sur ce relief de Nysa. Cela n'enlevait pourtant rien à sa grande sagesse et à son don de prophétiser.

phone, Zeus étant alors supposé avoir pris la forme d'un serpent. Après que Dionysos eut été tué et mis en pièces par les Titans sur l'ordre d'Héra, Zeus aurait donné son cœur à manger à Sémélé, puis il serait né une deuxième fois. L'un des noms de Dionysos est d'ailleurs « le deux fois né », ce qui peut également s'expliquer par le fait que d'abord conçu dans le sein de Sémélé, il sortit ensuite de la cuisse de Zeus.

Ivre de vin, Dionysos a bien besoin, ici, d'être soutenu. Mosaïque d'Anatolie, Turquie.

Nouveau venu parmi les dieux, Dionysos ne fut pas unanimement accepté. Non seulement Héra le haïssait, mais beaucoup d'hommes mirent également en doute son statut divin. Lycurgue, roi des Édoniens, tenta de le tuer, mais Thétis, la déesse de la mer, eut pitié de lui, et Lycurgue fut frappé de cécité. Penthée, roi de Thèbes (lieu de naissance de Dionysos), refusa de reconnaître sa divinité. Dionysos s'était rendu à Thèbes sous la forme d'un beau jeune homme, accompagné d'une escorte de Ménades, et Penthée l'avait jeté en prison. Mais les chaînes de Dionysos tombèrent d'elles-mêmes et les portes de son cachot s'ouvrirent brusquement. Le dieu dit alors à Penthée que les Ménades et les femmes de Thèbes, qu'il avait ensorcelées, allaient se livrer à de spectaculaires orgies sur le mont Cithéron. La curiosité de Penthée fut aussitôt éveillée. On raconte que celui-ci se serait déguisé en femme pour pouvoir assister à la scène. Perché dans un arbre, il assistait donc à tous ces débordements érotiques, quand il fut découvert par les Ménades. Dans leur délire, les Ménades crurent qu'il était un lion, et sous la conduite d'Agavé, la mère de Penthée, Ménade particulièrement excitée, elles le firent tomber de l'arbre et le mirent en pièces. Quand Agavé retrouva la raison, elle enterra son fils et partit en exil avec ses parents, Cadmos et Harmonie.

Cette histoire traduit assez bien la frayeur et l'aversion que nombre d'aristocrates grecs, adorateurs des anciens dieux de l'Olympe,

Tête de satyre menaçant. Les Satyres pouvaient se montrer agressifs et ils avaient une activité sexuelle débordante. Masque en terre cuite, IVe siècle av. J.-C.

éprouvaient à l'égard du nouveau dieu et de ses adeptes délirants. Dans divers endroits, on racontait que des hommes, sous l'emprise de leur vénération outrancière de Dionysos, étaient devenus fous et avaient été pris de fureurs meurtrières. C'est ce qui arriva également aux filles du roi Midas.

Dionysos a apporté le vin aux hommes, mais ce don reçut un accueil mitigé. Selon un mythe athénien, Dionysos enseigna la viticulture à l'humble Icarios et à sa fille Érigoné. Mais quand les voisins d'Icarios se furent enivrés, ils craignirent d'avoir été empoisonnés et tuèrent Icarios. Après avoir appris ce qui était arrivé à son père, Érigoné se suicida. Alors, Dionysos frappa de folie les Athéniens, et nombre d'Athéniennes se pendirent à l'exemple d'Érigoné. Quand les Athéniens se rendirent compte de leur injustice, ils organisèrent une fête au cours de laquelle ils accrochèrent dans les arbres des effigies d'Icarios et d'Érigoné.

En Étolie, Dionysos fut bien reçu. Le roi Oenée (dont le nom est presque identique au mot grec signifiant le vin, *oinos*) lui offrit même son épouse, Althée. De cette union naquit Déjanire, la future femme d'Héraclès. Reconnaissant, Dionysos fit don de la viticulture à Oenée.

Dionysos à bord d'un navire guidé par des dauphins. Des grappes de raisin pendent au mât. Peinture sur un plat grec.

Dionysos épousa Ariane, la fille du roi de Crète, Minos, celle qui avait aidé Thésée dans son combat contre le Minotaure. Selon certains récits, Ariane fut abandonnée sur l'île de Naxos par Thésée, avec lequel elle s'était enfuie de Crète, et Dionysos eut pitié d'elle. Pour d'autres, Dionysos la réclama pour épouse, et Thésée fut obligé de s'en retourner à Athènes, seul et désespéré (*voir* **Ariane** *et* **Thésée**).

Les satyres représentés ici sont occupés à presser le raisin. Cruche à vin, Athènes, Ve-VIe siècle av. J.-C.

Le culte de Dionysos se répandit progressivement dans tout le monde grec et au-delà, mais son accoutrement phrygien et son comportement exubérant lui gardèrent une allure un peu « étrangère ». À Athènes, durant les mois d'hiver, avaient lieu plusieurs fêtes en l'honneur de Dionysos, dont les plus fameuses étaient les Dionysies. Les Anthestéria, célébrées en février, étaient une fête des fleurs au cours de laquelle on buvait le vin nouveau tandis que Dionysos entrait dans la ville sur un char marin (en latin, *carrus navalis*). C'est là l'origine lointaine du carnaval précédant le Carême de la tradition chrétienne, et dans lequel on retrouve quelques échos de la frénésie des Ménades.

Pendant les grandes Dionysies, célébrées en mars, comédies, tragédies et jeux satyriques étaient représentés dans le théâtre de Dionysos au pied de l'Acropole. La tragédie (le mot vient du grec *tragodia*, littéralement « chant du bouc ») tire son origine des chants et des danses exécutés par les paysans déguisés en boucs et en chèvres. Le culte de Dionysos a ainsi donné naissance à un genre littéraire, qui n'a cessé d'inspirer, jusqu'à nos jours, dramaturges et metteurs en scène.

Ivresse et délire : Dionysos incarne un aspect très particulier de la civilisation grecque, qui contraste fortement avec celui représenté par Apollon, dieu de la clarté et de la maîtrise de

Dionysos chevauchant une panthère, un thyrse à la main. Mosaïque au sol, Pella.

La tragédie s'est développée en Grèce à partir de rituels qui faisaient partie du culte de Dionysos. Statuette de terre cuite représentant un acteur d'Alexandrie, IIIe siècle av. J.-C.

soi. Mais Dionysos était vénéré lui aussi à Delphes, centre du culte d'Apollon. En hiver, quand Apollon s'éloignait pour rejoindre les territoires glacés du Nord, avaient lieu les festivités dionysiaques. Apollon revenait au printemps, et Dionysos « mourait », pour renaître à nouveau plus tard dans l'année.

L'orphisme, dans lequel Orphée était associé à Dionysos, était lui-même un dérivé du culte dionysiaque, caractérisé par une élaboration théologique qui prit forme en Grèce autour du VIe siècle avant notre ère. Ses adeptes furent d'abord persécutés par les prêtres de Dionysos, mais l'orphisme fut par la suite intégré dans le culte du dieu (*voir* **Orphée**).

En tant que personnage salvateur ressuscité des morts et promesse d'une vie éternelle,

L'orchestre de l'amphithéâtre grec de Syracuse, en Sicile. Une statue de Dionysos s'y dressait autrefois.

Bacchus et Satyre. Peinture à l'huile, Cornelis Cornelisz Van Haarlem (1562-1638).

Bacchus, le dieu romain du vin, fut souvent représenté sur les sarcophages datant de l'Empire romain. Quand le christianisme rejeta les anciens dieux, ce dieu du vin fut parfois simplement remplacé par un autre vainqueur de la

Rite appartenant au culte de Dionysos. Il est possible que la scène réfère à la grossesse de Sémélé. Peinture murale de la Villa des mystères de Pompéi, Ier siècle av. J.-C.

Ruines d'un temple dédié à Dionysos dans la ville de Pergame, Asie Mineure (Turquie).

mort : Jésus-Christ. Nombre des rituels « sataniques » qu'on a connus plus tard, avec leurs sorcières invoquant Satan et leurs adeptes accédant à l'extase par l'alcool et la drogue, sont similaires aux rites des Dionysies ou des Bacchanales, au cours desquels le dieu se manifestait à ses fidèles sous la forme d'un bouc.

Dioscures

Les Dioscures – littéralement les « fils de Zeus », plus connus comme les « jumeaux célestes » – sont Castor et Polydeukès. Ce dernier est plus connu sous son nom romain : Pollux. Frères jumeaux, ils sont les fils de Léda, l'épouse de Tyndare, roi de Sparte, et ont pour sœurs Hélène et Clytemnestre. Bien qu'Homère ait affirmé que les quatre enfants de Léda étaient de simples mortels, une tradition postérieure indiquait que Pollux et Hélène avaient été engendrés par Zeus quand celui-ci s'était uni à Léda sous la forme d'un cygne (*voir* **Léda**), Castor et Clytemnestre ayant été conçus par Tyndare. Pollux et Hélène étaient donc immortels, ce qui n'était pas le cas pour Castor et Clytemnestre. Selon une autre tradition, l'union de Léda avec le cygne avait abouti à trois œufs, dont étaient nés les quatre enfants.

Les Dioscures, patrons des marins, étaient particulièrement honorés à Sparte, leur ville natale, et à Rome, deux cités ayant une vocation guerrière très forte. Les Romains croyaient que Castor et Pollux les avaient aidés autrefois à vaincre le roi étrusque Tarquin le Superbe. On racontait qu'ils avaient été vus sur le Forum, là où avait été proclamée la victoire des armées romaines. Aussi un

Les Dioscures Castor et Pollux étaient habituellement présentés comme des frères jumeaux. Mais Pollux était censé être fils de Zeus, tandis que Castor était fils de Tyndare.

temple leur était-il consacré en ce lieu. Les Dioscures étaient également les divinités protectrices de l'aristocratie romaine.

Dans leur jeunesse, les Dioscures prirent part, avec beaucoup d'autres héros, à l'expédition des Argonautes sous la direction de Jason (*voir* **Argonautes**). Excellent cavalier, Castor n'y joua pas un rôle particulier, mais Pollux, qui était un boxeur exceptionnel, se servit de ses talents pugilistiques pour éliminer l'abominable roi Amycos, qui obligeait ses hôtes à lutter avec lui.

Léda aux prises avec un cygne agressif – en réalité, Zeus, le dieu suprême, qui, s'unissant à elle, engendra la belle Hélène et le héros Pollux. Statuette athénienne en terre cuite, vers. 440 av. J.-C.

Ruines du temple de Castor et Pollux sur le Forum de Rome. Les Dioscures étaient supposés y avoir proclamé la victoire définitive des Romains sur le roi étrusque Tarquin le Superbe.

Quand Thésée, le héros athénien, enleva Hélène, encore toute jeune fille, ses deux frères vinrent la délivrer et installèrent un rival de Thésée sur le trône d'Athènes. Dans un autre récit, on les voit eux-mêmes enlever leurs cousines, Phoebé et Hilaera, qui devinrent leurs épouses. Les deux jeunes filles avaient déjà été promises à deux des cousins des Dioscures : mais quand ces derniers allèrent, en compagnie de Castor et Pollux, voler du bétail en Arcadie, une violente dispute éclata lors du partage. Les deux cousins périrent dans le combat qui s'ensuivit, tandis que Castor était lui-même mortellement blessé. À la requête de Pollux, Zeus accepta de partager le don d'immortalité entre les deux frères, et c'est ainsi que ces derniers passèrent alternativement leurs jours entre l'Olympe et le monde souterrain.

Par la suite, ils devinrent dans le ciel la constellation des Gémeaux.

Les Dioscures, place du Quirinal à Rome. Ces statues, d'environ cinq mètres de haut, sont les copies romaines d'originaux grecs du Ve siècle av. J.-C., et leur emplacement actuel date de 1588.

Écho *voir* Narcisse

Électre

Fille d'Agamemnon, roi de Mycènes, et de Clytemnestre son épouse, Électre est la sœur d'Iphigénie, de Chrysothémis et d'Oreste. Son nom signifie « ambre » en grec, ou peut-être « étincelle » (*élektron*), de l'électricité statique pouvant naître de l'ambre par frottement.

À son retour de la guerre de Troie, où il avait été le chef de l'armée grecque, Agamemnon fut assassiné par sa femme, Clytemnestre, et son amant Égisthe (*voir* **Agamemnon**). Ces derniers voulaient tuer également Oreste, le fils héritier d'Agamemnon, mais Électre l'aida à se réfugier en Phocide (selon une autre version, Oreste y avait déjà été envoyé préalablement).

Les Dioscures prirent place au milieu des étoiles et devinrent dans le ciel la constellation des Gémeaux.

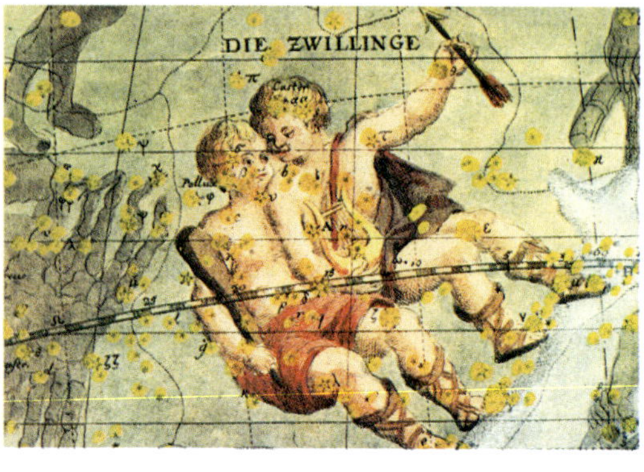

Électre resta à Mycènes, et quand Oreste y revint plus tard, en compagnie de Pylade, son cousin et ami, elle lui fit promettre, devant la tombe de leur père, de se venger de Clytemnestre et d'Égisthe, vengeance à laquelle elle assista. Par la suite, Pylade épousa Électre avec laquelle il part s'installer en Phocide.

L'histoire d'Électre inspira en Grèce nombre de dramaturges, dont Sophocle (496-406 av. J.-C.) et Euripide (480-406 av. J.-C), mais chez ce dernier les événements prennent une autre tournure. Dans la pièce d'Euripide, Égisthe donne à Électre comme époux un pay-

Électre et son jeune frère Oreste. Électre prit soin d'Oreste à son retour de Phocide. Ils mirent au point ensemble un plan pour se venger de leur mère Clytemnestre et de son amant Égisthe.

san avec lequel, étant donné la différence de conditions sociales, elle ne peut avoir d'enfant. Lorsqu'Oreste revient de Phocide, elle le pousse à tuer Égisthe dans une ferme du voisinage, puis Clytemnestre, qu'elle a attirée chez elle. Ainsi, chez Euripide, Électre est le véritable coupable du matricide, Oreste n'étant qu'un exécutant. Égisthe espère ainsi se soustraire à sa vengeance. Mais après ce double meurtre, Électre est hantée par le remords, tandis qu'Oreste – bien que moins coupable qu'Électre – est poursuivi par les Érinyes, déesses de la vengeance.

Dans l'*Orestie*, la trilogie écrite antérieurement par le grand dramaturge athénien Eschyle (525-426 av. J.-C.), nous est présenté le cycle complet des meurtres et de la vengeance dans lequel est enfermée la famille d'Agamemnon (les Atrides), jusqu'au jugement d'Oreste à Athènes (*voir* **Agamemnon, Atrée, Érinyes** *et* **Oreste**).

Endymion

Endymion, fils d'Aethlios et de Calycé, était roi d'Élis, dans le Péloponnèse. Séléné, la déesse de la Lune, assimilée plus tard à Artémis, s'éprit passionnément d'Endymion. Chaque nuit, elle descendait du ciel pour s'unir à ce jeune roi si beau. De leur union naquirent cinquante filles. Ne pouvant supporter l'idée qu'Endymion pourrait mourir un jour, Séléné le fit s'endormir d'un sommeil éternel dans une grotte de Carie. Selon un autre récit, c'est Zeus qui permit à Endymion d'être plongé dans un sommeil éternel afin de ne pas connaître la vieillesse.

Électre traversa toutes les tragédies de sa famille. Son père tua la sœur aînée d'Électre, sa mère assassina son père, et elle-même se vengea de sa mère. Femmes se lamentant sur le cercueil d'un mort, fragment d'un vase athénien, VIe siècle av. J.-C.

Éos (déesse romaine : Aurore)

Éos est fille des Titans Hypérion et Théia, et sœur d'Hélios, le dieu du Soleil, et de Séléné, la déesse de la Lune. Éos était elle-même la déesse de l'Aurore. Chaque matin, elle s'élevait au-dessus des eaux d'Océanos pour apporter la lumière au monde. Avant le lever du soleil, elle parcourait le ciel sur un char tiré par deux chevaux, Phaéton (« le brillant ») et Lampos (« le resplendissant »). Son frère Hélios, dieu du Soleil, bénéficiait d'un rang plus élevé et avait donc un char à quatre chevaux. Les épithètes d'Homère sont restées célèbres : elle est l'Aurore « aux doigts de rose », « celle qui brille face aux mortels », ou « celle qui siège sur le trône d'or ».

Zeus fit don à Endymion d'un sommeil éternel le préservant des dégradations physiques de la vieillesse. Pièce de monnaie en bronze à l'effigie de Zeus, Alexandrie, IIIe siècle av. J.-C.

Elle tombe souvent amoureuse de beaux mortels, mais ses histoires ont habituellement une fin tragique : elle est en effet en butte à la colère d'Aphrodite, la déesse de l'amour, pour avoir un jour tenté de séduire son amant, Arès, le dieu de la guerre.

La gracieuse Éos, qui précède chaque matin l'arrivée d'Hélios, dieu du soleil, est souvent évoquée chez Homère par la formule « l'Aurore aux doigts de rose ».

Tithonos, beau jeune homme, fils de Laomédon, roi de Troie, devint son mari. Éos pria Zeus de donner l'immortalité à son époux, mais elle oublia de demander également de lui faire don d'une éternelle jeunesse. Le malheureux Tithonos se vit donc affligé d'un terrible vieillissement : il se dessécha au point de ressembler à une cigale racornie. Éos l'enferma dans sa chambre, et elle-même se levait le plus tôt qu'elle pouvait afin de ne pas avoir à le regarder.

Éos traversait le ciel au point du jour dans un char tiré par d'étincelants chevaux. Cheval de bronze, ve siècle av. J.-C.

Parmi les autres conquêtes d'Éos, citons les grands chasseurs que furent Céphale et Orion. Quand Éos se rendit avec Orion sur l'île de Délos, qui était consacrée à Artémis, celle-ci en fut si offensée qu'elle tua Orion, lequel fut transformé en constellation céleste.

Érinyes
(à Rome : les Furies)

Les Érinyes étaient les déesses de la vengeance, animées du besoin insatiable de venger les crimes commis par les dieux et les mortels – tout particulièrement les crimes frappant les parents d'une même famille.

On disait que les Érinyes étaient nées du sang versé par Ouranos quand ce dernier fut castré par Cronos, son fils révolté contre lui (*voir* **Cronos**). D'une certaine manière, ce fut là le premier crime à intervenir dans le monde. Le sang d'Ouranos rejaillit sur Gaia, la Terre-Mère, et c'est en elle que les Érinyes germèrent. Elles avaient une allure terrifiante – visages tordus en d'abominables grimaces, des serpents en guise de chevelure, elles tenaient en leurs mains des fouets et des tisons ardents. On ne sait pas combien elles étaient primitivement, mais selon des traditions plus tardives elles étaient au nombre de trois : Alecto (« celle qui ne s'arrête jamais »), Tisiphoné (« celle qui venge les meurtres »), et Mégère (« l'envieuse »).

Les trois Érynies, ou les trois Furies, étaient les terrifiantes déesses de la vengeance et tout le monde les craignait. Elles étaient associées aux crimes de sang et poursuivaient impitoyablement les meurtriers.

On peut les considérer comme la personnification de la culpabilité attachée à certains crimes outrepassant les lois humaines, comme le meurtre d'un proche parent. C'est ainsi qu'Oreste, qui avait tué sa mère Clytemnestre pour venger le meurtre de son père Agamemnon (*voir* **Agamemnon**), eut affaire aux Érinyes. Elles le poursuivirent impitoyablement, se refusant à toute concession et ignorant les circonstances atténuantes liées au cas d'Oreste. Même le temple d'Apollon à Delphes, où le jeune homme s'était réfugié, ne put les arrêter. Ce n'est qu'après qu'Oreste eut été jugé à Athènes, sur l'Aréopage, où Athéna avait établi un tribunal spécial, qu'elles consentirent à se calmer. Oreste dut faire pénitence, après quoi les Érinyes devinrent objet de vénération à Athènes – non plus sous leur ancien nom, mais sous celui d'Euménides, « les bien disposées ». Cette histoire symbolise le passage d'une justice primitive, fondée sur la vengeance, à une justice plus équitable et plus rationnelle, qui met fin au cycle infernal de la violence entre les hommes.

Éris

Fille de Nyx, la déesse de la nuit, Éris est la personnification de la discorde. Son intervention la plus célèbre dans la mythologie se situe au moment des noces de Pélée et de Thétis. Faisant partie des dieux mineurs, Éris n'avait pas été invitée au mariage. Elle en fut si irritée qu'elle jeta une pomme d'or (la traditionnelle « pomme de discorde ») au milieu des invités, laquelle portait l'inscription : « Pour la plus belle ». Chacune des trois déesses présentes, Héra, Athéna, et Aphrodite, estima que la pomme lui était destinée. Pâris, le prince

Furieuse de ne pas avoir été invitée au mariage de Pélée et de Thétis, Éris lança parmi les convives la « pomme de la discorde ». Détail d'une peinture à l'huile, Ferdinand Bol, XVIIe siècle.

On voit ici l'une des terribles Érynies, dont on pensait habituellement qu'elles étaient au nombre de trois. Fragment d'un vase peint, Tarente, IVe siècle av. J.-C.

troyen, fut invité à arbitrer ce concours de beauté, avec les conséquences dramatiques que l'on sait (*voir* **Aphrodite, Pâris** *et* **Thétis**). Selon Homère, Éris était sœur d'Arès, le dieu de la guerre. Il la décrit accompagnant ce dernier sur le champ de bataille : elle se dresse, « petite d'abord, puis bientôt de son front s'en va heurter le ciel, tandis que ses pieds toujours foulent le sol. Une fois de plus, elle vient jeter au milieu de tous l'esprit de querelle, qui n'épargne personne, allant et venant à travers la foule, partout faisant grandir la plainte humaine ». (Iliade, IV, 442-445).

Éros
(dieu romain : Cupidon ou Amour)

Éros est le dieu de l'amour physique. Il était considéré à l'origine comme une force primitive, issue en même temps que Gaia, la Terre-Mère, du Chaos, l'espace primitif. C'est par lui que se réalise l'union d'Ouranos, le Ciel, et de Gaia, la Terre. Selon certaines traditions, c'est même Éros qui créa la Terre, le Ciel et la Lune.

Par la suite, Éros perdit ce statut de principe abstrait pour devenir le fils d'Aphrodite, la déesse de l'amour, et de son amant Arès, le dieu de la guerre. On le représente alors comme un beau jeune homme athlétique. Ses statues ornaient les gymnases dans lesquels les jeunes gens s'entraînaient, et il devint ainsi la divinité protectrice des rapports érotiques entre adultes et adolescents.

Pendant la période hellénistique, puis celle de l'Empire romain, Éros est représenté en enfant ailé et joufflu, armé d'un arc et de flèches dont il tente d'atteindre ceux et celles qu'il veut blesser : c'est la version romaine traditionnelle de Cupidon. On tendra par la suite à en multiplier les représentations, et l'on

Éros en bébé dans son berceau, une guirlande autour du cou. Statuette de terre cuite, Tarente, IIIe siècle de notre ère.

Éros, le dieu de l'amour, avait différents types de flèche à sa disposition. Celles à pointe d'or blessaient d'un amour sans espoir, celles à pointe de plomb faisaient naître à l'inverse une aversion totale pour le soupirant.

Éros, fils d'Aphrodite, déesse de l'amour, représenté ici en petit enfant. Statuette de bronze, période romaine.

Les « Putti », ces angelots qu'on voit dans d'innombrables œuvres d'art, sont en fait des représentations d'Éros, des « cupidons », ou des « amours ». Ici, dans une œuvre d'Hermanus Numan, XVIIIe siècle.

verra souvent, en peinture ou en sculpture, ces groupes de Cupidons ailés, pareils à des chérubins, entourant parfois leur mère Aphrodite (Vénus).

On le retrouve également dans les œuvres des poètes latins comme Virgile et Ovide. Chez Virgile, c'est Éros qui est à l'origine de la passion entre Énée et Didon (*voir* **Didon** *et* **Énée**). Dans son récit consacré à l'histoire de Daphné et Apollon (*voir* **Daphné**), Ovide évoque les différents types de flèches dont se sert Éros. Celles à pointe d'or sont destinées à ceux et à celles que le dieu veut frapper d'un amour sans espoir, tandis que les flèches à pointe de plomb visent à détourner de l'amour ceux qui en sont atteints.

Éros lui-même tombera follement amoureux de Psyché, « l'âme » (*voir* **Psyché**).

En dépit des tours qu'ils jouaient, les Éros étaient des dieux bienveillants pour l'humanité. On en voit deux ci-dessous, tenant des cornes d'abondance, sur un plat de terre cuite octogonal, IIIe-IVe siècle de notre ère.

Euridyce *voir* Orphée

Europe

Fille d'un roi phénicien, Europe est abordée par un superbe taureau plein de douceur. Il s'agissait en réalité de Zeus, le roi des dieux, épris d'elle.

Europe, dont le nom désigne aujourd'hui un continent, est la fille du roi phénicien Agénor et de sa femme Téléphassa.

Zeus, la divinité suprême, vit un jour Europe qui jouait avec ses amies, et il la désira immédiatement. Il se transforma alors en un beau taureau d'une blancheur éclatante et s'approcha ainsi d'Europe. Celle-ci tomba sous le charme de ce taureau superbe, gentil et joueur, et elle ne tarda pas à monter sur son dos. Le taureau sauta alors dans la mer et se dirigea en nageant vers le large. Terrifiée, Europe vit la terre s'éloigner de plus en plus, puis disparaître.

Le taureau aborda en Crète, où Zeus se révéla à la jeune fille. Ils firent l'amour, probablement dans la grotte où Zeus avait été élevé par Amalthée (*voir* **Amalthée**), et de leur union naquirent trois fils, Minos, Sarpédon et Rhadamante. Zeus donna à Europe un javelot qui ne manquait jamais sa cible, un chien d'une habileté exceptionnelle à la chasse, et un « robot » de bronze, Talos, qui patrouillait sur l'île et en éloignait les étrangers en leur jetant des pierres. Selon une autre version du mythe, Talos fut donné par Héphaïstos au fils d'Europe, Minos. Europe épousa par la suite le roi crétois Astérion, qui fit de Minos son successeur.

Après qu'Europe se fut installée sur son dos, le taureau sauta dans la mer et nagea de la Phénicie (le Liban actuel) jusqu'à l'île de Crète. Statuette en terre cuite de Béotie, IVe siècle av. J.-C.

Le père d'Europe, Agénor, fut bouleversé par la disparition de sa fille et il envoya ses fils à sa recherche. L'un d'eux, Cadmos, vécut à cette occasion de multiples aventures. C'est ce même Cadmos qui fonda la cité de Thèbes (*voir* **Cadmos**).

Grotte sur les pentes du mont Dicté, en Crète. C'est dans une caverne de ce genre, où il avait été élevé par la nymphe-chèvre Amalthée, que Zeus s'unit à Europe.

Illustration ancienne de la constellation du Taureau. Les taureaux jouent un rôle important dans la mythologie grecque, notamment dans les récits se rapportant à la Crète.

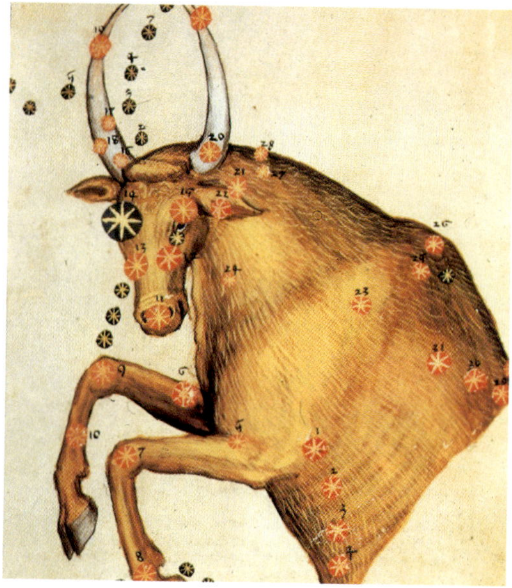

Euros

Euros personnifiait le vent d'Est ou de Sud-Est. Il était frère de Borée, le vent du Nord, de Zéphyr, le vent d'Ouest, et de Notos, le vent du Sud. Sur son coursier rapide, il apportait la lumière, mais parfois aussi de violentes tempêtes et des pluies abondantes.

Eurysthée *voir* Héraclès

Faunus

Fils de Picus et petit-fils de Saturne (Cronos), Faunus était un dieu italien de la nature. Dans certains récits, il était le père de Latinus, qui régnait sur le Latium quand Énée, l'ancêtre des Romains, y arriva (*voir* **Énée**). Il ressemble étroitement à Pan, le dieu grec, auquel il fut par la suite assimilé. Il était protecteur du bétail et avait également le don de prophétie. Ainsi, après une bataille contre les Étrusques, les soldats romains entendirent sa voix sortir d'une forêt, qui leur annonçait que les Étrusques avaient perdu un homme de plus que les Romains au cours du combat. Encouragés par cette annonce, les Romains infligè-

Faunus, dieu romain de la nature, était identifié au dieu grec Pan. Il avait le pouvoir de prophétiser et secourait parfois les Romains dans les combats. Il était également le protecteur du bétail.

rent une défaite cuisante aux Étrusques. Un jour, Numa Pompilius, le second roi de Rome, poussa Faunus et son père Picus, le dieu de la forêt (habituellement représenté sous la forme d'un pic – l'oiseau), à s'enivrer, car il voulait savoir ce qu'il devait faire pour se faire entendre de Jupiter (l'équivalent latin de Zeus). Malgré leurs réticences, Faunus et Picus lui donnèrent l'information.

Chez les poètes latins, Faunus joue habituellement le même rôle que Pan, le dieu grec. Le poète Horace mentionne une fête célébrée le 5 décembre en l'honneur de ce dieu de la nature, et lui demande de bénir son bétail dans une ode dédiée à « Faunus, l'amant des nymphes de l'Éther » (*Odes et Épodes*, III 18) (*Voir* **Pan**).

Flora *voir* Chloris

Fortuna

Fortuna est la déesse romaine de la destinée, de la chance et de la malchance. Bien que son rôle dans la mythologie ne soit pas très important, elle était particulièrement vénérée dans les milieux populaires. Nombre de temples lui étaient consacrés et on l'invoquait souvent. Elle avait à Préneste (aujourd'hui Palestrina, à une cinquantaine de kilomètres à l'est de Rome) un grand sanctuaire, construit au IIe siècle avant notre ère. Les gens pouvaient y consulter l'oracle et tirer au sort ce qu'il en

La déesse Fortuna apportait chance et prospérité, mais de manière complètement arbitraire. C'est pourquoi elle a ici les yeux bandés et qu'elle tient une boule qui, lancée, pouvait prendre n'importe quelle direction.

serait de leur avenir, chanceux ou malchanceux. Fortuna est souvent représentée les yeux bandés, pour symboliser l'arbitraire de ses décisions ; il en va de même pour ses attributs les plus fréquents, comme la boule et la roue (la proverbiale « roue de la Fortune »), ou encore, la « corne d'abondance », qui symbolise les richesses dont elle pouvait gratifier ceux qu'elle avait choisi de favoriser.

Fortuna, portant ici une corne d'abondance. Statuette de bronze.

Séduisante et fascinante, Fortuna tient une roue sous ses pieds : la « roue de la Fortune ». À l'arrière-plan, ceux dont le destin varie au gré de ses caprices. École flamande, vers 1600.

Gaia, la déesse de la terre, donna naissance à nombre de monstres et de créatures terrifiantes. Comme Typhon, qui se battit contre Zeus, et Python, énorme serpent qui vivait à Delphes, dans les profondeurs du sol, et qui fut tué par le dieu Apollon.

Gaia (déesse romaine : Terra)

Gaia, la Terre-Mère, est l'une des premières créatures issues du Chaos, l'espace primordial. Ouranos, le Ciel, Pontos, la Mer, et les montagnes font partie de sa progéniture. De son union avec son fils Ouranos naquirent les Titans, parmi lesquels Cronos et Rhéa, les parents de la future divinité suprême, Zeus, et de tous ses frères et sœurs. De même encore, les Cyclopes et les Géants aux cent bras.

Ouranos infligea à Gaia de terribles souffrances en empêchant les Cyclopes et les Géants (*voir* **Géants**) de sortir du ventre de leur mère (autrement dit, de la terre). Gaia donna alors à son fils Cronos une faucille (en silex) avec laquelle il castra Ouranos. Cronos jeta à la mer les organes sexuels d'Ouranos, lesquels furent rejetés sur le rivage de Chypre ou de Cythère, et de l'écume qui se formait autour de l'île naquit la déesse de l'amour, Aphrodite. Du sang d'Ouranos qui avait rejailli sur Gaia naquirent les Érinyes (les déesses de la vengeance), les Géants et les Méliades (ou Nymphes des Frênes).

Cronos devint maître de l'univers et épousa sa sœur Rhéa. Il se révéla bientôt tout aussi tyrannique que son père (*voir* **Cronos**). Il enferma les Cyclopes et les géants aux cent bras dans le Tartare, la partie la plus inhospitalière du monde souterrain, et se mit à dévorer ses propres enfants à mesure qu'ils naissaient. Zeus fut le seul à échapper à ce sort funeste : Gaia donna à Rhéa une pierre enveloppée d'un linge, que Cronos avala croyant qu'il s'agissait du nouveau-né. On mit Zeus à l'abri en Crète, où il fut élevé par Amalthée (*voir* **Amalthée**). Devenu adulte, Zeus força Cronos à restituer tous les enfants qu'il avait dévorés (Hadès, Poséidon, Déméter, Hestia, et Héra), et il libéra les Cyclopes ainsi que les géants aux cent bras. Puis commença la guerre de dix ans contre les Titans, qui aboutit à la défaite de Cronos et des autres Titans. Ceux-ci furent emprisonnés dans le Tartare. Gaia en fut profondément offensée : s'unissant au Tartare, elle donna naissance à Typhon, monstre effrayant que Zeus dut affronter et qu'il finit par vaincre au terme d'un long et dur combat (*voir* **Typhon**).

Sur l'instigation de Gaia, les Géants se révoltèrent à leur tour contre les dieux olympiens. Gaia fit pousser une herbe magique destinée à faire des Géants des êtres immortels et invincibles, mais Zeus ordonna à Hélios, dieu du soleil, et à Éos, déesse de l'aurore, de plonger le monde dans l'obscurité, et il en profita pour cueillir l'herbe magique avant que ses adversaires puissent s'en saisir. Par la suite, les dieux, puissamment aidés par le héros Héraclès, remportèrent la victoire après une guerre épuisante.

Déesse de la terre, Gaia était associée aux oracles et aux prédictions. Ces oracles étaient souvent situés dans des lieux caractérisés par tel ou tel phénomène géologique inhabituel, comme des volcans ou des crevasses profondément enfoncées dans le sol d'où sortaient des fumées sulfureuses. Tel était le cas du sanctuaire de Delphes, dédié plus tard à Apollon, mais fondé à l'origine par Gaia.

L'énorme serpent Python, que le dieu Apollon abattit d'un millier de flèches (*voir* **Apollon**), était une fille de Gaia. C'est pourquoi, après avoir tué le monstre, Apollon dut faire pénitence en instituant les jeux Pythiques et en faisant de la Pythie la grande prêtresse de l'Oracle qui lui était désormais consacré.

Gaia donna naissance à beaucoup d'autres monstres. Certains dieux marins, comme Nérée, étaient également ses enfants.

Les Géants, qui furent vaincus par les dieux au cours d'une terrible bataille, étaient les fils de Gaia. Ci-dessous, Encelade, dont Athéna vint à bout en l'écrasant sous la Sicile. Mosaïque de la Villa del Casale, Sicile, IIIe-IVe siècle de notre ère.

Ci-dessous, le stade qui faisait partie du sanctuaire de Delphes dédié à Apollon. Selon certains mythes, ce sanctuaire avait été fondé par Gaia, déesse associée aux oracles et à la divination.

Ganymède

Selon la version retenue, Ganymède était le fils de Tros, fondateur de la ville de Troie, ou de Laomédon, le père de Priam, roi des Troyens durant la guerre de Troie. Jeune homme d'une extraordinaire beauté, il fut remarqué par Zeus, lequel ne s'intéressait pas qu'aux femmes. Zeus se changea en aigle et c'est sous cette forme qu'il enleva Ganymède. Après avoir assouvi ses désirs, il lui donna l'immortalité et la jeunesse éternelle, et fit de lui l'échanson des dieux sur l'Olympe. En compensation, il donna à Tros deux chevaux divins, ainsi qu'un plant de vigne en or, œuvre d'Héphaïstos.

Ganymède devint ensuite la constellation du Verseau, tout près, dans le ciel, de celle de l'Aigle.

Géants

Les Géants sont d'abominables monstres nés du sang d'Ouranos qui avait rejailli sur Gaia, la Terre-Mère, au moment où Ouranos avait été émasculé par son fils Cronos. De ce sang naquirent également les Érinyes, déesses de la vengeance, et les Méliades (ou Nymphes des Frênes).

Zeus, sous la forme d'un aigle, enlève le jeune et beau Ganymède. Roi des airs, l'aigle était consacré au dieu suprême. Monnaie de bronze, portant en effigie un aigle et un éclair foudroyant, Alexandrie, IIIe siècle de notre ère.

Fils de la déesse de la terre, les Géants se révoltèrent contre l'autorité de Zeus. Ils lancèrent contre les dieux célestes des rochers et des troncs d'arbres enflammés, après quoi une terrible bataille s'engagea qui dura dix ans.

Illustration médiévale du signe astrologique du Verseau. Ganymède en symbolise ici la constellation, située non loin de celle de l'Aigle.

Ces Géants n'étaient pas seulement énormes et d'une force incroyable, mais ils étaient aussi tout à fait effrayants, avec leurs grandes barbes, leurs longues chevelures et leurs jambes se terminant en serpents.

Quand Zeus enferma dans le Tartare, la partie la plus inhospitalière du monde souterrain, les Titans qu'il avait vaincus, Gaia fut saisie d'une telle colère qu'elle poussa ses fils, les Géants, à se révolter contre Zeus et les autres dieux de l'Olympe (*voir* **Gaia** *et* **Titans**). Zeus savait que les dieux ne pouvaient vaincre les Géants qu'avec l'aide d'un mortel exceptionnel : il s'unit donc à Alcmène pour engendrer le redoutable Héraclès (*voir* **Héraclès**). De son côté, Gaia fit également ses préparatifs, cultivant une herbe magique qui donnerait l'immortalité aux Géants et les rendrait invincibles. Zeus ordonna alors à Hélios, dieu du soleil, à Séléné, déesse de la lune, et à Éos, déesse de l'aurore, d'éteindre leurs lumières. L'univers fut plongé dans une obscurité complète, et Zeus en profita pour s'emparer de l'herbe magique avant que ses adversaires puissent la cueillir.

La Guerre des Géants se déroula en Thrace, à Palléné. Elle éclata quand les Géants se mirent à lancer d'énormes rochers et des branches enflammées contre les dieux du ciel. Les plus importants de ces monstres sont

Ce géant, probablement Porphyrion, est transpercé d'une flèche tirée par Héraclès au cours de la guerre qui opposa les Géants aux dieux. Mosaïque, Villa del Casale, Sicile, IIIe-IVe siècle de notre ère.

Eurymédon, Alcyonée et Porphyrion. Alcyonée avait la capacité de reprendre force sitôt qu'il touchait la terre d'où il était sorti : c'est pourquoi, après l'avoir atteint de ses flèches empoisonnées, Zeus le traîna hors de Palléné, pour qu'il meure définitivement. Puis Zeus suscita chez Porphyrion un désir irrépressible d'Héra, l'épouse de Zeus : mais tandis que le Géant en était à arracher les vêtements de la déesse pour la violer, il le frappa de sa foudre, et Héraclès l'acheva à coups de flèches. Divers dieux s'illustrèrent au cours de la bataille. Apollon tira des flèches dans les yeux du géant Ephialtès ; Athéna se chargea d'Encelade, qu'elle écrasa sous l'île de Sicile, et de Pallas, qu'elle écorcha vif. Mimas fut anéanti par Héphaïstos, qui lui jeta des laves brûlantes tirées du Vésuve, tandis que Poséidon jeta une partie de l'île de Cos sur Polybotès, créant ainsi une nouvelle île appelée Nysiron. Hermès, Artémis, Hécate et les Moires, combattirent également aux côtés des autres dieux, et après un combat qui dura dix ans, les dieux de l'Olympe remportèrent la victoire.

Les pentes désolées du Vésuve, dans le sud de l'Italie. Le géant Mimas fut enfoui sous le volcan par le dieu Héphaïstos.

Torses ornementaux des Géants, sur la façade d'une vieille villa italienne.

Glaucos, *voir* Scylla

Gorgones

Les Gorgones étaient trois sœurs si horriblement laides que quiconque les regardait était aussitôt changé en pierre.

Les Gorgones sont les filles de deux divinités marines, Phorcys et Céto. Elles avaient pour nom Sthéno, Euryalé et Méduse, et vivaient à l'extrémité occidentale du monde, au bord de l'Océanos, la mer qui entourait le monde. Elles avaient des ailes d'or, des mains de bronze, d'énormes canines, et une chevelure de serpents. Leur aspect était si horrible que quiconque les regardait était immédiatement changé en pierre – selon certaines versions, toutefois, seule Méduse avait ce pouvoir. Il est en tout cas certain que Méduse était la seule des trois sœurs à être mortelle. Elle fut tuée par le héros Persée, qui s'était vu confier la tâche apparemment impossible de ramener sa tête (*voir* **Persée**). Du sang versé par Méduse au moment de sa décapitation naquirent le monstre Chrysaor et Pégase, le cheval ailé (*voir* **Bellérophon** *et* **Pégase**). Méduse était alors enceinte, car elle avait été violée par Poséidon, le dieu de la mer. Étant donné son aspect peu séduisant, cela paraissait curieux : aussi croyait-on que Méduse avait d'abord été une belle femme. Le poète Ovide explique ainsi qu'elle avait notamment des tresses superbes. Conquis par sa beauté, Poséidon la viola dans le sanctuaire d'Athéna, juste devant la statue de la déesse, laquelle en fut si irritée qu'elle changea Méduse en une créature mons-

Selon le héros Persée, qui la décapita par la suite, Méduse avait été autrefois une femme ravissante : ayant offensé la déesse Athéna, celle-ci lui ôta toute sa beauté. Tête de Méduse représentée sur la poignée d'un cratère du sud de l'Italie, terre cuite, IVe siècle av. J.-C.

Entre les mains de Persée, la tête de Méduse couverte de serpents devint une arme puissante capable de pétrifier des bandes entières d'ennemis.

trueuse, chacun de ses cheveux devenant un serpent. Selon une autre coutume, Athéna s'était emparée de la beauté de Méduse et avait permis à Persée de la décapiter parce que la jeune femme s'était vantée d'être plus belle que la déesse.

Persée fit présent de la tête de Méduse à Athéna, après s'en être lui-même servi comme arme de nombreuses fois, et avec succès. La déesse plaça l'affreuse tête pétrifiée sur son égide, la « peau de chèvre » magique qu'elle portait sur les épaules.

Grâces *voir* Charites

Griffons

Les griffons sont des animaux mythiques ressemblant au Sphinx (*voir* **Sphinx**), dotés d'un corps de lion ailé et d'une tête d'aigle. Le griffon, qui tirait son origine des cultures moyen orientales et qui était connu en Égypte depuis les temps les plus anciens, était associé en Grèce au dieu Apollon qui passait l'hiver chez les Hyperboréens, peuple supposé vivre à l'extrême nord de l'Europe. Les Grecs situaient également les griffons dans cette région, où ils avaient pour tâche de garder le trésor du dieu. Chez les Romains, les griffons n'étaient pas associés à Apollon, mais à Némésis, déesse de la vengeance (*voir* **Némésis**). Ils n'ont guère d'importance dans la mythologie, autant grecque que latine, mais il n'en va pas de

Dotés d'un corps de lion ailé, les griffons ressemblaient étroitement à un sphinx. Des anciennes civilisations mésopotamiennes aux différentes cultures occidentales (notamment dans les armoiries), le griffon a été souvent repris comme symbole et comme ornement.

Tête de griffon. Ornement en bronze d'un meuble étrusque, IIIe siècle av. J.-C.

même dans l'art. On peut les voir représentés sur les murs de la salle du trône dans le palais de Cnossos, en Crète, construit vers 1700 avant notre ère, et qui était peut-être le palais du roi semi-mythique Minos (*voir* **Minos**). Le griffon est resté un motif populaire dans les arts plastiques durant toute la période romaine et au-delà.

Hadès (dieu romain : Pluton)

Hadès est le dieu de la mort qui règne sur le royaume des morts. Ce sombre et triste dieu est fils des Titans Cronos et Rhéa et, de même

Hadès, le sombre souverain du royaume des morts, tenant son sceptre et une corne d'abondance. Quand on entrait dans le pays d'Hadès, on ne pouvait plus en sortir. Quiconque tentait de s'en évader se heurtait au terrible Cerbère.

L'une des multiples fonctions du jeune dieu Hermès, messager des dieux, était de conduire les morts vers le monde souterrain. Tête étrusque en terre cuite, Ve siècle av. J.-C.

que ses frères Zeus et Poséidon règnent respectivement sur le ciel et sur les mers, il règne sur le monde souterrain auquel il a donné son nom, l'« Hadès ».

Ce monde des morts était habituellement représenté comme un royaume situé sous terre (certains récits le plaçaient à l'extrémité occidentale du monde). Après leur mort, les âmes des défunts menaient la triste existence d'ombres dépourvues de corps. Après leur décès, les morts étaient conduits à la frontière du monde souterrain par le dieu messager, Hermès, accomplissant en l'occurrence sa fonction d'Hermès Psychopompe (« guide des âmes ») (*voir* **Hermès**).

Puis, le sévère Charon leur faisait passer dans sa vieille barque les eaux noires du Styx, le grand fleuve séparant le monde souterrain du monde des vivants. Encore fallait-il que les morts lui eussent payé leur « obole », cette pièce de monnaie qu'on plaçait entre les lèvres du défunt avant qu'il fût inhumé. Ceux qu'on avait enterrés sans respecter cette coutume, étaient condamnés à errer sans fin sur la terre – un sort peu enviable (*voir* **Charon**).
À leur arrivée, les morts étaient jugés par trois juges, Minos et Rhadamante, deux anciens rois de Crète, et Éaque, ancien roi d'Égine. Pour la plupart, les morts demeuraient ensuite confi-

Les Grecs attachaient beaucoup d'importance au fait de donner une sépulture décente à leurs morts. Ci-dessous, un homme offre une couronne sur la tombe d'un défunt aimé. Illustration d'un oinochoé *(vase pour verser le vin dans les coupes),* IVe *siècle de notre ère.*

L'un des condamnés au Tartare les plus sévèrement punis fut Ixion. Il fut enchaîné à une roue en rotation perpétuelle pour avoir poussé l'insolence jusqu'à faire la cour à Héra, l'épouse de Zeus. Relief sculpté de Turquie.

nés dans les prairies couvertes d'asphodèles, ombres sans corps ni sentiments quelconques. Après avoir bu l'eau de la source du Léthé (« oubli »), ils perdaient tout souvenir de leur existence terrestre. Même si le monde souterrain, dans leur cas, n'avait rien d'un lieu de torture, on s'y ennuyait énormément, comme en témoigne Achille disant à Ulysse (celui-ci était descendu chez les morts pour une courte visite) qu'il aimerait mieux « être le serviteur d'un pauvre fermier [...] que régner sur ces morts, sur tout ce peuple éteint ».

Exceptionnellement, certains morts échappaient à l'obligation de séjourner dans l'Hadès. Ceux qui s'étaient distingués par une vertu ou un sens de la justice extraordinaire se voyaient autorisés à vivre dans une sorte de paradis, l'Élysée, ou champs Élysées. Selon le poète Homère, tel fut le cas de Ménélas, l'époux malheureux d'Hélène.

Le Tartare était une sorte d'Enfer qui se situait dans la partie la plus profonde et la plus obscure de l'Hadès. Les Titans y furent enfermés, ainsi que ceux qui avaient commis des crimes particulièrement odieux. Ainsi, le géant Tityos, qui avait fait violence à Léto (*voir* **Léto**), Tantale, tourmenté d'une faim et d'une soif perpétuelles alors qu'il était placé devant des victuailles qu'il ne pouvait atteindre (*voir* **Tantale**), Sisyphe, condamné à remonter jusqu'en haut d'une pente un énorme rocher qui redescendait en bas sitôt qu'il avait atteint le sommet (*voir* **Sisyphe**), Ixion, attaché à une roue qui ne cessait de tourner (*voir* **Ixion**), et les Danaïdes, ces cinquante filles du roi Danaé condamnées à remplir éternellement un tonneau sans fond pour avoir toutes – sauf une – tué leurs maris au cours de leur nuit de noces (*voir* **Danaïdes**).

Il était impossible de s'évader de l'Hadès. Quiconque tentait de s'en échapper se heurtait au terrible Cerbère, le chien à trois têtes (*voir* **Cerbère**). Seuls quelques mortels purent se rendre dans le monde des morts, et toujours parce qu'ils étaient investis d'une mission exceptionnelle. Dans l'un de ses douze travaux, Hercule vint capturer Cerbère et, selon certains récits, il parvint également à faire sortir Alceste (*voir* **Héraclès** *et* **Alceste**). Orphée y vint récupérer Eurydice, son épouse morte (*voir* **Orphée**), et Ulysse, pour consulter le devin Tirésias (*voir* **Odyssée et Ulysse** *et* **Tirésias**). Énée y vint parler à l'ombre de son père (*voir* **Énée**), et Psyché, sur l'ordre d'Aphrodite, pour s'emparer de l'onguent préparé par Perséphone, l'épouse d'Hadès. Thésée et Pirithoos tentèrent bien de faire sortir Perséphone du monde souterrain, mais ils furent attachés par Hadès aux Chaises de l'Oubli.

Si Hadès ne passait pas pour être un dieu cruel ou diabolique, on n'en craignait pas moins de prononcer son nom, qui signifiait « l'invisible » (les Cyclopes lui avaient fabriqué un casque qui le rendait invisible). Les Grecs préféraient l'appeler Pluton, « le riche », renvoyant ainsi à toutes les richesses minières que la terre recèle

Ayant obtenu le consentement de Zeus, le dieu suprême, Hadès enlève ci-dessous sa nièce Perséphone. Après cet enlèvement, cette dernière devint la reine des Enfers. Fragment d'un vase peint, Tarente, IVe siècle av. J.-C.

Statue (très abîmée) de Déméter dans la ville macédonienne de Philippes. Après l'enlèvement de sa fille, Déméter restas inconsolable, et les conséquences en furent terribles pour la terre et les hommes.

en ses profondeurs. Il en allait de même pour les Romains qui l'appelaient « Dis », dont la signification est la même. On employait également pour le désigner de multiples euphémismes, comme « le bon consolateur », ou « l'hospitalier ».

Hadès épousa la jeune Perséphone, fille de son frère Zeus et de sa sœur Déméter, déesse de l'agriculture. Zeus la lui avait promise pour femme sans en avoir averti Déméter. Un jour que la jeune fille cueillait des fleurs, en Sicile, le sombre Hadès apparut soudain sur son char et l'enleva. Terrifiée, Perséphone appela en vain sa mère à son secours, et Hadès l'emporta dans son sinistre royaume.

Déméter en eut le cœur brisé, et elle fit tout ce qu'elle put pour récupérer sa fille, mais Hadès n'était pas prêt à céder. Un ancien décret des dieux stipulait qu'on ne pouvait quitter le monde souterrain si on y avait pris quelque nourriture : Hadès se débrouilla pour que Perséphone mange quelques grains de grenade, et elle fut prise au piège. Par la suite, Zeus décida qu'elle pourrait passer une partie de l'année avec sa mère, mais qu'elle devait passer l'autre partie dans le monde souterrain avec son époux. Chez les Grecs, ce mythe servait à expliquer le changement des saisons : quand Perséphone était avec sa mère, Déméter, celle-ci était de bonne humeur et la terre fleurissait ; mais quand elle était avec Hadès, Déméter était triste et rien ne poussait. Comme de juste, l'union d'Hadès et de Perséphone ne produisit aucun enfant (*voir* **Déméter** *et* **Perséphone**).

Harmonie *voir* Cadmos

Harpyes

Les Harpyes sont des monstres volants, mi-oiseaux mi-femmes. Elles étaient filles de Thaumas et d'Électre, la nymphe marine, et sœurs d'Iris, la messagère des dieux. Elles étaient au nombre de trois ou quatre, et avaient pour noms Aello, Ocypété, Celaeno, et Podargè, qui donna le jour aux deux chevaux extraordinaires d'Achille.

Initialement associées aux vents porteurs de tempêtes, les Harpyes avaient les doigts en forme de serres capables d'agripper tout ce qui leur tombait entre les mains. Leur victime la plus connue est le roi aveugle de Thrace, Phinée, auquel elles ne cessaient de voler la nourriture déposée sur sa table et de la souiller de leurs excréments. Ayant débarqué chez Phinée, les Argonautes le délivrèrent des Harpyes : Calaïs et Zétès, les fils ailés de Borée, le vent du Nord, les mirent en fuite mais ne furent pas autorisés à les tuer (*voir* **Argonautes**). Par la suite, les Harpyes s'établirent dans une caverne du mont Dicté, en Crète.

Les Harpyes étaient des créatures ailées à têtes de jeunes filles. Elles étaient malveillantes et pouvaient incommoder gravement leurs victimes. Représentation peinte d'une Harpye sur une amphore étrusque.

Hécate

Hécate est une déesse de la terre et de la fertilité. Mais elle était aussi une divinité lunaire, liée au monde de la nuit et, à ce titre dotée de pouvoirs maléfiques : Shakespeare s'en est souvenu dans *Macbeth*, où l'on voit Hécate encourager les sorcières à poursuivre de leurs sortilèges les personnages de la pièce.

Les origines d'Hécate dans la mythologie grecque sont mystérieuses. Selon les versions les plus courantes, elle était la fille des Titans Coeos et Phoebé. Selon d'autres sources, son père était Zeus ; pour d'autres encore, c'était Persès. On lui donnait également pour mère Déméter ou Astérie. Peut-être était-elle une cousine d'Artémis et d'Apollon, les enfants de sa sœur Léto, et elle est même parfois assimilée à Artémis. En outre, elle n'est pas sans offrir une ressemblance frappante avec Démé-

L'horrible Hécate aimait se manifester la nuit au carrefour des chemins, accompagnée de chiens hurlant à la mort. Elle était la protectrice des magiciens et des sorcières.

ter et Perséphone : cette dernière, en tant que maîtresse du monde souterrain, a son côté sombre, exactement comme Hécate.

Bien qu'elle fasse initialement partie des dieux bienveillants et qu'Hésiode la présente comme une bienfaitrice de l'humanité, elle devint par la suite la sinistre protectrice des sorcières et des magiciennes.

Médée l'invoque fréquemment (*voir* **Médée** *et* **Argonautes**). Ceux qui souhaitaient rencontrer Hécate pour lui demander son soutien dans l'accomplissement de leurs rites magiques, devaient se rendre la nuit à un carrefour, ou mieux encore, à quelque endroit où la route se dédoublait pour faire une fourche. La terrifiante déesse leur apparaissait alors, accompagnée d'une meute de chiens fantomatiques aboyant de manière effrayante. Elle-même avait trois têtes, en correspondance avec les phases de la Lune, raison pour laquelle les Romains l'appelaient Trivia. Ses statues à trois faces regardant dans trois directions différentes, étaient souvent placées au croisement (en fourche) des routes.

Hector

Hector est l'un des fils de Priam, roi de Troie, et de son épouse Hécube. Marié à Andromaque et père du petit Astyanax, il est le plus grand des héros troyens qui combattent l'armée grecque pour défendre leur ville.

Dans son poème épique, l'*Iliade*, Homère fait d'Hector un personnage en tout point admirable, noble et courageux. Hector n'a que mépris pour son frère Pâris qui a enlevé Hélène pour l'emmener avec lui à Troie et qui, de ce fait, est responsable de la guerre que les Grecs font aux Troyens. Hector n'en lutte pas moins avec ardeur pour défendre la ville, et c'est lui qui mène les Troyens au combat quand Achille, le plus grand des héros grecs, a décidé de ne plus participer à la guerre en raison de ses désaccords avec Agamemnon, chef suprême de l'armée grecque (*voir* **Achille**). Les Grecs se retrouvant dans une situation difficile, Patrocle, l'ami fidèle d'Achille, revêt alors les armes d'Achille et se lance dans la bataille. Panique dans les rangs des Troyens, qui le prennent pour Achille. Grisé par le succès, Patrocle s'aventure imprudemment loin de son camp, et finit par succomber sous les coups d'Hector.

Bouleversé par la mort de son ami, Achille se décide à reprendre le combat pour le venger. Il se réconcilie avec Agamemnon et se précipite avec fureur sur le champ de bataille. Tous les Troyens se réfugient alors dans la ville, à l'exception d'Hector qui reste seul à se dresser face à Achille. Mais Hector n'avait aucune chance contre un tel héros. Achille le

Les adieux d'Hector à Andromaque ont inspiré à Homère l'un des passages les plus émouvants de son Iliade. *Derrière Hector et Andromaque, on voit la nourrice qui porte dans ses bras leur fils, le petit Astyanax. Dessin au crayon colorié au lavis de Ludwig von Schwantler,* XIXe *siècle.*

Le combat entre Achille et Hector. Bien que ce dernier fût un guerrier puissant et courageux, il n'avait aucune chance contre Achille, lequel se battit avec d'autant plus de fureur qu'Hector avait tué Patrocle, son ami le plus cher. Peinture à l'huile, Peter Paul Rubens, XVIIe siècle.

poursuit autour de la ville, dont ils font ainsi le tour à trois reprises, puis, au cours d'un bref engagement, il le tue. Achille attache alors à son char le cadavre d'Hector et le traîne ignominieusement dans la poussière jusqu'à l'endroit où repose le corps de Patrocle ; et il le traîne encore dans la plaine, refusant que lui soit accordé un enterrement décent. Il faudra l'intervention de Thétis, la mère d'Achille, pour que celui-ci accepte de recevoir Priam : ému par la douleur du vieillard, il lui rend le corps de son fils pour qu'il puisse l'inhumer.

Dans l'*Iliade*, Homère nous a donné un portrait impressionnant d'Hector. L'une des scènes les plus émouvantes du récit est celle des adieux du héros à sa femme et à son fils. Après qu'Andromaque a supplié son mari de ne pas participer en personne à la bataille et de na pas faire de son fils un orphelin, et d'elle-même une veuve, Hector répond en ces termes : « Tout cela, autant que toi, j'y songe. Mais aussi j'ai terriblement honte, en face des Troyens comme des Troyennes aux robes traînantes, à l'idée de demeurer, comme un lâche, loin de la bataille. Et mon cœur non plus ne m'y pousse pas : j'ai appris à être brave en tout temps et à combattre aux premiers rangs des Troyens. » Hector dit ensuite qu'il comprend bien que Troie sera bientôt vaincue, et que ce qui l'attriste le plus est ce qui arrivera ensuite à Andromaque : « [...] et pour toi, ce sera une douleur nouvelle, d'avoir perdu l'homme entre tous capable d'éloigner de toi le jour de l'esclavage. Ah ! que je meure donc, que la terre sur moi répandue me recouvre tout entier, avant d'entendre tes cris, de te voir traînée en servage ! » (L'*Iliade*, VI, 441-445 et 461-465. *Voir* **Andromaque**).

Hécube *voir* Priam

La beauté d'Hélène était directement liée à ses origines extraordinaires. Zeus, le dieu suprême, l'avait engendrée en s'unissant à Léda sous la forme d'un cygne. Dessin à la plume, Léonard de Vinci, XVe siècle.

Tous les hommes désiraient Hélène, la plus belle femme de son temps. Elle fut donc enlevée deux fois dans sa vie : par Thésée, le héros athénien, quand elle avait douze ans et, devenue adulte, par Pâris, le prince troyen. Ci-dessous, les frères d'Hélène – les Dioscures – sont en train d'enlever les filles du roi Leucippe. Peinture sur cratère à volutes athénien, Ve siècle av. J.-C.

Hélène

Hélène est fille de Zeus, la divinité suprême, et de Léda. Mariée au roi de Sparte Ménélas, elle fut enlevée par le Troyen Pâris : ce rapt fut à l'origine de la guerre de Troie.

Hélène fut une femme d'une beauté extraordinaire. Aphrodite, la déesse de l'amour, l'avait promise à Pâris pour le récompenser de l'avoir désignée comme gagnante d'un concours de beauté (*voir* **Aphrodite**). Bien qu'elle soit présentée dans l'œuvre d'Homère comme une mortelle « ordinaire », la plupart des traditions font d'elle une immortelle, et ce en raison de ses origines divines. Elle était née, comme Pollux (l'un des Dioscures), de l'union de Zeus avec Léda (Zeus avait pris la forme d'un cygne). Selon ce récit, sa sœur Clytemnestre et son frère Castor étaient censés être des mortels ordinaires, ayant été engendrés par l'époux terrestre de Léda, Tyndare (*voir* **Dioscures** *et* **Léda**).

Hélène fut élevée à Sparte, à la cour de Tyndare. À douze ans, elle fut enlevée par Thésée, le héros athénien, mais ses frères, Castor et Pollux, réussirent à la délivrer. Par la suite, les jeunes Grecs les plus brillants rivalisèrent d'assiduités auprès de Tyndare, son père « illégitime », pour obtenir sa main. Ménélas, le puissant roi de Mycènes, fut l'heureux élu.

Il épousa Hélène et succéda à Tyndare sur le trône de Sparte (son frère Agamemnon avait déjà épousé la sœur d'Hélène, Clytemnestre). Les autres prétendants au mariage firent le serment de prêter assistance à Ménélas en cas de difficultés dues à Hélène.

Ménélas et Hélène connurent d'abord une union heureuse. Ils eurent une fille, nommée Hermione. C'est alors que Pâris se rendit en voyage à Sparte. Aphrodite mit en œuvre ses pouvoirs magiques et bientôt Hélène succomba aux charmes du visiteur. Quand Ménélas dut se rendre en Crète pour les obsèques de son grand-père, Pâris profita de l'occasion pour enlever la belle Hélène – qui ne demandait pas mieux – et l'emmener à Troie, en même temps qu'une partie du trésor de Ménélas. Arrivé à Troie, il épousa Hélène, mais ce mariage fut loin de faire l'unanimité : le courageux Hector, qui n'appréciait guère son frère Pâris, médiocre « homme à femmes », était opposé au mariage.

Quand Ménélas, à son retour, découvrit ce qui s'était passé, il en informa immédiatement son puissant frère Agamemnon, ainsi que les

Hélène fut mariée deux fois : d'abord à Ménélas, qui l'avait emporté sur beaucoup d'autres prétendants, puis à Pâris, qui l'enleva et l'emmena avec lui à Troie. Mariée entourée de cupidons, couvercle peint, Athènes, IVe *siècle av. J.-C.*

monarques grecs qui lui avaient juré assistance. Lui-même se rendit à Troie, en compagnie d'Ulysse, afin de forcer les Troyens à lui rendre Hélène, mais en vain. Les Grecs réunirent donc une grande armée et s'embarquèrent pour Troie. Dix années durant, ils assiégèrent la ville qui finit par succomber grâce à une ruse inventée par Ulysse (*voir* **Odyssée et Ulysse**).

Pendant la guerre, Hélène fut en butte aux malédictions des Grecs comme des Troyens, les uns et les autres la jugeant responsable de leurs malheurs. Ses propres sentiments étaient mélangés. Dans le palais de Priam, elle tissait des tapisseries représentant des scènes de guerre et il lui arrivait de penser avec nostalgie à Ménélas et à sa fille qu'elle avait abandonnée. Elle se qualifiait de « femme misérable » et se disait qu'elle aurait dû mettre fin à ses jours plutôt que de se laisser séduire par Pâris.

Son amour pour Pâris s'était d'ailleurs refroidi. Quand Aphrodite lui ordonna de s'occuper de Pâris après la défaite humiliante que lui infligea Ménélas lors d'un combat singulier, Hélène se mit à contester les ordres de la déesse, disant qu'elle ne voulait plus partager la couche de son séducteur. Aphrodite la menaça alors de lui « susciter des haines sinistres parmi les deux peuples ». Hélène finit par accepter de se rendre dans la chambre de Pâris, tout en accablant ce dernier de reproches : ce qui ne dissuada aucunement Pâris de partager sa couche avec elle.

Beaucoup plus tard, Pâris fut tué d'une flèche par le Grec Philoctète, et Hélène devint alors la femme de Déïphobe, l'un des frères de Pâris.

Pendant la guerre, Ulysse pénétra dans Troie déguisé en mendiant. Hélène fut la seule à le reconnaître, mais loin de le trahir, elle lui permit d'abattre nombre de Troyens, car elle désirait réellement revenir en Grèce et s'en voulait d'avoir été le jouet d'Aphrodite.

Après la chute de Troie et une longue période d'errance, Ménélas revint chez lui. Il s'était réconcilié avec Hélène et le couple vécut paisiblement comme si rien ne s'était passé. Quand Télémaque, le fils d'Ulysse, vint les voir à Sparte pour obtenir des informations sur le sort de son père, Hélène fut immédiatement frappée par sa ressemblance avec Ulysse. Elle-même était encore très belle, « pareille à Artémis ». Elle prépara une potion magique qu'elle versa dans le vin du jeune homme et lui raconta comment elle avait aidé son père lors de sa mission secrète à Troie. Ce qui eut pour effet de rappeler à Ménélas un tout autre aspect du caractère de son épouse : après que les Troyens eurent fait entrer dans la ville le fameux cheval de bois, Hélène avait tenté, en compagnie de son nouveau mari, Déïphobe, de provoquer les guerriers grecs cachés dans le cheval en les appelant par leurs noms, et même en imitant la voix de leurs femmes.

Le souvenir de cet épisode désagréable n'empêcha pourtant pas Ménélas et Hélène de vivre longtemps heureux ensemble.

Une autre version des aventures d'Hélène intervient curieusement dans la tragédie qu'Euripide lui a consacrée. Selon ce dernier, ce n'est pas la vraie Hélène, mais son sosie, que Pâris aurait emmené à Troie. Hélène serait restée en Égypte, où Ménélas serait venu la rejoindre à la fin de la guerre (Homère mentionne lui aussi le débarquement de Ménélas en Égypte, mais ce dernier est accompagné d'Hélène).

Indépendamment de cette étrange version, Hélène reste un personnage mystérieux, parfois victime de circonstances sur lesquelles elle ne peut rien, et on peut voir en elle la première des « femmes fatales » qu'on trouve si souvent dans la tradition occidentale.

Hélios (Dieu romain : Soleil)

Fils du Titan Hypérion, et lui-même Titan, Hélios était le dieu grec du soleil. Dans le fabuleux chariot d'or, d'argent et de pierres précieuses fabriqué par le dieu Héphaïstos, et

Le dieu du soleil Hélios traversait le ciel d'est en ouest sur son char d'or, d'argent et de pierres précieuses tiré par quatre chevaux crachant le feu.

Hélios asperge de nectar le corps de sa bien-aimée, Leucothoé. En bas à gauche : Clytia, la nymphe jalouse responsable de la mort de Leucothoé, et qui fut changée en hélioptrope. Plat d'argent, Alle de Haas, XIXe siècle.

tiré par quatre chevaux crachant le feu, Hélios traversait chaque jour le ciel d'est en ouest. Le soir, il plongeait dans l'Océan entourant la terre. Depuis son chariot, Hélios voyait et entendait tout, raison pour laquelle, dans l'Antiquité, les serments étaient jurés en son nom. Rien de ce qui se passait sur terre n'échappait à Hélios. Ainsi, quand Perséphone, la fille de Déméter, fut enlevée par Hadès (*voir* **Déméter**), ou quand Aphrodite, l'épouse d'Héphaïstos, trompe ce dernier avec Arès, le dieu de la guerre (*voir* **Aphrodite**), on consulta Hélios pour découvrir ce qui s'était passé.

Aphrodite en fut si irritée qu'elle suscita chez Hélios un amour impossible pour la princesse perse Leucothoé. Hélios venait chaque soir la voir en prenant la forme da sa mère. L'Océanide Clytia, elle-même passionnément amoureuse d'Hélios, raconta au père de Leucothoé ce qui s'était passé. Furieux, celui-ci enterra vivante sa fille. Hélios tenta de la sauver en la baignant de rayons de soleil et en l'aspergeant de nectar, la boisson des dieux : mais en vain. Le cadavre de Leucothoé s'évapora et un bouquet de fleurs d'encens poussa sur sa tombe. Clytia, la nymphe jalouse, se consuma d'amour et de désespoir, et fut changée en héliotrope, la plante dont la fleur suit le cours du soleil.

Le dieu du soleil eut de nombreux enfants de sa femme Perséis, parmi lesquels Pasiphaé (qui devint l'épouse de Minos, roi de Crète), la magicienne Circé, et Phaéton. Hélios était particulièrement révéré sur l'île de Rhodes. En 290 av. J.-C., une gigantesque statue le représentant, le « Colosse de Rhodes », fut érigée dans le port de la ville de Lindos : elle était considérée comme l'une des Sept Merveilles du Monde antique. Mais cette statue, qui dominait le port de ses 45 m de haut, fut détruite en 226 av. J.-C. par un tremblement de terre.

Le mythe d'Hélios le plus célèbre concerne son malheureux fils, Phaéton. Ce jeune homme se rendit un jour au palais d'Hélios pour s'assurer que celui-ci était bien son père. Après que celui-ci l'en eut donné confirmation, Phaéton lui demanda de le laisser conduire le chariot solaire. Mais il se révéla incapable de contrôler les chevaux Pyroïs, Eoos, Aéthon et Phlégon : il volait si bas que la terre en était presque brûlée. Zeus se vit obligé d'intervenir et il foudroya le malheureux cocher (*voir* **Phaéton**).

Héphaïstos
(dieu romain : Vulcain)

Héphaïstos, le dieu boiteux de l'artisanat, du feu et de la métallurgie, est fils de Zeus et d'Héra. Selon le poète Hésiode, il est fils de la seule Héra, de même qu'Athéna est fille du seul Zeus. Il est l'un des douze dieux qui vivent avec Zeus sur le mont Olympe. Il est un habile forgeron qui fabrique les plus beaux objets qui soient pour les autres dieux et certains mortels privilégiés. Héphaïstos était particulièrement révéré sur l'île volcanique de Lemnos, où il était censé avoir sa forge. Celle-ci fut plus tard située par les Romains en Sicile, au cœur du volcan de l'Etna.

Héphaïstos, le dieu boiteux, était un brillant forgeron qui savait aussi travailler les métaux précieux. Il excellait dans tous les arts et métiers requérant une grande habileté.

On raconte que les Cyclopes l'assistaient dans l'exercice de son métier. Ses liens privilégiés avec Lemnos étaient attribués au fait que Zeus l'avait renvoyé de l'Olympe au cours d'une querelle familiale dans laquelle Héphaïstos avait pris le parti de sa mère. Après avoir longuement erré dans les airs, il aurait atterri sur Lemnos.

Ce n'était pas la première fois qu'Héphaïstos était ainsi banni de l'Olympe. À sa naissance, Héra avait agi de même, tellement elle avait honte de cet enfant difforme. Héphaïstos tomba alors dans l'Océan, où il fut recueilli par les déesses de la mer, Thétis et Eurynomé.

À l'horizon, l'Etna se dresse derrière des vestiges d'époque romaine. Selon les Romains, la forge d'Héphaïstos (Vulcain) se trouvait au cœur du volcan. Les Grecs, eux, situaient son atelier sur l'île volcanique de Lemnos.

Héphaïstos (assis, à gauche) reçoit la visite de sa femme Aphrodite; celle-ci est accompagnée de son fils Éros, manifestement intimidé. Aphrodite trompa Héphaïstos avec Arès, dieu de la guerre. Gravure de Cornelis Bos, XVIe siècle.

Sous leur protection, il apprit son métier et il fabriqua toutes sortes de bijoux. Il se vengea par la suite de sa mère en lui fabriquant un fauteuil en or auquel elle était maintenue prisonnière par des chaînes invisibles. Il fallut que Dionysos l'enivre pour qu'il accepte de la délivrer. Une réconciliation eut lieu, et le laid et boiteux forgeron reçut pour femme Aphrodite, la belle déesse de l'amour. Quand il découvrit qu'elle le trompait avec Arès, le dieu de la guerre, il lui fit subir le même châtiment que pour Héra : il fabriqua un filet invisible qu'il plaça au-dessus du lit où se rejoignaient les deux amants. Puis il invita les autres dieux à venir les contempler (*voir* **Aphrodite**). Précisons que le mari trompé fut autant un sujet d'amusement que les amants humiliés.

Héphaïstos provoque souvent l'hilarité des autres dieux. Homère évoque le rire qui s'empare des dieux lorsque Héphaïstos porte les coupes de nectar : « Et, brusquement, un rire inextinguible jaillit parmi les Bienheureux, à la vue d'Héphaïstos le boiteux s'affairant par la salle ! » (L'*Iliade*, I, 599-600). Dans d'autres passages de son poème épique, Homère décrit les ouvrages magnifiques fabriqués par Héphaïstos, comme les palais des dieux de l'Olympe et les objets décorant sa demeure. C'est lui qui, à la requête de Thétis, forge la superbe armure d'Achille après qu'Hector s'est emparée de l'ancienne pendant la guerre de Troie. Et la description que fait Homère des gestes de l'artiste « aux bras puissants » et « aux jambes grêles » fait un contraste saisissant avec le merveilleux bouclier orné de scènes et de tableaux qu'il forge pour Achille.

Héra (déesse romaine : Junon)

Épouse de Zeus, le dieu suprême, Héra est décrite comme une femme dominatrice et jalouse. Le coucou perché sur son bâton nous rappelle que Zeus s'était présenté à elle sous la forme de cet oiseau.

Héra est la sœur et l'épouse de Zeus, et fait partie des douze divinités vivant sur l'Olympe. Elle est fille de Cronos et de Rhéa, et mère d'Arès, le dieu de la guerre, et d'Héphaïstos, dieu des arts du feu et du métal (lequel, selon Hésiode, fut engendré sans le concours de son mari), ainsi que des déesses Ilithye et Hébé, respectivement protectrices des naissances et de la jeunesse.

Sitôt après sa naissance, Héra fut dévorée par son père Cronos, qui craignait de voir ses enfants se révolter contre lui. Les frères et les sœurs d'Héra connurent le même sort, à l'exception de Zeus, qui fut sauvé par ruse et mit fin par la suite au règne de Cronos (*voir* **Cronos**).

En tant qu'épouse de Zeus, Héra était la plus importante des déesses, reine du Ciel et protectrice des mariages. À Athènes, on se mariait de préférence durant le mois qui lui était consacré. La pomme et la grenade, symboles des liens du mariage, étaient ses attributs sacrés.

Son nom signifiait probablement « le chef » et Héra a effectivement un caractère orgueilleux et dominateur. Elle est en outre extrêmement jalouse, cruelle, querelleuse et rusée. Son union avec Zeus est marquée par d'incessantes disputes et une tension constante. Zeus n'avait évidemment rien d'un époux fidèle, et Héra ne lui pardonna jamais ses innombrables liaisons avec d'autres femmes (déesses, nymphes ou mortelles). Les enfants nés de ces relations eurent eux aussi à payer pour l'infidélité de leur père. Ainsi, le grand héros Héraclès, né d'une liaison entre Zeus et Alcmène, fut persécuté toute sa vie par Héra de manière si atroce (*voir* **Héraclès**) que Zeus suspendit sa femme par les poignets au sommet de l'Olympe, après lui avoir attaché une enclume aux pieds.

Les vengeances d'Héra donnèrent lieu à de multiples récits, de l'histoire de la malheureuse nymphe Callisto qui, désirée et violée par Zeus, fut transformée en ourse par une Héra folle de jalousie, à celle de Sémélé, que Zeus courtisa après avoir pris l'apparence d'un mortel : Héra prit alors la forme de la nourrice de la jeune femme et lui suggéra de demander à Zeus de se montrer à elle sous son vrai visage. Comme Héra l'avait prévu, Sémélé ne put supporter la vision foudroyante du dieu suprême et elle fut brûlée vive par son apparition (*voir* **Dionysos** *et* **Sémélé**). De même, la pauvre Io, que Zeus avait par précaution chan-

Statue d'Héra se reposant majestueusement. Fontaine du Pouvoir, l'une des quatre fontaines édifiées à Rome à la fin du XVIe siècle, à un carrefour du Quirinal.

Héra, qui a deux paons à son côté, demande à Argus (représenté ici en homme plutôt qu'en géant) de garder Io, à laquelle Zeus avait donné la forme d'une vache. Peinture à l'huile, Aert Schouman, XVIIIe siècle.

gée en vache, fut placée par Héra sous la garde du monstre aux cent yeux, Argus. Zeus ordonna à Hermès de tuer Argus, mais Héra fit en sorte que Io – toujours sous la forme d'une vache – fût alors sans cesse tourmentée par un taon (*voir* **Io**). Par la suite, Héra replaça les yeux d'Argus dans le plumage de son oiseau sacré, le paon.

En dépit de toutes les aventures de son mari, Héra ne semble guère songer à lui rendre la pareille. Elle est un modèle de chasteté, sinon de pudibonderie. Il valait même mieux ne pas la désirer. Ixion, qui s'était épris d'elle, eut ainsi à s'en repentir : Zeus lui envoya un nuage ayant exactement l'apparence d'Héra ; après qu'Ixion eut étreint ce fantôme, Zeus l'expédia dans le Tartare pour y souffrir d'éternels tourments (*voir* **Ixion**).

L'épisode suivant donne une idée des répulsions sexuelles d'Héra. Un jour qu'il était d'humeur joyeuse, Zeus affirma que les femmes avaient, dans l'amour, plus de plaisir que les hommes. On consulta sur ce point le devin Tirésias, qui avait lui-même été femme un certain temps, et qui confirma les dires de Zeus. Cette réponse déplut fort à Héra qui le frappa de cécité, après quoi Zeus donna à Tirésias le don de prophétie (*voir* **Tirésias**).

Après avoir tué Argus, le monstre aux cent yeux, Hermès les offre à Héra qui va les placer sur les plumes de la queue de son paon sacré. Peinture à l'huile, Hendrick Goltzius, XVIIe siècle.

Héra était révérée dans de nombreuses régions de Grèce. Les habitants de Crète, de Samos, d'Eubée, de Naxos, et d'Argos, voulaient tous que Zeus et Héra se soient mariés chez eux. On disait, par exemple, que Zeus, ayant pris la forme d'un coucou dans une forêt d'Argos ravagée par une tempête que lui-même avait suscité, avait cherché refuge en se cachant sous les habits d'Héra : après quoi, il l'avait demandé en mariage.

Héra intervient souvent dans la vie des mortels – et pas seulement dans celle des maîtresses de son époux. Durant la guerre de Troie, elle fut l'une des déesses les plus ardentes à soutenir les Grecs et fit tout ce qui était en son pouvoir pour les aider à remporter la victoire. Il lui arriva même de duper Zeus pour arriver à ses fins. Rappelons qu'elle en voulait aux Troyens depuis que Pâris, lors d'un concours de beauté, lui avait préféré Aphrodite après qu'Éris, la déesse de la discorde, eut jeté parmi l'assemblée des dieux la fameuse pomme (la « pomme de discorde ») destinée à « la plus belle » des déesses (*voir* **Achille, Aphrodite, Artémis, Hélène, Pâris** *et* **Thétis**). À l'occasion Héra prit part elle-même aux combats : on la voit même se battre contre Artémis, laquelle était du côté des Troyens. (*voir* **Artémis**).

Vestiges du temple d'Héra, datant du ve siècle av. J.-C., dans la Vallée des Temples près d'Agrigente, Sicile.

La déesse égyptienne Hathor était vénérée sous la forme d'une vache, ou d'une femme à tête de vache, ainsi que cela a pu être le cas pour Héra. Dans ce relief mural d'un temple de Thèbes, la ville égyptienne, elle est représentée en vache. Dans sa forme humaine ultérieure, Hathor portera des cornes stylisées sur sa coiffure.

Héra est habituellement représentée comme une femme majestueuse, de haute taille. Homère la désigne toutefois comme la femme « aux grands yeux » (littéralement, « de génisse » ou « de vache »), ce qui semble indiquer que dans un passé lointain Héra avait été vénérée sous la forme d'une vache ou d'une femme à tête de vache, à l'instar de la déesse égyptienne Hathor. L'histoire de Io témoigne elle aussi de ce lien entre Héra, la vache et l'Égypte (*voir* **Io**). Son homologue latine, Junon, qui lui est assimilée, donne naissance à Mars, le dieu de la guerre (l'homologue latin d'Arès), sans intervention masculine, irritée qu'elle fut par la naissance de Minerve (Athéna) née directement de la tête de son époux Jupiter (Zeus).

Héraclès
(demi-dieu romain : Hercule)

Fils de Zeus et d'Alcmène, Héraclès est le plus impressionnant de tous les héros de la mythologie grecque. Puissamment musclé, d'une force exceptionnelle, il fut un personnage extraordinairement populaire, qu'on retrouve dans de nombreux récits et qui fut souvent représenté dans l'art et la littérature. Il est un lutteur et un archer extraordinaire. Outre l'arc, son arme favorite est une massue qu'il a pris soin de tailler lui-même dans le bois d'un olivier. D'une nature noble et généreuse, son caractère n'en comporte pas moins d'autres traits moins séduisants. Il lui arrive d'être

La déesse Héra donne le sein au petit Héraclès. Mais ce geste maternel allait se révéler très douloureux pour l'épouse de Zeus.

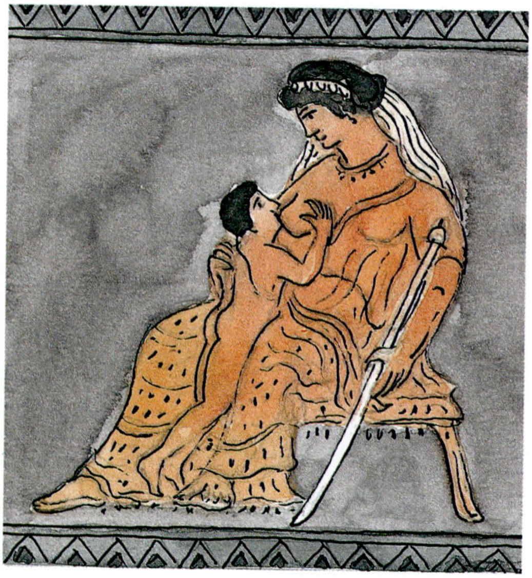

jaloux et est souvent d'une extrême irritabilité. Pour peu qu'il ait le sentiment d'avoir été traité de manière injuste, il explose soudainement en une violente colère, et comme il est doté d'une force physique inhabituelle, les conséquences en sont souvent terribles – y compris pour le héros lui-même qui est puni à de nombreuses reprises pour ses meurtres et autres actes de violence.

Héraclès est le fils de Zeus, le dieu suprême, et de la mortelle Alcmène, épouse d'Amphitryon (*voir* **Alcmène**). Quand Amphitryon quitta la cité de Thèbes, où il vivait avec Alcmène, pour venger la mort du frère de celle-ci, Zeus revêtit son apparence et s'unit à Alcmène. Mais à la différence de ses autres aventures, ce n'est pas seulement le désir qui le poussait à agir ainsi : son intention était en effet d'engendrer un fils capable, par sa puissance physique exceptionnelle, de protéger les dieux et les mortels. De fait, Héraclès allait plus tard rendre un immense service aux dieux en matant la révolte des Géants (*voir* **Géants**).

Bien entendu, tout cela ne fut guère du goût de la femme de Zeus, Héra. Atrocement jalouse, Héraclès fut toute sa vie en butte à sa vindicte. Leur première rencontre, arrangée par Zeus et sa fille Athéna, se passa très mal. Alors que les deux déesses, Héra et Athéna, se promenaient le long des murailles de Thèbes, elles aperçurent un magnifique bébé, déjà plein de vigueur, mais sans réaliser qu'il s'agissait d'Héraclès. Le petit garçon plut tellement

Héraclès représenté en homme d'une puissance exceptionnelle, la massue à la main et une peau de lion sur les épaules. Dans l'Antiquité comme dans les périodes ultérieures, c'est sous cette forme qu'apparaît le plus grand des héros de la mythologie grecque. Peinture à l'huile, Peter Paul Rubens, XVIIe *siècle.*

à Héra qu'elle le prit contre son sein pour le faire téter. Mais Héraclès se saisit du téton avec tant de force que la déesse en cria de douleur et, de colère, jeta l'enfant à terre. Peut-être le nom même d'Héraclès, qui signifie littéralement « la gloire d'Héra », est-il à

Parce qu'il avait besoin d'un héros pour l'aider dans sa lutte contre les Géants, Zeus engendra Héraclès. Plusieurs de ces Géants en révolte contre les dieux olympiens furent effectivement mortellement touchés par les flèches d'Héraclès. Mosaïque de la Villa del Casale, Sicile, IIIe-IVe *siècle de notre ère.*

mettre en rapport avec cet incident, car le lait d'Héra pouvait être considéré comme un don extraordinaire. Heureusement pour Héraclès, tous les dieux n'eurent pas la même réaction qu'Héra, et par la suite il put compter sur la protection et le soutien loyal d'Athéna.

Héraclès avait huit mois quand Héra tenta pour la première fois de l'éliminer. Un jour, après qu'Alcmène l'eut mis à dormir avec son demi-frère jumeau Iphiclès, Héra plaça deux énormes serpents dans le berceau. Ils avaient ordre de tuer Héraclès, mais l'affaire tourna de manière bien différente. Le petit héros se saisit des deux reptiles, un dans chaque main, et les étrangla avec une facilité déconcertante.

Héraclès reçut une éducation parfaite auprès d'excellents maîtres. Son beau-père, Amphitryon, l'initia à l'art de conduire un char. Castor, l'un des deux Dioscures, lui apprit à se servir d'une épée et à se battre, tandis que les fils d'Hermès lui donnèrent des leçons de boxe. L'un des maîtres d'Héraclès, toutefois, Linos, devint sa première victime. Linos lui enseignait l'art de la lyre, occupation qui ne plaisait guère au héros. Un jour que Linos l'avait giflé pour avoir été désobéissant, l'élève frappa son maître avec son instrument et le tua. Pour le punir, Amphitryon l'envoya dans les montagnes du Cithéron pour garder son bétail. Héraclès avait alors dix-huit ans. Arrivé sur place, il tua un lion qui ravageait les troupeaux de son beau-père ainsi que ceux du roi voisin Thespios. Pour récompense, il reçoit les cinquante filles de Thespios afin de donner une descendance à ce dernier.

Après qu'il eut éliminé nombre d'ennemis dangereux pour la cité de Thèbes, le roi Créon lui accorda la main de sa fille, Mégara, et le nomma protecteur de la ville. Mais l'implacable Héra frappa Héraclès de folie et, au cours d'une crise de démence, il tua plusieurs personnes, dont six de ses propres enfants.

Après avoir recouvré sa raison, le héros consulta l'oracle de Delphes qui lui ordonna de faire amende honorable en se mettant au service d'Eurysthée, roi des villes de Mycènes et de Tyrinthe, en Argolide, dans le Péloponnèse. Avant même la naissance d'Héraclès, Zeus avait prévu de lui donner un jour la souveraineté sur ce territoire, mais Héra avait été plus rapide et, par ruse, avait fait en sorte que le pays soit confié à Eurysthée son protégé.

Personnage très inférieur à Héraclès, Eurysthée imposa à celui-ci douze tâches apparemment impossibles à accomplir pour un simple mortel. Mais ce n'est qu'en réussissant à exécuter ces douze travaux que le héros pourrait expier ses crimes et se purifier.

En expiation de ses fautes, Héraclès dut accomplir « douze travaux » apparemment impossibles pour le compte d'Eurysthée, roi des cités de Mycènes et de Tirynthe. Le premier consista à tuer à mains nues un lion monstrueux qui terrorisait les alentours de Némée. Peinture noire sur fond coloré, kylix *(vase à boire) athénien,* VI*e siècle av. J.-C*

On retrouve sur ce sarcophage du II*e siècle de notre ère le thème des douze travaux d'Hercule présentés en plusieurs tableaux. Sur celui de gauche, le héros lutte avec le lion de Némée.*

Les douze travaux d'Héraclès

Héraclès luttant avec le lion de Némée, sur lequel les armes habituelles étaient sans effet. Dessin à la plume, Cosimu Tura, XVe siècle.

Héraclès portant la peau du lion de Némée sur sa tête comme une casquette. Monnaie macédonienne (tétradrachme), IVe siècle av. J.-C.

1. Le lion de Némée

Située entre Argos et Corinthe, Némée était une région ravagée par un lion monstrueux doté d'une peau invulnérable aux armes de bois, de pierre, ou de métal.

Après qu'Héraclès eut suivi le monstre à la trace et tenté en vain de l'atteindre avec ses armes, il se décida finalement à lutter corps à corps avec lui et à l'étrangler à mains nues. Il rapporta sa carcasse à Mycènes, causant à Eurysthée une énorme frayeur : il ne fut pas autorisé à entrer dans la ville, et dut attendre les ordres du roi aux portes de la cité. Puis, sous les yeux apeurés d'Eurysthée, Héraclès dépouilla le lion de sa peau dont il se vêtit, la tête du monstre lui servant de casque. Précisons que le héros est souvent représenté dans cette tenue.

2. L'hydre de l'Herne

Héraclès reçut ensuite l'ordre de tuer l'hydre de Lerne, un serpent aquatique qui vivait dans un marais près de Lerne, non loin d'Argos, dans le Péloponnèse. L'hydre avait neuf têtes, ou plus encore selon certains. Elle était extrêmement venimeuse, son souffle même était mortel.

Avec l'aide d'Athéna, Héraclès découvrit le repaire du monstre et commença à le combattre énergiquement. Mais chaque fois qu'il coupait une de ses têtes, deux ou trois autres

Héraclès luttant contre l'Hydre, ce serpent aquatique aux têtes multiples qui vivait dans les marais de Lerne. Relief sur un récipient en terre cuite, Campanie, IIIe siècle av. J.-C.

Constellation de l'Hydre. Après son extermination par Héraclès, le monstre fut transféré dans le ciel par Athéna pour y devenir la constellation du même nom.

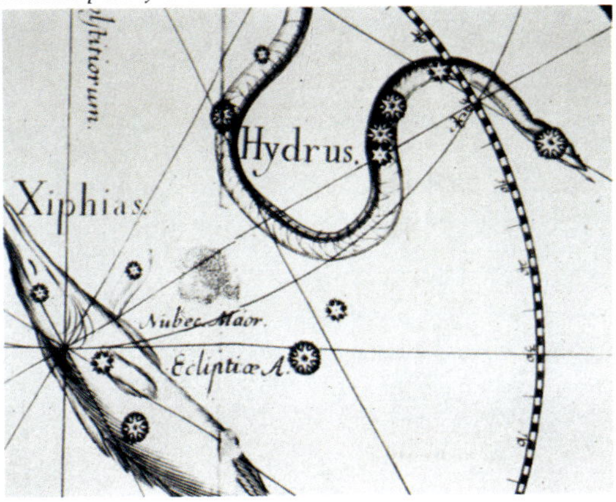

surgissaient immédiatement. Dans le même temps, le héros avait également à subir les attaques d'une écrevisse géante (ou d'un crabe), envoyée par Héra aux côtés de l'hydre. Mis en difficulté, le héros fit appel à son neveu Iolaos qui l'avait accompagné à Lerne (il conduisait son char).

Tandis qu'Héraclès écrasait l'écrevisse à coups de pied, Iolaos mit le feu à plusieurs arbres, puis à l'aide de branches enflammées, il brûla les blessures de l'hydre sitôt qu'Héraclès avait coupé l'une de ses têtes.

C'est ainsi que le héros vint à bout du monstre. Avant de quitter le marais, Héraclès trempa ses flèches dans le sang empoisonné du serpent : les blessures qu'elles causeraient désormais seraient toutes mortelles et extrêmement douloureuses. L'hydre et l'écrevisse finissant ainsi par venir en aide au héros, Athéna en fit des constellations – le Serpent et le Cancer (le Crabe).

Héraclès ayant été aidé par Iolaos, Eurysthée refusa de compter l'extermination de l'hydre au nombre des travaux imposés au héros. Selon certaines sources, il lui en avait initialement commandé dix, et lui imposa les deux derniers pour le punir de sa nonchalance.

Déesse de la chasse et de la nature sauvage, Artémis reprocha à Héraclès d'avoir tendu un piège sur le territoire sacré de la biche de Cérynie, mais elle lui pardonna quand elle apprit qu'il n'avait pas agi ainsi de sa propre initiative. Statuette romaine, bronze, Ier siècle de notre ère.

3. *La biche de Cérynie*

Pour sa troisième épreuve, Héraclès eut à capturer la biche consacrée à Artémis, déesse de la chasse et de la nature, et à la ramener vivante à Mycènes. L'animal possédait des sabots de bronze et des bois dorés, qui le rendait insaisissable. Il avait échappé à Artémis et s'était réfugié aux alentours du mont Cérynie, au nord du Péloponnèse. Cette biche étant très rapide, Héraclès dut la poursuivre pendant un an, de l'Arcadie jusqu'à la péninsule istrienne, tout au nord de la mer Adriatique. Héraclès finit par s'en emparer sans lui faire de mal et la ramena sur ses épaules à Mycènes. Artémis lui reprochant d'avoir capturé son animal sacré, il lui expliqua qu'il avait agi sous les ordres d'Eurysthée, et la déesse lui pardonna.

4. *Le sanglier d'Érymanthe*

De nouveau, Héraclès devait ramener à Mycènes un animal vivant. Il s'agissait cette fois d'un sanglier monstrueux qui ravageait la région du mont Érymanthe, au nord de l'Arcadie.

En se rendant dans cette région, Héraclès reçut l'hospitalité du Centaure Pholos (*voir* **Centaures**), mais il se brouilla avec les autres

Héraclès examinant le tonneau de vin de Pholos. Pholos avait offert du vin à Héraclès, mais les autres Centaures n'autorisèrent pas le héros à en boire, car ce vin, donné par Dionysos, leur était réservé. Une terrible bagarre s'ensuivit, dans laquelle nombre de centaures perdirent la vie.
Kylix *athénienne,* VIe-V^e^ *siècle av. J.-C.*

Centaures qui n'apprécièrent pas que Pholos ait offert au héros un vin que Dionysos leur avait spécialement réservé. Au cours de la bagarre, nombre de Centaures furent tués par les flèches empoisonnées d'Héraclès et, dans le

Héraclès buvant du vin avec Pholos. Cette joyeuse scène fut bientôt interrompue par la fureur des autres centaures. Kylix *athénienne,* VIe-Ve *siècle av. J.-C.*

feu de l'action, le sage Chiron en fut lui-même frappé. Comme Chiron était immortel, le venin de l'Hydre était sans effet, mais il n'en éprouvait pas moins une douleur insupportable, sous les yeux d'un Héraclès qui ne savait plus quoi faire. Chiron finit par faire don de son immortalité à Prométhée, celui-ci lui donnant en échange son droit à la mort (*voir* **Chiron**).
Héraclès s'empara du redoutable sanglier après l'avoir poursuivi dans une neige épaisse (pour le fatiguer) et lui avoir lié les pattes. Quand il

Pris de panique, Eurysthée se cache dans la jarre au moment où Héraclès lui rapporte le sanglier monstrueux d'Érymanthe.

se présenta à Mycènes, portant le monstre sur ses épaules, Eurysthée fut si effrayé qu'il courut se cacher dans une jarre de bronze.

Après avoir accompli ce « travail », le héros rejoignit Jason et les Argonautes en partance pour la lointaine Colchide, à la recherche de la Toison d'or (*voir* **Argonautes**).

Héraclès joua probablement un rôle important dans cette expédition, mais il revint en Grèce avant que le navire *Argo* eût atteint la Colchide.

5. *Les écuries d'Augias*

Roi d'Élis dans le Péloponnèse et fils d'Hélios, dieu du soleil, Augias possédait un magnifique bétail, le plus nombreux et le plus beau de tout le pays. Le fumier n'ayant jamais été enlevé depuis des années, une puanteur se répandait partout dans le Péloponnèse. Eurysthée ordonna donc à Héraclès de régler ce problème, et de nettoyer les étables d'Augias en une seule journée : c'était là une tâche répu-

Monnaie d'argent (statère) à l'effigie d'un taureau furieux, Thurium, ve siècle av. J.-C.

Héraclès captura le taureau sauvage qui ravageait la Crète. Cet animal avait préalablement engendré le terrible Minotaure en s'accouplant à la reine de l'île, Pasiphaé. Homme et taureau, terre cuite, période romaine.

Héraclès tire au vol l'un des oiseaux du lac Stymphale. Il utilise pour cela les cymbales qu'Héphaïstos avait spécialement fabriquées pour lui. Fragment d'une peinture sur un gobelet grec en terre cuite, ve-ive siècle av. J.-C.

gnante et humiliante, en compensation de laquelle le héros recevrait un dixième du troupeau d'Augias. Loin d'aller chercher des seaux d'eau, Héraclès opta pour une méthode radicale : il fit des trous dans les murs des écuries et y fit passer deux fleuves, l'Alphée et le Pénée, dont il avait détourné le cours. Ainsi les écuries furent entièrement nettoyées en un seul jour. Augias refusa toutefois de le payer, prétextant du fait qu'il avait agi sur l'ordre d'Eurysthée. De son côté, celui-ci refusa de tenir compte de l'exploit d'Héraclès, arguant qu'il l'avait accompli en se mettant au service d'Augias.

Avec le sens de la justice qu'on lui connaît, il est clair qu'Héraclès n'oublia jamais le mauvais tour qu'Augias lui avait joué.

6. *Les oiseaux du lac Stymphale*

Héraclès accomplit une autre tâche lors de son séjour dans le Péloponnèse. Il élimina les dangereux oiseaux de proie qui vivaient sur les bords du lac Stymphale, dans la belle région d'Arcadie. Ces oiseaux avaient des plumes aux bouts de métal dont ils se servaient pour attaquer les hommes, tandis que leurs déjections souillaient les récoltes. Héraclès les mit d'abord en fuite en les effrayant avec des cymbales de bronze fabriquées pour lui par Héphaïstos, que lui donna Athéna. Puis, il tua à coups de flèches un grand nombre d'oiseaux, tandis que les survivants épouvantés quittaient la région.

7. *Le taureau de Crète*

Eurysthée envoya ensuite Héraclès en Crète, où un taureau furieux terrorisait l'île. Il s'agissait en fait d'un superbe animal que le roi Minos aurait dû sacrifier à Poséidon.

Son épouse, Pasiphaé, tomba amoureuse du taureau et de leur union naquit le Minotaure. Héraclès s'empara de l'animal, le ramena vivant à Mycènes où il le relâcha. Ce taureau devait par la suite terroriser les alentours de Marathon, non loin d'Athènes, et c'est Thésée qui, plus tard, se chargea de l'abattre (*voir* **Minos, Pasiphaé** *et* **Thésée**).

8. *Les juments de Diomède*

Dans la lointaine Thrace, Héraclès eut à s'emparer des juments du roi Diomède, lequel avait

Héraclès combattant les Amazones que la déesse Héra avait poussées à se révolter contre lui. Peinture sur amphore athénienne, VIe siècle av. J.-C.

l'habitude de les nourrir de chair humaine.

Traversant la Thessalie pour se rendre en Thrace, Héraclès rendit visite à son ami, Admète, roi de Phères. Il y découvrit bientôt que l'épouse du roi, Alceste (*voir* **Alceste**) s'était proposée pour mourir à la place de son mari. Héraclès intervint immédiatement et arracha Alceste des mains de Thanatos, le dieu de la mort.

Arrivé en Thrace, Héraclès captura les cavales de Diomède et les amena à bord de son navire. Il fut alors attaqué par Diomède et ses hommes, mais il les vainquit. Diomède fut alors donné en pâture à ses propres juments. Héraclès réussit ensuite à les amener à Mycènes, où il les remit en liberté. Par la suite, elles furent dévorées par des animaux sauvages non loin du mont Olympe.

9. La ceinture d'Hippolyté, reine des Amazones

Admétè, fille d'Eurysthée, rêvait de recevoir un cadeau extraordinaire. Son père eut l'idée d'envoyer Héraclès auprès d'Hippolyté, la reine des Amazones, et de lui prendre sa ceinture. Les Amazones vivaient quelque part au nord des côtes d'Asie Mineure (*voir* **Amazones**). Accompagné de Thésée et de Télamon, ainsi que d'autres compagnons, Héraclès prit donc la direction du nord-est, et chemin faisant connut de multiples aventures : c'est ainsi qu'il assiégea la principale ville de l'île de Paros, après que le roi du lieu, fils de Minos de Crète, eut tué deux de ses compagnons.

La belliqueuse Hippolyté parut ne pas rester insensible à la musculature puissante d'Héraclès. Elle lui signifia immédiatement son intention de lui donner la ceinture qui lui avait été offerte par Arès, le dieu de la guerre. Mais cela n'était pas du goût d'Héra. La déesse prit donc la forme d'une Amazone et incita les sujets plutôt indisciplinés d'Hippolyté à se révolter contre Héraclès. Quand elles l'attaquèrent, celui-ci pensa malencontreusement qu'Hippolyté l'avait trahi. Il la tua, lui prit sa ceinture et ses armes, puis il tua également les meneuses de la révolte.

Le voyage de retour fut également l'occasion d'aventures spectaculaires. Héraclès vint en aide à Laomédon, le roi troyen en butte aux attaques du monstre marin que lui avait envoyé Poséidon, le dieu de la mer, pour avoir refusé de les rétribuer, Apollon et lui, pour la construction des murailles de Troie. Héraclès délivra la fille de Laomédon, Hésioné, de l'emprise du monstre, qu'il tua avec l'aide d'Athéna. Ce qui n'empêcha pas Laomédon de se montrer déloyal envers le sauveur de sa fille en refusant de lui donner les chevaux qu'il lui avait promis.

Puis, en Thrace, Héraclès tua Sarpédon, frère de Poltys, un roi local. Il conquit également l'île de Thasos. À son retour, Eurysthée plaça la ceinture d'Hippolyté dans le temple d'Héra, à Argos.

10. Les bœufs de Géryon

Cette épreuve éloigna encore davantage Héraclès de sa patrie : il dut se rendre sur l'île mythique d'Érythie, à l'extrême Occident, au-delà de la péninsule Ibérique, afin de ramener le troupeau de Géryon. Les bœufs de Géryon, roi de Tartassos, en Espagne, paissaient sur cette île. Géryon, qui descendait selon certaines sources de la Gorgone Méduse, et pour d'autres du Titan Océanos, était un géant doté

Héraclès aux prises avec Géryon, le géant à trois têtes, derrière lequel plusieurs de ses bœufs sont visibles. Sarcophage d'Héraclès, Musée archéologique d'Antalya, Turquie.

Vestiges d'un temple d'Héraclès à Métaponte, dans le sud de l'Italie. À l'occasion des nombreux voyages qu'il dut faire pour accomplir ses travaux, Héraclès traversa également l'Italie. Selon la légende, il aurait fondé les villes de Pompéi et d'Herculanum.

de trois têtes, d'un triple corps jusqu'aux hanches, et de six bras. Comme on peut s'y attendre, il passait pour être d'une force exceptionnelle. Ses magnifiques bœufs roux étaient gardés par le berger Eurytion et le chien à deux têtes, Orthros.

Au cours de son long voyage vers l'ouest, Héraclès ne tua pas seulement quantité de créatures dangereuses, mais il érigea également de chaque côté du détroit de Gibraltar les fameuses Colonnes d'Hercule. Plus tard, incommodé par la chaleur, le héros menaça de ses flèches Hélios, le dieu du soleil. Ce dernier, de bonne foi, mit à sa disposition son bateau doré, en forme de coupe, lui permettant ainsi de traverser l'océan et d'atteindre l'Érythie. Une fois sur l'île, Héraclès tua le berger et son chien et embarqua le bétail sur le navire solaire. Alerté, Géryon se précipita à sa poursuite, mais Héraclès l'abattit d'une seule flèche qui transperça ses trois corps. Selon certaines versions, Héra vint elle-même au secours de Géryon, mais elle fut blessée d'une flèche au sein droit.

Le long voyage de retour d'Héraclès fut tout sauf tranquille. Conduisant son troupeau, il traversa l'Italie, et même la Gaule. Parmi ses multiples assaillants, citons les Ligures, qui furent exterminés par Zeus sous une pluie de pierres, et le berger à trois têtes, Cacus, qui vivait dans une caverne – non loin de l'endroit où Rome se situerait plus tard – et qui terrorisait la région. Une nuit, Cacus vola quelques-unes des plus belles bêtes du troupeau d'Héraclès, mais ce dernier le suivit jusqu'à sa caverne : sans effort apparent, il écarta l'énorme rocher qui bloquait l'entrée, et tout aussi facilement abattit l'effroyable Cacus. En compagnie du roi local Évandre, qui l'avait accueilli chaleureusement, il bâtit ensuite un autel dédié à Zeus, contribuant ainsi à jeter les fondements de son culte futur à Rome. Il aurait également fondé d'autres villes en Italie, dont Pompéi et Herculanum, qui porte son nom. Ces deux cités furent détruites en 79 de notre ère lors d'une éruption du Vésuve : recouvertes de cendres et de lave, leurs ruines ne furent remises au jour que des siècles après.

C'est ici un Héraclès fraîchement rasé, appuyé sur sa massue, qui reçoit, de la main d'une des Hespérides, les fameuses pommes d'or. Dans la version la plus répandue de l'histoire, ce fut Atlas, père des Hespérides, qui alla cueillir pour Héraclès les pommes dans le jardin de ses filles. Peinture sur une coupe athénienne, IVe siècle av. J.-C.

En Sicile, Héraclès dut affronter, à la lutte, le roi Éryx qui s'était emparé d'un animal échappé. Il s'en rendit maître en un seul combat de trois rounds, après quoi il le tua. De même, le géant Alcyonée, qui avait pensé pouvoir s'opposer au héros, se vit renvoyer le prodigieux rocher qu'il lui avait jeté et par lequel il fut écrasé.

Après qu'Héra eut dispersé le troupeau affolé par un taon, Héraclès finit par arriver à Mycènes. Surpris par le retour du héros, Eurysthée offrit le bétail en sacrifice à Héra.

11. Les pommes d'or du jardin des Hespérides

En seulement huit ans, Héraclès avait donc accompli dix travaux, mais comme pour Eurysthée l'élimination de l'Hydre et le nettoyage des écuries d'Augias ne s'étaient pas faits selon les règles prévues, il força Héraclès

Avant de découvrir l'emplacement du jardin des Hespérides, Héraclès eut à se battre contre Nérée, dieu marin qui pouvait prendre d'innombrables formes. Mosaïque romaine de Carthage (Tunisie).

à repartir : de nouveau, le héros dut s'aventurer aux limites du monde connu. Ce que lui demandait maintenant Eurysthée, c'était de rapporter les pommes d'or des Hespérides (dont le nom signifie « les Nymphes du Couchant » ou « les filles du soir »). Elles étaient les filles du Titan Atlas, lequel vivait aux limites occidentales du monde et supportaient la voûte du ciel sur ses épaules (*voir* **Atlas** *et* **Hespérides**). Elles vivaient auprès de leur père, dans un jardin dans lequel, assistées par le dragon à cent têtes, Ladon, elles gardaient les pommes d'or qu'Héra avaient reçues de Gaia, la déesse de la Terre, en guise de cadeau de mariage.

Héraclès ne connaissait pas l'emplacement exact du jardin, et il erra longtemps avant d'en trouver le chemin. Sur le conseil de deux nymphes fluviales, il alla consulter le dieu marin et devin Nérée, lequel pouvait prendre toutes les formes qu'il voulait pour échapper à un éventuel assaillant. Mais il ne put résister à la terrible pression des bras puissants d'Héraclès et il finit par lui révéler l'emplacement du jardin des Hespérides.

Avant d'y arriver, toutefois, il connut de nouveau nombre d'aventures. Dans les montagnes du Caucase, il délivra le Titan Prométhée qui avait été sévèrement puni par Zeus (*voir* **Prométhée**) : Héraclès abattit d'une flèche l'aigle qui rongeait le foie du malheureux Titan. En Libye, il affronta dans un combat à mort le géant Antée, fils de Gaia : celui-ci retrouvait ses forces sitôt que ses épaules touchaient terre ; aussi Héraclès dut-il le maintenir au-dessus du sol pour pouvoir l'étrangler.

En Égypte, il eut affaire à l'hospitalité déloyale du roi Busiris. Celui-ci avait consulté un devin grec pour savoir comment combattre

Durant le séjour d'Héraclès en Égypte, le pharaon Busiris menaça de le sacrifier à Zeus et paya de sa vie ces menaces inconsidérées. C'est ce pharaon qui est assis sur les genoux de la déesse Hathor, l'équivalente égyptienne de l'ennemie jurée du héros, Héra.

la sécheresse qui sévissait depuis si longtemps dans son pays et le réduisait à la famine. Le devin, Phrasios, lui avait dit que tout s'arrangerait à condition de sacrifier tous les ans un étranger à Zeus. Busiris s'était empressé de suivre ce précieux conseil en l'appliquant immédiatement sur Phrasios. Beaucoup d'autres voyageurs avaient par la suite subi le même sort, jusqu'à ce qu'Héraclès soit lui-même conduit sur l'autel du sacrifice. Mais au moment où le roi allait abattre le héros, sa hache se démancha et le tua, de même que tous les prêtres présents.

Quand Héraclès finit par arriver au jardin des Hespérides, il demanda à Atlas de l'aider. Ce dernier y était tout disposé, mais à condition qu'Héraclès veuille bien momentanément le remplacer et prendre le ciel sur ses épaules. Le héros accepta et Atlas, fidèle à sa parole, se rendit immédiatement dans le jardin de ses filles, d'où il rapporta les fameuses pommes. Tout heureux d'être débarrassé de son lourd fardeau, il proposa même à Héraclès de se charger lui-même d'apporter personnellement les pommes à Eurysthée. Mais le héros ne se laissa pas prendre au piège. Tout en faisant semblant d'accepter sa proposition, il lui fit remarquer que le ciel n'était pas convenablement placé sur ses épaules et lui demanda de reprendre sur son dos la voûte du firmament, le temps qu'il aille chercher un coussin. Atlas accepta volontiers et, bien sûr, le héros en profita pour se sauver avec les pommes, laissant là le pauvre géant.

Il existe une autre version de cet épisode, dans laquelle Héraclès va lui-même chercher les pommes dans le jardin après avoir tué le dragon Ladon qui les gardait.

Eurysthée n'osa pas garder pour lui les pommes sacrées. Il les redonna à Héraclès qui les offrit à Athéna, et la déesse se chargea de les rendre à leurs légitimes propriétaires.

12. *La capture de Cerbère*

L'ultime épreuve, la plus difficile, conduisit Héraclès au-delà du monde des vivants. Eurysthée lui ordonna d'aller chercher Cerbère, le chien qui gardait l'entrée de l'Hadès, le monde souterrain des morts : il espérait bien que, cette fois, le héros n'en reviendrait pas (*voir* **Cerbère** *et* **Hadès**). Toutefois, Héraclès dut d'abord se rendre à Éleusis, où étaient célébrés les mystères en l'honneur de Déméter et de Perséphone (*voir* **Déméter**), et où il fut innocenté du massacre des Centaures : après quoi il fut autorisé à descendre aux Enfers.

Cette descente eut lieu au cap Ténare, tout au sud du Péloponnèse. Athéna l'accompagna, ainsi qu'Hermès, le guide des morts dans leur dernier voyage. Charon, le passeur, eut si peur d'Héraclès qu'il lui fit traverser le Styx sans poser de questions – attitude qui lui valut ensuite d'être puni par son maître Hadès.

Dans le monde souterrain, Héraclès rencontra beaucoup d'ombres qui y séjournaient. Il y vit Thésée – dont il obtint qu'il soit rendu au monde des vivants –, ainsi que l'abominable Gorgone, Méduse, et Méléagre, l'un des Argonautes, qui avait tué le sanglier monstrueux du Calydon (*voir* **Atalante** *et* **Moires**). Héraclès fut si ému par le récit de la mort de Méléagre, qu'il lui promit d'épouser sa sœur Déjanire. Il lui arriva encore beaucoup d'autres aventures dans le monde souterrain, mais après qu'il eut abattu le bétail d'Hadès pour donner du sang aux ombres des morts, Perséphone (l'épouse d'Hadès) lui demanda de se modérer davantage.

Hadès ne goûtait guère l'idée de donner son chien à Héraclès. Selon certaines versions, ils en vinrent aux mains et Hadès dut aller se faire soigner sur l'Olympe. Toujours est-il qu'il permit au héros d'emporter le monstre à condition qu'il s'en empare à mains nues. Héraclès ne se le fit pas dire deux fois. Il se saisit des trois têtes du chien infernal et les serra si fort que Cerbère finit par accepter de se laisser emmener.

Quand le héros revint à Mycènes, amenant avec lui le terrible monstre, Eurysthée s'enfonça encore davantage dans sa jarre, tremblant de peur. De mauvaise grâce, il rendit sa liberté à Héraclès, et celui-ci reconduisit aussitôt Cerbère dans le monde souterrain.

Parmi les ombres rencontrées par Héraclès durant sa visite aux Enfers, il y eut celle de la gorgone Méduse. Tête de Méduse, Didyme (Turquie).

La vie d'Héraclès après ses douze travaux

Ayant payé sa dette et fait pénitence, Héraclès n'avait plus à se plier aux exigences du peu sympathique Eurysthée. Mais son existence terrestre n'était pas terminée pour autant, et il allait connaître beaucoup d'autres aventures.

Tout d'abord, il divorça de Mégara et la donna à son loyal neveu Iolaos. Puis il participa à un concours d'archers organisé par Eurytos roi d'Oechalie, en Thessalie. Le premier prix en était la main de sa fille, Iole ; mais bien qu'Héraclès ait remporté le concours, Eurytos se refusa à lui donner sa fille, étant donné l'issue tragique de son premier mariage. Cela jeta Héraclès dans l'une de ses colères terrifiantes (cette fois, Héra n'y était pour rien), au cours de laquelle il tua Iphitos, le fils d'Euytos – qui était pourtant l'un de ses admirateurs et qui avait pris son parti dans la querelle.

De nouveau, Héraclès dut expier son crime. Non seulement un roi, allié d'Eurytos, refusa de l'aider, mais il en alla de même avec l'oracle de Delphes : la Pythie le renvoya, ce qui mit le héros une fois de plus en rage ; dans sa folie, il s'empara du siège de la prêtresse, menaçant de tout casser. Du coup, Apollon entra lui

Vestiges d'un portique et d'un mur dans la galerie des Athéniens à Delphes. Quand Héraclès vint y consulter l'oracle, il fut pris d'une crise de folie et le dieu Apollon dut intervenir et se battre avec lui.

aussi en fureur, et il en résulta une échauffourée qui dura jusqu'à ce que Zeus intervienne avec son tonnerre et sa foudre.

Cette fois, Zeus décida de le vendre comme esclave. C'est ainsi qu'Héraclès devint la propriété d'Omphale, reine de Lydie en Asie Mineure. Selon certaines traditions, il fut obligé de s'habiller en femme, de prendre place parmi les servantes d'Omphale et de s'adonner au tissage et à la couture, tâches alors exclusivement féminines. Pour s'amuser, Omphale se parait parfois de la peau de lion du héros, jouant avec sa massue et son arc. Mais on a dit aussi qu'il lui était venu en aide, lui donnant un fils et la débarrassant de nombre de ses ennemis.

Après qu'il eut suffisamment fait pénitence au service d'Omphale et recouvré tous ses esprits, Héraclès régla ses comptes avec ceux qui l'avaient injustement traité. Il retourna à Troie, où régnait toujours Laomédon, ce roi qui n'avait pas tenu sa parole après qu'Héraclès eut sauvé sa fille Hésioné. Héraclès assiégea la ville, qui tomba rapidement, en particulier grâce aux exploits de son compagnon d'armes Télamon, frère du héros Pélée. Mais Héraclès devint si jaloux de Télamon que celui-ci se vit dans la nécessité de dresser un autel à la gloire d'« Héraclès triomphant ». Laomédon et la plupart de ses fils furent tués, et Hésioné fut donnée en mariage à Télamon. Ne restait en vie qu'un seul fils de Laomédon, Podarcès, qu'on appela ensuite Priam, et qu'on mit sur le trône de Troie. La ville prospéra sous son long règne, mais devenu vieux, Priam eut la douleur de la voir tomber aux mains des Grecs, après un siège de dix ans (*voir* **Priam**).

Ce fut ensuite une aventure sur l'île de Cos, où Héraclès aborda à la suite d'une tempête provoquée par Héra. Zeus fut si irrité par cet incident qu'il se saisit de son épouse, lui accrocha des enclumes aux chevilles et l'enchaîna par les poignets au mont Olympe. Mais comme les dieux avaient besoin de lui dans la guerre contre les Géants, Héraclès n'eut pas trop à souffrir de cette aventure.

Héraclès ensuite se vengea d'Augias, roi d'Élide, qui n'avait pas tenu sa parole après que le héros eut nettoyé ses écuries (le cinquième des douze travaux). Augias étant soutenu par de puissants alliés, cela lui demanda un peu plus de temps. Il conquit l'Élide, tua Augias, et fit du fils de ce dernier, Phylée, le nouveau souverain du royaume. Puis il offrit des sacrifices à son père Zeus, et selon certains récits, fonda les jeux Olympiques.

Ayant réglé ses comptes avec ses vieux ennemis, Héraclès se souvint de la promesse qu'il avait faite à Méléagre, d'épouser sa sœur Déjanire. Il se rendit donc à Calydon en Étolie, à l'ouest de la Grèce, où vivait Déjanire prétendument fille du roi Oenée – mais son vrai père était Dionysos, le dieu du vin, qui avait fait don de la viticulture à Oenée pour le remercier de lui avoir « prêté » son épouse (« Oenée » est un nom très proche d'oinos, le mot grec signifiant « vin »). Déjanire n'était pas seulement très belle, elle était également vigoureuse, athlétique, et excellait dans le maniement des armes et la conduite d'un char. Héraclès n'était donc pas le seul à vouloir l'épouser. Son principal rival était le dieu-fleuve Achéloos, auquel Héraclès lança un défi. Au cours du duel qui s'ensuivit, Achéloos,

Avant d'obtenir la main de Déjanire, Héraclès dut d'abord participer à un match de lutte contre le dieu-fleuve Achéloos qu'il avait offensé. Le héros en vint à bout en lui brisant l'une de ses cornes. Tête d'Achéloos, terre cuite, VIe *siècle av. J.-C.*

qui avait habituellement la forme d'un homme à tête de taureau, se métamorphosa d'abord en serpent, afin de pouvoir échapper aux bras d'acier d'Héraclès, puis en taureau monstrueux. C'est à ce moment-là qu'Héraclès réussit à lui briser sa corne droite, et Achéloos s'avoua vaincu.

Héraclès épousa donc Déjanire, qui lui donna un fils, Hyllos, et une fille, Macaria. Mais la famille dut rapidement quitter Calydon à la suite d'une nouvelle crise de rage d'Héraclès : celui-ci tua un jeune garçon qui l'avait involontairement éclaboussé. Il partit donc pour la ville de Trachis, avec femme et enfants. Arrivés au fleuve Événos, ils rencontrèrent le Centaure Nessos (en latin, Nessus), qui proposa de faire passer Déjanire de l'autre côté moyennant une faible rétribution. Héraclès accepta avec reconnaissance, mais à peine Nessus avait-il pris son argent qu'il s'empara de Déjanire et l'emporta en courant pour lui faire violence. Héraclès saisit son arc et atteignit Nessus d'une flèche empoisonnée. Le Centaure s'écroula et, tandis qu'il agonisait, ses derniers mots furent pour Déjanire : si Héraclès devait un jour ne plus l'aimer, elle pourrait redonner vie à son amour en utilisant le remède que lui, Nessus, voulait bien lui indiquer. Il lui suffisait pour cela de recueillir le sang qui coulait de ses blessures et d'en asperger les vêtements d'Héraclès. À l'insu de ce dernier, Déjanire remplit donc un flacon du sang de Nessus et le rangea soigneusement.

À peine arrivé à Trachis, Héraclès se porta au secours du roi local Céyx et écrasa ses ennemis. Quelque temps après, il alla en Thessalie où il affronta Cycnos, fils d'Arès dieu de la guerre, qui pillait et massacrait les pèlerins se rendant à Delphes (ne pas confondre ce Cycnos avec Cycnos fils de Poséidon, *voir* **Poséidon**, ou Cycnos l'ami de Phaéton, *voir* **Phaéton**). Cycnos reçut l'aide de son père, mais après qu'Héraclès eut, avec l'appui d'Athéna, blessé le dieu de la guerre, Zeus intervint avec sa foudre pour séparer les combattants.

Il restait à Héraclès un dernier compte à régler : celui l'opposant à Eurytos, roi d'Oechalie, qui avait refusé de lui donner sa fille Iole en récompense de sa victoire au concours de tir à l'arc déjà mentionné. Une fois encore, Héraclès partit en guerre, laissant Déjanire à Trachis, et avec toute une armée s'en alla affronter Eurytos et ses troupes. Au cours d'une bataille sanglante, il le tua ainsi que tous ses fils. Iole tenta de mettre fin à ses jours en se jetant du haut des murailles de la ville, mais sa robe fit, en quelque sorte, office de parachute, et elle tomba entre les mains d'Héraclès. Il coucha avec elle, puis l'expédia à Trachis avec ceux qu'il avait faits prisonniers. Il demanda également à Déjanire de lui faire parvenir une tunique propre, afin de pouvoir offrir un sacrifice à Zeus. Mais quand Déjanire, qui n'était plus toute jeune, vit la belle Iole, elle fut submergée par une violente jalousie. Craignant d'avoir perdu l'amour de son époux, elle alla chercher le flacon contenant le sang de Nessus et en aspergea la tunique d'Héraclès avant de la confier au messager.

Sitôt qu'il l'eut reçue, Héraclès revêtit la tunique, et le poison contenu dans le sang de Nessus commença à agir, provoquant d'atroces brûlures sur la peau du héros. Héraclès essaya bien d'enlever la tunique, mais le tissu collait à son corps et des lambeaux de chair venaient avec. Héraclès fut ramené en bateau à Trachis, où Déjanire, comprenant qu'elle avait été trompée par Nessus, se suicida.

Héraclès comprit rapidement lui aussi ce qui lui arrivait. Il consulta l'oracle de Delphes, qui lui conseilla de dresser un bûcher funéraire sur le mont Oeta, en Thessalie. Hyllos, le fils d'Héraclès, prépara donc ce bûcher et le héros s'y coucha : mais personne n'osait y mettre le feu. Seul Philoctète, qui passait là par hasard, accepta d'accomplir le geste fatal, et se vit offrir en échange l'arc et les flèches d'Héraclès.

Sitôt que le feu fut allumé et que les flammes atteignirent le corps tourmenté du héros, un terrible coup de tonnerre éclata, manifestant l'intervention de Zeus, père

Excellent lutteur, Héraclès était tout spécialement célébré dans les chants interprétés lors des événements sportifs. Ce relief représente un gymnase, dans lequel Héraclès, au centre, occupe la place d'honneur. Relief de terre cuite, Rome, IIe siècle av. J.-C.

d'Héraclès. Échappant au regard des mortels, le héros fut alors transporté dans un nuage vers l'Olympe, où l'immortalité lui fut offerte. Il finit par se réconcilier avec Héra, et il prit pour épouse la charmante Hébé. Notons toutefois que, selon Homère, l'ombre d'Héraclès séjourna dans le monde souterrain, où Ulysse eut l'occasion de la rencontrer.

Désormais immortel, Héraclès descendit encore une fois sur la terre, où il vint (avec Hébé) aider Iolaos à défendre ses enfants (les Héraclides) contre son vieux persécuteur, Eurysthée. Il est également censé être apparu sous sa forme divine à Philoctète pour le presser de combattre au côté des Grecs dans la guerre de Troie : l'arc d'Héraclès aurait d'ailleurs joué un rôle décisif dans la bataille, puisque c'est en s'en servant que Philoctète abattit Pâris, celui par qui la guerre avait éclaté.

Héraclès fut vénéré dans tout le monde grec et au-delà. Ayant pris à Rome le nom d'Hercule, on le retrouve également dans le dieu sémite Melqart, vénéré en Phénicie et à Carthage. De même, ses aventures ont souvent été évoquées dans la littérature antique, notamment dans plusieurs tragédies d'Euripide: *Alceste* (Héraclès y apparaît comme un personnage courageux, mais relativement grossier) ou *Les Héraclides*, qui évoque la lutte des enfants d'Héraclès contre Eurysthée, pièce dans laquelle le héros tue sa femme et son enfant au cours d'une crise de folie provoquée par Héra. La pièce de Sophocle, *Les Trachiniennes*, accorde une grande importance au rôle de Déjanire dans les événements ayant conduit à la mort d'Héraclès.

Hercule *voir* Héraclès

Hercule est le nom latinisé d'Heraclès. On peut juger de l'importance d'Héraclès/Hercule dans l'Antiquité à l'idée que s'en faisait l'empereur romain Commode (161-192), qui se fit représenter en Hercule et vénérer comme tel. Certes, Commode était un homme dont la santé mentale laissait beaucoup à désirer, mais le désir de posséder une « force herculéenne » n'a cessé de hanter l'imagination des hommes jusqu'à nos jours.

Le bûcher funéraire d'Héraclès fut dressé par son fils Hyllos. Ce portail en ruine de l'ancienne cité d'Éphèse est orné de deux Héraclides (les fils d'Héraclès).

Monnaie d'argent (tétradrachme) de Tyr, Ier siècle av. J.-C., à l'effigie du dieu phénicien Malqart, l'équivalent d'Héraclès.

Cette gigantesque tête d'Héraclès, retrouvée à Nemrut Dagh à l'est de la Turquie, montre comme la vénération d'Héraclès était répandue. Nemrut Dagh, Ier siècle av. J.-C.

Pour augmenter son prestige, le roi Mithridate I Kallinikos du petit royaume de Commagène, en Asie Mineure, se fit représenter avec Héraclès. On reconnaît immédiatement le héros à sa massue. Arsameia (Eski Kale), Ier siècle av. J.-C.

Le forum de Pompéi, l'une des villes censées avoir été fondées par Héraclès. Pompéi fut détruite en 79 de notre ère par une éruption du Vésuve et enfouie sous la cendre.

Hermaphrodite

Hermaphrodite, fils d'Hermès et d'Aphrodite, déesse de l'amour, fut élevé par des nymphes sur le mont Ida, en Phrygie. À l'âge de seize ans, il quitta son pays natal, voyagea à travers l'Asie Mineure, et finit par arriver au bord d'un lac. La nymphe Salmacis qui habitait ce lac tomba aussitôt violemment amoureuse du beau jeune homme. Celui-ci ne fut guère sensible aux avances de la nymphe, mais il n'en prit pas moins un bain pour se rafraîchir. Salmacis saisit l'occasion. Elle le rejoignit dans l'eau, le prit dans ses bras, et supplia les dieux de les unir à jamais tous les deux. Son souhait fut exaucé : le jeune homme et la nymphe furent unis en un seul être, un hermaphrodite, doté des attributs sexuels masculins et féminins (*voir* **Salmacis**). Hermaphrodite ne prisa guère cette métamorphose, et il demanda à ses parents de faire en sorte que tout homme se baignant dans le lac de Salmacis se verrait, lui aussi, doté d'attributs féminins. Ce souhait fut également exaucé.

Hermaphrodite était un jeune homme si beau que la nymphe Salmacis en tomba follement amoureuse et le transforma en une créature possédant les caractéristiques des deux sexes. Torse d'hermaphrodite, sculpture de marbre, Ier siècle av. J.-C.

Grâce aux ailes dont étaient dotées sa coiffure et ses sandales, Hermès, le dieu messager de son père Zeus, pouvait se déplacer dans l'air avec une extrême rapidité.

Hermès (dieu romain : Mercure)

Hermès est fils de Zeus et de la nymphe Maia, elle-même fille d'Atlas, et il est l'un des douze dieux séjournant dans l'Olympe en compagnie de la divinité suprême. Ses fonctions étaient nombreuses. Messager de son père Zeus, c'est lui aussi qui conduisait les morts vers le monde souterrain, qui protégeait les voyageurs et les marchands, ainsi, d'ailleurs, que les voleurs. Il était un dieu ingénieux, habile, plein d'astuce, comme un petit garçon qui ne craint pas de jouer des tours pendables aux autres et qu'on ne peut jamais prendre en défaut. Il avait l'apparence d'un jeune homme séduisant, coiffé d'un chapeau pourvu de deux ailes, tout comme ses sandales à l'aide desquelles il pouvait se déplacer à toute vitesse dans les airs. Il portait également à la main un bâton en or qui lui servait à l'occasion de baguette magique pour plonger les gens dans un profond sommeil.

Il était venu au monde en Arcadie, où Zeus avait connu sa mère, Maia, dans une grotte du mont Cyllène. Enfant d'une extraordinaire précocité, on le voit inventer, presque aussitôt après sa naissance, un instrument de musique, la lyre, en tendant des cordes sur une carapace de tortue. La même nuit, en Macédoine, il vole à Apollon cinquante vaches qu'il conduit jusque dans le Péloponnèse, tout en prenant bien soin d'effacer toutes les traces. Il sacrifie ensuite deux de ces vaches aux dieux, et s'en revient tranquillement dormir dans son berceau.

Parti à sa poursuite, Apollon finit par le retrouver grâce à un berger trop bavard, Battos, qui lui révéla toute l'affaire – raison pour laquelle ledit berger fut ensuite puni par les dieux et transformé en rocher de basalte. Jouant les enfants innocents, Hermès commença par soutenir qu'il n'avait rien volé du tout, mais l'affaire ayant été portée à la connaissance de Zeus, un compromis fut trouvé : Hermès put garder le bétail et le musicien qu'était Apollon reçut en échange la lyre fabriquée par Hermès. Après quoi, ils furent les meilleurs amis du monde, et Hermès devint même le protecteur des bergers et des troupeaux.

En tant que protecteur des voyageurs, et lui-même grand voyageur, Hermès était le responsable de la signalisation routière. Dans la Grèce antique, on appelait « hermès » les bustes ou les têtes d'Hermès posées sur une stèle ou une petite colonne (parfois dotée d'un énorme phallus) dans les rues ou sur les places : ces petits monuments avaient pour origine une coutume ancienne des voyageurs consistant à empiler des pierres pour signaler certains endroits particuliers sur un chemin (chaque voyageur qui passait ajoutait sa pierre). Par la suite, dans les villes, ces hermès

Messager des dieux, Hermès eut l'occasion de voyager partout, et même jusqu'en Hollande, comme en témoigne cette statuette romaine en bronze du IIe siècle av. J.-C., retrouvée dans la rivière Waal dans la région de Nimègue.

furent également placés devant les portes d'entrée, notamment des gymnases, car ce dieu, qui excellait à la course, était la divinité favorite des athlètes.

Le berger Battos indique à Apollon l'endroit où habite Hermès. Battos recevra ultérieurement la visite d'Hermès, mais il ne sait pas encore le sort qui lui est promis : Hermès le changera en un rocher de basalte. Peinture à l'huile, Jacob Jordaens, XVIIe siècle.

Hermès eut toutes sortes d'aventures amoureuses. De son union avec une nymphe naquit le dieu Pan. Avec Aphrodite, déesse de l'amour, il engendra le bel Hermaphrodite – qui fut ensuite uni à une nymphe pour former avec elle un seul et même être, (*voir* **Hermaphrodite**) – et Priape, qui était pourvu d'un phallus démesuré (selon une autre version, Priape est fils de Dionysos). Le berger Daphnis était également l'un de ses fils. Parmi les mortelles aimées par Hermès, notons Hersé, fille du roi athénien Cécrops, et dont la sœur Aglauros, terriblement jalouse, osa se faire payer par le dieu avant de l'autoriser à entrer dans la chambre d'Hersé. Pour la punir, Hermès la changea en statue de pierre. Parmi les autres amours d'Hermès, citons l'agile Apémosyné, dont la rapidité lui permit d'abord d'échapper au dieu, mais qui fut rattrapée par lui après qu'Hermès eut revêtu sa combinaison.

En tant que messager, Hermès accomplit de nombreuses missions pour le compte des autres dieux et des immortels de grande importance. De même, il vient en aide à Zeus, son père, dans ses aventures extraconjugales. Qu'il s'agisse d'éliminer Argus, le gardien aux cent yeux chargé par Héra de garder Io (*voir* **Io**), désirée par Zeus, ou de détourner l'attention des taureaux pour permettre à Zeus de séduire la charmante Europe, Hermès est toujours prêt à rendre service. C'est lui, encore, qui conduit Priam, le roi troyen, à la tente d'Achille pour supplier ce dernier de lui rendre le corps de son fils Hector. Et c'est d'Hermès que l'astucieux Ulysse reçoit l'herbe magique qui l'immunisera contre les envoutements de Circé (*voir* **Circé**).

Un homme apporte une offrande à un buste d'Hermès. Ce type de borne surmontée d'une tête du dieu servait de poteau de signalisation aux carrefours. Peinture sur amphore athénienne, vers. 475 av. J.-C.

Ce jeune Pan, plutôt renfrogné, est sur le point de jouer de la flûte. Pan était le fils d'Hermès. Statuette de terre cuite, Égypte, période romaine.

L'une de ses principales fonctions consistait à guider les âmes des morts vers le monde souterrain. Tous les morts, en effet, étaient amenés par Hermès Psychopompe (« le guide des âmes ») jusqu'aux rives du Styx, où, moyennant le paiement d'une obole, ils embarquaient sur le bateau de Charon, le passeur, lequel leur faisait traverser le fleuve infernal avant d'entrer dans le royaume d'Hadès.

Mercure, l'homologue latin d'Hermès, initialement le dieu du commerce, était souvent représenté tenant une bourse à la main.

Hermès (à gauche), avec son bâton et son fameux chapeau ailé, face à Héraclès, qu'on reconnaît immédiatement à sa massue et à sa peau de lion.

L'Hermès à trois têtes du pont Fabricio à Rome, le pont le plus ancien de la ville sur le Tibre. Il fut construit en 62 av. J.-C.

Héro et Léandre

L'histoire de Héro et Léandre est l'une des plus tristes histoires d'amour de la mythologie grecque. Héro était une jeune prêtresse d'Aphrodite vivant à Sestos, au bord de l'Hellespont. Léandre habitait à Abydos, de l'autre côté de l'eau. Les deux jeunes gens tombèrent passionnément amoureux l'un de l'autre, mais son rang de prêtresse interdisait à Héro de devenir l'épouse de Léandre. Chaque nuit, ce dernier traversait donc secrètement à la nage le détroit pour la retrouver. Pour guider son amant, Héro allumait une lampe en haut de la tour où elle vivait ; puis, après avoir passé quelques heures auprès d'elle, Léandre repartait à la nage, juste avant l'aube. Mais une nuit de tempête, en hiver, le vent éteignit la lampe : Léandre s'égara dans la mer et se noya. Le lendemain matin, son corps fut rejeté sur le rivage de Sestos. Quand Héro vit le corps de son amant gisant sur la grève, elle se jeta du haut de sa tour et s'écrasa au sol.

Héro voyant le corps sans vie de son amant, Léandre, sur le rivage, se jeta du haut de la tour où elle vivait.

Hespérides

Les Hespérides (les « Filles du Soir » dans la *Théogonie* d'Hésiode, ou « Nymphes du couchant ») sont les sept (ou quatre, selon certaines versions) filles du Titan Atlas. Leurs noms étaient Aéglé, Aréthuse, Érythie, Hestia, Hespéria, Hesperusa, et Hespéra. En compagnie du dragon Ladon, elles étaient les gardiennes d'un arbre portant les pommes d'or que Gaia avaient offertes à Héra pour son mariage avec Zeus, le dieu suprême. Cet arbre se dressait dans un jardin situé à l'extrémité occidentale du monde connu par les Grecs, près du Détroit de Gibraltar. Non loin de là, Atlas portait sur ses épaules la voûte céleste. L'un des douze travaux d'Héraclès consistait à rapporter les fameuses pommes à Eurysthée. Atlas se chargea d'aller les cueillir pendant qu'Héraclès le remplaca momentanément en portant sur son dos la voûte céleste. Le héros réussit ensuite à tromper Atlas et s'enfuit avec les pommes (*voir* **Atlas** *et* **Héraclès**).

Hestia (déesse romaine : Vesta)

Hestia, la plus âgée des trois filles des Titans Cronos et Rhéa, est la déesse du foyer domestique, et l'une des douze divinités à séjourner sur l'Olympe aux côtés de Zeus. Restée sans époux, elle s'attache particulièrement à préserver sa pureté et sa virginité. Elle joue un rôle mineur dans la mythologie, mais ses fonctions dans la vie quotidienne étaient importantes. Chaque cité grecque avait son foyer central, auquel les citoyens venaient chercher le feu dont ils avaient besoin dans leur demeure : Hestia était la protectrice de ce foyer.

Héraclès au jardin des Hespérides, apparemment fatigué. À sa gauche, l'une des Hespérides ; à sa droite, le dieu ailé de l'amour. Peinture sur amphore athénienne, IVe siècle av. J.-C.

Quand la cité fondait ailleurs une colonie, les futurs colons emportaient avec eux des braises empruntées au foyer de la ville, afin d'allumer le feu de leur nouvelle cité.

Un culte du foyer existait également chez les romains qui donnaient à Hestia le nom de Vesta. À Rome, le Forum comportait un temple dédié à Hestia, dans lequel six prêtresses, les Vestales, entretenaient continûment un feu symbolisant le bien-être et la puissance de la Ville.

Le grand prêtre, Pontifex Maximus, sélectionnait des jeunes filles issues des familles patriciennes, qui devaient faire vœu de chasteté et servir dans le temple de Vesta pendant trente ans. C'était un grand honneur d'avoir été choisie pour devenir une Vestale, mais la morale la plus stricte était alors de rigueur : en cas de perte de sa virginité, la malheureuse coupable était brûlée vive.

Vestiges du temple de Vesta sur le Forum romain. Les Vestales y entretenaient la flamme symbolisant la vie éternelle de la cité.

Le bel Hyacinthe fut tué par un disque lancé par son amant, le dieu Apollon. Peut-être ce terrible accident fut-il l'œuvre de Zéphyr, le vent d'Ouest, qui par jalousie fit dévier le disque fatal. Lanceur de disque, statuette de bronze, Italie du sud, Ve siècle av. J.-C.

Hyacinthos

Hyacinthos est le fils du roi de Sparte Amyclas. Apollon tomba passionnément amoureux de ce beau jeune homme, au point de négliger ses multiples obligations : délaissant son sanctuaire de Delphes, il préférait rester à Sparte, en compagnie de son ami, avec lequel il aimait chasser dans les montagnes. Mais un jour, à l'occasion d'un concours de lancer du disque, le destin (selon certains, il s'agissait de Zéphyr, jaloux d'Apollon) fit son œuvre. Alors que Hyacinthos se précipitait pour aller chercher le disque envoyé au loin par le dieu, l'engin rebondit sur le sol et vint le frapper à la tête. Tous les pouvoirs de guérisseur dévolus à Apollon n'y purent rien : Hyacinthos était mort. Le dieu fit jaillir une fleur du sang du jeune homme – probablement non pas celle que nous appelons « yacinthe », mais plutôt un type d'iris. Sur les pétales de la fleur, il écrivit les mots « ai, ai » évoquant en grec un cri de douleur. Chaque année, depuis lors, se déroule à Sparte la fête de la Hyacinthe.

Ce petit temple circulaire du Forum Boarium de Rome est resté intact. Construit au IIe siècle av. J.-C., il était dédié à Vesta ou à Hercules Victor (Héraclès).

Hyménaeos ou Hymen

Le dieu Hyménaeos était la personnification du mariage (en grec, *hymen*). Certains le disaient fils d'Apollon, pour d'autres il était le fils de Dionysos. Dans les mariages, on chantait ou on psalmodiait le chant nuptial « Ô Hymaeneos Hymen, ô Hymaeneos Hymen ! ». Le dieu est souvent représenté comme un séduisant jeune homme portant un flambeau (les flambeaux de l'Hymen) et d'autres attributs nuptiaux comme le vase dans lequel on apportait l'eau pour le bain rituel de la mariée.

Le dieu ailé du mariage, Hyménaeos, représenté sur un fragment de chapiteau corinthien, Tarente (IVe siècle av. J.-C.). Il tient à la main une torche nuptiale et un loutrophoros, vase dans lequel on apportait l'eau pour le bain rituel de la mariée.

Hypnos (dieu romain : Somnus)

Personnification du sommeil, Hypnos est le fils de Nyx, déesse de la nuit, et le frère de Thanatos, dieu de la mort. Il vivait dans une caverne sur l'île de Lemnos, mais certaines versions le situent à l'extrémité du monde, tout près de l'Océan. Quoi qu'il en soit, l'endroit était obscur et brumeux, et les eaux du Léthé, le fleuve de l'oubli, coulaient dans la caverne. Hypnos eut de nombreux fils, les Songes (*Oneiroi*), parmi lesquels Ikélos, Phobétor et Phantasos, qui personnifient les rêves que font les rois et les grands de ce monde. Morphée est le fils le plus important d'Hypnos, et l'expression « dormir dans les bras de Morphée » est toujours en usage.

Frère de Thanatos, le dieu de la mort, Hypnos avait le pouvoir de plonger dans le sommeil les hommes et les dieux. Héra, toujours à ruminer quelque vengeance, fit appel à ses services.

Héra fait parfois appel à Hypnos quand elle veut agir à l'insu de son mari. C'est ainsi qu'Hypnos plongea Zeus dans un profond sommeil afin de pouvoir s'en prendre à Héraclès, le héros qu'elle poursuivait de sa haine. Quand Zeus se réveilla et qu'il découvrit ce qui s'était passé, il devint furieux et voulut jeter Hypnos à la mer. Heureusement pour le dieu du sommeil, sa mère – la nuit – s'interposa.

Comme on peut s'y attendre, quand Héra lui demanda de nouveau de plonger Zeus dans le sommeil, pendant la guerre de Troie, Hypnos ne montra guère d'enthousiasme, et cela en dépit du fait que la déesse s'était parée de la superbe ceinture d'Aphrodite, déesse de l'amour. Il fallut qu'Héra lui offre de prendre pour femme l'une des Charites (les Grâces) pour qu'Hypnos finisse par s'exécuter.

Icare *voir* Daidolos/Dédale

Ino

Fille du roi thébain Cadmos et de sa femme Harmonie, Ino est la sœur de Sémélé, mère de Dionysos, dieu du vin. Après que Zeus eut retiré Dionysos du corps de Sémélé, qui avait été brûlé par la brillance du dieu (*voir* **Dionysos** *et* **Sémélé**), Hermès confia le bébé à Ino pour qu'elle l'allaite. Mais Héra, l'épouse jalouse de Zeus, qui était responsable de la mort de Sémélé, découvrit bien vite qu'elle avait été bernée. Elle sollicita donc l'aide des déesses de la vengeance et, par l'intermédiaire de Tisiphoné, elle frappa de folie Ino et son mari Athamas. Celui-ci tua son propre fils aîné, et Ino se jeta dans la mer avec le cadet, Mélicerte. Selon certaines versions de ce mythe, Ino avait déjà essayé d'assassiner les enfants d'un premier mariage d'Athamas, Phrixos et Hellé, mais ceux-ci purent s'échapper sur le dos d'un bélier volant doté de la toison d'or (*voir* **Argonautes**).

Jeune homme apportant une offrande à Dionysos, dieu du vin (à gauche). Après la mort de sa mère Sémélé, victime de la jalousie d'Héra, le dieu fut recueilli par sa tante, Ino. Peinture sur une coupe étrusque, IVe siècle av. J.-C.

Io

Io est la fille du dieu-fleuve Inachos, premier roi d'Argos et prêtre d'un temple dédié à Héra. Elle attira le regard de Zeus, le dieu suprême, qui réussit à s'approcher d'elle en obscurcissant le ciel par d'épais nuages afin de dissimuler ses agissements aux yeux des autres dieux. Son épouse, Héra, eut pourtant des soupçons, mais avant qu'elle ait pu intervenir, Zeus avait déjà changé Io en vache. Héra lui fit remarquer qu'elle ne voyait pas en quoi il avait besoin d'une vache, et Zeus ne put faire autrement que de lui offrir le bel animal.

Continuant de se méfier de Zeus, Héra confia Io (sous sa forme bovine) à la garde d'Argus, le géant aux cent yeux, qui avait la particularité de ne dormir que de deux yeux à la fois, tandis que les quatre-vingt-dix-huit autres restaient éveillés. De son côté, Io réussit à écrire sur le sable, avec ses sabots, un message destiné à son père qui pleurait amèrement sa disparition.

Zeus ne put supporter de voir Io et son père plongés dans un tel chagrin. Il ordonna à Hermès d'aller tuer Argus. Hermès se déguisa donc en gardien de troupeau et réussit à endormir les cent yeux du géant en lui jouant de doux airs sur sa flûte et en lui racontant des histoires. Dès qu'Argus se fut totalement endormi, Hermès le tua.

Héra fut furieuse. Elle envoya un taon qui ne cessa de harceler la malheureuse Io et de la poursuivre de ses piqûres. Au moment où celle-ci, fuyant le taon, arrivait en Égypte, Zeus alla trouver Héra et la supplia de mettre fin aux tourments de Io, promettant à sa femme qu'il se conduirait mieux à l'avenir. Héra lui céda et Io fut rendue à sa forme humaine. Quelque temps après, elle mit au monde un fils, Épaphos, qui fut vénéré en Égypte sous l'aspect d'Apis, le taureau sacré.

Quand Argus, le géant aux cent yeux chargé de garder Io, fut tué par Hermès, Héra envoya un taon qui ne cessa de harceler la jeune fille et la poursuivit dans toutes les parties du monde.

Hermès est ici sur le point d'exécuter Argus – représenté comme un vieil homme, et non comme un géant – après l'avoir endormi en lui racontant des histoires et en lui jouant de la lyre. Peinture à l'huile, Cornelis Bisschop, XVIIe siècle.

Iphigénie

Iphigénie est la fille aînée d'Agamemnon, roi de Mycènes, et de sa femme Clytemnestre. Quand Agamemnon, qui commandait la flotte grecque stationnée à Aulis, voulut faire voile vers Troie, un vent défavorable l'en empêcha. Le devin Calchas lui révéla qu'Artémis en était la cause : la déesse de la nature et des animaux sauvages avait été offensée par Agamemnon, probablement parce que celui-ci s'était vanté d'être meilleur qu'elle à la chasse. Artémis ne lui pardonnerait qu'à condition qu'il lui sacrifie Iphigénie. Agamemnon se prépara à accomplir ce terrible sacrifice et fit donc venir sa fille à Aulis mais, afin de ne pas éveiller les soupçons de son épouse, Clytemnestre, il lui fit croire que c'était pour marier Iphigénie à Achille, le célèbre héros. Clytemnestre ne devait jamais lui pardonner ce mensonge : quand Agamemnon revint de Troie dix ans après, elle l'assassina avec l'aide de son amant, Égisthe (*voir* **Agamemnon**).

Selon la tradition la plus commune, Iphigénie fut effectivement sacrifiée à Aulis. Dans un autre récit, toutefois, au dernier moment, Artémis remplaça sur l'autel le corps de la jeune fille par celui d'une biche et transporta Iphigénie, enveloppée dans un nuage, jusqu'en Tauride, dans la presqu'île de Crimée. Iphigénie y devint prêtresse du temple d'Artémis, ayant pour tâche d'offrir en sacrifice à la déesse les étrangers naufragés sur la Tauride. Beaucoup plus tard, mandatés par Apollon, le frère d'Iphigénie, Oreste, et son cousin Pylade, se rendirent en Tauride pour ramener la statue d'Artémis en Attique. Mais Oreste fut jeté en prison par le roi local, Thoas, et conduit au sanctuaire d'Artémis pour y être sacrifié à la déesse en compagnie de Pylade. Heureusement Iphigénie et son frère se reconnaissent mutuellement ; Iphigénie prétendit alors au roi que ces étrangers, la statue de la déesse, et elle-même devaient aller se laver dans la mer pour se purifier des impuretés dont Oreste, coupable du meurtre de sa mère, Clytemnestre, était souillé. En outre, aucun habitant de la ville n'aurait le droit d'assister à ce rituel.

Grâce à cette ruse, les trois jeunes gens purent se réfugier à bord du navire d'Oreste et s'enfuir de Tauride. La déesse Athéna stoppa la poursuite entamée par Thoas en lui indiquant que la statue avait été enlevée sur les ordres divins d'Apollon et d'Artémis. Cette statue fut placée dans un temple en Attique, sous la garde de la prêtresse du lieu, Iphigénie.

Selon certains récits, notamment celui d'Euripide, Iphigénie ne fut pas réellement sacrifiée : Artémis ordonna de la remplacer sur l'autel par une biche. Cerf sur un fleuron retrouvé en Turquie, env. 2500 av. J.-C.

Après l'épisode de son « sacrifice », Iphigénie devint prêtresse d'Artémis, la déesse de la chasse et de la nature sauvage, dans un temple de Tauride (Crimée). Artémis couchée, les Quatre Fontaines du Quirinal, Rome, fin du XVIe siècle.

Ixion

Fils de Phlégyas et roi de Thessalie, Ixion est dans la mythologie grecque le premier homme à avoir tué l'un de ses parents. Ixion refusait de payer à son beau-père, Déionée, la dot qu'il lui devait pour avoir épousé sa fille Dia. Et quand Déionée se rendit chez lui, il le fit tomber traîtreusement dans une fosse remplie de charbons ardents, où il mourut.

Ixion fut mis au ban de toutes les sociétés humaines, horrifiées par ce crime sacrilège. Seul Zeus se montra compatissant et disposé à accomplir le rituel de purification indispensable. Il invita donc le coupable à un banquet sur le mont Olympe. Mais Ixion n'apprécia aucunement à sa juste valeur ce geste exceptionnel, et il tenta même de séduire l'épouse de

Après qu'Ixion eut tenté de séduire Héra, au point d'étreindre un nuage qui ressemblait à la déesse, Zeus perdit patience. Ixion fut jeté dans le Tartare où il fut attaché à une roue qui ne cessait jamais de tournoyer. Peinture à l'huile, Cornelis Cornelisz van Haarlem, XVIe-XVIIe siècle.

Zeus, Héra. Afin de s'assurer qu'il s'agissait bien d'une réelle tentative de séduction, Zeus créa un nuage qui ressemblait parfaitement à Héra. Ixion n'hésita pas un instant : il bondit sur le nuage, et de cette union naquit Centauros, l'ancêtre des Centaures. Ayant pris Ixion en flagrant délit, Zeus perdit toute sa compassion. Ixion fut enfermé dans le Tartare, la partie la plus inhospitalière du monde souterrain. Là, au milieu d'autres coupables de la pire espèce, Ixion fut condamné à rester éternellement attaché à une roue enflammée qui ne cessait de tourner.

L'arc de Janus du Forum Boarium fut construit au IVe siècle av. J.-C. Ce forum était le marché aux bestiaux de Rome et les marchands pouvaient ainsi s'y abriter de la pluie ou du soleil.

Le dieu Janus était représenté avec deux visages opposés regardant simultanément vers l'avant et l'arrière, à l'intérieur et à l'extérieur, vers le passé et vers l'avenir.

Janus

Janus est le dieu romain des commencements, des entrées, des portes et portails. Il est toujours représenté comme un personnage à deux faces regardant dans des directions opposées. Un temple doté de deux portes lui était consacré à Rome, sur le Forum. En temps de paix, ces deux portes restaient ouvertes, et on les fermait en période de guerre. Le mois de Jan-

Tête de femme imitée de celle de Janus et représentant peut-être le visage d'Athéna. Monnaie d'argent (diobolos) de Lampsakos, IVe siècle av. J.-C.

vier, ainsi nommé d'après son nom, était considéré comme le moment où l'on regarde aussi bien en avant, pour la nouvelle année, qu'en arrière, pour l'année écoulée.

Janus ne joue pas un rôle très important dans la mythologie, mais c'est grâce aux yeux placés à l'arrière de sa tête qu'il se montra un jour plus malin que la nymphe Carna. Celle-ci avait l'habitude de faire entrer dans une grotte ceux qui la poursuivaient de leurs assiduités, tout en leur disant qu'elle les rejoindrait rapidement : au lieu de quoi, elle allait se cacher ailleurs. Mais Janus ne tomba pas dans le piège.

Janus eut des descendants qui jouèrent un rôle dans les débuts légendaires de l'histoire de Rome et de la région environnante.

Jason

L'histoire de Jason est en grande partie celle des Argonautes. Jason fut en effet le chef de ces héros qui s'embarquèrent pour la Colchide, traversant la mer Noire à bord d'un navire nommé l'Argo afin de conquérir la Toison d'or.

Jason était le fils d'Aeson et de Philyra. Roi légitime de Iolcos, Aeson fut chassé du trône par son demi-frère, Pélias, qui lui laissa toutefois la vie sauve. La mère de Jason, qui ne faisait aucunement confiance à Pélias, organisa de fausses funérailles pour son jeune fils. En réalité, elle le fit sortir secrètement de la ville et confia son éducation au Centaure Chiron, excellent professeur qui s'était déjà chargé d'instruire divers grands héros (*voir* **Chiron**). Entre temps, Pélias avait été averti par l'oracle de Delphes qu'il aurait à se méfier d'un descendant d'Aeson qui se présenterait à lui un pied chaussé d'une sandale et l'autre nu.

Beaucoup plus tard, quand Jason, devenu jeune homme, revint à Ialcos, il rencontra sur sa route une rivière qu'il lui fallait traverser. Au moment où il allait entrer dans l'eau, une vieille femme lui demanda de l'aider à passer elle aussi. Jason la prit sur son dos, mais il perdit l'une de ses sandales au cours de la traversée. Cette vieille femme n'était autre que la déesse Héra, qui protégeait Jason et avait un compte à régler avec Pélias. Jason se présenta donc à Pélias avec un pied nu, et le roi illégitime de Ialcos comprit immédiatement de quoi il s'agissait. Il savait que s'il tuait Jason, ce meurtre allait violer les lois sacrées de l'hospitalité et que Jason recevrait l'appui d'une grande partie de la population. Il promit donc de faire de Jason son successeur sur le trône, à condition qu'il lui ramène la Toison d'or, la peau d'un bélier volant sur lequel les enfants royaux Phrixos et Hellé s'étaient enfuis vers la lointaine Colchide. La conquête de cette toison fabuleuse était considérée comme une

Jason eut une jeunesse illustre, pleine d'aventures extraordinaires, mais il finit ses jours en vieillard mélancolique, passant son temps à se remémorer la belle vie d'autrefois sur son vieux bateau, l'Argo.

Vue partielle des ruines du sanctuaire de Delphes, où se trouvait le fameux oracle. Celui-ci eut une énorme influence sur les décisions qui déterminèrent le destin de Jason.

tâche impossible, et Pélias était sûr que Jason y succomberait.

Consulté, l'oracle de Delphes déclara au contraire que Jason était capable d'accomplir cette mission avec succès. Jason fit donc construire un navire, l'Argo, et rassembla cinquante héros pour l'accompagner dans son entreprise. Tous s'embarquèrent donc sur l'Argo, et après de multiples aventures les Argonautes finirent par atteindre la Colchide. Jason conquit la Toison d'or, notamment grâce à l'aide de Médée, la princesse magicienne qui était tombée amoureuse de lui. Après beaucoup d'autres aventures, Jason revint sain et sauf à Iolcos (pour les détails de ses aventures durant le voyage et en Colchide, *voir* **Argonautes**).

Pélias, l'usurpateur, ne se rendit pas pour autant, mais grâce à l'intervention de Médée, il fut tué par ses propres filles. Après ce drame, Jason et Médée s'établirent à Corinthe, où ils furent les hôtes du roi Créon (*voir* **Créon**), et eurent trois fils. Ils vécurent ainsi en paix et heureux de nombreuses années, jusqu'à ce que Créon décide d'offrir à Jason la main de sa fille, Glaucé. En l'épousant, Jason deviendrait roi. Il lui était facile de répudier Médée, car celle-ci étant étrangère, leur mariage ne pouvait être validé à Corinthe. La magicienne entra dans une terrible colère : elle tua Glaucé, Créon, et ses propres enfants, avant de s'enfuir à Athènes (*voir* **Médée**).

Le malheureux Jason resta à Corinthe après le départ de Médée. Elle était évidemment plus forte que lui et il l'avait trahie malgré tout ce qu'il lui devait dans l'accomplissement de ses plus grands exploits. Il demeura tout seul, de plus en plus vieux et repensant aux jours glorieux d'autrefois, avec les Argonautes. Il fut tué par une poutre pourrie qui se détacha de son vieux navire, l'Argo, et qui l'écrasa alors qu'il s'y était assis une fois de plus pour rêver à son passé. Peut-être était-ce là la mort qui lui convenait, car si Jason reste un héros, il n'est pas cependant un personnage doté d'une personnalité exceptionnelle, et ses exploits doivent beaucoup à l'aide qui lui fut apportée par la déesse Héra et la magicienne Médée.

Junon *voir* Héra

Jupiter *voir* Zeus

Père du malheureux Œdipe, Laïos enleva dans sa jeunesse Chrysippos sur son char de combat. Chrysippos était le fils de Pélops, lequel avait donné l'hospitalité à Laïos. Cet acte fut la prémisse d'une longue série d'événements tragiques dans la famille de Laïos. Peinture sur un vase mycénien, XIe siècle av. J.-C.

Laïos

Fils de Labdacos, Laïos est roi de Thèbes et père d'Œdipe. Jeune homme, il dut se réfugier à la cour de Pélops, roi de Pise en Élide. Il s'y éprit de Chrysippos, fils de Pélops, l'enlevant sur son char puis abusant de lui. De honte, Chrysippos se pendit et Laïos fut maudit par Pélops (selon une autre version, Chrysippos fut tué par ses demi-frères, Atrée et Thyeste, *voir* **Atrée**).

Par la suite, Laïos devint roi de Thèbes, il épousa Jocaste, mais le couple restait sans descendance. Laios consulta l'oracle de Delphes, lequel lui conseilla de s'abstenir d'avoir des enfants, car son destin était d'être tué par son propre fils. Un jour, pourtant, qu'il était ivre, il s'unit à Jocaste, qui devint enceinte d'un fils : Œdipe. À sa naissance, l'enfant fut abandonné sur les pentes inhospitalières d'une montagne. Il survécut et fut trouvé par un berger, puis recueilli par Polybe, roi de Corinthe, qui l'éleva.

Beaucoup plus tard, peut-être à l'occasion des ravages causés dans son royaume par le Sphinx, Laïos consulta à nouveau l'oracle de Delphes. Lion ailé à tête de femme, le Sphinx arrêtait les voyageurs et les passants à l'entrée de Thèbes, pour leur poser une question en forme d'énigme, et les tuait quand ils ne donnaient pas la bonne réponse (*voir* **Sphinx**). Loin de Delphes, sur une route à proximité du mont Parnasse, l'escorte de Laïos croisa un jeune homme qui eut le tort de ne pas se ranger suffisamment rapidement au gré du roi. Celui-ci frappa à la tête le jeune insolent, lequel répliqua violemment, massacrant à coups de massue Laïos et ses serviteurs. L'un d'eux, pourtant, put s'échapper et courut raconter à Thèbes ce qui s'était passé.

Le meurtrier, qui avait agi dans une certaine mesure en légitime défense, n'était autre qu'Œdipe, lequel avait grandi à Corinthe sans savoir qu'il était fils de Laïos. Lui-même revenait de Delphes, où on lui avait prédit qu'il tuerait son père et épouserait sa mère : aussi avait-il décidé de ne pas rentrer à Corinthe pour ne pas risquer de voir se réaliser ces sinistres prédictions.

Œdipe se rendit donc à Thèbes, résolut l'énigme imposée par le Sphinx, épousa sa mère Jocaste, laquelle lui donna quatre enfants, et vécut des années sans savoir dans quelle terrible situation il s'était mis. Quand il apprit la vérité, les conséquences furent dramatiques (*voir* **Œdipe** *et* **Antigone**).

Le prêtre troyen Laocoon paya cher le fait d'avoir tenté d'empêcher ses concitoyens d'introduire le cheval de bois dans la ville. Il fut étouffé avec ses deux fils par deux énormes serpents de mer.

Laocoon

Fils de Capys, Laocoon est l'un des frères d'Anchise, père du héros troyen Énée. Il était prêtre du temple de Troie dédié au dieu de la mer, Poséidon. Quand les Grecs firent semblant de lever le siège de Troie en laissant derrière eux un énorme cheval de bois, Laocoon avertit ses concitoyens de ne pas le faire entrer dans la ville, prononçant les fameuses paroles que Virgile lui attribue dans l'*Enéide* : *Timeo Danaos et dona ferentes* (« Je crains les Grecs, surtout quand ils apportent des cadeaux »).

Sinon, un soi-disant déserteur grec qui était resté sur place (il était en réalité un espion), raconta aux Troyens que ledit cheval était offert en sacrifice à Athéna : si les Troyens le détruisaient, cela causerait la ruine de leur cité ; en revanche, s'ils en prenaient soin, la protection d'Athéna leur serait acquise. Confiants, les Troyens tirèrent donc l'énorme cheval à l'intérieur de la ville, abattant même une partie de ses murailles car il était trop grand pour passer par les portes de la cité.

Peu après avoir averti ses compagnons du danger, Laocoon et ses deux fils périrent étouffés par deux gigantesques serpents de mer apparus soudain sur la grève et qui s'étaient immédiatement dirigés vers l'autel de Poséidon. Faut-il voir dans cet épisode une punition infligée à Laocoon pour avoir osé mettre en doute la parole des Grecs et des dieux qui les soutenaient ? En fait, les serpents avaient été envoyés par Athéna pour éloigner le méfiant Laocoon et donner plus de poids aux paroles de Sinon.

Une fois le cheval tiré à l'intérieur de Troie, Sinon avertit les Grecs en allumant une lampe. Leurs navires étaient embusqués dans une île

Les serpents de mer qui étouffèrent Laocoon et ses deux fils avaient été envoyés par la déesse Athéna qui voulait affirmer sa domination sur la région de Troie. Dragon marin en bronze, période romaine.

toute proche, et ils firent voile aussitôt vers la ville désormais sans défense. Dans le même temps, les guerriers grecs dissimulés à l'intérieur du cheval sortirent de leur cachette et commencèrent à massacrer les Troyens totalement surpris.

Selon d'autres récits, la mort de Laocoon n'aurait rien à voir avec l'histoire du cheval de Troie, et serait due à Apollon : celui-ci se serait ainsi vengé de Laocoon – prêtre de ce dieu dans cette version – qui lui avait désobéi en se mariant. La mort de Laocoon et de ses fils a inspiré nombre d'artistes, et on peut en voir une magnifique représentation au musée du Vatican, à Rome.

Latona *voir* Léto

Léda

Léda est la fille de Thestios, roi d'Étolie, et l'épouse de Tyndare, roi de Sparte. Elle est la mère des Dioscures (*voir ce nom*), Castor et Pollux. Ses filles aînées sont Clytemnestre, épouse du roi mycénien Agamemnon, et Hélène, célèbre pour sa beauté. Hélène avait épousé Ménélas, roi de Sparte, mais elle fut enlevée par un prince troyen, Pâris, événement qui fut à l'origine de la guerre de Troie. Léda eut trois autres filles, Timandra, Philonoé et Phoebé. Comme sa fille Hélène, Léda était très belle, au point que Zeus, le dieu suprême, se changea en cygne pour s'unir à elle (Léda étant elle-même métamorphosée en oie). Léda pondit deux œufs, d'où naquirent Castor, Pollux, Hélène et Clytemnestre. En fait, la conception des enfants de Léda comporte de multiples versions. Dans certaines d'entre elles, Pollux et Hélène étaient engendrés par Zeus, tandis que Castor et Clytemnestre l'étaient par l'époux terrestre de Léda, Tyndare. Ce qui signifiait que Pollux et Hélène étaient des immortels, ce qui n'était pas le cas de Castor et de Clytemnestre. Mais il existait encore d'autres versions, qui faisaient d'Hélène la seule immortelle, ou selon lesquelles les jumeaux Castor et Pollux sortaient tous les deux du même œuf. Certains croyaient même que l'œuf ayant donné naissance à Hélène n'avait pas été pondu par Léda, mais par la déesse Némésis : celle-ci se serait unie à Zeus et Léda se serait simplement vu confier l'œuf résultant de leur union (*voir* **Dioscures, Hélène** *et* **Némésis**).

Le cygne représenté ici en train de s'amuser avec le sein de Léda était en réalité Zeus, le dieu suprême. Les enfants divins de Léda, Castor, Pollux et Hélène, viennent de sortir de leur œuf. Peinture à l'huile, Francesco Ubertini, XVIe siècle.

Les paysans lyciens qui empêchèrent Léto de boire l'eau du lac furent sévèrement punis par elle. Ils furent transformés en grenouilles.

La fille de Léto, Artémis, déesse de la chasse et de la nature sauvage, chassait parfois l'animal qui lui était spécialement consacré, le cerf. Peinture à l'huile d'Anthony van Dijck, XVIIe *siècle.*

Léto (déesse romaine : Latona)

Léto est la fille du Titan Coeos et de la Titanide Phoebé. Zeus s'étant uni à elle, Léto donna naissance aux jumeaux divins Apollon et Artémis. Héra, l'épouse de Zeus, étant comme d'habitude violemment jalouse, s'efforça de rendre la grossesse de Léto difficile. La déesse avait même interdit à tous les hommes sur terre de lui donner l'hospitalité, et la pauvre Léto dut errer en cherchant désespérément un refuge. À Delphes, il lui fallut affronter Python, le serpent gigantesque envoyé par Héra, qui tenta de l'empêcher d'accoucher.

Puis, sous l'autorité de Zeus, Léto fut conduite sur l'île flottante de Délos (selon une autre version, ce fut sur l'île d'Ortygie, et pour d'autres encore, Artémis naquit à Ortygie et Apollon à Délos). Délos n'était pas encore ancrée à la terre, si bien que ses habitants n'avaient pas à craindre les représailles d'Héra. S'appuyant à un palmier et à un olivier (dans d'autres récits, ce fut sur le mont Cynthos), Léto donna naissance à Artémis et à Apollon. Puis Poséidon rattacha Délos au fond de la mer au moyen d'une énorme colonne. On construisit plus tard sur l'île un important sanctuaire dédié à Apollon. Toutes les déesses attendaient la délivrance de Léto, à l'exception d'Héra et d'Ilithye, la déesse des naissances. Aussi Léto eut-elle un accouchement très difficile, qui dura neuf jours et neuf nuits. L'assistance d'Ilithye fut finalement requise, mais à l'insu d'Héra.

Celle-ci ne lâcha pas prise pour autant. Léto dut fuir en Lycie avec ses enfants, où elle fut reçue froidement. Quand elle voulut puiser à un lac l'eau dont elle avait besoin pour Apollon et Artémis, des paysans firent remonter la boue du fond du lac, rendant ainsi l'eau imbuvable. Léto les transforma en grenouilles, condamnées à vivre éternellement dans la boue.

Quiconque insultait ou offensait Léto devait se souvenir que son fils Apollon la vengerait impitoyablement. Ci-dessous, un Apollon nu tient à la main l'une de ses flèches redoutées; son arc est posé à côté de lui qui siège sur l'omphalos, « nombril de la terre », à Delphes. monnaie d'argent (tétradrachme) de Syrie, IIIe *siècle av. J.-C.*

Par la suite, tous ceux qui tentèrent de menacer ou d'offenser Léto furent immédiatement punis, et certains très durement. Le géant Python fut tué par Apollon d'un millier de flèches. Un autre géant, Tityos, qui avait voulu violenté Léto, périt sous une pluie de flèches tirées par Apollon et Artémis, à quoi s'ajouta la foudre envoyée par Zeus. Tityos fut ensuite conduit dans le Tartare, dans le monde souterrain : il y fut couché de tout son long, condamné à voir son foie éternellement dévoré par des vautours.

De même Niobé, reine de Thèbes qui, ayant eu sept garçons et sept filles, s'était vantée d'être plus féconde que Léto, fut atrocement punie : Apollon tua ses petits garçons à coups de flèches, tandis qu'Artémis se chargeait des petites filles (selon certains, la plus jeune, Chloris, fut épargnée). De douleur, Niobé se transforma en pierre (*voir* **Apollon, Artémis** *et* **Niobé**).

Mainas/Ménades (déesses romaines : les Bacchantes)

Les Ménades (« Femmes possédées ») sont les femmes qui composent le cortège de Dionysos, le dieu du vin. Habillées de peaux de cerf ou de panthère, elles se livraient, en état d'ébriété, à des rites au cours desquels leurs danses frénétiques aboutissaient à de véritables transes extatiques. Elles portaient un

Les Ménades (ou Bacchantes), adeptes de Dionysos, le dieu du vin, étaient des femmes connues pour leurs délires et leurs transes extatiques. Ici, une Ménade danse avec un satyre manifestement excité. L'amphore présente derrière ce dernier indique qu'on n'a pas lésiné sur le vin. Peinture sur une amphore athénienne, env. 510 av. J.-C.

Ménade se préparant à sacrifier un taureau. Dans leurs ivresses, les Ménades dévoraient parfois des animaux sauvages. Fragment d'un vase romain en terre cuite, Ier siècle av. J.-C.

thyrse à la main, sorte de bâton surmonté d'une pomme de pin et décoré de rubans, de sarments de vigne et de lierre. Elles brandissaient également des grappes de raisin, des torches enflammées et des serpents vivants.

Quand elles étaient ivres, les Ménades possédaient des pouvoirs surnaturels. Elles étaient

Dionysos, que les Ménades vénéraient avec ferveur, a ici démembré un cerf. Fragment d'une peinture sur un cratère athénien, Ve siècle av. J.-C.

capables de déchiqueter des animaux sauvages, et même les êtres humains n'étaient pas toujours à l'abri de leurs débordements. L'une de leurs victimes les plus fameuses fut Penthée, le roi de Thèbes qui, opposé au culte de Dionysos, n'en était pas moins curieux d'assister aux débauches des Ménades. Caché dans un arbre, il tenta de les épier mais tomba entre leurs mains et fut mis en pièces. L'une des Ménades présentes était sa propre mère, Agavé (*voir* **Dionysos**).

Orphée, le musicien, qui, après la mort de son épouse bien-aimée, Eurydice, était devenu incapable de s'intéresser aux femmes, fut tué par les Ménades, offensées de le voir éviter leur compagnie (*voir* **Orphée**). Ces dernières connurent pourtant une triste fin : elles finirent par agacer Dionysos qui les changea en arbres.

Marsyas, le satyre phrygien, joue ici de la flûte double, tandis qu'Athéna, créatrice de l'instrument, l'écoute d'un air critique. Marsyas devint un flûtiste accompli mais fut victime d'Apollon, dieu musicien qui avait parfois des réactions déraisonnables quand il s'agissait de questions artistiques. Fragment d'un cratère athénien, Ve siècle av. J.-C.

Mars *voir* Arès

Marsyas

Marsyas est un satyre de Phrygie (*voir* **Satyre**) qui était entré en possession d'une flûte à deux tuyaux préalablement fabriquée pour la déesse Athéna. Celle-ci l'avait jetée après avoir constaté, en se regardant dans l'eau, combien elle paraissait ridicule à jouer de cet instrument. Ayant donc trouvé la flûte, Marsyas y devint si habile qu'il lança un défi à Apollon, lequel jouait de la lyre. Un concours fut organisé, dont les Muses étaient les arbitres. Dans un premier temps, elles jugèrent que les deux concurrents étaient à égalité : c'est alors que le dieu mit Marsyas au défi de jouer de son instrument à l'envers, comme lui le faisait avec sa lyre. Cela étant évidemment impossible avec une flûte, Marsyas fut déclaré vaincu, et son orgueil fut horriblement puni par Apollon. Le dieu l'écorcha vif, de la tête aux pieds. Les nymphes et les satyres pleurèrent tellement sur le sort de Marsyas, que le sol, gorgé de leurs larmes, donna naissance à un fleuve auquel on donna en Phrygie le nom du malheureux (*voir* **Apollon**).

Médée était une brillante magicienne. Ses potions avaient réussi à rajeunir un vieux bélier au point qu'on le vit sauter du chaudron comme un petit agneau tout fringant. Aeson, le vieux père de Jason, bénéficia lui aussi de ce traitement.

Les déesses Héra et Athéna, qui soutenaient les Argonautes, demandèrent à Aphrodite de rendre Médée amoureuse de Jason. Monnaie d'argent (tétradrachme) à l'effigie d'Athéna, Athènes, env. 420 av. J.-C.

Médée

Médée est la fille d'Aiétès, roi de Colchide, et de la nymphe marine Idyie. À l'instar de sa tante Circé, elle est une redoutable magicienne.

Quand Jason et ses Argonautes arrivèrent en Colchide (sur les bords de la mer Noire) pour conquérir la Toison d'or, Médée tomba immédiatement amoureuse du héros comme le voulaient les déesses Héra, Athéna et Aphrodite. En effet, les deux premières protégeaient les Argonautes dans leur aventure, et elles demandèrent à Aphrodite de tout faire pour que Médée s'éprenne de ce séduisant étranger. Aphrodite eut bien du mal à en convaincre son jeune fils, Éros, mais après qu'elle eut promis de lui donner un joli ballon, il consentit à tirer sur Médée l'une de ses flèches d'amour.

Aiétès autorisa Jason à emporter la fameuse toison, à condition qu'il accomplisse un certain nombre d'exploits particulièrement dangereux (*voir* **Argonautes**). Sachant que son père n'avait d'autre idée en tête que la mort de Jason, Médée décida aussitôt de venir en aide à son héros bien-aimé. Mais elle n'en était pas moins partagée : devait-elle aller jusqu'à trahir son père et sa patrie pour les beaux yeux d'un étranger ? Fallait-il tout sacrifier à son amour ?

Au plus profond d'une forêt, devant le sanctuaire d'Hécate, déesse de la magie, Jason et Médée s'avouèrent l'un à l'autre leur amour.

Des soldats lourdement armés sortirent des dents de dragon que Jason avait dû planter dans le champ labouré par ses soins. Même Médée fut prise de panique. Soldat en armure, relief d'Éphèse.

Le dragon qui gardait la Toison d'or fut vaincu grâce à la magie de Médée. On peut voir sur cette amphore une femme, peut-être Médée, en train de triompher d'un dragon à trois têtes. Amphore peinte, Cerveteri, VIIe siècle av. J.-C.

Jason demanda à Médée de l'aider et lui promit en contrepartie de l'épouser. En pleurs, Médée s'engagea à lui porter assistance, et après que Jason eut juré par Hécate et Hélios, dieu du soleil et grand-père de Médée, qu'il l'emmènerait avec lui en Grèce et la prendrait pour femme, elle lui donna une herbe magique. C'est grâce à cette herbe que Jason put affronter sans danger les monstrueux taureaux (ils soufflaient le feu, avaient des sabots de bronze et un mufle d'acier) avec lesquels Aiétès lui avaient ordonné de labourer un champ. Puis Jason sema dans les sillons des dents de dragon et le champ se remplit d'hommes hostiles et puissamment armés. Mais Médée leur jeta un sort, après quoi Jason lança une pierre au milieu de la troupe, et les guerriers se mirent à se battre entre eux.

Le dragon qui gardait l'arbre auquel était suspendue la Toison d'or fut également vaincu grâce aux enchantements de Médée. Elle donna à Jason une « herbe dont le suc avait une vertu soporifique », à répandre sur le monstre, et elle lui apprit la formule « qui dispense un paisible sommeil, arrête le tumulte des flots et l'élan impétueux des fleuves » (Ovide, *Les Métamorphoses*, VII, 153-154). Et le dragon qui ne dormait jamais sombra dans un profond sommeil : après quoi Jason n'eut qu'à prendre la toison qui pendait à l'arbre.

Le personnage de Médée a aussi un côté sinistre, c'est ce que révèle le sort qu'elle réserva à son jeune frère Apsyrtos qui l'accompagnait dans sa fuite avec Jason, à bord du navire *Argo*. Pour se débarrasser de leur père qui les poursuivait, elle tua son frère et le coupa en morceaux qu'elle jeta à la mer, obligeant Aiétès à s'arrêter pour les récupérer.

Selon une autre version, c'est Apsyrtos lui-même (il n'était alors plus un enfant) qui poursuivait l'*Argo*. Dans cette variante, Jason décide de jeter Médée par-dessus bord afin de mettre plus de distance avec ses poursuivants. Furieuse, la jeune femme lui rappelle ses promesses et la part qu'elle a prise dans sa réussite. Jason se laisse fléchir, et tous les deux échafaudent un plan : ils envoient à Aspyrtos des cadeaux somptueux et l'invitent à venir parler à Médée dans un temple dédié à la déesse Artémis. Tandis que Médée est en train de négocier avec son frère, Jason sort soudainement de sa cachette et le tue.

C'était là un crime épouvantable, dont Circé, la tante de Médée, voulut bien les purifier. Mais elle leur prédit un sombre avenir, condamna fermement leur comportement, et leur demanda de ne plus mettre les pieds chez elle.

Arrivée en Crète avec les Argonautes, Médée se chargea d'éliminer Talos, le géant de bronze qui gardait l'île et qui avait été donné autrefois par les dieux à Europe ou à Minos. Elle lui jeta un sort visant à le faire se cogner la cheville contre un rocher: son sang divin s'écoula par cette blessure et il s'effondra sans forces sur le sol.

De retour à Ialcos, Jason lui demanda de rajeunir son vieux père Aeson. Elle se rendit donc dans les montagnes du nord, montée sur son char tiré par un dragon ailé – un don de son grand-père Hélios –, et en ramena des herbes et des plantes spéciales cueillies au bord des lacs et des rivières. Au bout de neuf jours, ayant tout préparé pour l'opération, elle étendit Aeson sur un lit d'herbe et concocta dans un chaudron de cuivre une potion composée de multiples ingrédients. Quand elle vit une olive toute fraîche pousser d'un seul coup sur la vieille branche avec laquelle elle brassait sa mixture, elle sut que celle-ci était prête. Elle coupa une artère d'Aeson, laissa le sang s'en écouler et le remplaça par sa potion. Aussitôt, Aeson se changea en un vigoureux jeune homme.

Quand les filles de Pélias, le méchant oncle de Jason qui refusait de lui rendre le trône

Après avoir tué Créon, Glaucé et ses enfants, Médée s'enfuit de Corinthe sur un char tiré par des dragons ailés. Dessin à la plume, Peter Paul Rubens, XVIIe siècle.

(alors qu'il en était l'héritier légitime), apprirent ce miracle, elles voulurent faire subir à leur père le même traitement. Médée se montra enchantée de leur montrer comment elle faisait : elle prit un vieux bélier qu'elle coupa en morceaux qu'elle mit à cuire dans le fameux chaudron avec plein d'herbes magiques, et l'animal en ressortit sous la forme d'un jeune agneau. Sous la surveillance de Médée, les filles de Pélias tuèrent leur père d'un coup d'épée et le mirent à cuire – malheureusement, Médée avait « oublié » d'ajouter les indispensables herbes magiques.

Après ce crime, Jason et Médée durent s'enfuir à Corinthe où ils jouirent de l'hospitalité du roi Créon. Ils vécurent là nombre d'années heureuses et eurent deux fils. C'est alors que Jason se mit en tête de se débarrasser de Médée, à laquelle il devait sa prospérité, afin d'épouser la fille de Créon, Glaucé. Médée entra dans une violente colère. Elle envoya ses fils apporter à Glaucé une robe de mariage « spéciale » qui brûla mortellement la future mariée et son père. Puis elle mit à mort ses propres fils et s'enfuit à Athènes où elle trouva refuge auprès du roi Égée. Ce dernier était stérile – plus exactement, il croyait l'être – mais quand il épousa Médée, elle lui donna un fils, Médos.

Quelque temps après, Thésée arriva à Athènes: c'était le fils qu'Égée avait eu autrefois d'Aéthra, fille du roi de Trézène Pitthée, et qui avait été élevé dans cette ville à l'insu d'Égée. Médée sut tout de suite qui il était, mais pensant à son fils Médos et à sa future accession au trône, elle se garda d'en informer Égée. Selon certains auteurs, elle persuada ce dernier d'envoyer Thésée s'occuper du dangereux taureau crétois qui terrorisait la région de Marathon après qu'Héraclès l'eut relâché (*voir* **Héraclès**). Thésée fit ce qu'on lui avait ordonné, après quoi Médée revint à ses méthodes favorites : elle versa un poison mortel dans la coupe du héros. Mais juste au moment où celui-ci allait boire son vin, Égée reconnut l'épée que portait Thésée, cette épée qu'il avait laissée à Trézène derrière un rocher, des années auparavant : d'un revers de main, il écarta la coupe fatale des lèvres du héros (*voir* **Égée** *et* **Thésée**).

Échappant à Thésée en s'enveloppant dans un nuage magique, Médée quitta Athènes. Elle retourna avec son fils Médos en Colchide, son pays natal, où son père Aiétès avait été écarté du trône par son frère, Persès. Le hasard voulut que Médos arrivât avant sa mère, et bien qu'il prétendît être le fils de Créon, roi de

Corinthe, Persès le fit jeter en prison. La région souffrait alors d'une terrible sécheresse, et Médée, qui s'était présentée à son oncle en prêtresse d'Artémis, suggéra d'y mettre fin en organisant une grande cérémonie au cours de laquelle Médos serait sacrifié. Bien entendu, elle profita de l'occasion pour donner une arme à son fils qui tua Persès. Médos devint alors roi de Colchide, et le héros éponyme des Mèdes.

On sait peu de choses sur la fin de Médée. Selon certains, elle était immortelle et aurait été emportée aux champs Elysées, la partie céleste du monde des morts, où elle serait devenue l'épouse d'Achille.

Médée est l'un des personnages féminins les plus fascinants de la mythologie grecque. Elle y est souvent présentée comme une sorcière aux penchants démoniaques, mais divers auteurs lui ont donné une personnalité beaucoup plus attachante. Ovide et Apollonios de Rhodes l'ont magnifiquement évoquée en jeune fille amoureuse, partagée entre sa fidélité à sa famille et à son pays, et son intense passion pour Jason. Dans sa pièce *Médée*, Euripide (env. 480-406 av. J.-C.) la représente de manière émouvante en femme totalement déstabilisée par l'infidélité de son hypocrite mari, Jason, dévorée de jalousie et d'amertume, et finissant par tuer ses enfants dans un accès tragique de désespoir (*voir* **Argonautes** *et* **Jason**).

Méduse *voir* Gorgone

Sparte, la ville dont Ménélas était roi, était connue dans l'Antiquité pour ses traditions guerrières. Les garçons y recevaient une éducation « spartiate » ayant pour seul but d'en faire d'excellents soldats. Statuette en terre cuite représentant un jeune Spartiate sur le dos d'un cheval, IVe siècle av. J.-C.

Ménélas

Ménélas est le fils cadet d'Atrée, roi de Mycènes, et de sa femme Aéropé. Leur fils aîné, Agamemnon, succéda à son père sur le trône de Mycènes. À son tour, Ménélas devint lui aussi roi de cette importante cité grâce à son mariage avec Hélène, la fille « infidèle » de Tyndare, roi de Sparte (*voir* **Hélène**).

Hélène étant réputée la plus belle femme du monde, Ménélas n'était pas le seul à la convoiter. Quand il fut finalement choisi pour devenir son époux, Ulysse obtint des autres prétendants à sa main qu'ils fissent le serment de se porter au secours de Ménélas au cas où quelqu'un viendrait lui disputer la possession de sa femme.

Ménélas et Hélène vécurent d'abord en parfaite harmonie, et ils eurent une fille, Hermione. Mais alors qu'ils étaient mariés depuis dix ans, le prince troyen Pâris se rendit à Sparte. Or, Aphrodite, déesse de l'amour, avait autrefois promis à ce dernier de lui donner Hélène pour le récompenser de l'avoir classée première – elle, Aphrodite – dans un célèbre concours de beauté où s'affrontaient des déesses (*voir* **Aphrodite, Hélène** *et* **Pâris**). En partie grâce aux efforts déployés par la déesse de l'amour, Hélène s'éprit rapidement du séduisant voyageur, lequel reçut un accueil royal de la part de Ménélas. Quand celui-ci partit pour la Crète afin d'assister aux funérailles de son grand-père, Pâris enleva Hélène,

Ménélas était un vaillant guerrier, sans être pour autant le plus important des héros à combattre du côté grec. Portrait d'un jeune guerrier sur un plat athénien, Ve siècle av. J.-C.

tout en dérobant également une partie du trésor de son hôte, et fit voile aussitôt vers Troie.

Accompagné de l'habile négociateur qu'était Ulysse, Ménélas se rendit à Troie pour tenter de récupérer sa femme et ses richesses, mais les Troyens refusèrent d'accéder à sa requête. Il ne lui restait donc plus qu'à reprendre Hélène de force. Il rappela aux rois grecs le serment qu'ils avaient prêté, et Agamemnon, le puissant frère de Ménélas, rassembla une énorme armée qui assiégea Troie dix années durant, avant de pouvoir enfin la détruire.

Ménélas ne joua pas dans cette guerre un rôle de premier plan : bien qu'étant lui-même un guerrier courageux, il y apparaît surpassé par les grands héros que sont Achille, Ajax, Diomède et Ulysse, ainsi que par la figure dominatrice d'Agamemnon, chef de l'armée grecque. Dans l'*Iliade*, Homère évoque le duel qui opposa Ménélas à Pâris et qui aurait pu d'emblée mettre fin au conflit. Alors que Ménélas semblait devoir l'emporter sur son adversaire, Aphrodite intervint : elle recouvrit Pâris d'un nuage et l'emporta directement dans sa chambre, à Troie, où elle chargea Hélène de s'occuper de lui (mais l'amour de celle-ci pour Pâris s'était déjà bien refroidi).

Après la chute de Troie, Ménélas récupéra sa femme, mais leur voyage de retour vers Sparte s'avéra difficile : Ménélas avait, en effet, offert aux dieux des sacrifices jugés par eux insuffisants en proportion de l'aide qu'ils lui avaient apportée dans la guerre.

Il finit par arriver chez lui après une errance de huit ans et de multiples détours qui le conduisirent notamment à Chypre et en Libye. C'est ainsi qu'il resta bloqué un certain temps sur l'île de Pharos, au large de la côte égyptienne. Sur le conseil de la fille du devin Protée, il alla consulter ce dernier. Protée lui expliqua pourquoi son voyage de retour était si difficile, et il lui conseilla de faire en Égypte les sacrifices requis. Il dit à Ménélas qu'il serait emporté après sa mort aux champs Élysées, la partie céleste du monde des morts, et lui révéla également les destins des autres héros grecs de la guerre de Troie. Il apprit ainsi que son frère Agamemnon avait été assassiné sitôt après son retour chez lui, et en fut très affecté.

Ménélas revint en Grèce et se rendit à Mycènes, la cité dont son frère assassiné avait été le souverain. Cette visite intervint juste après qu'Oreste, le fils d'Agamemnon, eut vengé son père en tuant ses meurtriers. Une assemblée de Mycéniens le condamna à mort pour le meurtre de sa mère, Clytemnestre. Quand Oreste s'aperçut que Ménélas ne lui apportait pas le soutien qu'il espérait, il prit Hélène et Hermione en otage. Grâce à une intervention divine, le conflit s'apaisa : Oreste relâcha Hélène et Hermione, et sa condamnation à mort fut commuée en bannissement (*voir* **Oreste**).

Dans l'*Odyssée*, Homère raconte comment Télémaque, le fils d'Ulysse, vint trouver Ménélas et Hélène pour s'informer sur le sort de son père, qui n'était pas encore revenu de Troie. Il fut reçu par un couple apparemment heureux

Pasquino, l'une des célèbres « statues parlantes » qui ornent les rues de Rome depuis les temps anciens représente en fait Ménélas qui, par l'entremise d'Hector, le héros troyen, essaya de protéger le corps de Patrocle tué au combat.

Au cours du difficile voyage qui le ramena chez lui, Ménélas débarqua en Égypte. Maquette d'une barque égyptienne ancienne.

d'être de nouveau réuni, et qui était en train de célébrer le double mariage d'Hermione avec Néoptolème, fils d'Achille, et de Mégapenthès – un fils que Ménélas avait eu d'une esclave – avec la fille d'un notable de Sparte. Télémaque fut accueilli chaleureusement, et on évoqua bien des souvenirs. Hélène lui confia comment elle avait aidé Ulysse au moment où il était entré secrètement dans Troie, et ce, dit-elle, parce qu'elle voulait revenir près de Ménélas et de sa fille ! Le lecteur n'est d'ailleurs pas sans percevoir la part de rancœur subsistant sous l'apparence brillante de ce mariage, quand Ménélas raconte, un peu après, comment Hélène essaya de convaincre les Troyens de la présence des Grecs – dont Ulysse et Ménélas – à l'intérieur du cheval de bois.

On peut en effet se demander si ce fut vraiment une chance pour Ménélas que de devoir rester à jamais, après sa mort, aux champs Elysées en compagnie de son immortelle épouse, ainsi que Protée l'avait prédit.

Mercure *voir* Hermès

Midas

Fils de Gordias et de Cybèle, Midas est un roi de Phrygie, et dans tous les mythes connus qui le concernent, il ne semble pas avoir été quelqu'un de très intelligent.

Après la mort d'Orphée, Dionysos, dieu du vin, quitta la Thrace. Son vieux tuteur, Silène, ivre comme d'habitude, « titubant sous l'effet de l'âge et du vin » (Ovide), s'éloigna de l'escorte du dieu et fut emmené chez Midas par des paysans phrygiens. Midas, qui avait été lui-même initié au culte dionysiaque, reconnut immédiatement le vieil homme et il lui offrit un joyeux festin, avant de le ramener à Dionysos, lequel fut tout heureux de retrouver son vieux maître et voulut en récompenser Midas. Il invita donc ce dernier à faire un souhait. Midas émit le souhait que tout ce qu'il toucherait se change en or. Ce souhait fut exaucé et Midas fut tout d'abord émerveillé de son nouveau pouvoir : en un rien de temps, il fut entouré d'objets en or. C'est quand il se mit à table que les choses commencèrent à mal tourner : à peine avait-il porté à sa bouche une nourriture quelconque, qu'elle se transformait aussitôt en métal jaune. Même le vin se changeait en or liquide dans la gorge de Midas.

Réalisant qu'il était condamné à mourir de faim et de soif, Midas supplia le dieu d'annuler le don. Dionysos entendit sa plainte et lui dit d'aller se laver dans le fleuve Pactole, dont les eaux roulent depuis ce temps des paillettes d'or.

Midas n'en devint pas pour autant plus intelligent. Comme il passait souvent son temps en plein air, il devint un fidèle du dieu de la nature, Pan. Or, ce dernier avait une haute opinion de son habileté à la flûte et il se risqua à lancer un défi au grand dieu Apollon

Le roi phrygien, Midas, fut sévèrement puni de son mauvais goût en musique par Apollon qui lui fit pousser des oreilles d'âne.

Quand Silène, ivre mort, perdit de vue son élève Dionysos, le roi Midas l'accueillit amicalement à sa cour. Petit vase en terre cuite ayant la forme de Silène, Italie du Sud, IVe siècle av. J.-C.

Pour Midas, Pan était à la flûte meilleur musicien qu'Apollon, le dieu joueur de lyre. Ici, un satyre joue de la flûte double. Peinture sur un fragment de vase, Athènes, Ve siècle av. J.-C.

– exactement comme le malheureux satyre Marsyas (*voir* **Marsyas**) ; Tmolos, le dieu de la montagne où devait avoir lieu le concours, en serait l'arbitre. Midas, qui se trouvait là, se montra très impressionné par les mélodies rustiques que Pan tirait de sa flûte. Puis Apollon joua sur sa lyre une superbe musique, et il l'interpréta si bien que Tmolos le déclara aussitôt vainqueur. Tout le monde applaudit, à l'exception de Midas qui eut l'audace de critiquer la sentence. Apollon fut si agacé par sa stupidité et son manque de goût musical qu'il changea les oreilles de Midas en oreilles d'âne.

Midas fut bien embarrassé de cette difformité qu'il tenta de masquer en portant constamment un bonnet phrygien. Seul son coiffeur était dans la confidence, et il lui avait fait jurer de garder le secret. Mais ce secret commença à peser trop lourd pour le malheureux coiffeur : il creusa un trou dans le sol et y murmura ces mots : « Midas, le roi Midas a des oreilles d'âne ». Après quoi, il referma le trou et rentra chez lui. Or, des roseaux poussèrent à l'endroit fatal, et chaque fois que le vent soufflait, on pouvait les entendre chuchoter le fameux secret, si bien que tous ceux qui passaient à côté apprenaient que le roi Midas avait des oreilles d'âne.

Minerve *voir* Athéna

Minos

Le roi Minos reçut de Poséidon un taureau blanc qu'il devait sacrifier au dieu. Mais Minos trouva l'animal si beau qu'il le garda pour lui, avec les conséquences terribles qui s'ensuivirent.

Minos naquit en Crète de l'union de Zeus avec la princesse phénicienne Europe, laquelle avait été enlevée par le dieu suprême ayant pris la forme d'un taureau (*voir* **Europe**). Les deux frères de Minos, Rhadamanthe et Sarpédon, étaient également issus de cette union. Les trois frères furent adoptés par le roi crétois Astérios, l'époux terrestre d'Europe. Après la mort d'Astérios, les trois frères se disputèrent le pouvoir, mais Minos l'emporta après qu'il eut apporté la preuve qu'il avait le soutien des dieux : Minos ayant demandé à Poséidon, le puissant dieu de la mer, d'en faire sortir un taureau, Poséidon s'exécuta et un magnifique

Ci-dessous, ce qu'on suppose être la salle du trône du palais de Cnossos, en Crète, au second millénaire av. J.-C. Il est possible que le roi Minos, ou le monarque qui inspira son personnage, s'adressait ici à ses sujets.

Les murs de la « salle du trône » du palais de Cnossos sont décorés de peintures de griffons.

taureau blanc se présenta devant les Crétois. Il était convenu que l'animal serait ensuite sacrifié au dieu, mais Minos, conquis par la beauté du taureau, préféra le laisser en vie.

Poséidon ne pardonna jamais à Minos sa trahison. Après que ce dernier eut épousé Pasiphaé, fille d'Hélios, dieu du soleil, Poséidon la fit tomber amoureuse dudit taureau. Elle ordonna à Dédale, l'architecte et magicien athénien alors au service du roi de Crète, de lui fabriquer une vache artificielle, en bois : elle s'y cacha à l'intérieur, et put ainsi s'unir au taureau. Pasiphaé, qui avait déjà donné à Minos nombre d'enfants « normaux », dont Ariane et Androgée, enfanta alors un monstre né de cette union contre-nature. On l'appela le Minotaure (« le taureau de Minos »). Il avait un corps d'homme doté d'une tête de taureau et un caractère irrationnel et sanguinaire. Minos, éprouvant une honte terrible à la vue de cette créature monstrueuse, décida de la dissimuler aux yeux de tous. Il ordonna donc à Dédale de construire un gigantesque palais souterrain, plein d'impasses et de culs-de-sac, et pourvu d'une seule entrée, auquel il donna le nom de Labyrinthe. Puis il y enferma le Minotaure.

Relief d'un taureau dans le palais de Cnossos. Les divers motifs taurins dans les décorations de Cnossos correspondent bien aux mythes se rapportant au roi Minos, dans lesquels le taureau blanc de Poséidon et le monstre mi-homme mi-taureau qu'est le Minotaure, jouent un rôle important.

Entre temps, Minos était devenu l'un des monarques les plus puissants du monde grec. Il régnait sur quatre-vingt-dix cités, et il déclara également la guerre à Athènes après la mort de son fils Androgée. Selon certains récits, ce dernier fut victime du dangereux taureau remis en liberté par Héraclès, et qui terrorisait la région de Marathon (*voir* **Héraclès**). Minos recruta de nombreux alliés et combattit les monarques qui refusaient de le soutenir. Il mit le siège devant Mégare, ville située entre Corinthe et Athènes, qui était gouvernée par le roi Nisos. La fille de ce dernier, Scylla, s'éprit de Minos après l'avoir vu du haut d'une tour du palais royal. Elle décida de lui livrer la ville : pour ce faire, elle profita de la nuit pour couper une boucle du cheveu pourpre qui poussait sur la tête de son père et symbolisait son invincibilité, et l'offrit à Minos. Mais celui-ci, outré de sa trahison, refusa son amour. Après qu'il eut conquis Mégare et imposé à la ville de généreuses conditions de paix, Scylla le poursuivit de sa vindicte. Comme elle n'était plus la

Le roi Minos devint l'un des monarques les plus puissants de la Grèce de son temps. Trône en bois du palais de Cnossos.

bienvenue à Mégare, elle demanda à Minos de lui offrir l'hospitalité en Crète, lequel refusa une fois de plus. Alors que les navires crétois quittaient Mégare, elle sauta dans la mer, s'agrippa à la proue du bateau de Minos, et se changea en oiseau de mer.

Minos ne put venir à bout d'Athènes militairement, mais après qu'il eut adressé ses prières à son père Zeus, l'Attique fut ravagée par des tremblements de terre, la famine et des épidémies. Athènes dut alors reconnaître sa défaite : après avoir consulté l'oracle de Delphes, le roi athénien Égée accepta les conditions de Minos, dont l'une était que, tous les neuf ans, sept jeunes Athéniens et sept jeunes Athéniennes seraient offerts en sacrifice au Minotaure dans le Labyrinthe.

Par la suite, le Minotaure fut tué par Thésée, le héros athénien, lequel reçut en cette circonstance l'aide de la fille de Minos, Ariane (*voir* **Ariane, Dédale, Minotaure** *et* **Thésée**). Ariane et Thésée s'enfuirent ensuite ensemble, tandis que Dédale, qui avait fait profiter Ariane de ses conseils, fut emprisonné avec son fils Icare dans le Labyrinthe qu'il avait lui-même construit. Dédale et Icare réussirent à s'échapper de Crète en fabriquant des ailes qu'ils fixent avec de la cire sur leurs épaules, mais l'aventure se révéla fatale pour Icare. Dédale trouva refuge en Sicile, où le roi Cocalos lui accorda l'hospitalité.

Minos se mit à la recherche de son ancien protégé, au début, sans pouvoir le trouver. Il finit par le localiser grâce à une ruse ingénieuse (*voir* **Daidalos/Dédale**). Comme il s'y attendait, Dédale était bien la seule personne au monde à être capable de faire passer un fil dans les spirales d'un coquillage marin. Cocalos, toutefois, refusa de livrer son hôte. Minos mit alors le siège devant Camicos, la ville de Cocalos, et força ce dernier à capituler. Cocalos invita Minos à un grand banquet pour ratifier le traité de paix. Avant le repas, Minos se vit offrir un bain préparé par les filles du roi. Dédale avait raccordé à la baignoire des tuyaux spéciaux par lesquels il fit couler de l'eau bouillante, et Minos fut mortellement ébouillanté.

Une fois mort, Minos rejoignit son frère Rhadamanthe et Éaque, roi d'Égine, et tous les trois furent nommés juges des âmes des morts dans le monde souterrain (*voir* **Hadès**).

Certains des mythes ayant trait à Minos sont probablement fondés sur la situation réelle qui prévalait au début de la civilisation grecque (de 2000 env. à 1450 av. J.-C.), alors que la Crète était la puissance dominante dans la région. La civilisation crétoise de cette période, dite « minoenne » d'après le nom du roi Minos, d'un très haut niveau, est caractérisée par d'impressionnantes constructions. Le célèbre palais de Cnossos en Crète, mis au jour par les archéologues à partir de 1900, date de cette époque et il est possible que la complexité de ses multiples salles ait inspiré le mythe du Labyrinthe.

Minotaure

Le Minotaure est un monstre hybride à tête de taureau sur un corps d'homme, né de l'union de la reine crétoise, Pasiphaé, avec un fabuleux taureau blanc qui avait été offert au mari de Pasiphaé, Minos, par le dieu de la mer, Poséidon. Il était convenu de sacrifier ce taureau à Poséidon, mais le roi Minos avait préféré le garder en vie, et les conséquences en furent dramatiques. Minos fut si honteux de la naissance du Minotaure (le nom signifie « taureau de Minos ») qu'il l'enferma dans un palais souterrain, le Labyrinthe, spécialement construit par l'architecte et inventeur athénien Dédale. C'est là que tous les neuf ans sept jeunes Athéniens et sept jeunes Athéniennes étaient offerts en sacrifice au monstre. Thésée, le héros athénien, mit fin à cette pratique avec l'aide d'Ariane, fille de Minos. Thésée s'aventura dans le Labyrinthe, tua le Minotaure et parvint à sortir du dédale souterrain en suivant le fil qu'Ariane lui

Le monstrueux Minotaure était issu de l'accouplement du taureau blanc de Poséidon avec la reine de Crète, Pasiphaé. Minos l'enferma dans le Labyrinthe que Dédale avait construit pour lui.

Le Minotaure lève son verre en compagnie d'une séduisante jeune femme. Dans le mythe, le monstre passait ses journées dans la solitude du Labyrinthe, mais Pablo Picasso, auteur de cette gravure (1933), lui accorde une existence manifestement plus agréable.

avait donné et qu'elle avait attaché à l'entrée du Labyrinthe.

L'histoire du Minotaure et de sa naissance semble être reliée au culte du taureau qui aurait existé en Crète entre 2000 et 1400 avant notre ère. Les fouilles pratiquées dans le vaste palais de Cnossos ont permis de retrouver de multiples représentations de danseurs et de danseuses exécutant des acrobaties sur le dos d'un taureau. Il est également possible qu'ait alors existé en Crète une forme de corrida (*voir* **Ariane, Dédale, Europe, Minos, Pasiphaé** *et* **Thésée**).

Moires (à Rome : les Parques)

Les Moires, ou les Parques, personnifient le destin des mortels. Ces trois déesses étaient des filles de Zeus, le dieu suprême, et de Thémis, déesse de la Justice et des Lois. On les représentait sous la forme de trois fileuses à l'air menaçant, dont les noms étaient Clotho « la Fileuse », Lachésis « le Sort », et Atropos « l'Inévitable ». Clotho filait le fil de la vie propre à chaque humain, Lachésis décidait de la portion de vie accordée à chacun, et Atro-

Les trois Moires (ou Parques) étaient la personnification de la destinée humaine symbolisée par un fil. Chloto fabriquait le fil de la vie dévolue à chacun, Lachésis le mesurait, et Atropos le coupait.

Représentation d'un jeu typiquement crétois, assimilé à un rituel faisant partie du culte du taureau qui existait probablement sur l'île. Reconstitution à partir d'une fresque de Cnossos, IIe millénaire av. J.-C.

pos coupait le fil de la vie quand le moment en était venu.
Selon une autre tradition, il n'y avait qu'une seule déesse du Destin, et elle était fille de Nyx, déesse de la nuit.
Il n'est pas toujours facile de déterminer exactement la part de pouvoir revenant à Zeus, maître tout-puissant de l'univers, et celle dévolue aux Moires, personnifications du destin. De manière générale, il apparaît que Zeus ne pouvait, en dépit de son omnipotence, renverser le cours des destinées. Dans un passage de l'*Iliade*, Homère évoque un Zeus trouvant insupportable l'idée que Sarpédon, son fils chéri, doive succomber sous les coups du destin se manifestant ici sous la forme de Patrocle, le héros grec. Alors qu'il est tenté d'intervenir, son épouse Héra lui fait remarquer que les autres dieux désapprouveraient son acte. Zeus comprend alors qu'il doit s'incliner et accepter que Sarpédon meure au combat.

Dans d'autres passages de l'*Iliade*, pourtant, on le voit intervenir directement dans la destinée des humains : « [...] alors le Père des dieux déploie sa balance d'or ; il y place les deux déesses du trépas douloureux, celle des Troyens dompteurs de cavales, celle des Achéens [des Grecs] à la cotte de bronze ;

Vieille femme ivre. Les vieilles fileuses irascibles qu'étaient les Moires ne se permettaient pas d'être ivres. Il n'était pas facile de les tromper, par ruse ou autrement. Apollon y parvint pourtant, sauvant ainsi de la mort son ami Admète. Statuette romaine en terre cuite, Afrique du Nord, IVe siècle av. J.-C.

puis, la prenant par le milieu, il la soulève, et c'est le jour fatal des Achéens qui penche. »

Citons également le cas d'Apollon qui parvint, grâce à une ruse astucieuse, à empêcher la mort de son ami Admète, pourtant décidée par les Moires. S'estimant offensées, celles-ci exigèrent alors que quelqu'un d'autre fût sacrifié à la place d'Admète ; seule Alceste, son épouse, se déclara prête à le faire (*voir* **Alceste**).

Les Moires jouent un rôle important dans l'histoire du héros Méléagre (*voir* **Atalante**). À la naissance de ce dernier, elles jetèrent une branche dans le feu qu'on avait allumé dans la chambre, et Althée, la mère du bébé, les entendit dire : « Ta vie aura même durée que ce bois, enfant qui viens de naître, tel est notre arrêt ! » (Ovide, *Les Métamorphoses*, VIII, 454-455). Althée retira aussitôt du feu le morceau de bois, l'éteignit et le rangea soigneusement. Beaucoup plus tard, après une violente querelle avec Méléagre qui venait de tuer les deux frères de sa mère, Althée remit au feu le morceau de bois qu'elle avait gardé, et Méléagre mourut aussitôt. Les Moires, en quelque sorte, avaient dans ce cas délégué leur pouvoir à Althée.

Muses

Les Muses sont les filles de Zeus, le dieu suprême, et de la Titanide Mnémosyne (« la Mémoire »). Elles étaient les protectrices des arts, puis, plus tardivement, des sciences. Le mot « musique » est un dérivé de leur nom.

Au départ, il n'y avait qu'une seule muse, inspiratrice des poètes et des chanteurs, lesquels l'invoquaient chaque fois qu'ils commençaient une œuvre. Les deux poèmes épiques d'Homère, l'*Iliade* et l'*Odyssée*, commencent par une invocation aux Muses. Le poète Hésiode, qui vécut peu après Homère, mentionne neuf Muses, dont le séjour était le mont sacré Hélicon et qui lui avaient inspiré le « beau chant » de sa *Théogonie*. Il les décrit comme de « charmantes jeunes filles » chantant et dansant avec grâce, qui étaient nées en Piérie, près du mont Olympe où elles continuaient d'habiter. Apollon et elles avaient fait don de la musique à l'humanité pour que les mortels puissent oublier leurs soucis et leurs malheurs. Selon Hésiode, leurs noms étaient Clio, Euterpe, Thalie, Melpomène, Terpsichore, Érato, Polhymnie, Uranie et Calliope.

Muse de la Poésie épique, Calliope (« celle à la belle voix ») était la plus importante. Clio était la Muse de l'Histoire ; Euterpe, de la Musique ; Thalie, de la Comédie ; Melpomène,

Il n'y avait initialement qu'une seule Muse, qui inspirait les poètes et les chanteurs. Mais leur nombre s'éleva bientôt à neuf.

de la Tragédie ; Terpsichore, de la Danse et de la Poésie légère ; Érato, de la Lyrique amoureuse ; Polhymnie, de la Pantomime et des Hymnes ; et Uranie, de l'Astronomie. Elles chantaient lors des banquets divins sur l'Olympe, accompagnées à la lyre par leur mentor Apollon.

Malgré tous les dons qu'elles avaient accordés aux humains, certains se comportèrent à leur égard de manière fort contestable. Pyrénée, par exemple, le brutal monarque de Thrace, les invita un jour de tempête à venir se mettre à l'abri chez lui, et tenta ensuite de leur faire violence. Heureusement, les Muses avaient des ailes qu'elles pouvaient déployer et elles lui échappèrent facilement. En essayant de les poursuivre, Pyrénée fit une chute mortelle depuis le toit de son propre palais.

*Homère, le poète aveugle de l'*Iliade *et de l'*Odyssée*, en compagnie de la Muse qu'il invoque au début de ses deux épopées. Partie inférieure du monument dédié à Goethe dans le parc de la Villa Borghese à Rome.*

À l'instar de leur maître Apollon, les Muses se laissaient parfois convaincre de participer à des concours musicaux avec des mortels. C'est ainsi que les neuf filles du roi Piéros, les Piérides, qui se vantaient de mieux chanter que les Muses, les défièrent dans un concours arbitré par un jury de nymphes. Celles-ci donnèrent le prix aux Muses, mais les Piérides se révélèrent mauvaises perdantes : elles injurièrent les Muses, voulant même en venir aux mains, et elles furent transformées en pies querelleuses. De même, le chanteur thrace Thamyris, qui se vantait lui aussi d'être meilleur chanteur que les Muses, fut alors frappé de cécité et d'amnésie (*voir* **Apollon**).

Naïades *voir* Nymphes

Narcisse

Narcisse est le fils du dieu-fleuve de Béotie Céphise, et de la nymphe des eaux Liropé. Le célèbre devin Tirésias prédit à sa naissance que l'enfant « vivrait vieux, à condition qu'il ne se regarde pas ». Narcisse grandit et à seize ans il était un beau garçon qui séduisait les hommes

Les Muses (d'où vient le mot « musique ») étaient naturellement des musiciennes accomplies. Celle-ci joue de la kithara*, la cithare des Grecs de l'Antiquité. Peinture à figures rouges sur une* kylix *athénienne,* v[e] *siècle av. J.-C.*

comme les femmes. Cependant son arrogance était telle qu'il était complètement insensible aux charmes des autres. La nymphe Écho, dont la voix ne pouvait qu'imiter ce qu'elle entendait sans pouvoir elle-même s'exprimer, devint follement amoureuse de lui. Mais Narcisse l'éconduisit sèchement, et la pauvre Écho se retira, désespérée, dans la solitude, où elle maigrit tellement que ne subsista d'elle que sa voix, l'écho, qui se fait entendre quand on se met à parler dans un lieu désert. Après Écho, Narcisse repoussa beaucoup d'autres jeunes filles.

L'une de ces jeunes filles éconduites émit le souhait que le bel indifférent connaisse lui aussi la douleur d'un amour non réciproque. Ce souhait fut exaucé. Un jour, en été, alors que la chaleur était accablante, Narcisse se reposait de la chasse près d'une source dont l'eau, comme un miroir, lui renvoyait son image : Narcisse devint hélas passionnément amoureux de ce magnifique reflet que, bien sûr, il ne pouvait saisir ni prendre dans ses bras. Il resta ainsi longtemps, de plus en plus violemment épris de cet être évanescent qui n'était autre que lui-même.

Narcisse finit par dépérir, au point que la triste Écho le prit en pitié, essayant d'imiter ses cris de désespoir avant de mourir.

Mais même dans le royaume des morts, il resta sous le charme de son propre reflet qu'il pouvait admirer dans les eaux sombres du Styx, le fleuve des Enfers. Il survit aujourd'hui dans la fleur à laquelle il a donné son nom, ainsi que dans le mot « narcissisme », qui désigne un amour de soi maladif.

Le beau Narcisse est fasciné par son image reflétée dans l'eau. Peinture à l'huile, Peter Paul Rubens, XVIIe siècle.

Némésis

Némésis est une fille de Nyx, déesse de la nuit. Personnification du Ressentiment, elle était la déesse de la vengeance, à laquelle était associé le Griffon, animal mythique ressemblant à un lion ailé doté d'une tête d'aigle.

Némésis s'attaquait plus particulièrement à ceux qui jouissaient d'une vie facile sans en remercier les dieux, ou qui refusaient de partager leurs richesses avec les autres.

Un mythe nous la présente poursuivie par Zeus, le dieu suprême, qui s'était épris d'elle. Elle tenta de lui échapper en prenant diverses formes, mais quand elle se changea en oie, Zeus se métamorphosa en cygne et put ainsi s'unir à elle. Némésis devint enceinte et pondit un œuf qui fut couvé par Léda, et dont sortit ensuite la ravissante Hélène. Selon d'autres récits, c'est en fait Léda qui fut aimée de Zeus sous la forme d'un cygne et qui pondit un ou plusieurs œufs d'où naquirent Hélène et peut-être aussi les Dioscures, Castor et Pollux (*voir* **Dioscures, Hélène** *et* **Léda**).

Néoptolème/Pyrros

Néoptolème, également nommé Pyrrhos (« le Roux ») en raison de sa chevelure flamboyante, est le fils d'Achille, le grand héros

Némésis, déesse de la justice vengeresse, frappait les hommes qui n'étaient pas suffisamment reconnaissants aux dieux de la prospérité dont ils jouissaient. Statuette de bronze, Égypte, période romaine.

Le Griffon était une créature mythique qui ressemblait à un lion ailé doté d'une tête d'oiseau de proie. Il était l'animal sacré de Némésis. Autel de terre cuite, Tarente, IVe siècle av. J.-C.

grec, et de Déidamie. Achille eut ce fils alors que lui-même était encore très jeune, et qu'il vivait dans le palais du roi Lycomède, où il passait ses journées habillé en fille. C'est la mère d'Achille, Thétis, qui était responsable de cette situation : elle voulait l'empêcher de participer à la guerre de Troie, où son destin était d'être tué au combat (*voir* **Achille**). Après le départ d'Achille pour Troie, Néoptolème resta à la cour de Lycomède, mais Ulysse vint l'y chercher (Achille était déjà tombé en combattant) pour le conduire à Troie, car les Grecs avaient appris par un devin que le la présence de Néoptolème était nécessaire à leur victoire sur les Troyens.

Néoptolème fut l'un des rares héros grecs à ne pas être puni par les dieux et put ainsi revenir chez lui sans encombre. Il s'établit à Phtie, en Thessalie, le royaume de son grand-père, Pélée.

Parmi les prisonniers ramenés de la guerre se trouvaient Hélénos, le devin, et Andromaque, la veuve d'Hector, le grand héros troyen (*voir* **Andromaque** *et* **Hector**). Andromaque donna un fils à Néoptolème (trois, dans certains récits), tandis que sa femme légitime, Hermione, fille de Ménélas et d'Hélène, ne put lui assurer de descendance. Par jalousie, Hermione essaya même de tuer Andromaque, mais sans succès. Elle avait pourtant le soutien de son père, Ménélas, mais Pyrrhos déjoua leurs plans.

Il existe de nombreuses variantes de la mort de Néoptolème. Selon certaines, il fut victime d'une conspiration ourdie par Oreste à

Néoptolème, fils d'Achille, participa à la guerre de Troie dans sa toute dernière phase. Il fait partie des guerriers dissimulés à l'intérieur du cheval de bois.

Delphes, où il était allé consulter l'oracle (on dit qu'Hermione avait été promise à Oreste bien avant que son père ait décidé de la marier à Néoptolème pour des raisons politiques). Néoptolème fut enterré à Delphes.

Neptune *voir* Poséidon

Nérée *voir* Nymphes

Néréides *voir* Nymphes

Néoptolème sacrifia la courageuse Polyxène sur la tombe de son père, Achille. L'ombre de ce dernier avait en effet exigé que la jeune princesse troyenne lui soit attribuée en prise de guerre posthume. Homme tenant une épée, fragment de vase peint, Tarente, IVe siècle av. J.-C.

Nestor

Fils de Nélée et père d'Antiloque, Nestor est le roi de Pylos, région située au sud-ouest de la Grèce. Dans l'*Iliade*, il participe à la guerre de Troie au côté des Grecs, et bien que sa vie couvre déjà trois générations, il est encore un guerrier vigoureux et un conseiller respecté. Après la guerre, pour le récompenser de sa piété et de sa sagesse, les dieux l'autorisent à revenir sans encombre à Pylos.

Il est de loin le plus âgé des monarques engagés dans la guerre. En raison de son grand âge et de son expérience, il est très respecté de ses compagnons. Dans sa jeunesse, il s'était en effet magnifiquement conduit dans divers conflits. Il a participé à la sanglante bataille ayant opposé les Lapithes aux Centaures, de même qu'il a pris part à la chasse organisée contre le sanglier monstrueux de Calydon, en Étolie, où il manqua d'être dévoré par l'animal, et dut se réfugier dans un arbre (*voir* **Atalante**).

Durant la guerre de Troie, il est présenté comme un homme sage et plein de circonspection, mais qui se plaît également à rappeler ses exploits passés. Quand, à l'occasion des funérailles de Patrocle, Achille lui fait don d'une coupe ayant appartenu au héros mort, Nestor se lance dans une longue évocation de ses performances sportives quand il était jeune (« quand nul alors ne m'égalait »), qu'Achille et les autres écoutent patiemment.

Nestor fut l'un des rares monarques grecs à ne pas avoir de problèmes pour regagner sa terre après la chute de Troie. Ayant prédit que les dieux se vengeraient des atrocités commises par les Grecs lors de la prise de la ville, il quitta les lieux juste à temps. Dix ans plus tard, quand Télémaque, le fils d'Ulysse, vient le voir à Pylos pour obtenir des informations sur le sort de son père, Nestor, maintenant très vieux, jouit toujours d'une exceptionnelle santé physique et mentale, et passe « une vieillesse heureuse dans son palais, entouré de fils aussi habiles à juger des choses qu'à jeter la lance » (Homère, l'*Odyssée*, IV, 209-211).

Nestor était marié à Eurydice (il ne s'agit pas de l'Eurydice aimée par Orphée). Ils avaient sept fils et deux filles. L'un de leurs fils, Antiloque, combattit lui aussi à Troie où il mourut, se sacrifiant pour son père.

Nikê

Nikê est la déesse personnifiant la Victoire. Elle était fille des Titans Pallas et Styx, mais dans la guerre opposant les Titans aux dieux de l'Olympe elle prit le parti de ces derniers, leur apportant ainsi la victoire.

Nikê est représentée comme une jeune femme ailée (« La première de toutes, Nikê arrive portée par ses ailes d'or [...] », Aristophane, *Les Oiseaux*, 574). Elle était souvent représentée sur les monuments érigés en commémoration des grandes victoires, et accompagnée de divers symboles : on la voit parfois porter une *kithara* (lyre) et un *phialé* (coupe),

Nestor était le plus vieux des héros grecs participant à la guerre de Troie et au cours de sa longue vie il avait été engagé dans nombre de conflits légendaires. Il avait notamment combattu au côté des Lapithes contre les Centaures. Cavalier sur sa monture entouré de Centaures, statuettes de terre cuite de Béotie, Ve siècle av. J.-C.

tenir à la main un *thymiathérion* (cassolette à encens) et une fleur, vêtue d'une écharpe ou versant une libation depuis un *oinochoé*, (un pichet) sur un autel.

Niobé

Fille de Tantale et de Dioné, Niobé est l'épouse du roi thébain Amphion, auquel elle donna sept fils et sept filles. C'était une femme orgueilleuse, fière de son mari – dont l'habileté à la lyre avait fait s'élever magiquement les murailles de Thèbes – et encore plus fière d'elle-même et d'avoir eu autant d'enfants. Elle trouvait ridicule le culte de Léto qu'on célébrait plus particulièrement à Thèbes. N'était-elle pas elle-même fille de Tantale, qui avait dîné avec les dieux ? Sa mère n'était-elle pas sœur des Pléiades et fille d'Atlas, lequel était fils de Zeus ? Léto n'avait-elle pas eu que deux enfants – Apollon et Artémis ? Elle interdit donc à ses sujets de rendre leur culte habituel à Léto.

Léto se sentit offensée de ne plus être vénérée à Thèbes et sollicita l'aide de ses deux enfants, Apollon et Artémis. Les vantardises de Niobé sur sa fécondité l'avaient profondément blessée. Apollon tua donc à coups de flèches les sept fils de Niobé alors qu'ils chevauchaient aux alentours de la ville. De douleur, Amphion, leur père, mit fin à ses jours.

Niobé pleura ses fils, mais proclama qu'il lui restait cependant encore davantage d'enfants que la déesse. Artémis se chargea donc d'abattre les filles de Niobé, alors qu'elles se rendaient auprès des cadavres de leurs frères. Lorsqu'il n'en resta plus qu'une en vie, Chloris, qui s'agrippait, tremblant de peur, aux jupes de sa mère, celle-ci supplia la déesse de l'épargner, mais en vain : et la petite fille fut elle aussi frappée d'un coup mortel (bien qu'elle survive dans certaines versions du mythe, *voir* **Chloris**). De douleur, Niobé se changea en pierre. « Mais elle continue de pleurer. Enveloppée dans le tourbillon d'un vent violent, elle est emportée dans sa patrie. Là, immobilisée au sommet, elle fond en eau, et le marbre, encore aujourd'hui, ruisselle de larmes. » (Ovide, *Les Métamorphoses*, 310-312).

Nikê, personnification de la Victoire, tient ici une couronne près d'un autel. Peinture sur kylix *athénienne,* VIe-Ve *siècle av. J.-C.*

Nikê apparaît ici sur une monnaie de l'un des plus grands conquérants de tous les temps, Alexandre de Macédoine, dit « le Grand ». Pièce d'or (statère) d'Amphipolis, IVe *siècle av. J.-C..*

Nymphes du cortège d'Artémis, déesse de la chasse et de la nature sauvage. Artémis exigeait de ses suivantes qu'elles restent vierges, comme elle. Détail d'une peinture à l'huile d'après Titien, XVIIe *siècle.*

L'une des Naïades de la fontaine située sur la Piazza della Republica à Rome. Le reptile sur lequel elle s'appuie symbolise les cours d'eau qui coulent sous la surface de la terre.

Effigie de la nymphe Larissa sur une pièce d'argent (drachme), Larissa, Thessalie, ve-ive *siècle av. J.-C.*

Notos

Notos est l'incarnation du vent du Sud. Il, s'agit du frère de Borée, le vent du Nord, de Zéphyr, le vent d'Ouest, et d'Euros, le vent d'Est. Bien qu'habituellement doux et chaud, il pouvait en automne faire beaucoup de dégâts.

Naïade de la Fontaine des Naïades à Rome, avec un dieu marin à l'arrière-plan. Quand les quatre nymphes de bronze, œuvres du sculpteur Mario Rutelli, apparurent dans leur nudité en 1901, l'événement causa un scandale.

Nymphes

Les Nymphes sont des divinités ayant la forme de charmantes jeunes femmes, vivant dans la campagne et souvent associées à des endroits ou des éléments naturels particuliers – fleuves, sources, rochers, montagnes, forêts et arbres.

La plupart des nymphes étaient bienveillantes et pouvaient accorder fécondité et prospérité aux humains, mais il fallait cependant les traiter avec précaution. Elles pouvaient en effet séduire les mortels et les rendre fous, ou les entraîner dans une source ou un fleuve pour les noyer. Beaucoup étaient filles de Zeus. Des dieux comme Dionysos, Pan et Artémis avaient souvent des nymphes parmi leur suite.

Les Nymphes se regroupaient en plusieurs catégories. Les Dryades, étaient associées aux arbres et les Hamadryades vivaient dans des arbres bien particuliers et mouraient en même temps qu'eux. Les Méliades étaient les nymphes des frênes : elles étaient nées des gouttes de sang tombées à terre au moment de la castration d'Ouranos (*voir* **Cronos** *et* **Ouranos**). Les Oréades habitaient les montagnes, les Naïades, les sources et les fleuves. Les Néréides étaient des nymphes marines, et comme leur nom l'indique, elles étaient filles de Nérée, le vieux dieu de la mer, qui pouvait prédire l'avenir et changer très facilement de forme. Thétis est l'une des nymphes les plus connues : elle a grandi sur l'Olympe, épousé le mortel Pélée, et est la mère du grand Achille (*voir* **Achille** *et* **Thétis**). Les Océanides étaient les trois mille filles des Titans Océanos et Téthys (*voir* **Océanos**), parmi lesquelles on trouvait Doris, l'épouse de Nérée et mère des Néréides, Amphitrite, femme du grand dieu de la mer Poséidon, et Calypso, qui garda Ulysse auprès d'elle, sur son île d'Ogygie, sept années durant, lors de son difficile voyage de retour. Selon Homère, Calypso était au contraire fille d'Atlas, le Titan que les dieux avaient obligé à porter sur ses épaules la voûte céleste.

La punition infligée à Niobé pour son arrogance fut terrible. Artémis extermina ses filles à coup de flèches, tandis qu'Apollon se chargeait des garçons. Artémis avec un chien, statuette de terre cuite, Béotie, IVe-IIIe siècle av. J.-C.

Océanides *voir* Nymphes

Notos personnifiait le vent du Sud. Il est représenté ici apportant la pluie particulièrement appréciée dans le monde méditerranéen.

Océanos/Océan

Le Titan Océan est le fils d'Ouranos et de Gaia. Il est le dieu d'un fleuve nommé Océan dont les Grecs pensaient qu'il entourait le disque plat de la terre. Lui et sa sœur, Téthys, restèrent en dehors de la bataille qui opposa les Titans aux dieux de l'Olympe ; ils sont les parents des divinités des fleuves et des trois mille Océanides, groupe important de nymphes (*voir* **Nymphes**).

Le Titan Océanos est l'imposante figure centrale de la fontaine de Trévi, la plus célèbre des fontaines romaines. La statue d'Océanos est l'œuvre de Pietro Bacci, XVIIIe siècle.

Une Sirène descend en piqué sur le bateau d'Ulysse, au mât duquel le héros est attaché. Il n'était pas facile de passer sans dommage près de l'île des Sirènes et de leurs chants irrésistiblement attirants, mais Ulysse y parvint.

Odyssée et Ulysse

Roi d'Ithaque, fils unique de Laërte et d'Anticlée, Ulysse est l'un des héros de la guerre de Troie et l'une des figures les plus importantes de la mythologie grecque. Guerrier accompli, sa principale qualité, toutefois, ne réside pas dans son habileté à manier les armes : c'est avant tout son exceptionnelle ingéniosité qui fait sa supériorité, et qui lui permet de se sortir des situations les plus désespérées. C'est lui qui a l'idée du cheval de bois grâce auquel les Grecs finissent par avoir raison de la résistance des Troyens. De même c'est grâce à son intelligence et à sa persévérance – sans compter le soutien que lui apporte fidèlement la déesse Athéna, dont il est le favori – qu'il parvient à se tirer d'affaire malgré toutes les difficultés qu'il rencontre au cours de son voyage de retour, après la destruction de Troie, et finalement à revenir sain et sauf à Ithaque, où il triomphe des prétendants à sa succession qui courtisaient sa femme et dilapidaient ses richesses.

La déesse Athéna apporta à Ulysse un soutien à toute épreuve. Sans son aide, ses dix années d'errance n'auraient pu connaître une fin heureuse. Statue d'Athéna, Antalya, Turquie.

Ulysse est le personnage central de l'*Odyssée*, le grand poème épique d'Homère, entièrement consacré au retour du héros dans sa patrie après une errance de dix années. L'autre grande épopée d'Homère, l'*Iliade*, raconte les derniers épisodes (cinquante et un jours) du siège de Troie, qui dura dix ans, et accorde également un rôle de premier plan à celui que le poète appelle le plus souvent l'« ingénieux » ou l'« industrieux Ulysse ».

Bien que censé être le fils de Laërte, ainsi qu'on vient de le dire, certains affirmaient que le véritable père d'Ulysse était ce vaurien rusé de Sisyphe (*voir* **Sisyphe**) : Autolycos, le grand-père maternel d'Ulysse, lui-même voleur et escroc notoire, aurait uni secrètement sa fille à Sisyphe avant de la marier à Laërte.

Encore jeune homme, Ulysse fit partie des princes grecs qui courtisaient la belle Hélène, la fille « illégitime » de Tyndare roi de Sparte. Ulysse se rendit compte rapidement qu'en tant que prince héritier de l'île minuscule d'Ithaque il n'avait pas l'ombre d'une chance face à des princes aussi riches et puissants que Ménélas, lequel l'emporta effectivement (*voir* **Hélène** *et* **Ménélas**). Voyant la grande inimitié qui régnait parmi les soupirants, Ulysse suggéra à Tyndare de les faire tous jurer qu'ils viendraient en aide à Ménélas si Hélène était convoitée par d'autres hommes. Ce serment devait avoir des conséquences importantes, y compris pour Ulysse lui-même, qui épousa finalement la nièce de Tyndare, Pénélope. Dix ans s'étaient passés depuis le mariage de Ménélas avec Hélène, quand le prince troyen Pâris enleva la jeune femme et l'emmena à Troie pour en faire son épouse. Ménélas rappela alors leur serment à ses anciens rivaux. Après qu'Ulysse et Ménélas firent, en vain, un voyage à Troie pour tenter de résoudre le litige par la négociation, les princes grecs rassemblèrent une immense armée, dont le commandement suprême fut attribué à Agamemnon, frère de Ménélas et roi de la puissante et prospère Mycènes. Cette armée fit voile vers Troie et mit le siège devant la ville. La guerre de Troie devait durer dix ans.

Ornement en forme de lion (partie inférieure du corps) dans les murs de la cité de Troie. Ulysse partit pour Troie avec réticence et ne revint à Ithaque que vingt ans après.

En dépit de l'engagement solennel qui le liait à Ménélas, Ulysse n'avait aucune envie de quitter son épouse bien-aimée et son petit garçon, Télémaque. Aussi, quand une délégation conduite par Agamemnon et Ménélas se présenta à Ithaque pour l'emmener à Troie, Ulysse simula la folie. Coiffé d'un étrange couvre-chef, il attela un bœuf et un âne à sa charrue et se mit à labourer une plage de son île, semant du sel dans les sillons. Mais un membre de la délégation, Palamède, déjoua sa ruse en plaçant le petit Télémaque devant le soc de la charrue. Pris par surprise, Ulysse eut la réaction qu'aurait eue tout homme sain d'esprit en faisant un écart pour ne pas blesser l'enfant. Ulysse n'eut donc pas d'autre choix que de partir lui aussi à la guerre, mais il devait par la suite se venger cruellement de Palamède : durant le siège de Troie, il cacha un jour, dans la tente de ce dernier, une pépite d'or et une lettre apparemment écrite par Priam, le roi de Troie, ce qui valut au pauvre Palamède d'être lapidé par les Grecs pour sa soi-disant trahison.

L'ingéniosité d'Ulysse fut pour les Grecs d'un grand secours. Il excellait, notamment, dans l'art de persuader les récalcitrants de partir combattre les Troyens. C'est lui qu'on envoya à la cour du roi Lycomède pour en ramener Achille. Celui-ci vivait dans les quartiers des femmes, déguisé en jeune fille. Mais Ulysse cacha des armes parmi les coffrets de bijoux, et quand il eut sonné l'alerte, Achille fut « la seule » à se précipiter sur les armes, révélant ainsi sa véritable identité. Beaucoup plus tard, c'est encore Ulysse qui fut chargé de ramener à Troie Néoptolème, le fils d'Achille, et Philoctète. Héraclès avait offert son arc à ce dernier pour le remercier d'avoir été le seul à accepter de mettre le feu à son bûcher funéraire, sur lequel le héros agonisait dans des souffrances insupportables (*voir* **Héraclès**). En revenant à Troie, sur le conseil d'Ulysse, Philoctète, qui souffrait d'une blessure provoquée par une morsure de serpent, fut aban-

Une ruse d'Ulysse (le barbu à l'arrière-plan) permit de démasquer Achille, qui vivait alors déguisé en fille à la cour du roi Lycomède. Peinture à l'huile, Hendrick van Limborch, XVIII*e siècle.*

Le roi de Thrace Rhésos et plusieurs de ses hommes furent tués par Ulysse et Diomède au cours d'un raid nocturne. Les deux héros s'emparèrent également des merveilleux chevaux du roi. Jeune homme montant à cheval, monnaie d'argent (drachme), Larissa, Thessalie, V*e*-IV*e siècle av. J.-C.*

donné sur l'île de Lemnos. Il y resta dix ans avant qu'Ulysse ne revienne le chercher.

Ulysse accomplit également nombre d'exploits pendant la guerre de Troie. Au cours d'une période difficile pour les Grecs, une nuit, il partit en reconnaissance avec Diomède et tomba nez à nez avec un Troyen, Dolon, qui se proposait justement d'aller espionner les Grecs. Trompé par Ulysse, Dolon leur indiqua le chemin conduisant au camp des Thraces (des alliés des Troyens) et leur donna toutes sortes d'informations avant d'être abattu par Diomède. Les deux héros massacrèrent ensuite quantité de guerriers thraces, dont leur roi, Rhésos, et s'emparèrent de ses magnifiques chevaux, plus rapides que le vent.

Peu après, Ulysse fut blessé au combat, mais il se remit bien vite et repartit aussitôt accomplir un autre acte de bravoure. Cette fois, déguisé en mendiant, il réussit à entrer dans Troie où il put opérer à son aise, bien qu'Hélène l'eût pourtant reconnu. Loin de le trahir, celle-ci le vêtit de son mieux. Ulysse, à son tour, lui révéla les plans des Grecs, et elle se réjouit d'être bientôt délivrée. Le héros profita de sa présence à l'interieur de Troie pour éliminer de nouveau un certain nombre de Troyens. C'est peut-être à cette occasion qu'il déroba le Palladion, une vieille statue d'Athéna que les Troyens gardaient dans leur citadelle : une prédiction indiquait que les Grecs ne remporteraient la victoire qu'après avoir pris possession de cette statue.

Après la mort d'Achille, abattu d'une flèche tirée par Pâris (ou par le dieu Apollon), Ulysse eut encore maille à partir avec l'un de ses compagnons. Cette fois, il s'agissait d'Ajax, fils de Télamon (*voir* **Ajax**). Pendant qu'Ulysse couvrait sa retraite, Ajax cacha le corps d'Achille : d'où leur querelle quand tous les deux revendiquèrent la magnifique armure du fils de Thétis, qui avait été forgée par Héphaïstos en personne. L'éloquence d'Ulysse lui permit de l'emporter : devenu fou de rage, s'estimant déshonoré, Ajax s'en prit à tout le monde et finit par mettre fin à ses jours.

L'éloquence mais également la sagacité d'Ulysse, son ingéniosité, finirent par avoir raison de la résistance troyenne. Homère évoque magnifiquement sa manière de captiver son auditoire par le seul pouvoir de sa parole : « Quand l'industrieux Ulysse, à son tour, se dressait, il restait là, debout, sans lever les yeux, qu'il gardait fixés à terre ; il n'agitait le sceptre ni en avant ni en arrière, il le tenait immobile et semblait lui-même ne savoir que dire. Tu aurais cru voir un homme qui boude ou, tout bonnement, a perdu l'esprit. Mais à peine avait-il laissé sa grande voix sortir de sa poitrine, avec des mots tombant pareils aux flocons de neige en hiver, qu'aucun mortel ne pouvait plus lutter avec Ulysse. » (L'*Iliade*, 216-223).

Ulysse, dans la dernière phase de la guerre de Troie, fit prisonnier Hélénos, le devin troyen. Ce dernier lui dit que la victoire des

Grecs nécessitait la présence de Philoctète, qui possédait l'arc d'Héraclès, et du fils d'Achille, Néoptolème. Un peu plus tard, c'est également Ulysse qui eut l'idée du cheval de bois, lequel fut construit par Épéios, un Grec qui n'avait pas particulièrement brillé dans les combats mais se révéla un excellent boxeur et un redoutable lanceur de disque lors des jeux funèbres donnés en l'honneur de Patrocle.

Ulysse fit partie des guerriers qui se dissimulèrent dans le cheval de bois qu'on avait fait mine d'abandonner dans la plaine devant Troie, soi-disant en guise d'offrande à Athéna. Dans le même temps, l'armée grecque avait levé le camp et s'était embusquée avec ses bateaux derrière l'île de Ténédos en attendant le signal de l'attaque. Les Troyens firent alors entrer l'engin à l'intérieur des murs de leur cité. Quand Hélène se mit à taper sur les flancs du cheval et à appeler par son nom chacun des hommes à l'intérieur en imitant la voix de leurs épouses afin de déjouer un éventuel piège, c'est Ulysse qui leur fit garder le silence, assurant ainsi le succès de l'entreprise.

Nikê, déesse de la Victoire. C'est grâce à l'« ingénieux Ulysse » que les Grecs finirent par l'emporter sur les Troyens. Sculpture de terre cuite, Myrina, IIe siècle av. J.-C.

Troie une fois conquise, les malheurs d'Ulysse commencèrent. Les dieux qui avaient soutenu les Troyens étaient particulièrement remontés contre lui. Heureusement, Athéna continua de lui apporter une aide indéfectible. Elle ne lui en voulut pas de la destruction, par le « petit Ajax » (*voir* **Ajax** *et* **Cassandre**) de son autel troyen, au moment de la prise de la ville, car Ulysse avait insisté pour que l'auteur de ce crime fût puni de mort. C'est pourquoi Ulysse fut épargné lors de la terrible tempête qui dévasta la flotte grecque après le retour de la guerre de Troie. Mais bien d'autres difficultés l'attendaient. Son voyage de retour à Ithaque allait finalement durer dix ans, et parmi les Grecs, c'est lui qui mit le plus de temps à revoir sa patrie. Des douze navires avec lesquels il partit de Troie, pas un ne subsista, et tous ses compagnons périrent.

Partant de Troie, Ulysse gagna d'abord l'île des Cicones, au large des côtes de Thrace : il y détruisit et pilla une cité dont il massacra les habitants. Plusieurs de ses compagnons n'en furent pas moins surpris et tués par d'autres Cicones, au moment où ils célébraient leur victoire.

Détourné ensuite de sa route par une violente tempête, le navire d'Ulysse aborda sur l'île des Lotophages : quelques-uns de ses hommes goûtèrent à la drogue contenue dans les délicieuses fleurs de lotus et perdirent toute envie de poursuivre leur voyage. Après qu'ils eurent été ramenés de force à bord des navires, la traversée continua, cette fois vers l'île des Cyclopes, géants cruels dotés d'un seul œil. Ulysse se retrouva alors prisonnier dans la caverne du Cyclope Polyphème, lequel dévora six de ses hommes en attendant de tuer égale-

Ulysse mit dix ans pour revenir de Troie à Ithaque. Il fut le seul membre de son équipage à rentrer sain et sauf. Il avait perdu tous ses navires, lors de tempêtes et autres calamités, et tous ses compagnons étaient morts. Bateaux grecs peints sur un vase.

Ulysse se retrouva dans une situation périlleuse quand il fut enfermé dans la caverne de Polyphème, le Cyclope qui dévora plusieurs de ses hommes. Mais une fois de plus, le héros réussit à lui échapper par une ruse à sa façon. Mosaïque de la Villa del Casale, Sicile, IIIe -IVe siècle de notre ère.

Ulysse et ses compagnons s'échappèrent de la caverne du Cyclope en s'accrochant à la toison des moutons de Polyphème. Mouton à grande queue, fragment de mosaïque, Syrie, période romaine, Ve siècle.

ment les autres. Ulysse parvint à se sortir de cette terrible situation : il enivra le géant, puis profita de son sommeil pour crever son œil unique, et, avec les survivants de son groupe, s'agrippa à la panse des moutons du Cyclope pour sortir de la caverne. Comme il avait pris soin, préalablement, de dire à Polyphème qu'il s'appelait « Personne », les autres Cyclopes ne prirent pas au sérieux les appels au secours du géant aveuglé qui criait que « Personne le tuait », et Ulysse réussit à quitter l'île à temps (*voir* **Cyclopes**). Malheureusement, le père de Polyphème était le puissant dieu de la mer, Poséidon, et celui-ci, qui n'aimait guère Ulysse, laissa éclater sa colère sans tenir compte des circonstances dans lesquelles le héros avait dû commettre son acte.

Ulysse continua son voyage vers l'île d'Éole, le maître des vents, qui l'accueillit avec bienveillance et lui donna une outre dans laquelle étaient enfermés tous les vents à l'exception d'un seul : le vent d'Ouest, favorable à la navigation vers Ithaque. Les navires d'Ulysse étaient déjà en vue de l'île, quand le héros, pris de fatigue, s'endormit. Les hommes d'équipage, qui le soupçonnaient d'avoir caché toutes sortes de trésors dans l'outre mystérieuse donnée par Éole, en profitèrent pour l'ouvrir. Aussitôt les vents qui y étaient contenus en sortirent et déclenchèrent une violente tempête qui ramena la flottille vers l'île d'Éole. S'estimant outragé, celui-ci refusa d'aider à nouveau Ulysse.

La flottille reprit alors sa route et aborda au pays des Lestrygons, de redoutables géants anthropophages, pas moins dangereux que les Cyclopes. Du haut des falaises de leur île, ils jetèrent d'énormes rochers sur les bateaux, et pêchèrent les hommes comme des poissons pour les manger. Le navire d'Ulysse fut le seul à en réchapper, les onze autres furent détruits.

Le navire atteignit l'île d'Aéa, séjour de la magicienne Circé. Celle-ci commença par transformer plusieurs marins en pourceaux. Heureusement, Ulysse, qu'une potion magique donnée par Hermès avait immunisé contre les maléfices de Circé, força cette dernière à leur rendre forme humaine. Il resta ensuite toute une année sur l'île, partageant la couche de la séduisante magicienne (*voir* **Circé**). Elle le laissa partir à contrecœur, tout en lui donnant un précieux conseil, celui de se rendre dans le monde des morts pour y consulter l'ombre du devin Tirésias, le seul à pouvoir lui dire comment regagner Ithaque.

Autant dire qu'il lui fallait s'engager dans l'une de ses aventures les plus dangereuses. Il se rendit donc au pays des ombres, au bord de cet Océan qui entourait le monde plat des Grecs (*voir* **Océanos**), et à l'endroit indiqué par Circé, il fit une offrande spéciale aux ombres. Celles-ci se manifestèrent immédiatement, attirées par le sang des bêtes sacrifiées. Après en avoir bu leur comptant, elles sortirent de l'oubli total dans lequel elles étaient plongées et reprirent tous leurs esprits.

Côte rocheuse au sud de Malte. Il est possible que cette île ait été le modèle de l'une des îles abordées par Ulysse dans l'Odyssée, par exemple celle des Lestrygons, ou celle d'Ogygie habitée par la nymphe Calypso.

Ulysse voulant entendre le chant fascinant des Sirènes, se fit attacher au mât de son navire et ordonna à ses hommes de se boucher les oreilles avec de la cire. Sirène jouant de la lyre, peinture sur une urne funéraire athénienne, VIe-Ve siècle av. J.-C.

La première ombre à se manifester fut celle d'Elpénor, un des compagnons d'Ulysse qui était tombé par mégarde du toit du palais de Circé sans que personne s'en aperçoive et qui n'avait donc pas de sépulture : il demanda à être enterré. L'ombre de Tirésias, elle, donna à Ulysse de précieux conseils et lui prédit les événements qui devaient marquer le reste de sa vie. Il l'avertit notamment de ne pas toucher au bétail qu'il trouverait sur l'île de Thrinacie (sans doute la Sicile) et qui appartenait à Hélios, le dieu du soleil. Ulysse parla ensuite à l'ombre de sa mère, Anticlée, qui le renseigna sur ce qui se passait à Ithaque. Il s'entretint également avec les ombres de ses compagnons d'armes pendant la guerre de Troie, dont Agamemnon et Achille. Ulysse vit également les ombres de nombreux héros, ainsi que celles condamnées au Tartare (*voir* **Hadès**) et celle d'Héraclès, laquelle séjournait dans le monde souterrain tandis qu'Héraclès lui-même siégeait dorénavant sur l'Olympe parmi les dieux.

La première chose que firent Ulysse et ses marins fut de retourner à Aéa pour y enterrer Elpénor, après quoi, ils firent de nouveau voile vers Ithaque. L'un des premiers obstacles qu'ils rencontrèrent fut l'île des Sirènes (*voir* **Sirènes**). Les Sirènes étaient des sortes d'oiseaux à figures de femmes dotées d'une voix extraordinairement mélodieuse. Elles étaient très dangereuses, car leur chant était si envoûtant que celui qui les entendait était irrésistiblement poussé à s'approcher des côtes rocheuses de leur île où les navires se fracassaient. Sur le conseil de Circé, Ulysse boucha les oreilles de ses marins avec de la cire. Comme lui-même voulait entendre le chant des Sirènes, il se fit attacher solidement au mât, ce qui permit au navire de passer sans encombre près de l'île, tout en laissant la possibilité à son capitaine d'apprécier sans risque les chants de ces créatures fascinantes.

D'autres obstacles non moins dangereux allaient suivre, notamment les Planktai, les « Roches errantes », et les monstres marins Charybde et Scylla, embusqués sous des falaises de chaque côté d'un étroit bras de mer. Scylla avait douze pattes, six cous dotés chacun d'une épouvantable tête (*voir* **Scylla**) ; quant à Charybde, trois fois par jour, il aspirait d'énormes quantités d'eau de mer et les rejetait en tourbillons. Ulysse réussit à écarter son navire du maelström de Charybde, au prix de la mort de six de ses hommes, dévorés par Scylla (un par tête).

Ulysse débarqua ensuite contre son gré sur l'île de Thrinacie, où des vents défavorables l'obligèrent à rester pendant plus d'un mois. Ses hommes étaient affamés, et bien qu'Ulysse leur eût fait jurer de ne pas toucher aux troupeaux de l'île, ils abattirent quelques bœufs d'Hélios. Ulysse réprimanda les coupables, mais cela ne servit à rien. Pendant six jours, les hommes festoyèrent, puis l'équipage regagna le navire. À peine avait-on appareillé que Zeus, à la demande du dieu Hélios, suscita une terrible tempête : la foudre tomba sur le navire et tous les marins furent précipités dans la mer. Ulysse resta seul sur le bateau en perdition, qui fut entraîné vers Charybde, et le monstre avala ce qui en restait. Ulysse réussit néanmoins à s'accrocher à une épave, et, sept jours plus tard, il abordait sur l'île d'Ogygie.

Cette île était la demeure de la belle Calypso, qui recueillit le naufragé. Elle le garda près d'elle pendant sept ans, dans l'espoir de l'épouser, allant jusqu'à lui promettre l'immortalité et une éternelle jeunesse. Mais Ulysse se fatigua bien vite de la jolie nymphe, et aspirait à retrouver Pénélope et Télémaque. En le voyant passer la plus grande partie du temps à pleurer, en déambulant sur les côtes de l'île, les dieux eurent finalement pitié de lui, et Zeus accéda à la requête d'Athéna de le laisser revenir chez lui. Hermès apprit à Calypso la décision des dieux, et après avoir protesté, elle laissa Ulysse partir.

Ulysse supplia en vain ses hommes de ne pas toucher au magnifique bétail appartenant au dieu du soleil Hélios, sur l'île de Thrinacie. L'équipage affamé massacra le troupeau. Tête de taureau marin, mosaïque des Thermes de Caracalla, Rome, Ve siècle de notre ère.

À la demande d'Hélios, furieux que les hommes d'Ulysse aient massacré son bétail, Zeus détruisit de sa foudre le dernier navire d'Ulysse. Poignée d'éclairs sur une pièce d'or (statère), Macédoine, IVe siècle av. J.-C.

Le héros s'embarqua pour Ithaque sur un radeau qu'il avait construit, mais son vieil ennemi, Poséidon, fit s'élever une affreuse tempête. Ulysse se serait noyé si la déesse marine Leucothée – quand elle était mortelle, on l'appelait Ino (*voir* **Ino**) – ne s'était pas posée sur son radeau sous la forme d'une mouette pour lui conseiller d'abandonner son embarcation et de partir à la nage : elle lui donna même un voile qui lui servit en quelque sorte de gilet de survie. Plus mort que vif, il finit par atteindre l'île de Schéria, patrie des Phéaciens. Nu, épuisé, il s'endormit sur le rivage, où il fut découvert le lendemain matin par Nausicaa, fille du roi Alcinoos, qui venait avec ses servantes laver du linge. Quand les jeunes filles virent cet homme complètement nu, elles se mirent à crier de peur, mais Ulysse parvint à convaincre Nausicaa de l'écouter. Elle lui donna des vêtements et lui indiqua le chemin pour se rendre au palais d'Alcinoos (elle préférait ne pas l'accompagner afin d'éviter les commentaires malveillants).

Ulysse suivit les indications de Nausicaa. Le roi Alcinoos et son épouse, Arété, lui firent un accueil chaleureux et lui promirent de le ramener jusqu'à Ithaque. Des fêtes et des jeux furent organisés le lendemain, durant lesquels Ulysse impressionna ses hôtes par un lancer de disque exceptionnel. Au cours du banquet qui suivit, Ulysse révéla son identité et raconta en détail tout ce qui lui était arrivé depuis son départ de Troie. Émus par son récit, Alcinoos et Arété le comblèrent de présents et lui donnèrent un bateau pour gagner Ithaque. Ulysse y débarqua enfin. Poséidon, furieux de voir Ulysse lui échapper, se vengea sur le bateau phéacien, lors de son voyage de retour, en le pétrifiant.

Télémaque n'était pas à Ithaque quand Ulysse y arriva. Il s'était rendu à Pylos chez le vieux Nestor, puis à Sparte, chez Ménélas, afin de s'informer sur ce qu'était devenu son père. Athéna l'y avait accompagné sous la forme de Mentor, un vieil ami d'Ulysse, qui s'était engagé à veiller sur sa famille. Le sens moderne du mot « mentor » dérive directement de ce personnage. Athéna était prête à ramener Télémaque à Ithaque, mais auparavant elle donna à Ulysse la forme d'un vieux mendiant et lui conseilla de se réfugier provisoirement chez le porcher Eumée qui était resté depuis vingt ans d'une parfaite fidélité à son maître.

Sans connaître la véritable identité de son hôte, Eumée réserva un accueil chaleureux au « mendiant ». Ulysse se rendit compte rapidement qu'il pouvait lui faire entièrement confiance. Télémaque quitta Sparte sous la protection d'Athéna, et put grâce à la déesse échapper à une embuscade tendue par les prétendants de Pénélope. Il arriva chez le porcher, où Ulysse profita de l'absence d'Eumée (il était allé annoncer à Pénélope le retour de son fils) pour se faire reconnaître par Télémaque.

*Ulysse impressionna les Phéaciens par son lancer du disque lors des jeux organisés en son honneur. Lanceur de disque et flûtiste sur un pichet à vin (*oinochoé*), Italie du Sud, ve siècle av. J.-C.*

Ulysse et Télémaque mirent au point un plan pour triompher des prétendants, et dès le lendemain Télémaque se rendit au palais. Eumée et Ulysse, celui-ci toujours déguisé en mendiant, le suivirent peu après. Sur leur chemin, ils eurent à subir les sarcasmes de Mélanthios, un chevrier qui avait pris le parti des prétendants. Au palais, personne ne reconnut Ulysse, à l'exception de son vieux chien, Argos, qui, couché dans la cour sur un tas de fumier, se mit aussitôt à remuer la queue à l'approche de son maître. Mais sous le coup de l'excitation, le pauvre animal, déjà très affaibli, expira sur-le-champ.

Une fois dans le palais, le mendiant et Eumée durent supporter les remarques humiliantes des prétendants qui festoyaient dans la grande salle. Quand Ulysse se mit à mendier des bribes de nourriture auprès des convives, Antinoos, l'un des prétendants, irrité, lui jeta même un tabouret, l'atteignant à l'épaule. Pendant ce temps, dans les appartements des femmes, Eumée avait annoncé à Pénélope l'arrivée d'un étrange mendiant, porteur de nouvelles sur Ulysse. Pénélope était évidemment impatiente de lui parler, mais une querelle opposait déjà Ulysse à un jeune « mendiant professionnel » du nom d'Iros, qui voulait chasser son rival et le menaçait violemment. Au grand amusement de l'assemblée, le vieux mendiant abattit d'un seul coup de poing le freluquet. Pénélope reprocha à Télémaque d'avoir ainsi laissé insulter un étranger, puis, se tournant vers les prétendants, elle leur dit qu'elle épouserait immédiatement le premier d'entre eux qui aurait l'honnêteté d'apporter sa propre nourriture au lieu de continuer à festoyer aux frais du palais. Après qu'Ulysse se fut occupé de Mélantho, une servante infidèle de Pénélope, et d'Eurymaque, les prétendants se retirèrent. Ulysse et Télémaque ramassèrent alors rapidement toutes les armes et les cachèrent dans l'armurerie du palais.

Un peu plus tard, Pénélope put s'entretenir avec l'étranger, et lui fit part de la ruse dont elle s'était servie pour tromper ces maudits prétendants qui dilapidaient les richesses du royaume : elle leur avait promis d'épouser l'un d'entre eux sitôt qu'elle aurait fini de tisser le linceul de son beau-père, Laërte ; elle passait donc ses journées à tisser, mais défaisait la nuit ce qu'elle avait fait la veille. Bien qu'ayant révélé ce secret, Pénélope ne reconnut pas encore son mari. Le « mendiant » lui dit alors qu'il avait rencontré Ulysse, et à la grande joie de Pénélope, annonça son retour imminent. Celle-ci donna des ordres pour qu'on s'occupe de cet étranger qui lui apportait d'aussi bonnes nouvelles, et ce fut Euryclée, la vieille nourrice d'Ulysse, chargée de lui laver les pieds, qui reconnut son maître à une cicatrice – durant une chasse, il avait été blessé, autrefois, par un sanglier. Ulysse lui ordonna de garder le secret encore un peu.

Le lendemain, Pénélope organisa pour les prétendants un grand concours à l'arc, dont le vainqueur pourrait l'épouser. Mais il fallait pour cela parvenir à tendre l'arc d'Ulysse et traverser d'une flèche les anneaux formés par douze fers de hache disposés à la file. Le concours commença dans une atmosphère lourde. Dès l'aube, les prétendants avaient de nouveau insulté Télémaque et le « mendiant ». Le devin Théoclyménos avait alors prédit de grands malheurs à tous ceux qui se trouvaient là et s'était aussitôt éclipsé.

Télémaque essaya – non comme compétiteur, bien sûr – de bander l'arc et il y serait parvenu si son père ne l'avait arrêté. Tandis que les prétendants testaient leur force sur l'arc dans la grande salle, Ulysse à l'extérieur, révélait son identité à Eumée et à un bouvier qui lui était resté fidèle. Après qu'Antinoos et Eurymaque eurent également échoué à tendre l'arc fatal, les prétendants renoncèrent à concourir. C'est alors que le « mendiant » demanda la permission d'essayer, lui aussi. Les prétendants se récrient aussitôt, mais Pénélope lui en donne la permission, après quoi, à sa grande surprise, Télémaque la renvoie en hâte dans ses appartements. Sous les quolibets des prétendants, Eumée offre l'arc au « mendiant ». Celui-ci l'examine attentivement, le bande avec facilité, et sa flèche va traverser les anneaux des douze têtes de haches. Puis Ulysse dirige ses flèches sur les prétendants. Le premier à périr est l'arrogant Antinoos, et tous reconnaissent le héros. Eurymaque tente bien de négocier, mais il est le second à périr. Télémaque court chercher des armes supplémentaires et les partage entre son père, Eumée et le bouvier. Mélanthios, le chevrier déloyal, se faufile lui aussi jusqu'à l'armurerie, dont Télémaque, dans sa hâte, a oublié de fermer la porte, mais les deux serviteurs fidèles d'Ulysse le pendent à une colonne. Avec l'aide d'Athéna – de nouveau sous l'aspect de Mentor –, Ulysse et ses compagnons abattent tous les prétendants. Seuls sont épargnés Phémios, l'aède d'Ithaque, et Médon, le héraut. Puis Ulysse charge Euryclée de rassembler les serviteurs qui ne lui étaient pas restés fidèles : il leur ordonne d'emporter les cadavres, avant de les faire pendre à leur tour.

Euryclée s'en va ensuite éveiller Pénélope et lui apprendre ces bonnes nouvelles. Mais l'épouse d'Ulysse reste sceptique : elle ne peut encore croire qu'Ulysse est réellement revenu. Ce n'est qu'au moment où celui-ci lui rappelle que l'un des pieds du lit conjugal, qu'il avait fabriqué lui-même, est le tronc d'un vieil olivier toujours enraciné dans le sol (secret que seuls lui et sa femme peuvent connaître), qu'elle est enfin convaincue.

Le lendemain, Ulysse se rendit dans le domaine où Laërte, son père, s'était retiré. Le vieil homme fut profondément ému de revoir son fils. Pendant ce temps, les parents des prétendants se préparaient déjà à se venger en attaquant la capitale du royaume. Certains d'entre eux se présentèrent devant le domaine de Laërte où s'étaient rassemblés nombre de fidèles partisans d'Ulysse. Rajeuni par Athéna, Laërte tua de sa lance le père d'Antinoos, avant que Zeus et Athéna mettent un terme à la bataille, instaurant ainsi la paix à Ithaque. Pénélope à ses côtés, Ulysse devait continuer de régner sur Ithaque durant de longues années, avant de mourir d'une mort paisible à un âge très avancé.

Dans un sens, immortalisé comme il l'est dans l'*Odyssée*, Ulysse est bien plus qu'un héros de la mythologie : il est devenu l'un des grands personnages de la littérature occidentale, à l'égal d'un Hamlet, d'un Don Quichotte

Juste avant la dramatique épreuve de force avec les prétendants, Ulysse et Télémaque cachèrent toutes les armes dans l'armurerie du palais. Après qu'Ulysse eut abattu les deux principaux prétendants avec ses flèches, Télémaque distribua les armes parmi son père et ses partisans. Casque de bronze gréco-illyrien, VIe siècle av. J.-C.

ou d'un Faust. D'innombrables lecteurs, à toutes les époques, en ont fait leur héros favori.

James Joyce, le grand écrivain irlandais, s'est largement inspiré de l'*Odyssée* pour composer l'une de ses œuvres majeures, *Ulysse* (1922). Et de nos jours, Eric Clapton, la star du rock, a dédié une chanson, *Tales of Brave Ulysses*, au héros de son enfance.

Certains, toutefois, ont pu être rebutés par le côté sournois et cruel du personnage. Au début de notre ère, huit siècles après qu'eut été écrit le chef-d'œuvre d'Homère, Virgile, le poète romain, fit un récit poignant de la destruction de Troie par le « cruel Ulysse, inspirateur de tant de crimes » (*voir* **Énée**).

Dans sa jeunesse, Ulysse avait fabriqué lui-même son lit nuptial. Pénélope et Ulysse étaient les seuls à savoir que l'un des pieds de ce lit était un tronc d'olivier encore enraciné dans le sol. Quand Ulysse révéla ce détail à Pénélope, celle-ci fut certaine qu'il n'était pas un imposteur.

Œdipe

Roi de Thèbes, Œdipe est le fils de Laïos et de son épouse Jocaste. Il est le personnage central d'un horrible drame familial que les grands dramaturges athéniens, Eschyle, Sophocle et Euripide, ont longuement évoqué dans leurs tragédies, la plus connue de ces pièces étant *Œdipe roi* de Sophocle.

Quand Laïos, roi de Thèbes, et son épouse Jocaste, constatèrent qu'ils ne pouvaient avoir d'enfants, Laïos alla consulter l'oracle de Delphes. Il y apprit qu'il ne lui fallait surtout pas avoir de descendants, car son destin était d'être tué par son propre fils. Laïos prit cet avertissement très au sérieux, aussi lorsque Jocaste eut un enfant, par précaution, alors que le bébé n'avait que trois jours, il fut confié à un serviteur qui l'abandonna sur les pentes du mont Cithéron après lui avoir percé les chevilles pour lui lier les pieds : d'où le nom d'Œdipe, qui signifie « pieds enflés ». L'enfant survécut pourtant et fut recueilli par un berger qui l'emmena à Corinthe et le donna au roi Polybos. À Thèbes, personne ne soupçonna l'enfant d'être vivant.

Œdipe grandit à Corinthe, pensant qu'il était le fils de Polybos. Des années plus tard, pourtant, alors qu'il était adolescent, un ivrogne l'injuria en le traitant d'enfant trouvé. Œdipe en fut très choqué, et sans le dire à personne alla consulter l'Oracle de Delphes : celui-ci ne lui révéla rien de ses origines, si ce n'est – horrible prédiction – qu'il tuerait son père et qu'il épouserait sa mère dont il aurait même des enfants. Persuadé d'être le fils de Polybos, il décida de ne pas retourner à Corinthe.

En revenant de Delphes, à un carrefour sur la route près du mont Parnasse, il croisa l'équipage d'un important personnage qui se rendait à grande vitesse à Delphes accompagné de son escorte. Œdipe ne se rangea pas suffisamment vite au gré de ce voyageur de haut rang qui lui attribua la responsabilité de la collision. Furieux, Œdipe massacra l'ensemble du groupe, à l'exception d'un serviteur qui réussit à s'échapper.

Après ce terrible incident, il continua sa route et arriva à Thèbes. Il trouva une ville en émoi, dont les citoyens venaient d'apprendre que leur roi, Laïos, avait été assassiné par des voleurs alors qu'il se rendait à Delphes. Par ailleurs, les environs de la ville étaient alors sous la menace du Sphinx, un lion ailé à tête de femme, lequel terrorisait les Thébains et les voyageurs de passage en leur posant une

Œdipe écoute attentivement le Sphinx en train de lui poser l'énigme que personne n'avait encore réussi à résoudre. Œdipe va donner la bonne réponse et le Sphinx se donnera la mort.

énigme qu'ils devaient résoudre ; ceux qui donnaient une mauvaise réponse étaient aussitôt dévorés (*voir* **Sphinx**). C'était précisément pour tenter de régler ce problème que Laïos se rendait à Delphes.

Désespéré, le nouveau régent du royaume, Créon, en était arrivé à promettre le trône et la main de Jocaste, devenue veuve, à quiconque les délivrerait du monstre. Œdipe résolut l'énigme posée par le Sphinx, lequel se précipita en hurlant dans un ravin et se tua. Œdipe épousa donc Jocaste et devint roi de Thèbes. Sans qu'il le sût, les prophéties de l'oracle de Delphes étaient maintenant en train de s'accomplir.

Selon Homère, qui donne à Jocaste le nom d'« Épicasté », les dieux ne tardèrent pas à révéler que le nouveau roi avait épousé sa propre mère, provoquant ainsi le suicide de Jocaste, qui se pendit, tandis qu'Œdipe continuait de régner sur Thèbes.

La version donnée par Sophocle est très différente : selon lui, Œdipe et Jocaste vécurent longtemps heureux ensemble et gouvernèrent sans aucun problème. Ils eurent deux fils, Étéocle et Polynice, et deux filles, Antigone et Ismène.

Alors qu'Œdipe était roi de Thèbes depuis bon nombre d'années, une épidémie de peste s'abattit soudain sur la ville, tandis que les femmes et le bétail devenaient stériles. Créon fut envoyé à Delphes pour trouver la cause de ce mystérieux fléau. L'oracle lui révéla que la faute en revenait à celui ou à ceux qui avaient assassiné Laïos : l'épidémie ne prendrait fin qu'avec la mise à mort ou le bannissement du ou des meurtriers. Interrogé, le devin aveugle Tirésias déclara qu'Œdipe était l'auteur du meurtre. Ce dernier se mit aussitôt en colère, accusant même le devin d'être de mèche avec Créon, l'ancien régent, pour le détrôner et prendre sa place.

Toutefois, quand Œdipe et Jocaste finirent par se donner l'un à l'autre leurs versions respectives de l'incident survenu autrefois au carrefour de la route de Delphes, le doute commença à s'installer en eux. Néanmoins, ils continuèrent de maintenir que Laïos avait été

Vestiges d'un stade dans le sanctuaire de Delphes dédié au dieu Apollon. L'oracle de Delphes joue un rôle clé dans la tragique histoire d'Œdipe.

Le Sphinx faisait régner la terreur à Thèbes et dans les environs. Le pouvoir et la main de la reine, Jocaste, furent donc promis à quiconque délivrerait les Thébains du monstre. Tête de Sphinx (calcaire), Grèce occidentale.

tué par tout un groupe, et non par un seul homme. Un nouvel événement parut leur donner raison. En effet, une délégation arriva de Corinthe qui leur apprit la mort du roi Polybos, et qui proposait à Œdipe, son fils, de lui succéder. Ce dernier refusa afin d'éviter d'avoir à épouser Mérope, celle qu'il pensait être sa mère, comme le voulait une coutume locale : ainsi déjouerait-il la sinistre prédiction de l'oracle. C'est alors que le messager de Corinthe, lequel était justement le berger qui avait autrefois trouvé le petit Œdipe dans la montagne, souligna qu'en fait Œdipe n'était nullement le fils de Mérope. Œdipe fit chercher le serviteur qui l'avait abandonné sur le mont Cithéron, et après l'avoir interrogé, la terrible vérité éclata enfin. Horrifiée par l'inceste qu'elle avait commis, Jocaste se pendit, et Œdipe se creva les yeux. Puis Créon décréta qu'il était banni de Thèbes.

Œdipe ne quitta pas la ville immédiatement, mais aucun de ses fils ne daigna le secourir. Accompagné de sa fille Antigone, il erra ensuite dans toute la Grèce en pécheur repentant. Il finit par se réfugier à Colone, aux environs d'Athènes alors gouvernée par Thésée. Pendant ce temps, ses deux fils, Étéocle et Polynice se disputaient le pouvoir à Thèbes et ce dernier avait été expulsé de la ville par son frère. Quand Ismène, sa seconde fille, vint lui annoncer ces tristes nouvelles, le malheureux exilé fut submergé de douleur et il maudit ses fils.

Thésée offrit à Œdipe l'asile à Athènes, mais Antigone et Ismène furent capturées peu après par des soldats de Créon. Ce dernier projetait en effet de faire revenir Œdipe à Thèbes, car il était important pour la prospérité de la ville qu'il y soit enterré. Thésée relâcha les deux jeunes femmes, qui revinrent à Colone chez leur père. Polynice vint également le voir pour le persuader de prendre son parti, ce qu'Œdipe refusa brutalement. Enfin, éprouvé par ses longues souffrances, Œdipe mourut à Colone, où il fut enterré. Thésée, qui lui avait accordé le droit de vivre à Athènes, fut le seul à connaître l'endroit de sa dernière demeure.

Antigone et Ismène revinrent à Thèbes, mais il fallut attendre longtemps avant qu'il soit mis fin aux malheurs de la ville, tandis que ceux de la famille d'Œdipe étaient destinés à continuer encore (*voir* **Antigone** *et* **Créon**).

Sans en avoir eu, pourtant, l'intention, Œdipe commit inconsciemment des crimes terribles, et il est l'une des figures les plus tragiques de toute la mythologie grecque. Les œuvres théâtrales qui lui furent consacrées sont toujours représentées aujourd'hui, et elles ont inspiré nombre d'auteurs modernes. Son mythe s'est perpétué dans ce qu'on appelle le complexe d'Œdipe, cette tendance qu'ont les fils à désirer inconsciemment leur mère et à haïr leur père, observée par le père de la psychanalyse, Sigmund Freud (1856-1939).

Oreste

Oreste est l'unique fils du roi de Mycènes, Agamemnon, avec son épouse Clytemnestre. Ses sœurs sont Iphigénie, Électre et Chrysothémis.

Quand Clytemnestre et son amant Égisthe assassinèrent Agamemnon (*voir* **Agamemnon** *et* **Électre**), Oreste était encore très jeune, et Électre le mit à l'abri en l'envoyant en Phocide, où il grandit à la cour du roi Strophios. Le fils de ce dernier, Pylade, fut élevé avec lui et devint son plus fidèle ami et son compagnon d'infortune. Dans une autre version, c'est une bonne dizaine années avant, au moment où son père s'embarquait pour Troie, qu'Oreste fut envoyé en Phocide,

Des années après le meurtre d'Agamemnon, Apollon ordonna à Oreste de revenir à Mycènes pour venger son père. Selon les auteurs (Homère, et les trois dramaturges athéniens, Eschyle, Sophocle et Euripide) les versions divergent quant à ce qui se passa ensuite. De l'avis général, après s'être entendu avec Électre, Oreste tua Clytemnestre et Égisthe. Certains attribuent l'initiative de ce meurtre à Oreste, d'autres à Électre.

De nombreuses tragédies grecques évoquent le terrible destin d'Œdipe. Le public de l'Antiquité assistait fasciné à leur représentation et elles n'ont rien perdu aujourd'hui de leur impact. Ces pièces étaient, par exemple, représentées dans le célèbre amphithéâtre grec de Syracuse, en Sicile.

Il existe également plusieurs versions des conséquences du matricide d'Oreste. Pour certains, le geste d'Oreste resta impuni. Il existe d'autres légendes dans lesquelles Oreste et Électre furent jugés et condamnés à mort peu après le meurtre. Eschyle, qui consacra à ces événements un cycle de trois tragédies, L'*Orestie*, montre, lui, comment Oreste eut affaire aux Érinyes (*voir* **Érinyes**), les déesses de la vengeance, chargées de châtier les criminels les plus monstrueux, notamment ceux ayant tué un membre de leur propre famille. Les Érinyes frappèrent de folie Oreste et le poursuivirent inlassablement de pays en pays.

Oreste prit alors en otage Hélène et Hermione, l'épouse et la fille de son oncle Ménélas. Une intervention des dieux permit de les sauver, et la condamnation à mort d'Oreste fut changée en bannissement.

Toujours poursuivi par les Érinyes, Oreste se rendit à Delphes, dans le sanctuaire consacré à Apollon. Celui-ci, qui lui avait enjoint de venger son père, le purifia et lui ordonna d'aller à Athènes, sous la conduite d'Hermès. Là, au tribunal de l'Aréopage, « la colline d'Arès » (*voir* **Arès**), se tint un procès spécial devant un jury composé d'Athéniens. Les Érinyes y furent les accusatrices d'Oreste, et Apollon son avocat. La déesse Athéna fit fonction de présidente de la cour, et quand le vote du jury eut abouti à un partage égal des voix, elle donna la sienne en faveur d'Oreste. Oreste fut acquitté, et les cruelles Érinyes acceptèrent de ne plus le tourmenter, mais à condition qu'Athènes continue de les vénérer. C'est depuis ce temps qu'elles changèrent de nom, et qu'on les appela les Euménides, c'est-à-dire les « bienveillantes ».

Dans un autre récit, à un moment situé avant ou après ce jugement, Oreste se vit confier par Apollon la mission de ramener de Tauride une statue d'Artémis. Mais Thoas, le roi de Tauride, s'empara d'Oreste et le conduisit à l'autel d'Artémis pour l'offrir en sacrifice à la déesse. Or, Iphigénie, cette sœur qu'Oreste ne connaissait pas, était justement prêtresse de ce temple : elle s'était réfugiée en Tauride après avoir échappé au sacrifice dont elle devait être victime pour favoriser le départ pour Troie de la flotte d'Agamemnon (*voir* **Iphigénie**). Le frère et la sœur se reconnurent, et Iphigénie parvint à persuader Thoas qu'elle ne pouvait sacrifier cet étranger qui avait tué sa mère, avant de l'avoir purifié, ainsi que la statue, dans l'eau de la mer. Défense fut faite aux habitants de la ville d'assister à ce rituel, et les trois jeunes gens purent s'enfuir sur le navire d'Oreste.

Certains récits attribuent à Oreste un rôle dans la mort de Néoptolème, le fils d'Achille, qui s'était distingué dans les combats autour

Longtemps après que son père Agamemnon eut été assassiné par sa mère Clytemnestre et son amant Égisthe, Oreste vengea son père en tuant à son tour les deux meurtriers.

Le dieu Apollon ordonna à Oreste de retourner dans sa patrie, à Mycènes, et d'exécuter les meurtriers de son père Agamemnon. Apollon devait prendre la défense d'Oreste devant le tribunal de l'Aréopage d'Athènes. Tête d'Apollon, Nemrut Dagh, Turquie, Ier siècle av. J.-C.

de Troie. Néoptolème avait en effet épousé la nièce d'Oreste, Hermione, alors que Ménélas, son père, l'avait initialement promise à Oreste. Ce dernier aurait alors tué son rival, afin d'épouser Hermione, de qui il aura un fils. Dès lors, Oreste régna sur Argos, sur Mycènes et sur Sparte. Juste avant sa mort, la peste ravagea son royaume. Un oracle lui fit savoir que l'épidemie cesserait si les cités détruites pendant la guerre de Troie étaient reconstruites. Oreste envoya donc des colons en Asie Mineure.

Mais l'élément le plus important dans l'histoire d'Oreste reste son acquittement après un long cycle de meurtres et de vengeances dont l'origine remontait à son grand-père Atrée et à son arrière-grand-père Pélops (*voir* **Atrée** *et* **Pélops**).

Une fois qu'Oreste eut tué sa mère, les déesses de la vengeance ne lui laissèrent pas un seul moment de répit. Il finit par être acquitté par une cour de justice spéciale réunie à Athènes. Oreste tenant une amphore, relief de calcaire très abîmé, IVe siècle av. J.-C.

Orion

Originaire de Béotie, Orion est le fils de Poséidon et d'Euryalé. C'était un géant terrifiant dont la passion pour la chasse et la libido sont au centre d'un grand nombre de récits. Sa première épouse, Sidé, crut pouvoir affirmer qu'elle n'était pas moins belle qu'Héra: elle paya sa témérité d'un bannissement dans l'Hadès.

Oenopion, roi de l'île de Chios, promit à Orion sa fille Méropé, s'il consentait à débarrasser l'île de ses bêtes sauvages. Orion s'exécuta, mais le roi ne tint pas parole. Aussi, Orion, après avoir beaucoup bu, viola Méropé. Furieux, Oenopion finit d'enivrer Orion, lui creva les yeux, et l'abandonna sur la côte de son île. Orion réussit pourtant à atteindre l'île de Lemnos, où il se rendit à la forge d'Héphaïstos. Il y rencontra un jeune forgeron, Cédalion, qu'il mit sur ses épaules: conduit par le jeune homme, il marcha jusqu'à la côte orientale de l'Océan, le fleuve qui entoure le monde, où Hélios, dieu du soleil, lui fit recouvrer la vue. Mais il ne put se venger d'Oenopion, car celui-ci s'était réfugié dans une chambre souterraine aménagée par Héphaïstos.

Orion se rendit ensuite en Crète, où il chassa au côté de la déesse Artémis. Éos, la déesse de l'Aurore, s'éprit du bouillant chasseur et en tomba amoureuse. Cela ne fut pas du goût des dieux, en particulier d'Artémis, laquelle tua Orion d'une flèche sur l'île d'Ortygie. Mais il existe beaucoup d'autres versions de la mort d'Orion. Selon l'une d'elles, il fut victime d'un scorpion géant envoyé par Artémis. Un autre récit met en avant le rôle d'Apollon, qui n'aurait guère apprécié de voir sa sœur jumelle succomber aux charmes du chasseur. Un jour, alors qu'Orion se baignait dans la mer, Apollon attira l'attention d'Artémis sur une espèce de boule qu'on voyait au loin sur la mer, flottant sur les vagues. C'était la tête d'Orion, mais Artémis ne la reconnut pas. Apollon mit la déesse au défi d'atteindre cette cible : piquée au vif, Artémis prit son arc, et sa flèche atteignit Orion à la tête, le blessant mortellement. Le cœur brisé, la déesse transforma Orion en constellation, et on peut le voir dans le ciel, poursuivi de près par la constellation du Scorpion.

Selon une autre version, c'est la constellation d'Orion qui poursuit les Pléiades, filles du Titan Atlas. Orion les avait pourchassées dans leur existence terrestre sept années durant, jusqu'à ce que les dieux, les prenant en pitié, les transforment en une constellation

Ayant tué accidentellement Orion, le grand chasseur, Artémis fit de lui une constellation. C'est sous cette forme qu'il séjourne désormais dans le ciel, où il ne cesse de poursuivre en vain les Pléiades, elles aussi transformées en constellation.

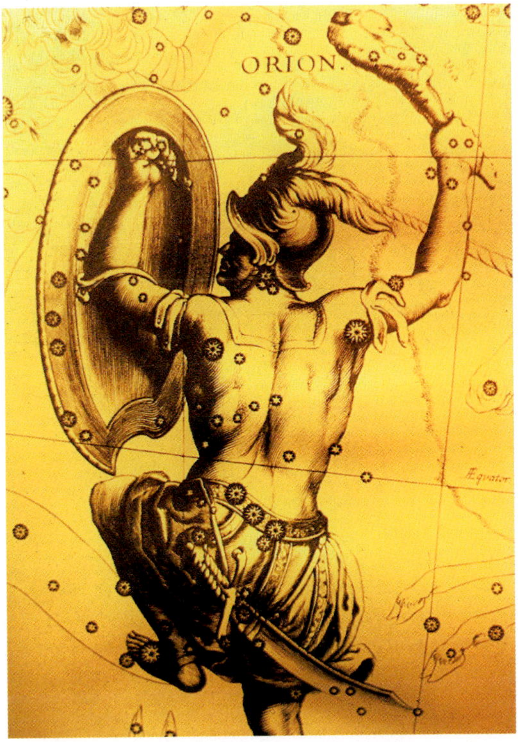

qu'Orion fut condamné à poursuivre en vain pour l'éternité.

Selon Homère, Orion aurait connu un meilleur sort : il le décrit passant son temps dans les prairies d'asphodèles du monde des morts, et pourchassant les animaux sauvages qu'il a abattus durant son existence terrestre.

Orphée

Chanteur et musicien extraordinaire, Orphée est fils d'Apollon, dieu de la musique, et de Calliope, muse de la Poésie épique. Une autre tradition fait d'Orphée le fils d'Oeagre, roi de Thrace.

Il chantait et jouait de la lyre si merveilleusement que même les animaux, les arbres, les fleuves et les rochers tombaient sous le charme de son art. Il est l'un des Argonautes qui, conduits par Jason, s'aventurèrent jusque dans la lointaine Colchide pour y conquérir la Toison d'or (*voir* **Argonautes**). Ses talents furent bien utiles à ses compagnons : quand ceux-ci se querellaient, il lui suffisait de chanter pour que les tensions s'apaisent immédiatement. C'est lui encore qui neutralisa les dangereuses Sirènes (*voir* **Odyssée et Ulysse** *et* **Sirènes**), en couvrant par des airs joués sur sa lyre leurs voix séduisantes, dont elles se servaient pour attirer les marins et les conduire à la mort.

Après l'expédition des Argonautes, Orphée revint dans son pays natal, la Thrace, où il tomba follement amoureux de la nymphe Eurydice. Cet amour était réciproque, et Orphée alla jusqu'à inviter à la noce le dieu du mariage, Hyménaeos. Mais le jour du mariage, Eurydice fut mordue au talon par un serpent venimeux (selon une version, cela lui arriva alors qu'elle fuyait Aristée, l'éleveur d'abeilles) et mourut. Ne pouvant imaginer de vivre sans elle, inconsolable, ne sachant plus que faire, Orphée descendit dans le royaume des morts où il

Chaque fois que le brillant musicien qu'était Orphée pinçait les cordes de sa lyre et se mettait à chanter, même les bêtes sauvages, sous le charme, venaient l'écouter.

Eurydice, la bien-aimée d'Orphée, fut mordue au talon par un serpent venimeux le jour de son mariage. Ce tableau du XVe siècle, de Jacopo del Sellaio, met en scène cet événement à la manière d'une bande dessinée : au centre, Eurydice est blessée par le serpent, et on voit sur la droite des créatures diaboliques qui l'entraînent vers le royaume des morts.

demanda à Hadès et à Perséphone de lui rendre sa bien-aimée, interprétant sur sa lyre des airs si poignants que tous en furent émus, même les pires criminels enfermés dans le Tartare, la partie la plus inhospitalière du monde souterrain. Ainsi que le dit Ovide : « Tandis qu'il chantait, faisant résonner les cordes de sa lyre au rythme de ses paroles, les âmes exsangues pleuraient : Tantale renonça à atteindre l'eau qui le fuit, la roue d'Ixion s'arrêta, les vautours cessèrent de ronger le foie de Titys, les Danaïdes de remplir leurs seaux, et Sisyphe s'assit sur son rocher. » (Ovide, *Les Métamorphoses*, X, 40-45).

Même l'implacable Hadès fut décontenancé. Le chanteur fut autorisé à ramener sa fiancée dans le monde des vivants, mais à condition, chemin faisant, de ne pas se retourner pour la regarder. Tout joyeux, Orphée se mit en route, suivi par l'ombre d'Eurydice. Mais celle-ci, gênée par la morsure du serpent à son pied, progressait plus lentement, et juste avant d'arriver au terme de leur voyage, ne pouvant plus y tenir, Orphée jeta un bref coup d'œil en arrière : aussitôt Eurydice fut reprise par « l'épais brouillard » du royaume des morts, et lança un dernier adieu qu'Orphée ne put même entendre.

Orphée descendit à nouveau dans le monde souterrain, mais cette fois, il eut beau chanter ses chants les plus beaux, Charon, le passeur, refusa de lui faire traverser le Styx. Réalisant qu'Eurydice était à jamais perdue, Orphée resta sept jours à se lamenter sur les bords du fleuve infernal, refusant même de s'alimenter. Puis, il lui fallut revenir dans les mornes montagnes de Thrace. Se refusant désormais à tout contact avec des femmes, il reporta son amour sur les hommes.

Eurydice, mortellement blessée par un serpent, tombe dans les bras de son amant stupéfait, Orphée. Dans le fond à gauche, le perfide serpent se retire rapidement. Peinture à l'huile, Peter Paul Rubens, XVIIe siècle.

Cela ne fut aucunement du goût des Ménades, avec lesquelles, en des temps plus heureux, il avait participé au culte de Dionysos, le dieu du vin. Dans un accès de rage, elles se jetèrent sur le malheureux Orphée, criant si fort qu'il ne put les apaiser de ses chants. Elles mirent en pièces le « misogyne », ne laissant intacte que sa tête, qu'elles jetèrent avec la lyre dans le fleuve Hébros. La tête d'Orphée (selon certains, elle continuait d'appeler Eurydice) et sa lyre parvinrent ainsi jusque dans l'île de Lesbos. La lyre du musicien devint au ciel une constellation ; quant à l'âme d'Orphée, elle retrouva celle d'Eurydice, et tous les deux furent autorisés à séjourner dans les champs Élysées, la partie céleste du royaume des morts.

Le culte d'Orphée en Thrace était étroitement lié à celui de Dionysos, et les Mystères Orphiques étaient eux aussi dominés par les thèmes de la mort et de la résurrection : selon une très ancienne version du mythe d'Orphée, c'était grâce à l'intervention de Dionysos que le chanteur avait réussi par la suite à délivrer Eurydice du royaume des morts. Au VIe siècle avant notre ère, l'Orphisme devint la religion d'une secte, dont les adeptes voyaient dans Orphée le fondateur de leur croyance: ils croyaient notamment que le corps est une prison dans laquelle l'âme est enfermée, et dont elle ne peut se libérer qu'en passant par le cycle de la mort et de la résurrection. Il est probable que l'Orphisme influença nombre de penseurs ultérieurs, notamment Platon, le grand philosophe athénien.

Orphée est mis en pièces par des Ménades furieuses de son indifférence à l'égard des femmes après la mort d'Eurydice. Fragment d'une peinture sur vase, Tarente, IVe siècle av. J.-C.

Un Satyre et une Nymphe (ou une Ménade) s'amusent avec le jeune Dionysos. Le dieu du vin fut si furieux que les Ménades de Thrace aient tué Orphée qu'il les changea en arbres et qu'il quitta la Thrace pour l'Asie Mineure. Sculpture de bronze, dans le parc de la Villa Borghese, Rome.

Le mythe d'Orphée a survécu bien au-delà de l'Antiquité et il a inspiré de nombreux artistes. Citons le compositeur italien Claudio Monteverdi (1567-1643) et son *Orfeo* (1607), Gluck (1714-1787) et son *Orphée et Eurydice* (1762), et l'opéra-comique d'Offenbach, *Orphée aux Enfers* (1858). Ajoutons qu'Orphée est également un des thèmes favoris de Picasso (1881-1973), et que le peintre hollandais Constant, l'un des fondateurs du groupe Cobra, a réalisé une série de tableaux montrant Orphée jouant et chantant pour les animaux.

Pallas Athénée *voir* Athéna

Pan se plaisait particulièrement dans la compagnie des Nymphes et des jolies femmes. Il est représenté ici entre deux Ménades dansant avec frénésie. Relief sur un sarcophage romain.

Pan

Les origines de Pan, dieu de la nature, ne sont pas très claires. Dans certains récits, il fut engendré par Hermès, mais selon d'autres traditions, il serait fils de Zeus, d'Apollon, ou même de Cronos. Il en va de même pour l'identité de sa mère : peut-être s'agit-il de Dryopé, ou de Callisto. Toujours est-il qu'à sa naissance, sa mère fut si effrayée de son aspect – l'enfant était tout velu et avait les cornes, les pieds et la queue d'un bouc – qu'elle se sauva aussitôt. Heureusement pour Pan, des nymphes eurent pitié du bébé et se chargèrent de l'élever en Arcadie, une jolie région de montagnes et de forêts.

Dieu à la sexualité débordante, Pan ne cesse de pourchasser les nymphes et de leur faire d'innombrables enfants. Il s'employa même à séduire Séléné, la déesse de la Lune, en s'enveloppant d'une blanche toison laineuse. Quant à la nymphe Syrinx, la fidèle servante de la virginale Artémis, déesse de la chasse, elle n'avait aucunement l'intention de se laisser prendre par ce dieu au sang chaud et s'enfuit jusque sur les bords du fleuve Ladon. Là, les nymphes du fleuve la transformèrent, à sa demande, en un roseau : c'est à cette occasion que Pan eut l'idée d'inventer la flûte de roseaux, dite « de Pan » (ou *syrinx*). Puis il apprit à en jouer si bien qu'il lança un défi à Apollon, dont l'instrument favori était la lyre. Apollon fut déclaré vainqueur, mais le roi phrygien Midas, présent dans le public, trouva que Pan avait été le meilleur : offensé, Apollon se vengea du pauvre Midas en lui donnant des oreilles d'âne (*voir* **Apollon** *et* **Midas**).

Dieu des bois et des champs, Pan veillait à la fertilité des troupeaux. Il était généralement bienveillant et passait une bonne partie de son temps en plein air. Mais si vous le dérangiez,

Ce Pan d'allure comique poursuit une Ménade qu'on aperçoit à droite de l'image. Peinture sur un pichet de Campanie, IVe siècle av. J.-C.

Pan tenant la flûte qui lui doit son nom (une flûte de Pan), entouré d'arbres et d'animaux. Pan veillait à la fécondité des troupeaux et passait le plus clair de son temps dans la nature. Relief de Nysa, Turquie.

vous découvriez bien vite un tout autre aspect de sa personnalité, car le dieu pouvait susciter en vous une terreur absolue – d'où le mot « panique ». Pan avait le pouvoir de plonger des foules, voire des armées entières, dans un état de panique inattendu. Selon les Athéniens, c'est lui qui provoqua la panique des Perses à la bataille de Marathon, en 490 avant notre ère, alors que les Grecs étaient très inférieurs en nombre. Un sanctuaire lui fut consacré à Athènes, en signe de reconnaissance pour son aide.

Les dieux romains Silvain et Faunus lui ont été identifiés, bien que le second soit différent de Pan par un certain nombre d'aspects (*voir* **Faunus**).

Pandore

Dans la mythologie grecque, Pandore est la première femme : elle fut créée sur l'ordre de Zeus, le dieu suprême, à la fois comme un don et un fléau pour l'humanité. Zeus ne pouvant, en effet, pardonner à Prométhée, le Titan, d'avoir donné le feu aux hommes, résolut de se venger (*voir* **Prométhée**). Il demanda à Héphaïstos, le dieu artisan, de façonner une créature merveilleuse. Avec de la terre et de l'eau, Héphaïstos fabriqua donc Pandore et lui donna l'aspect d'une femme séduisante. Selon Hésiode, le poète grec, d'autres dieux participèrent également à la création de cette première femme : « La déesse aux yeux pers, Athéna, la pare et lui noue sa ceinture. Autour de son cou, les Grâces divines [...] mettent des colliers d'or ; tout autour d'elle les Heures aux beaux cheveux disposent en guirlandes des fleurs printanières.[...] Et, dans son sein, le Messager (Hermès), tueur d'Argos, crée mensonges, mots trompeurs, cœur artificieux [...]. » (Hésiode, *Les Travaux et les Jours*, 82-87).

La charmante Pandore au « cœur artificieux » fut ensuite envoyée sur la terre où Épiméthée, le frère plutôt stupide de Prométhée – ce dernier lui avait pourtant bien dit de refuser tout cadeau venant de Zeus – l'accepta comme un don des dieux et l'épousa. À cette époque, l'humanité vivait encore de manière paradisiaque, ignorant la misère et la maladie. Or, dans la demeure d'Épiméthée, il y avait une grande jarre, fermée d'un couvercle, qui contenait une multitude de maux et de maladies. Incapable de refréner sa curiosité, Pandore souleva le couvercle, et tous les malheurs enfermés dans la jarre se répandirent sur le monde. Seul l'espoir resta au fond. « Mais des

Dans la mythologie grecque, Pandore est l'équivalent de l'Ève biblique. C'est elle qui introduisit le malheur dans le monde en étant incapable de refréner la curiosité qui lui fit ouvrir la jarre contenant les calamités, maladies et maux de toute sorte.

On parle toujours de la « boîte de Pandore », les calamités étaient en fait enfermées dans une jarre (le mot « boîte » vient d'une ancienne erreur de traduction). Cette jarre ressemblait peut-être à celles-ci, retrouvées en Crète, dans le palais de Cnossos.

tristesses en revanche errent innombrables au milieu des hommes: la terre est pleine de maux, la mer en est pleine! Les maladies, les unes de jour, les autres de nuit, à leur guise, visitent les hommes, apportant la souffrance aux mortels – en silence, car le sage Zeus leur a refusé la parole. Ainsi donc il n'est nul moyen d'échapper aux desseins de Zeus. » (*Les Travaux et les Jours*, 99-105).

L'histoire de Pandore n'est pas sans rappeler le récit biblique sur la création d'Ève, la première femme, séduite par le serpent, et qui mange le fruit défendu : c'en est alors fini, pour elle et son mari, Adam, de l'innocence paradisiaque ; désormais, l'humanité est condamnée à mener une existence pénible, pleine de difficultés de toutes sortes.

Pâris

Pâris (nommé aussi Alexandre) est le fils de Priam, roi de Troie, et d'Hécube son épouse. Son comportement égoïste est à l'origine de la destruction de sa ville natale et de sa famille. Peu avant la naissance de Pâris, sa mère, Hécube, fit un rêve prémonitoire interprété par un devin comme un mauvais présage. Elle abandonna donc son fils loin des murs de la ville sur le mont Ida. L'enfant fut élevé par un berger et réintégré plus tard dans sa famille après que sa sœur Cassandre l'eut reconnu. Le beau Pâris, qui avait épousé la nymphe Œnone, n'en continua pas moins de vivre sur le mont Ida, en Asie Mineure, où il gardait les troupeaux de son père. C'est là qu'il fut abordé par les déesses Héra, Athéna et Aphrodite, qui avait besoin de quelqu'un pour arbitrer leur « concours de beauté ». En effet, à l'occasion du mariage de la déesse Thétis et du mortel Pélée, Éris, déesse de la discorde, avait jeté parmi les invités une pomme qui portait l'inscription « pour la plus belle ». Chacune des trois déesses pensant que la pomme lui était destinée, Zeus décida que ce serait à Pâris de trancher (*voir* **Aphrodite, Héra,** *et* **Thétis**).

Les trois déesses tentèrent de soudoyer Pâris en lui faisant les promesses les plus extravagantes. Héra lui offrait des pouvoirs énormes et Athéna, la victoire dans les combats. Quant à Aphrodite, elle lui promit la femme la plus belle du monde. Pâris ne fut pas long à se décider et il donna le prix à Aphrodite. Il y avait pourtant un problème: la plus belle des femmes, Hélène, était déjà mariée à Ménélas, roi de Sparte. Mais, déesse de l'amour, Aphrodite savait parfaitement comment venir à bout de ce genre de difficultés. Pâris ayant été envoyé à Sparte avec une délégation, il fut chaleureusement accueilli par Ménélas. Aphrodite fit en sorte qu'Hélène tombe éperdument amoureuse du séduisant voyageur, et quand Ménélas partit en Crète pour les obsèques de son grand-père, Pâris enleva Hélène, ainsi qu'une partie du trésor de Ménélas, et s'en revint à Troie. Cet acte fut loin de susciter une approbation générale, y compris à Troie, où certains virent fort bien que la ville aurait à en pâtir gravement (*voir* **Hélène** *et* **Ménélas**).

Les Troyens n'en restèrent pas moins très fermes quand le malheureux roi de Sparte, accompagné de l'habile négociateur qu'était Ulysse, vint réclamer qu'on lui rende son épouse et ses richesses. Le refus des Troyens rendait la guerre inévitable et, avec le soutien

Suite à un mauvais rêve que sa mère avait fait, Pâris fut emmené loin de Troie et abandonné. Il fut élevé par un berger et lui-même continua d'exercer ce métier après que sa famille l'eut retrouvé. Troupeau de moutons à Milet, au sud de Troie.

Après qu'Aphrodite lui eut promis la plus belle femme du monde, Pâris ne fit aucune difficulté pour la déclarer gagnante du concours de beauté. Ce curieux portrait de famille nous montre un couple représenté en Pâris et Aphrodite, et leur enfant en petit Éros.

de son puissant frère, Agamemnon, Ménélas rassembla une énorme armée qui vint mettre le siège devant Troie.

Durant la première partie de cette guerre, qui dura dix ans, Pâris ne se montra guère à son avantage. Reconnu par tous comme responsable du conflit, amis et adversaires ont une piètre opinion de lui. Hector, en particulier, son frère, guerrier au grand cœur, le plus courageux des Troyens, voit en lui un « bellâtre », un « coureur de femmes » sans énergie. Quelques années plus tard, pour mettre fin à une guerre très longue, décision est prise de faire se battre en duel Ménélas et Pâris. Le combat tourne rapidement au désavantage du Troyen. Après que Ménélas eut percé de sa lance la cuirasse de Pâris et abattu son épée sur le casque de son adversaire, il le saisit par la tête et commence à le traîner vers les lignes grecques. C'est alors qu'Aphrodite intervient, ne pouvant supporter de voir son protégé sur le point d'être étranglé par la courroie de son casque. Elle la rompt juste à temps, de sorte que Ménélas n'a plus qu'un casque vide entre les mains. Puis, elle enveloppe Pâris d'un nuage et l'emporte directement à l'intérieur des murs de la ville, dans sa chambre, où elle ordonne à Hélène de s'occuper de son mari – ce qu'elle fait, mais sans enthousiasme, car sa passion est retombée depuis longtemps et elle a hâte de rentrer chez elle à Sparte.

Paradoxalement, quelque temps après cet épisode, c'est précisément Pâris, personnage mou et sans caractère, qui réussira à tuer le héros grec le plus redoutable, Achille. Il l'atteint d'une flèche au seul endroit vulnérable de son corps, le talon (d'où l'expression « le talon d'Achille »). En réalité, le véritable auteur de ce coup d'éclat n'est pas Pâris, mais le dieu Apollon, l'archer infaillible qui a guidé sa flèche. Pâris n'a d'ailleurs plus beaucoup de temps à vivre. Lui aussi tombera, atteint par une flèche de Philoctète : celui-ci n'était arrivé que tardivement sous les murs de Troie, blessé par l'une des flèches empoisonnées d'Héraclès (*voir* **Héraclès**) ; cette blessure s'était infectée et les Grecs avaient dû le laisser sur l'île de Lemnos.

Mortellement atteint, Pâris demanda à être porté auprès de sa première femme, Œnone, qui lui avait promis autrefois de le guérir quand il serait blessé. Mais, s'estimant trahie par Pâris qui l'avait abandonnée pour épouser Hélène, Œnone refusa de le soigner, et Pâris fut condamné à mourir. Il n'assista donc pas à la destruction de Troie, dont il était pourtant le responsable direct.

Achille s'écroule, mortellement blessé par la flèche de Pâris : celle-ci a été guidée par Apollon, qu'on aperçoit derrière le prince troyen. Peinture à l'huile, Peter Paul Rubens, XVIIe siècle.

Pasiphaé

Fille d'Hélios, dieu du soleil, et de l'Océanide Perséis, Pasiphaé épousa Minos, roi de Crète. Après lui avoir donné de nombreux enfants, elle tomba éperdument amoureuse du taureau blanc que Poséidon avait donné en cadeau à Minos. Il avait été convenu que ce dernier le sacrifierait au dieu pour le remercier, mais Minos était si content de son taureau qu'il pré-

Épouse de Minos, roi de Crète, Pasiphaé tomba éperdument amoureuse du taureau blanc que le dieu de la mer Poséidon avait offert à son mari.

Pièce d'argent (statère) à l'effigie d'un magnifique taureau, Italie du Sud, VIe siècle av. J.-C.

féra le garder pour lui. Pour se venger, Poséidon suscita chez Pasiphaé un amour irrésistible, et contre nature, pour le taureau.

Dédale, le génial artisan attaché à la cour de Minos, fabriqua une vache artificielle pour Pasiphaé, dans laquelle celle-ci se cacha et s'accoupla avec le taureau. De cette étrange union naquit le Minotaure, créature monstrueuse et sanguinaire, à corps d'homme et à tête de taureau. La honte ressentie par Minos à la vue d'un tel monstre fut telle qu'il ordonna à Dédale de lui construire un vaste palais souterrain, le Labyrinthe, dans lequel fut enfermé le Minotaure (*voir* **Minos, Minotaure** *et* **Thésée**).

Patrocle

Fils de Ménoetios, roi d'Oponte, Patrocle est le frère d'armes du grand Achille. Encore jeune homme, il tua, au cours d'une dispute, Clitonymos, fils d'Amphidamas. Par crainte de représailles, Ménoetios envoya son fils à la cour de Pélée, le père d'Achille. Les deux jeunes gens nouèrent des liens d'amitié, et Patrocle accompagna Achille lorsque celui-ci partit pour la guerre de Troie.

Quand Achille se fâcha avec Agamemnon, le chef des Grecs, et se refusa à participer au combat, Patrocle resta aux côtés de son ami (*voir* **Achille**). Ce refus, toutefois, était extrêmement préjudiciable aux guerriers grecs. Les Troyens en profitèrent pour attaquer leur campement, blessant nombre de héros grecs importants. Effrayé par cette situation critique, le vieux Nestor demanda instamment à Patrocle d'intervenir auprès d'Achille pour qu'il change d'avis. Patrocle fut ému par le discours de Nestor et prit même soin d'un des combattants blessés. Un peu plus tard, quand les Troyens, ayant poussé plus avant leur offensive, menacèrent de mettre le feu à la flotte grecque, il ne put se contenir plus longtemps. Après un vif échange avec Achille, ce dernier l'autorisa à rejoindre le champ de bataille, revêtu de sa propre armure. Tandis que les premiers bateaux grecs commençaient à brûler, Patrocle surgit devant les Troyens, monté sur le char d'Achille et conduisant ses troupes. L'impact de cette apparition fut énorme. Les Troyens, pensant qu'Achille en personne contre-attaquait, prirent massivement la fuite. Malheureusement, Zeus, le roi des dieux, vit Patrocle tuer son fils, Sarpédon, qu'il aurait pourtant voulu épargner (*voir* **Sarpédon**).

Grisé par son succès, Patrocle oublia les avertissements que lui avait donnés Achille, de ne pas s'aventurer trop loin dans sa poursuite des Troyens. Il les poursuivit jusqu'aux murs de la ville où le dieu Apollon, soutien indéfectible des Troyens, le stoppa à quatre reprises. Mais Patrocle ne voulut rien entendre : d'une pierre, il abat le cocher d'Hector, et s'élance contre celui-ci. C'est alors qu'il est soudain frappé d'un sort étrange : il perd son casque, son bouclier et sa lance se brise entre ses mains. Un Troyen l'atteint alors dans le dos d'un coup de lance, et Hector l'achève, tandis que dans un dernier souffle, Patrocle lui révèle qu'il sera bientôt tué par Achille (*voir* **Hector**). S'ensuit un terrible combat autour du corps de Patrocle : Hector réussit à s'emparer de ses armes, mais le « grand Ajax » (*voir* **Ajax**) parvient à mettre le corps en sûreté.

Quand les Grecs se trouvèrent en difficulté, Patrocle rejoignit les rangs des combattants après avoir emprunté les armes d'Achille, son compagnon d'armes. Cette Néréide sur un cheval marin, peut-être Thétis, la mère d'Achille, tient à la main un casque : vraisemblablement le nouveau casque forgé par Héphaïstos pour Achille après la mort de Patrocle. Fragment d'une poterie, Arezzo.

En apprenant la mort de son ami, Achille jura de ne pas célébrer ses obsèques avant de s'être vengé des Troyens : c'en était fini de son refus de combattre. Ainsi que l'avait prédit Patrocle dans son dernier souffle, il tua Hector, et traîna son cadavre jusqu'à l'endroit où gisait le corps de Patrocle, que Thétis, la mère d'Achille, avait embaumé d'ambroisie et de nectar, nourriture et boisson des dieux. C'est alors seulement qu'il fit incinérer le corps de son ami et enterrer ses os. En outre – détail cruel et barbare – il sacrifia de sa main douze prisonniers troyens dont il ajouta les corps au bûcher funéraire.

Après la mort d'Achille, les restes mortels des deux frères d'armes furent versés dans la même urne d'or forgée par Héphaïstos.

Pégase *voir* Bellérophon

Pélée *voir* Thétis

Pélops

Pélops est fils de Tantale, roi de Lydie, et frère de Niobé. Il a donné son nom à la péninsule grecque du Péloponnèse (littéralement, « île de Pélops »).

Le « Pasquino » qui se dresse au coin d'une rue de Rome, près de la Piazza Navona. Cette statue très abîmée est celle de Ménélas qui s'efforça de protéger des Troyens le corps de Patrocle après sa mort.

Alors que Pélops était encore un petit garçon, son père invita les dieux olympiens à venir dîner chez lui. Voulant vérifier la clairvoyance des dieux, Tantale tua son fils et le servit à manger à ses hôtes. Tous les dieux virent fort bien de quoi il s'agissait et quittèrent la table de dégoût, à l'exception de Déméter, déesse des blés et des moissons, qui dévora un morceau de l'épaule de Pélops. Les dieux rendirent ensuite la vie à Pélops et Déméter

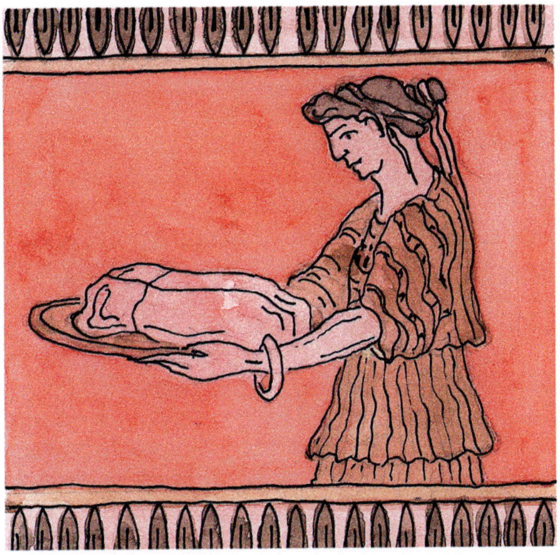

Tantale n'hésita pas à tuer son fils Pélops pour le donner à manger aux dieux. Distraite par le chagrin causé par la disparition de Coré, sa fille, Déméter, déesse de l'agriculture, mangea l'épaule du jeune garçon.

lui donna une épaule d'ivoire. Ainsi, tous ses descendants portèrent à l'épaule la même tache blanche de naissance (*voir* **Tantale**). Après la mort de son père, Pélops hérita du trône, mais il en fut chassé par le roi troyen Ilos, et s'enfuit dans la partie de la Grèce qui porta ensuite son nom.

Dans la région d'Élide, il courtisa Hippodamie, fille du roi de Pise, Œnomaos. Selon certaines versions, celui-ci s'était vu prédire qu'il serait tué par son futur gendre. Dans un autre récit, Œnomaos était amoureux de sa propre fille et voulut par conséquent l'empêcher d'épouser Pélops. Toujours est-il qu'il mit ce dernier au défi de le battre dans une course de chars. Cette course devait se dérouler sur une longue piste rejoignant Pise à l'Isthme de Corinthe, sur l'autre côté du Péloponnèse. Le prétendant devait partir le premier, en prenant Hippodamie sur son char. Après avoir fait une offrande à Arès, le dieu de la guerre, Œnomaos partait à leur poursuite. S'il dépassait Pélops, il serait autorisé à le tuer, mais dans le cas inverse, non seulement il perdrait sa fille, mais son gendre serait également autorisé à le tuer. Cette éventualité paraissait d'autant plus improbable qu'Arès avait fait don à Œnomaos de deux chevaux immortels. En outre, ce dernier avait un excellent cocher, Myrtilos, fils d'Hermès, qui était lui-même amoureux d'Hippodamie, mais qui n'osait pas se mesurer à son maître.

Pélops, qui s'avérait aussi dénué de scrupules que son abominable père, soudoya Myrtilos en lui offrant une nuit avec Hippodamie et la moitié du royaume d'Œnomaos s'il consentait à saboter le char de son maître. Ainsi, au cours de la course, l'essieu du char d'Œnomaos se brisa : le roi périt dans l'accident, ou selon d'autres récits, fut tué par Pélops. Avant de mourir, Œnomaos, réalisant qu'il avait été trahi, eut toutefois le temps de maudire son cocher et de lui prédire qu'il serait tué lui aussi par Pélops.

Pélops épousa Hippodamie et devint roi de Pise. Mais il ne tint pas les promesses qu'il avait faites à Myrtilos, bien au contraire : lors d'une randonnée le long de la côte, il le précipita dans la mer du haut des rochers. Mais là encore, avant de se noyer, le cocher eut le temps de maudire Pélops – et tous ses descendants, les Atrides.

Pélops se repentit de ses crimes et érigea un monument à Olympie en mémoire de Myrtilos. Il fut un souverain puissant, étendant son

Pélops gagna la main d'Hippodamie en battant Œnomaos dans une course de chars. Précisons qu'il avait réussi à saboter le char de son adversaire, qui mourut dans l'accident ainsi provoqué. Peinture sur amphore étrusque, VIe siècle av. J.-C.

autorité sur la totalité du Péloponnèse. Mais la malédiction de Myrtilos restait en vigueur. Elle s'abattit sur les fils de Pélops, Atrée et Thyeste, qui commirent à leur tour d'abominables crimes : s'ensuivit un cycle de meurtres et de vengeances qui ne prit fin qu'avec l'arrière-petit-fils de Pélops, Oreste, quand celui-ci fut jugé sur l'Aréopage d'Athènes (*voir* **Agamemnon, Atrée** *et* **Oreste**) et acquitté. Bien longtemps avant cet événement, Pélops avait lui-même été profondément marqué par la fin tragique de sa sœur, Niobé, dont les enfants furent exterminés par Apollon et Artémis tandis qu'elle-même, de douleur, se changeait en pierre (*voir* **Niobé**).

Pénélope

Fille du roi de Sparte Icarios et de la nymphe Périboa, Pénélope est l'épouse d'Ulysse, roi de l'île d'Ithaque et le plus sage et rusé des héros grecs pendant la guerre de Troie (*voir* **Odyssée et Ulysse**). Leur fils se nomme Télémaque. Durant l'absence de son mari (après les dix années de guerre à Troie, il fallut à Ulysse dix autres années pour revenir chez lui) Pénélope se révéla une épouse d'une fidélité extraordinaire : à aucun moment, elle ne douta du retour de son mari, et elle résista aux pressions exercées sur elle par les nobles d'Ithaque pour qu'elle épouse l'un d'eux.

Elle mystifia tous les prétendants, qui dilapidaient les richesses d'Ulysse, en leur promettant de faire son choix dès qu'elle aurait fini de tisser un linceul destiné à Laërte, son beau-père. Elle passait donc la journée à le tisser, mais défaisait la nuit ce qu'elle avait tissé la veille. Elle est aussi astucieuse et intelligente qu'Ulysse. Ainsi, quand Ulysse revient enfin à Ithaque et massacre les prétendants, craignant d'avoir affaire à un imposteur, elle ne reconnaît son mari qu'au moment où celui-ci lui confie un secret qu'ils sont les seuls, tous les deux, à savoir : que l'un des pieds de leur lit conjugal, qu'Ulysse avait fabriqué lui-même, n'est autre que le tronc d'un vieil olivier toujours enraciné dans le sol. Après leurs retrouvailles, Ulysse et Pénélope vécurent longtemps ensemble, et heureux.

Persée

Persée est fils de Zeus, le dieu suprême, et d'une mortelle, Danaé. Il est l'un de ces demi-dieux de la mythologie grecque qui accomplis-

Pénélope tissant. En travaillant le jour à un linceul (pour son beau-père) qu'elle défaisait la nuit, elle réussit à tromper durablement les prétendants.

Perséphone, maîtresse du royaume des morts, se tient ici au côté de son mari, le sinistre Hadès.

sent, comme Héraclès et Thésée, de multiples exploits surhumains.

Acrisios, roi d'Argos, avait enfermé sa fille Danaé dans une tour de bronze, à la suite d'une prophétie selon laquelle il serait tué par le fils que porterait sa fille. Zeus, qui convoitait Danaé, intervint alors, et sous la forme d'une pluie d'or se rendit auprès d'elle : Persée naquit de leur union (*voir* **Danaé**). Furieux, Acrisios plaça Persée et sa mère dans un coffre qu'il jeta à la mer. Mais, avec la protection de Zeus, le coffre finit par aborder l'île de Sériphos, où Danaé et son enfant furent recueillis par Dictys, un pêcheur frère du roi de l'île, Polydectès. Persée fut donc élevé par sa mère et Dictys. Or, Polydectès s'éprit violemment de Danaé, et il décida de se débarrasser du jeune héros qui veillait fidèlement sur sa mère : il ordonna à Persée de lui rapporter la tête de Méduse, une des trois Gorgones. Selon des critères humains, c'était là une tâche impossible, car l'aspect de Méduse était si terrifiant qu'on ne pouvait la regarder sans être aussitôt changé en pierre (*voir* **Gorgones**).

Heureusement, Persée reçut l'aide d'Athéna, laquelle avait un compte à régler avec Méduse : celle-ci avait eu des rapports sexuels avec Poséidon (selon certains récits, elle avait en fait été violée par le dieu) dans un sanctuaire consacré à Athéna. Athéna fit don à Persée d'un bouclier de bronze poli, qui faisait miroir, et elle lui indiqua comment procéder. Il devait d'abord aller voir les trois Vieilles (ou deux, selon certaines versions), les sœurs des Gorgones, lesquelles ne possédaient qu'un seul œil qu'elles utilisaient à tour de rôle. Persée leur déroba cet œil et les obligea à lui indiquer le chemin conduisant aux Gorgones. Après qu'elles lui eurent donné l'information, il jeta leur œil dans un lac, afin qu'elles ne puissent avertir les Gorgones de son arrivée. Puis, des nymphes donnèrent à Persée un casque qui le rendait invisible, une paire de sandales ailées, et un sac dans lequel il mettrait la tête de Méduse. Hermès lui donna en outre un sabre magique.

Ayant chaussé les sandales ailées, Persée put se rendre rapidement au pays des Gorgones, au bord de l'Océan, le fleuve qui entourait le monde. Les trois sœurs hideuses dormaient d'un profond sommeil : Persée s'approcha d'elles prudemment tout en gardant l'œil sur Méduse grâce à son bouclier qui faisait miroir et lui permettait de la regarder sans être changé en pierre. Puis, armé du sabre d'Hermès, il trancha la tête monstrueuse couverte de serpents, et la mit dans son sac. Du sang de Méduse naquirent le monstre Chrysaor et Pégase, le cheval ailé (*voir* **Bellérophon**).

Selon le poète Ovide, la première rencontre que fit Persée dans son voyage de retour fut celle d'Atlas, le Titan, auquel il se présenta comme étant un fils de Zeus. Cela ne lui facilita guère les choses, car un oracle avait prédit à Atlas qu'un fils de Zeus viendrait lui voler les pommes d'or dans les jardins des Hespérides. Quand il vit que le géant prenait une attitude menaçante, Persée lui sortit la tête de Méduse, et Atlas se transforma aussi-

Tandis que la candide Perséphone cueille des fleurs avec ses amies, Hadès la saisit soudain et l'entraîne vers son char. Tableau attribué à Tintoret, XVIe siècle.

tôt en pierre, devenant la chaîne montagneuse qui porte encore son nom (*voir* **Atlas**). Poursuivant son voyage à travers l'Afrique, Persée arriva en Éthiopie, où il aperçut une belle jeune fille attachée à un rocher près de la mer. Il s'agissait d'Andromède, la fille du roi Céphée, offerte en sacrifice à un monstre marin en expiation pour une déclaration insolente de sa mère, Cassiopée (voir **Andromède**). Persée vit avec horreur le monstre surgir des profondeurs de la mer pour dévorer Andromède. Il proposa aux parents désespérés, présents sur le rivage, de la sauver, à condition qu'il puisse ensuite l'épouser. Céphée et Cassiopée acceptèrent immédiatement et lui offrirent même également en dot leur royaume. Persée fonça comme un oiseau de proie sur le monstre qu'il blessa au flanc avec son sabre. Ses sandales ailées lui permirent d'éviter les contre-attaques du monstre, et après avoir reçu d'autres blessures, le monstre mourut.

Déméter dut accepter la solution proposée : sa fille passerait une partie de l'année dans le monde souterrain, et le restant auprès d'elle. Buste de terre cuite, Tarente, IVe siècle av. J.-C.

Le mariage entre Persée et Andromède ne fut pas aussi paisible que prévu. En effet, Céphée avait déjà promis Andromède à son frère, Phinée, et celui-ci ne se laissa pas faire. Avec toute une troupe de partisans, il fit irruption au beau milieu de la cérémonie nuptiale qui tourna rapidement à la bataille générale. Il y eut d'innombrables victimes, et Persée n'eut d'autre choix que de sortir, une nouvelle fois encore, la tête de Méduse : Phinée et ses compagnons furent aussitôt pétrifiés.

Après qu'Andromède eut donné un fils à Persée, le couple se rendit à Sériphos. Persée arriva juste à temps pour sauver sa mère et Dictys, assiégés par Polydectès, et qui avaient été obligés de chercher asile dans un temple. Polydectès refusa de croire que Persée avait effectivement rempli sa mission, et traita le héros avec mépris. Une fois de plus, Persée sortit du sac la tête de Méduse, et Polydectès se changea en pierre inerte.

Persée confia ensuite le trône de Sériphos à Dictys et poursuivit son voyage jusqu'à Argos,

Équipé de sandales ailées, d'un chapeau qui le rendait invisible, d'un sabre et de la tête de Méduse dont il se servait comme d'une arme, Persée était en mesure d'accomplir les plus grands exploits.

le royaume de son grand-père. Craignant que la fin qu'on lui avait prédite fût proche, Acrisios s'enfuît en Thessalie – mais en vain. Persée s'y rendit également, et un jour qu'Acrisios et lui s'affrontaient dans des jeux sportifs devant le roi local, un disque lancé par Persée vint accidentellement frapper Acrisios, qui en mourut.

De retour à Argos, Persée changea en statue Proétos, l'usurpateur qui y régnait, puis il monta sur le trône d'Argos, ou selon d'autres récits, sur celui de Tirynthe. Quoi qu'il en soit, il vécut désormais heureux avec Andromède, qui lui donna cinq autres fils et une fille.

Avec l'aide d'Athéna, Persée s'empara de la tête hideuse de Méduse, la Gorgone. Tête de Méduse, relief d'Aphrodisias.

Après la mort de Persée, Athéna, sa protectrice, fit de lui une constellation, et le même honneur fut accordé à Andromède et à ses parents. Bien avant tout cela, Athéna avait pris pour elle la tête de Méduse et l'avait fixée sur son bouclier, ou sur l'*égide* qu'elle porte sur ses épaules.

Perséphone,
(déesse romaine : Proserpine)

Perséphone est la fille unique de Déméter, la déesse de l'agriculture, et de Zeus, le roi des dieux. Elle aussi était initialement déesse de l'agriculture, comme sa mère, mais ayant épousé le dieu du monde souterrain, Hadès, elle devint la reine du royaume des morts.

Déméter s'opposa au mariage de sa fille avec Hadès. Mais sans qu'elle en fût informée, Zeus avait promis la belle Perséphone à son sinistre frère. Un jour que la jeune fille cueillait des fleurs dans un bois, en Sicile, le sombre dieu de la mort surgit soudainement devant elle. Ovide en a donné ce récit : « Tandis que, dans ce bois, joue Proserpine [le nom latin de Perséphone], qu'elle y cueille des violettes ou des lys blancs, tandis que, avec tout le zèle d'une jeune fille,

Enchaînée à son rocher, Andromède observe avec inquiétude Persée plongeant audacieusement sur le monstre marin qui voulait la dévorer. Peinture à l'huile, Peter Paul Rubens, XVIIe siècle.

elle en emplit des corbeilles et les plis de sa robe, qu'elle s'efforce de l'emporter sur ses compagnes dans sa cueillette, presque en un même instant elle fut aperçue, aimée et enlevée par Pluton [le nom latin d'Hadès] ; telle est la promptitude de l'amour. La déesse, effrayée, appelle avec des cris désespérés sa mère et ses compagnes, mais plus souvent sa mère, et, comme elle avait déchiré depuis le col sa robe, les fleurs cueillies tombèrent de sa tunique dénouée. Et, si grande était l'ingénuité de ses années enfantines, que cette perte aussi chagrina son âme virginale. » (Ovide, *Les Métamorphoses*, 391-401).

Le cœur brisé, Déméter fit tout ce qu'elle put pour qu'on lui rende sa fille, mais dut finalement se résigner à voir Perséphone passer une partie de l'année (de quatre à six mois) dans le monde souterrain, et le reste avec elle (*voir* **Déméter**). Perséphone, en effet, avait eu le tort de manger quelques grains de grenade : or, selon une loi ancienne, seuls ceux qui n'avaient rien consommé dans le monde souterrain pouvaient en sortir définitivement.

Il semble que Perséphone ait accepté son sort beaucoup plus facilement que sa mère : celle-ci en eut tant de chagrin que durant son absence, chaque année, la terre devint aride et sèche. Perséphone se comporta comme si elle était elle-même une déesse de la mort. Homère l'appelle « la redoutable », et dans l'*Odyssée*, lorsqu'il raconte sa descente dans les Enfers, Ulysse lui attribue un rôle important dans l'administration du royaume des morts : c'est elle qui choisit les ombres qui pourront converser avec lui (*voir* **Hadès**). La mort de Perséphone et son retour parmi les vivants sont un thème central des mystères qu'on célébrait chaque année à Éleusis, près d'Athènes, et qui étaient réservés aux initiés (*voir* **Déméter**).

La constellation de Persée. Le héros tient d'une main la tête de Méduse qu'il vient de trancher avec son sabre.

Phaéton

Phaéton est fils d'Hélios, dieu grec du soleil, et de l'Océanide (une nymphe marine) Clyméné. Confié aux seuls soins de sa mère, il fut élevé en Égypte. Alors qu'il était devenu jeune homme, son ami Épaphos lui déclara qu'il n'était aucunement le fils d'Hélios et que sa mère lui avait menti sur ses origines. Clyméné lui jura le contraire et lui indiqua l'endroit où il pourrait trouver le dieu du soleil.

Monnaie à l'effigie de Persée, roi de Macédoine, homonyme historique du héros. Le revers de la pièce montre un aigle perché sur des éclairs, symbole du pouvoir royal. Pièce d'argent (tétradrachme), IIe siècle av. J.-C.

Phaéton se mit en route et rendit visite à son père dans son palais étincelant, décoré d'or, d'argent et d'ivoire, qui se dressait à l'extrémité orientale du monde. Le dieu du soleil lui fit un accueil chaleureux. Phaéton lui demanda de lui donner une preuve irréfutable qu'il était bien son père. Hélios le lui jura par le Styx, le fleuve infernal, ajoutant qu'il était prêt à lui donner tout ce qu'il voudrait pour dissiper ses doutes. C'était là une erreur, car le jeune homme lui demanda immédiatement la permission de conduire pendant une journée le char solaire à travers le ciel (*voir* **Hélios**). Hélios regretta aussitôt sa promesse, mais ne pouvant revenir en arrière, il avertit néanmoins Phaéton des graves dangers auxquels il s'exposait et des risques pour le monde : en effet, seul Hélios, et personne d'autre, pas même Zeus, était autorisé à conduire le char du soleil et les chevaux sauvages qui y étaient attelés. Mais Phaéton refusa de changer d'avis et, plein d'inquiétude, Hélios le conduisit jusqu'au char.

Les quatre chevaux souffleurs de feu y furent attelés, et après qu'Hélios eut averti son fils de ne pas faire courir les chevaux trop vite, ni trop haut, ni, surtout, trop bas, Phaéton monta sur le splendide char. Tout excité, il prit le départ mais perdit presque aussitôt le contrôle de son attelage. Le char du soleil dévia de sa route, provoquant la panique parmi les constellations, puis s'approcha beaucoup trop près de la terre. Des villes et des pays entiers furent brûlés par la chaleur solaire et de terribles incendies se formèrent partout ; les fleuves s'asséchèrent, les déserts se multiplièrent, et la peau des Éthiopiens vira au noir. Saisie d'angoisse, Gaia, personnification de la Terre, appela Zeus à son secours. Le roi des dieux comprit qu'il lui fallait intervenir rapidement et frappa de sa foudre le malheureux cocher. Celui-ci tomba dans le fleuve Éridan (le Pô actuel), et cette chute lui fut fatale. Il fut enterré par les nymphes, et les mots suivants furent inscrits sur sa tombe :
Ci-gît Phaéton, qui conduisit le char paternel. S'il ne put le diriger, du moins périt-il victime d'une noble audace. (Ovide, *Les Métamorphoses*, II, 326-329)

Hélios fut si bouleversé par la mort de son fils que la terre resta dans l'obscurité une journée entière ; Clyméné erra de par le monde, folle de chagrin ; les sœurs de Phaéton furent transformées en peupliers ; et son parent et ami Cycnos (à ne pas confondre avec un autre Cycnos fils de Poséidon, *voir* **Poséidon**) se changea en cygne, ne cessant de pleurer sous l'effet de la douleur. D'où l'expression consacrée, le « chant du cygne ».

Après que Zeus eut foudroyé Phaéton lors de sa folle équipée sur le char solaire de son père, son ami Cycnos fut transformé en cygne.

Phèdre *voir* Thésée

Phœbé

Beaucoup de personnages mythologiques portent le nom de Phœbé. Le plus important était une Titanide, fille d'Ouranos et de Gaia. Léto, la mère des deux jumeaux divins, Apollon et Artémis, et sœur d'Astéria, était issue de l'union de Phœbé avec Cœos. Leucippos eut lui aussi une fille nommée Phœbé, et il en va de même avec Tyndare et Léda. Dans ce dernier cas, Phœbé est une demi-sœur d'Hélène, la plus belle des femmes dans la mythologie grecque, et des Dioscures Castor et Pollux. Enfin, Artémis, la déesse de la chasse et de la nature vierge, est parfois appelée Phœbé : elle est alors l'analogue féminin de son frère Phébus (« le Brillant »), Apollon, dieu du soleil.

Pluton *voir* Hadès

Polyphème

Clyméné fut si bouleversée par la mort de son fils Phaéton qu'elle erra de par le monde, folle de douleur. Femme se lamentant, fragment d'une peinture sur un vase athénien, ve siècle av. J.-C.

La Titanide Phoebé, « la Brillante », était la grand-mère d'Apollon et d'Artémis.

Fils du dieu de la mer Poséidon, Polyphème est le Cyclope qui accueillit de manière brutale Ulysse et ses compagnons lors de leur voyage de retour, après la guerre de Troie. Il dévora à cette occasion plusieurs des marins d'Ulysse, mais ce dernier trouva le moyen de l'enivrer et de crever son œil unique. Lui et ses hommes se suspendirent alors au ventre des moutons du Cyclope et réussirent ainsi à lui échapper (pour les détails de ce récit, *voir* **Cyclopes** *et* **Odyssée et Ulysse**).

Juste avant ces événements dramatiques, Polyphème était tombé follement amoureux de la Néréide Galatée. Mais cette nymphe marine était elle-même éprise d'Acis, fils du dieu Pan, et le Cyclope, qui avait pourtant essayé de se couper les cheveux et la barbe pour la séduire, lui faisait grand peur. Polyphème composa également une étrange sérénade dans laquelle il faisait l'éloge des charmes de Galatée et des siens : autant dire qu'il se couvrit de ridicule. On l'entendit ainsi célébrer la virilité de sa grande barbe et de son corps velu, et comparer son œil unique au disque du soleil.

Comme on pouvait s'y attendre, Galatée resta insensible à cette sérénade : et Polyphème d'abandonner toutes ses bonnes intentions et de se comporter en homme civilisé. Sa vraie nature de brute cruelle reprit le dessus : rendu furieux par la jalousie, il tua Acis en l'écrasant sous un énorme rocher. Acis fut ensuite métamorphosé en fleuve.

Polyxène

Polyxène est l'une des filles de Priam, le roi de Troie, et d'Hécube, son épouse. À la chute de

Ulysse crève l'œil unique de Polyphème, le Cyclope qu'il a enivré.

la ville, les chefs de l'armée grecque se partagèrent les Troyennes. C'est alors que se manifesta l'ombre d'Achille, le grand héros de la guerre, qui sortit de sa tombe pour réclamer sa part du butin. Il exigea que Polyxène lui soit offerte en sacrifice. Les Grecs décidèrent d'exaucer son souhait. La mère de Polyxène, Hécube, éclata en lamentations, mais la jeune fille monta calmement sur le tombeau d'Achille et, retirant le haut de sa tunique, offrit son sein à l'épée du fils d'Achille, Néoptolème. Euripide évoque les paroles prononcées par Polyxène à l'adresse de celui qui va la tuer: « Voici ma poitrine, jeune roi. Si tu dois la frapper, frappe. Si c'est au cou, voici ma gorge prête. » Lui hésitait, tant il avait regret pour cette enfant, puis il tranche de son couteau le passage du souffle, et une source en jaillit. Jusqu'en mourant, elle eut souci de ne tomber qu'avec décence, cachant ce qui est interdit aux yeux des mâles. » (Euripide, *Hécube*, 564-570)

Selon certains récits, le choix de l'ombre d'Achille pour Polyxène s'expliquait par le fait que le héros grec s'était épris de la jeune fille quand il était encore en vie, et c'est Hector, frère de Polyxène, qui aurait empêché leur mariage. Mais après qu'Achille eut tué Hector, les deux jeunes gens se seraient à nouveau rencontrés : c'est alors que Pâris, qui s'était caché pour les épier, profita de l'occasion et tua Achille de la flèche qu'Apollon guida vers sa cible.

Pomone *voir* Vertumne

Poséidon
(dieu romain : Neptune)

Poséidon, le puissant dieu qui règne sur toutes les étendues marines et aquatiques du monde, est fils de Cronos et de Rhéa, et frère aîné du roi des dieux, Zeus. Il fait partie des douze divinités qui vivent avec Zeus sur le mont Olympe. Toutefois, on le trouve le plus souvent dans son superbe palais sous-marin, ne venant sur l'Olympe que pour rencontrer les autres dieux.

Cronos et les autres Titans (*voir* **Cronos** *et* **Titans**) exercèrent le pouvoir suprême jusqu'à ce que Zeus leur déclare la guerre. Après la victoire des dieux Olympiens, les trois frères, Zeus, Hadès et Poséidon, se partagèrent le monde: le monde souterrain revint à Hadès, Zeus régna sur le ciel, et Poséidon, sur la mer. Étant roi des dieux, Zeus régnait également sur la terre, mais celle-ci demeura, en quelque sorte, « terrain neutre ». C'est pourquoi le dieu de la mer y manifestait régulièrement sa présence, notamment par des tremblements de terre. On redoutait fort le dieu irascible qu'était Poséidon, « l'Ébranleur du sol », comme l'appelle Homère, responsable également des raz de marée et des terribles tempêtes sur la mer.

Poséidon n'acceptait qu'à contrecœur la domination de son frère Zeus. Il lui arriva

Le disgracieux Polyphème tomba passionnément amoureux de la Néréide Galatée et se ridiculisa en composant pour elle une chanson d'amour. Néréide faisant partie de la Fontaine de Neptune sur la Piazza Navona à Rome, XVIe siècle.

L'ombre d'Achille sort de son tombeau et exige que la princesse troyenne Polyxène lui soit sacrifiée. C'est à Néoptolème, fils du héros, que revint la tâche de tuer la jeune fille en utilisant l'épée de son père. Polyxène marcha sans peur à la mort. Achille, peinture sur un fragment d'amphore, VIe siècle av. J.-C.

même de conspirer contre lui, en compagnie d'Héra et d'Athéna, respectivement épouse et fille du roi des dieux. Tous les trois avaient projeté de l'enchaîner, et ce fut la Néréide Thétis qui vint à la rescousse de Zeus : elle convoqua rapidement Briarée, le géant aux cent bras, qui était d'une force prodigieuse. Arrivé sur l'Olympe, celui-ci prit place auprès de Zeus, et par sa seule présence stoppa la rébellion.

Dieu redoutable et capricieux, dont les marins devaient se concilier les bonnes grâces, Poséidon était vénéré dans l'ensemble du monde grec et romain. De multiples représentations le montrent comme un personnage imposant, doté d'une grande barbe et d'un trident. Cette arme, dont il se servait pour harponner les poissons, avait été forgée par les Cyclopes (ceux-ci avaient également fabriqué les éclairs foudroyants de Zeus, et le casque d'Hadès qui le rendait invisible). Selon certains, Poséidon avait été initialement un dieu de la terre (on pense effectivement que son nom signifiait « mari de la terre »), qui se substitua par la suite à des divinités marines plus anciennes et plus bienveillantes, comme Nérée et Protée. On supposait également qu'il avait été autrefois vénéré sous la forme d'un cheval (de même que Héra avait la forme d'une génisse et Athéna celle d'une chouette). Toujours est-il qu'on lui attribuait la création du cheval, du taureau et du dauphin.

Poséidon, le puissant roi des eaux, et son attribut permanent, le trident.

Quand les trois fils de Cronos et Rhéa se partagèrent le monde, la domination des eaux et des mers revint à Poséidon. Statue de Poséidon, Milet, période classique.

Il lui arrivait en effet de faire don de chevaux d'une rapidité exceptionnelle à quelques mortels privilégiés. C'est ainsi qu'il donna à Pélops les chevaux qui lui permirent de gagner les courses dont le prix était Hippodamie, sa future épouse (*voir* **Pélops**). De même, associé aux autres dieux, il fit don de Xanthos et de Balios, les chevaux immortels, à Pélée, à l'occasion de son mariage avec la déesse Thétis. Lui-même possédait un char tiré par des chevaux marins lui permettant de fendre les vagues à une vitesse époustouflante. Son épouse, Amphitrite, fille de l'ancien dieu de la

Poséidon n'accepta pas de gaîté de cœur la souveraineté de son frère Zeus. Il tenta même de le détrôner en complotant avec Héra et Athéna, respectivement épouse et fille du roi des dieux. Tête de Zeus, Nemrut Dagh, Turquie, Ier siècle av. J.-C.

mer Nérée, vivait à ses côtés dans son magnifique palais sous-marin. Faisaient également partie de son entourage leur fils, Triton, qui avait la forme du poisson qui porte son nom (*voir* **Triton**), et leurs filles Rhodé et Benthésicymé.

À l'instar de son frère Zeus, Poséidon n'a rien d'un époux fidèle. On lui attribuait de multiples aventures avec des déesses, des nymphes et des mortelles, qui lui apportèrent d'innombrables descendants. Avant son mariage avec Amphitrite, il avait déjà eu une liaison romanesque avec sa sœur Déméter, et il avait même engendré le géant Antée avec sa grand-mère Gaia. Polyphème, l'infâme Cyclope, était lui aussi un fils de Poséidon (*voir* **Polyphème**), et la paternité du héros Thésée lui est même parfois attribuée. Quant à Cycnos, un autre de ses fils, il eut beau l'avoir rendu invulnérable, cela n'empêcha pas Achille de le tuer, en l'étranglant avec la jugulaire de son propre casque. À la suite de quoi, Poséidon métamorphosa Cycnos en cygne.

Parmi les victimes de la lubricité de Poséidon, citons la Gorgone Méduse (*voir* **Gorgones**). Bien que les gorgones fussent connues pour leur aspect répugnant et terrifiant, certains ont dit que Méduse avait été autrefois d'une grande beauté. Elle était si belle que Poséidon ne put s'empêcher de la violenter dans un sanctuaire consacré à Athéna : furieuse, celle-ci punit Méduse – et curieusement, pas Poséidon ! – en transformant sa magnifique chevelure en un véritable nœud de

Poséidon n'était peut-être pas initialement un dieu marin. Il aurait primitivement été vénéré sous forme de cheval. Ses chevaux marins lui permettaient en tout cas de sillonner à grande vitesse l'étendue des eaux. Fontaine de Neptune, Piazza Navona, Rome, XVIe siècle.

L'escorte de Poséidon, roi des mers, comportait de nombreuses nymphes marines, les Néréides, ainsi que le dieu Triton. La mythologie fait d'ailleurs état de plusieurs « Tritons ». Néréide chevauchant un Triton, sculpture de terre cuite, Tarente, Ier siècle av. J.-C.

vipères. Quand, peu après, Méduse fut tuée par Persée, avec l'aide d'une Athéna toujours en colère, la Gorgone était enceinte des œuvres de Poséidon : à peine venait-elle d'être décapitée, que les fils du dieu, Chrysaor et Pégase (un cheval ailé, *voir* **Bellérophon**), jaillirent de son sang.

Coronis fut une autre victime des appétits sexuels de Poséidon. La belle princesse ne dut son salut, à la dernière minute, qu'à la déesse Athéna, laquelle la transforma en corneille. De même, Caenée, fille du roi de Thessalie, demanda à Poséidon de la changer en homme après que le dieu eut abusé d'elle.

Comme tous les autres dieux marins, Poséidon a la capacité de se transformer très facilement, et il ne se prive pas d'utiliser ce pouvoir lors de ses aventures amoureuses. On le voit ainsi « se déguiser », entre autres, en cheval, en taureau, en oiseau, en bélier, et en dauphin.

Les rapports de Poséidon avec les mortels ne sont pas de nature exclusivement érotique. Ainsi il construisit, avec Apollon, les murailles de la ville de Troie pour le compte du roi Laomédon. Ce dernier ayant refusé de le payer selon le salaire convenu, le dieu de la mer se vengea en suscitant un terrible déluge et exigea même que la fille du roi fût offerte en sacrifice à un monstre marin. Héraclès la sauva, mais lui aussi se vit refuser la récompense qui lui avait été promise (*voir* **Héraclès**). La vengeance de Poséidon s'exerça sur les descendants de Laomédon, et le dieu de la mer (contrairement à Apollon) fut l'un des soutiens les plus acharnés des guerriers grecs lors du

Poséidon était entouré de toutes sortes d'êtres marins, dont, bien sûr, les dauphins, lesquels lui étaient consacrés. Il est ici manifestement mécontent de voir un dieu ailé sur le dos d'un de ses dauphins. Relief sur une plaque de terre cuite, Tunisie, IVe *siècle de notre ère.*

siège de Troie. Après la chute de la ville, toutefois, les Grecs eurent eux aussi à subir les assauts du dieu. C'est lui, par exemple, qui tua le « petit Ajax » (fils d'Oïlée), lequel avait profané le sanctuaire troyen d'Athéna en y faisant violence à Cassandre, la princesse troyenne (*voir* **Ajax**). Ulysse lui-même éprouva la colère de Poséidon après avoir rendu aveugle le fils du dieu, le cyclope Polyphème.

Un autre conflit opposa Poséidon à Minos, roi de Crète. Minos avait demandé au dieu de lui fournir un taureau qu'il lui offrirait ensuite en sacrifice : Poséidon lui donna donc un magnifique taureau blanc qu'il fit surgir de la mer. Minos fut si ravi de son taureau qu'il préféra le garder pour lui, au lieu de le sacrifier à Poséidon. Ce dernier se vengea en suscitant chez Pasiphaé, l'épouse de Minos, une folle passion pour le taureau auquel elle s'accoupla. De cette union naquit le Minotaure, un monstre à corps d'homme et tête de taureau (*voir* **Minos, Minotaure,** *et* **Pasiphaé**).

Les problèmes de Poséidon avec les citoyens d'Athènes furent d'une autre nature. Il était alors en compétition avec Athéna pour savoir lequel des deux régneraient sur l'Attique, la région où est située Athènes. Chacune des deux divinités fut donc invitée à offrir ce qui lui semblait le don le plus utile pour la ville. Poséidon frappa de son trident le sol de l'Acropole et en fit jaillir une source d'eau saumâtre. Athéna fit beaucoup mieux : elle fit pousser un olivier, et fut donc déclarée vainqueur et protectrice de la cité. Mauvais perdant, Poséidon suscita un énorme déluge en Attique, et il fallut l'intervention de Zeus pour réconcilier les Athéniens avec le dieu de la mer – la navigation et le commerce maritime étaient des activités fondamentales pour la ville.

Poséidon offrit à Minos, roi de Crète, un magnifique taureau. Il avait été convenu que celui-ci lui serait sacrifié, mais Minos trouva l'animal si beau qu'il préféra le garder pour lui. Rhyton *(vase à boire) en forme de tête de taureau, Asie Mineure (Turquie).*

Après deux mille ans de christianisme, Poséidon, plus particulièrement sous son nom latin de Neptune, est resté l'un des dieux grecs les plus connus : en comparaison, Zeus a beaucoup perdu de sa prééminence, et Hadès est complètement tombé dans l'oubli. Depuis la Renaissance, Poséidon/Neptune a retrouvé une part importante de son ancienne notoriété : ses statues interviennent dans d'innombrables fontaines monumentales ; et à l'aube des temps modernes, un nouveau rite lui fut même consacré : quand des marins et des passagers passaient pour la première fois l'Équateur, on leur administrait le « baptême de Neptune », au cours duquel un membre de l'équipage déguisé en dieu marin les aspergeait d'eau salée ou les plongeait dans un baquet rempli d'eau de mer.

Priam

Priam est le fils du roi troyen Laomédon, et c'est lui qui règna sur la ville durant la guerre de Troie.

Quand Héraclès détruisit la cité de Troie pour se venger de Laomédon – celui-ci refusait de lui donner sa fille Hésioné en mariage ainsi qu'il l'avait promis (*voir* **Héraclès**) – , Hésioné le supplia d'épargner Priam : Héraclès accéda à sa requête et, sous le règne de Priam, Troie devint une cité prospère et puissante à laquelle était soumis un arrière-pays très étendu. Priam eut cinquante fils, dont dix-neuf de sa femme Hécube : l'aîné, le fils préféré de ses parents, était Hector, qui se révéla l'un des guerriers les plus braves pendant la guerre de Troie (*voir* **Hector**). Selon certaines versions, toutefois, le fils aîné de Priam aurait été Pâris.

Pâris est un personnage beaucoup moins estimable qu'Hector : son indolence et son égoïsme sont à l'origine des malheurs de sa patrie (*voir* **Pâris**). Parmi les autres fils de Priam, citons Déiphobe, Troïlos – tué par Achille, le grand héros grec –, le devin Hélénos, et Polydoros. Priam eut également cinquante filles, les plus célèbres étant Cassandre, la prophétesse dont les prédictions n'étaient jamais crues (*voir* **Cassandre**), et Polyxène.

Poséidon (Neptune) s'apprête à tuer une pieuvre monstrueuse. Le redoutable – et redouté – dieu de la mer est resté l'une des plus importantes figures mythologiques. Fontaine de Neptune, Piazza Navona, Rome, XVIe siècle.

Excités par la personnification de l'Envie (la vieille femme en haut à gauche), des dieux marins se battent. La richesse des mythes concernant Poséidon et son entourage furent une source d'inspiration pour les artistes de la Renaissance. Gravure d'Andrea Mantegna, XVe siècle.

Priam fait son apprentissage de guerrier dès sa prime jeunesse, en combattant aux côtés des Phrygiens contre les Amazones. Au moment où éclate la guerre de Troie, il est déjà très vieux et ne peut plus prendre une part active aux combats. Il n'apparaît qu'une fois sur le champ de bataille, quand il vient traiter avec Agamemnon, commandant en chef de l'armée grecque, afin d'organiser le duel entre Ménélas et Pâris destiné à mettre fin au conflit. Quelque temps après, le vieux roi, escorté par le dieu Hermès, se rend dans le camp grec pour supplier Achille de lui rendre le corps de

Du haut des murailles de Troie, le vieux roi Priam observe les combats qui ont lieu dans la plaine, entre la cité et le camp des Grecs.

Ayant un vieux compte à régler avec le roi de Troie, Laomédon, Héraclès détruisit la ville, mais il épargna Priam, qui, à l'époque, était encore un jeune homme. Tête d'Héraclès, Nemrut Dagh, Turquie, Ier siècle av. J.-C.

son fils Hector, qu'Achille a tué. Homère décrit de manière émouvante la rencontre entre le jeune guerrier impétueux et le vieil homme écrasé de chagrin. Achille commence par refuser, mais à la vue du vieillard en larmes il change d'avis (précisons que Priam lui verse également une énorme rançon). « Brusquement, de son siège il [Achille] se lève, il prend la main du vieillard, il le met debout : il s'apitoie sur ce front blanc, sur cette barbe blanche. Puis prenant la parole, il dit ces mots ailés : "Malheureux ! que de peines auras-tu endurées dans ton cœur !" (L'Iliade, XXIV, 513-517). Une sorte d'amitié commence alors à se tisser entre les deux ennemis, et quand Priam prend congé de son hôte, celui-ci lui promet qu'il pourra regagner Troie en toute sûreté et emporter le corps d'Hector. « Cela dit, il prend au poignet la main du vieillard, afin que celui-ci n'ait plus peur en son âme. »

Cette image de Priam en roi généreux et humain est également confirmée par son attitude envers Hélène, la jeune femme dont l'enlèvement par Pâris est à l'origine de la guerre. Alors que personne à Troie ne lui témoigne de sympathie, Priam est le seul à la traiter avec bienveillance et à la considérer innocente des événements dramatiques qui s'annoncent.

Sous l'autorité du sage roi Priam, Troie devint une cité prospère et de grande importance dans la région. Vestiges d'un théâtre à Troie, restauré à de nombreuses reprises.

La mort de Priam n'en est pas moins terrible. Quand les guerriers grecs sortent du cheval de bois où ils étaient cachés et se frayent un chemin jusqu'au palais, le vieil homme revêt difficilement l'armure qu'il n'a pas portée depuis longtemps. Il doit assister à la mort de son fils Politès, abattu devant l'autel royal par Néoptolème, le fils d'Achille. Il tente de jeter sa lance sur le jeune héros, lui rappelant combien son père (Achille) s'était comporté de manière autrement plus digne. Impitoyable, et raillant sa faiblesse, Néoptolème le traîne jusqu'à l'autel et le tue.

L'épouse de Priam, Hécube, assiste à la mort de son mari mais est laissée en vie, promise à une vieillesse malheureuse. Avant d'être emmenée comme esclave par Agamemnon, elle apprendra que sa fille Polyxène a été offerte en sacrifice à l'ombre d'Achille (*voir* **Polyxène**). En outre, le corps de son plus jeune fils, Polydoros, est retrouvé sur la grève après avoir été assassiné par Polymestor, roi de Thrace, qui lui avait pourtant offert l'asile moyennant une importante quantité d'or. Agamemnon donnera d'ailleurs à Hécube l'occasion de se venger : sous un faux prétexte, il invite Polymestor dans le camp des Grecs, où Hécube et ses servantes tuent devant lui ses deux enfants et lui crèvent les yeux. Selon certains récits, Hécube se serait transformée en chienne avant de mourir.

Prométhée

Le Titan Prométhée est fils de Japet et de Thémis. Pour certains, il est le créateur des premiers hommes. Il aurait sculpté une forme humaine avec de la terre, à l'image des dieux immortels, après quoi la déesse Athéna aurait insufflé la vie au premier homme. Défenseur infatigable des droits de l'humanité face aux dieux, Prométhée occupait une place à part parmi les immortels. Son nom signifiait « prévoyance », et il dit bien ce qu'était le personnage – trop vif, trop intelligent pour ceux qui ont affaire à lui. Y compris pour Zeus, le roi des dieux, qui se vengea de lui cruellement.
Dans la guerre des Titans, qui opposa Zeus et les autres dieux olympiens aux géants monstrueux, Prométhée ne combattit pas aux côtés de ses camarades. Par la suite, il essaya d'améliorer les conditions de vie des humains, encore très dures et primitives, tout en espérant pouvoir compter sur le soutien de Zeus. Quand il vit que tel n'était pas le cas, il eut recours à d'autres moyens. Un bœuf ayant été sacrifié pour fêter un accord définissant les rapports entre l'homme et les dieux, Prométhée s'arrangea pour que les meilleures parts de l'animal sacrifié fussent attribuées à l'homme plutôt qu'aux dieux. Zeus fit semblant de ne s'être rendu compte de rien et choisit le morceau le moins bon, puis entra dans une grande fureur et décida alors d'ôter à l'homme l'usage du feu. Prométhée intervint de nouveau et ramena le feu que Zeus avait caché dans le ciel: l'astucieux Titan le plaça dans une tige creuse de fenouil et en fit don à l'homme. Le feu allait être un élément déterminant de la civilisation humaine, à laquelle Prométhée devait apporter bien d'autres bienfaits.

Zeus décida alors de se venger sur les hommes. Il ordonna à son fils Héphaïstos, le dieu artisan, de façonner Pandore, la première femme. Celle-ci fut proposée comme épouse à Épiméthée, le frère beaucoup moins intelligent de Prométhée (son nom signifie « penser après coup »), et qui ne tint pas compte des avertissements de ce dernier, à savoir de n'accepter de Zeus aucun cadeau. Poussée par sa curiosité, Pandore ne put s'empêcher d'ouvrir une jarre (la « boîte de Pandore ») qui contenait toutes les calamités et les maladies qui n'ont cessé depuis d'accabler l'humanité (*voir* **Pandore**).

Puis, toujours sur l'ordre de Zeus, Héphaïstos enchaîna Prométhée à un rocher (probablement dans le Caucase). Et, torture supplémentaire, un aigle vint, chaque jour, lui dévorer une partie du foie – lequel se renouvelait aussi vite qu'il était dévoré. Mais Prométhée avait encore quelques atouts dans son jeu. Ayant appris que Zeus s'était épris de Io, la jalouse Héra l'avait pourchassée dans le monde entier. Prométhée conseilla à Io de se réfugier en Égypte, lui promettant qu'un de ses lointains descendants (Héraclès) viendrait la sortir de sa situation tragique (*voir* **Io**). De

Zeus infligea un terrible châtiment au Titan Prométhée pour les services qu'il avait rendus à l'humanité : il l'enchaîna à une montagne, et chaque jour un aigle vint lui dévorer le foie.

Selon certains, Athéna, déesse de la sagesse et des arts et métiers, aurait insufflé le don de la vie au premier homme façonné avec de l'argile par Prométhée. Athéna et sa chouette, dessin sur une urne funéraire athénienne, ve siècle av. J.-C.

plus, il savait que le fils de la belle Néréide Thétis, que Zeus avait passionnément désirée, aurait pour destin de détrôner son père. Il garda pour lui cette information, et quand Hermès vint le voir pour le convaincre de révéler son secret, Prométhée resta totalement silencieux. Du coup, Zeus foudroya le rocher auquel Prométhée était enchaîné, abandonnant le malheureux sous un amas de pierres.

Zeus et Prométhée parvinrent finalement à un accord. Prométhée communiqua son secret à Zeus, lequel prit sagement la décision de marier Thétis au mortel Pélée (le redoutable Achille naquit de cette union), évitant ainsi de se voir détrôner par son propre fils – précisément ce que lui-même avait infligé à son père, Cronos.

En échange, Prométhée retrouva la liberté. Héraclès tua l'aigle d'une flèche et libéra le Titan de ses chaînes. Par la suite, Prométhée indiqua à Héraclès comment s'y prendre avec Atlas, son frère, pour réussir à s'emparer des pommes du jardin des Hespérides (*voir* **Héraclès** *et* **Atlas**).

Prométhée joue également un rôle dans l'histoire du Déluge grec : son fils, Deucalion, et l'épouse de ce dernier, Pyrrha, furent les seuls mortels à survivre au désastre provoqué par les dieux (*voir* **Deucalion**).

Le personnage de Prométhée, qui eut à payer de souffrances longues et abominables les bienfaits qu'il prodigua à l'humanité, est au centre de la grande trilogie d'Eschyle, le dramaturge athénien (env. 525 – 456 av. J.-C.), *Prométhée délivré*, dont seule la partie intitulée « Prométhée enchaîné » nous est parvenue. Au XVIIIe et XIXe siècles, des écrivains et poètes aussi importants que Goethe et Shelley, sans oublier un musicien comme Beethoven, ont consacré des œuvres au destin tragique de Prométhée.

Après que Prométhée eut fait don du feu à l'homme, Zeus punit aussi bien l'humanité que son bienfaiteur. À cause de Pandore, la première femme, l'humanité fut désormais en butte à tous les malheurs imaginables. Quant à Prométhée, il fut capturé et enchaîné sur une montagne. On voit ici Hermès et un aigle emporter le Titan. Max Klinger, artiste allemand, 1894.

Proserpine *voir* Perséphone

Psyché

Personnification de l'âme (en grec, *psyche* signifie « âme »), Psyché est la plus jeune des trois très belles filles du roi de Sicile. On disait que la beauté de Psyché était si extraordinaire qu'elle surpassait celle de Vénus/Aphrodite, déesse de la beauté et de l'amour. Les hommes venaient en foule de partout pour la voir et les autels d'Aphrodite étaient totalement désertés : c'est à la belle princesse que les hommes, désormais, apportaient leurs offrandes, parsemant de fleurs les rues où elle passait.

Inutile de dire qu'Aphrodite se sentit furieusement offensée par Psyché, même si celle-ci n'était pour rien dans ce qui se passait. La déesse fit appel à son fils, Éros (ou Amour) – présenté dans ce mythe comme un jeune homme séduisant – et lui intima l'ordre de

Un aigle terrifiant venait chaque jour torturer Prométhée en dévorant son foie qui repoussait sans cesse. C'est Héraclès qui délivra enfin le Titan en se chargeant d'abattre l'animal. Aigle et éclair, attributs de Zeus, sur une monnaie de bronze, Alexandrie, IIIe siècle av. J.-C.

rendre Psyché amoureuse de l'homme le plus abject qu'il pourrait trouver.

En attendant, Psyché souffrait atrocement de la dévotion dont elle était l'objet. Elle était vénérée, admirée, mais personne n'osait demander sa main. Alors que ses sœurs aînées étaient mariées à des princes séduisants, la pauvre Psyché restait à la maison, maudissant en privé sa beauté. Son père consulta l'oracle du dieu Apollon qui lui ordonna d'emmener Psyché, vêtue d'une robe nuptiale, au sommet d'une montagne où elle attendrait l'arrivée de son fiancé. Selon l'oracle, ce dernier devait être un horrible dragon qui frappait de terreur les dieux eux-mêmes.

Consterné, le père de Psyché suivit les indications de l'oracle, et dans une atmosphère de tristesse générale, la jeune fille quitta la demeure familiale : elle eut beau essayer de consoler ses parents, ceux-ci restèrent dans leur lugubre palais, le cœur brisé. Arrivée au sommet de la montagne, Psyché attendait, en pleurs, mais Zéphyr, le doux vent d'Ouest, l'enleva et l'emporta dans une charmante vallée où, couchée dans l'herbe fraîche, elle tomba dans un profond sommeil. Quand elle se réveilla, elle découvrit une agréable forêt, une source d'eau claire et un magnifique palais construit par les dieux, dont les murs étaient décorés de sculptures représentant toutes sortes d'animaux sauvages. Les sols étaient couverts de superbes mosaïques, et certains murs étaient d'or fin, de sorte que même quand le soleil ne brillait pas, le palais baignait dans une lumière dorée.

Psyché entra en hésitant dans le palais et fut accueillie par d'invisibles servantes. Elle fit un petit somme, prit un bain, et savoura un délicieux repas accompagné d'une ravissante musique. Cette nuit-là, un inconnu vint la rejoindre dans son lit. Psyché tremblait de peur, mais l'inconnu la traita avec tendresse, puis disparut avant l'aube. Il revint chaque nuit, et Psyché tomba de plus en plus sous le charme de ses caresses.

Pendant ce temps-là, les sœurs de Psyché furent si émues par la peine de leurs parents qu'elles décidèrent de partir à sa recherche. L'inconnu de Psyché avertit celle-ci de leur approche et lui demanda instamment de ne pas les recevoir, sous peine de le contrarier et d'attirer sur elle bien des malheurs.

Psyché accepta d'abord d'obéir à son souhait, mais elle était désolée de traiter si dure-

Zéphyr, l'aimable vent d'Ouest, vint chercher Psyché qui se désolait et l'emporta dans une charmante vallée où elle découvrit un magnifique palais.

Personnification de l'âme, Psyché inspira une jalousie féroce à Aphhrodite, déesse de l'amour et de la beauté, qui ne put supporter l'idée d'être délaissée au profit de la jeune princesse. Vase en statue de Psyché dotée d'ailes de papillon, Égypte, IIe-Ier *siècle av. J.-C.*

ment ses sœurs. L'inconnu eut pitié d'elle et il l'autorisa à les recevoir, à leur parler et à leur offrir des cadeaux. Mais il lui dit que si ses sœurs lui demandaient qui il était, elle devait éviter soigneusement de répondre, pas plus, d'ailleurs, qu'elle ne devait elle-même chercher à découvrir son identité : sinon, cela aurait des conséquences désastreuses pour elle, et ce serait la fin de leur amour. Psyché le remercia, l'assurant qu'elle ne voulait surtout pas le perdre, puis elle lui demanda de permettre à Zéphyr d'amener ses sœurs jusqu'au palais.

Éros – car c'était lui l'amant inconnu de Psyché – accéda à sa requête. Psyché, heureuse, accueillit ses sœurs dans son palais, et chaque fois que l'une d'elles la questionnait sur l'identité de son mari, elle se contentait de répondre qu'il s'agissait d'un beau jeune homme qui passait ses journées à chasser. Chargées de bijoux magnifiques, elles regagnèrent leur demeure, où elles se consumèrent de jalousie. Leur plus jeune sœur était tout à coup devenue immensément riche et, en plus, elle s'était trouvée un homme d'une beauté incroyable, alors qu'elles-mêmes étaient affligées de maris disgracieux, vieux et malades. Et Psyché s'imaginait qu'elle pouvait s'en tirer en leur refilant quelques bijoux de pacotille !

Elles décidèrent donc de lui donner une bonne leçon. Éros (mais Psyché n'avait toujours pas découvert son identité) l'avertit une fois encore de se méfier de ses sœurs et lui révéla qu'elle était enceinte : si elle ne disait rien à ses sœurs, l'enfant qu'elle portait serait divin ; autrement, ce serait un simple mortel. Psyché fut ravie de ces nouvelles, mais elle ne prit pas au sérieux les avertissements au sujet de ses sœurs.

Petit à petit, usant de divers stratagèmes, celles-ci réussirent à gagner la confiance de Psyché, laquelle leur déclara – oubliant le pieux mensonge qu'elle avait fait précédemment – que son mari était un riche marchand bien que déjà assez âgé. Ses sœurs en devinrent encore plus jalouses et lui firent croire qu'un oracle leur avait dit que le fameux mari était en fait un dragon qui la dévorerait à la naissance de son enfant. La naïve Psyché fut complètement bouleversée par cette révélation : elle reconnut qu'elle ne savait pas qui était réellement son mari et supplia ses sœurs de lui venir en aide. Celles-ci lui conseillèrent de cacher un couteau bien tranchant près de son lit, ainsi qu'une lampe. Une fois son mari endormi, elle n'aurait qu'à prendre la lampe et vérifier si ce qu'elles avaient dit était vrai. Si tel était le cas, Psyché devait poignarder cet époux indésirable. Puis elles la ramèneraient à la maison et lui trouveraient un mari normal.

Psyché se décida à tenter l'expérience. Mais quand, le couteau à la main, elle regarda son

Les murs du mystérieux palais enchanté de Psyché étaient décorés de reliefs représentant des animaux sauvages. Ci-dessous, relief de plafond dans le temple de Diane (Artémis) édifié au XVIIIe siècle dans le parc de la Villa Borghese, Rome.

L'amant secret de Psyché était en réalité Éros : celui-ci avait complètement « oublié » sa mission, et il était tombé follement amoureux de celle à laquelle il devait nuire. Éros ailé et cygne, peinture sur un fragment de vase, Tarente.

mari éclairé par la lampe, elle eut un choc terrible : ce n'était pas un affreux dragon qu'elle avait devant elle, mais bien Éros en personne, avec ses ailes, et près du lit, son arc et ses flèches ! Poussée par la curiosité, elle toucha la pointe d'une des flèches et se blessa, ce qui la rendit aussitôt éperdument amoureuse du dieu. Mais une goutte d'huile brûlante de la lampe tomba sur l'épaule du dormeur, qui s'éveilla et prit son envol, furieux de constater que Psyché n'avait pas tenu sa parole. Celle-ci eut juste le temps de s'agripper à une jambe d'Éros et fut emportée avec lui dans les airs. Mais, épuisée, elle dut lâcher prise. Éros lui révéla alors toute l'histoire : s'étant blessé lui aussi à l'une de ses flèches, il était tombé désespérément amoureux de Psyché et s'était refusé à suivre les instructions de sa mère Aphrodite. Ayant réalisé que sa bien-aimée avait été trompée par ses sœurs, il prit la résolution de les punir en conséquence.

Puis, il s'envola, laissant Psyché seule dans le désert. Pan, le dieu de la nature, eut pitié d'elle et lui conseilla d'essayer de regagner les faveurs d'Éros. Psyché se mit alors en marche pour une longue errance et finit par arriver dans une ville gouvernée par le mari de l'une de ses sœurs. Elle raconta à celle-ci ce qui s'était passé, mais termina son récit en lui disant qu'Éros avait l'intention de l'épouser. Folle d'impatience, la sœur en question trouva une excuse pour son mari et fonça vers la montagne au sommet de laquelle tout avait commencé pour Psyché. Elle se jeta du haut de la montagne, espérant qu'Éros l'emporterait, mais elle se brisa en mille morceaux : les oiseaux et les charognards dévorèrent son cadavre. Psyché se rendit ensuite chez son autre sœur, à laquelle elle fit le même récit, et qui se jeta elle aussi du haut de la montagne.

Pendant ce temps-là, Éros se languissait

Pan eut pitié de Psyché quand elle fut abandonnée dans le désert par un Éros désemparé. Statue de terre cuite, Béotie, IVe-IIIe siècle av. J.-C.

dans le lit de sa mère dans d'atroces souffrances causées par les brûlures de l'huile. Une mouette révéla à Aphrodite, qui jouait dans la mer, ce qui était arrivé à son fils. La mouette lui indiqua également qu'il était peu probable de voir les hommes se presser de nouveau à ses autels, et que laideur et absence d'amour régnaient désormais sur le monde.

Quand Aphrodite apprit qu'Éros s'était épris de Psyché, elle entra dans une violente colère et lui fit des reproches véhéments. Fermement décidée à le laisser souffrir encore un bon bout de temps, elle repartit. Déméter et Héra, qui passaient là par hasard, lui firent remarquer que son fils était maintenant un homme et qu'il avait le droit de mener sa vie amoureuse comme il l'entendait, mais la déesse de l'amour ne voulut rien entendre. Pendant ce temps-là, Psyché errait toujours désespérément à la recherche de son mari. Elle supplia Déméter et Héra de l'aider, mais les deux déesses refusèrent de faire quoi que ce soit pour elle. C'est alors que Psyché se décida à aborder Aphrodite elle-même pour tenter d'apaiser sa fureur. De son côté, celle-ci n'était pas restée inactive. Conduisant le char que lui avait fabriqué Héphaïstos, elle était allée voir Zeus pour qu'il ordonne à Hermès de l'aider à retrouver les traces de Psyché. Le dieu se mit au travail, et très vite, une servante d'Aphrodite ayant reconnu la jeune femme, Psyché fut traînée par les cheveux jusqu'au palais de la déesse. Ignorant que Psyché était enceinte, Aphrodite la roua de coups, lui déchira ses vêtements, et lui imposa des tâches impossibles, comme de trier d'énormes quantités de graines : la pauvre Psyché ne savait par où commencer, mais d'amicales fourmis vinrent à son aide et trièrent les graines pour elle.

Tandis qu'Éros, blessé, devait garder la chambre, Psyché erra désespérée de par le monde, à la recherche de son amant. Personne ne put ou ne voulut l'aider. Figure de femme ailée, fresque, Boscoreale, Ier siècle de notre ère.

Aphrodite soupçonna que quelqu'un avait aidé Psyché, et elle lui ordonna aussitôt de rapporter un échantillon de laine qu'il lui faudrait arracher à la toison de moutons sauvages et particulièrement dangereux. Cette fois, ce fut un roseau poussant au bord d'un fleuve qui aida la jeune femme. Il lui conseilla d'éviter les moutons pendant les heures les plus chaudes de la journée, et d'aller ensuite cueillir aux branches des arbres, sous lesquels ils s'étaient mis à l'ombre, les touffes de laine qu'ils y avaient laissées. Mais Aphrodite ne fut pas encore satisfaite. C'est au sommet d'une montagne que Psyché dut alors se rendre, afin d'y remplir un vase de l'eau noire d'une source alimentée par le Styx, le fleuve infernal. Tout en gravissant la montagne, Psyché sentait son cœur défaillir. Des dragons sortaient de leurs trous, et même les eaux unissaient leurs voix pour la décourager. Heureusement, un aigle, ami d'Éros, se précipita à son secours.

Il lui déconseilla d'aller elle-même puiser l'eau maléfique, et il s'en chargea à sa place. Mais Aphrodite n'était toujours pas satisfaite. Elle donna à Psyché une petite boîte et lui dit de se rendre dans le monde souterrain. Là, elle devait remplir la boîte de la crème de beauté utilisée par Perséphone, l'épouse d'Hadès. Désespérée, Psyché songea à se jeter du haut d'une tour. Mais la tour eut pitié d'elle et lui indiqua comment revenir saine et sauve du monde des morts : elle devait emporter avec elle quelques pièces de monnaie qu'elle donnerait au passeur, Charon (qui faisait traverser le Styx aux morts, *voir* **Charon**), ainsi que des gâteaux spéciaux qu'elle offrirait à Cerbère, le sanguinaire chien à trois têtes, gardien des Enfers (*voir* **Cerbère**). Il lui fallait également se méfier d'un muletier boiteux qu'elle rencontrerait peut-être sur son chemin, ainsi que d'un vieil homme tombé dans les eaux du Styx et qui lui demanderait de l'aider à monter dans la barque de Charon – car c'était là deux pièges tendus par Aphrodite. Enfin, si Perséphone l'invitait à entrer chez elle et à manger quelque chose, elle devrait refuser et n'accepter qu'une croûte de pain.

Psyché suivit à la lettre les instructions de la tour et fut chaleureusement accueillie par Perséphone. La déesse accepta tout de suite de lui donner de sa crème de beauté dont elle remplit la boîte, et Psyché revint saine et sauve du royaume des morts. C'est alors que, poussée par la curiosité, elle ouvrit la fameuse boîte. Elle s'aperçut qu'elle ne contenait rien du tout, et Psyché s'endormit aussitôt d'un profond sommeil.

Éros s'était, quant à lui, remis de ses brûlures. Plein d'un désir passionné de revoir Psyché, il s'échappa de la pièce où Aphrodite le tenait enfermé, retrouva sa bien-aimée et replaça dans sa boîte le sommeil magique, permettant ainsi à Psyché d'achever pleinement la tâche que lui avait imposée Aphrodite. Puis il alla chez Zeus et le supplia d'approuver son mariage avec Psyché. Zeus accéda à sa requête et convia les dieux à une grande réunion pour leur faire connaître sa décision. Il déclara qu'Éros devait enfin commencer à se conduire en mari fidèle, et il expliqua à Aphrodite que son fils n'avait pas fait un mauvais choix car Psyché se vit offrir l'ambroisie qui la transforma en déesse. Il chargea Hermès d'amener la jeune femme sur l'Olympe où le mariage fut célébré dans la joie générale. Éros et Psyché demeurèrent mari et femme et eurent un fils, Volupté.

L'impitoyable Aphrodite soumit Psyché à une série d'épreuves terribles, comme de descendre dans le royaume des morts afin d'y remplir une boîte de la crème de beauté de Perséphone. Statuette de Psyché en bronze, Naucratis, Ier-IIe *siècle de notre ère.*

L'histoire qu'on vient de raconter est un conte mondialement connu : elle est rapportée par Apulée (env. 123-170 apr. J.-C.), un auteur latin qui l'inséra dans son anthologie, *L'Âne d'or*. Apulée était également un philosophe, et son récit est riche de toute une signification symbolique. Psyché, c'est l'âme, et Éros désigne l'amour divin : ce n'est que par le triomphe de l'amour divin, que l'âme peut trouver à s'accomplir véritablement – tel est le message délivré par le conte d'Apulée. Dans ce cas, heureusement, le plaisir de raconter n'est pas sans l'emporter largement sur le propos philosophique.

Pygmalion

Deux personnages portent ce nom dans la mythologie gréco-romaine. Le premier est le frère de Didon, la reine carthaginoise ou phénicienne (*voir* **Didon**).

Le second est un sculpteur qui vivait à Chypre : n'ayant pas le temps de s'intéresser aux femmes, il était resté célibataire. Un jour, pourtant, il sculpta dans l'ivoire une magnifique statue représentant une femme. Elle donnait une telle impression de vie qu'il tomba amoureux de sa création et la traita comme s'il s'agissait d'une femme réelle. Pour reprendre

Après son mariage avec Psyché, Éros changea du tout au tout : le jeune homme frivole qu'il était devint un époux pleinement conscient de ses responsabilités. Éros de bronze, Égypte, période romaine, IIe-IIIe *siècle de notre ère.*

les mots du poète Ovide : « Il lui donne des baisers et s'imagine qu'ils lui sont rendus ; il lui parle, il la serre contre lui et croit sentir céder sous ses doigts la chair des membres qu'il touche ; la crainte le prit même que ces membres, sous la pression, ne gardassent une marque livide. » (Ovide, *Les Métamorphoses*, 256-258). Pygmalion offrait des cadeaux à sa bien-aimée d'ivoire, des habits magnifiques, et il la couchait dans son lit près de lui. Il était si émouvant qu'Aphrodite eut pitié de lui. À l'occasion des fêtes données chaque année en son honneur à Chypre, elle changea la statue en une femme réelle, de chair et de sang. Pygmalion l'épousa et eut une fille, Paphos.

Pyrame et Thisbé

Ceux qui connaissent la pièce de Shakespeare, *Le Songe d'une nuit d'été*, seront peut-être surpris d'apprendre que l'histoire de Pyrame et Thisbé, dont il est question dans le dialogue entre les personnages burlesques de Nick Bottom, le tisserand, et de Peter Quince, le charpentier, est très célèbre dans la mythologie grecque. Mais loin d'être une comédie, comme pourrait le laisser croire l'œuvre de Shakespeare, la légende de Pyrame et de son amante Thisbé est une histoire pathétique.

Pyrame et Thisbé avaient grandi ensemble dans la cité mésopotamienne de Babylone et habitaient dans des maisons mitoyennes. Ils s'éprirent l'un de l'autre mais leurs pères, ne voulant pas qu'ils se marient, leur interdirent de se voir. Heureusement, il y avait un trou dans le mur de séparation de leurs maisons, par lequel les deux jeunes gens pouvaient se murmurer leurs mots d'amour.

Une nuit, pourtant, la passion les submergeant l'un et l'autre, ils se donnèrent rendez-vous sous un mûrier, à proximité d'un tombeau situé à l'extérieur des murs de la ville. Profitant de l'obscurité, Thisbé fut la première à se glisser hors de la ville. Mais, tandis qu'elle attendait Pyrame sous le mûrier, elle remarqua une lionne qui s'approchait : cette lionne, après avoir dévoré un bœuf, venait se désaltérer à une source qui existait non loin de là. Thisbé se réfugia dans une caverne, laissant tomber son voile par mégarde. La lionne trouva le voile et le souilla du sang du bœuf. Un peu plus tard, Pyrame découvrit les empreintes de l'animal ainsi que le voile ensanglanté : désespéré à l'idée que Thisbé avait été dévorée, et tout cela par sa faute, il se transperça de son épée et son sang vint rejaillir sur les racines du mûrier dont les fruits, qui avaient été jusqu'alors de couleur blanche,

Pygmalion, sculpteur brillant mais timide, tomba passionnément amoureux de la statue d'une femme qu'il avait créée.

Ayant réussi à sortir de Babylone, Thisbé fut surprise par une lionne qui venait de dévorer un bœuf. Elle se réfugia dans une grotte, mais perdit son voile que l'animal macula de sang. Lion sculpté, Nemrut Dagh, Turquie, Ier siècle av. J.-C.

virèrent au rouge. Peu après, Thisbé revint à l'arbre. Elle trouva le corps de son amant près de son voile et comprit ce qui s'était passé. Bouleversée, elle se tua à l'aide de l'épée de Pyrame tout en poussant un grand cri dans lequel elle demandait à être enterrée au côté de Pyrame, et que les fruits du mûrier fussent désormais, en leur souvenir, de couleur noire. Les dieux exaucèrent son souhait – à maturité, les fruits du mûrier seraient désormais noirs – et les parents des deux jeunes gens mêlèrent leurs cendres dans la même urne.

Python *voir* Apollon

Rémus *voir* Romulus

Ayant trouvé le corps sans vie de Pyrame, Thisbé retourna l'épée de son amant contre elle-même. Peinture à l'huile, Abraham Hondius, XVIIe siècle.

Rhadamante

Rhadamante est le fils de Zeus, roi des dieux, et d'Europe, la princesse phénicienne que Zeus avait séduite en prenant la forme d'un taureau (*voir* **Europe**). Il a pour frères Minos, roi de Crète (*voir* **Minos**), et Sarpédon. Selon certains récits, Rhadamante aurait régné sur la Crète avant Minos et il se révéla un législateur exceptionnel. À la suite d'une querelle, Minos chassa de Crète Rhadamante et Sarpédon.

Après sa mort, Rhadamante fut chargé, en compagnie de Minos et Éaque, de juger les ombres au royaume des morts. Les opinions varient quant à son rôle exact dans cette fonction : on disait le plus souvent qu'il était en charge de l'Élysée, aux côtés de son épouse Alcmène, mère d'Héraclès. Dans L'*Énéide*, toutefois, le grand poète épique Virgile présente Rhadamante comme le maître impitoyable du Tartare, la partie infernale du monde souterrain, où les pécheurs expient leurs crimes.

Après sa mort, Rhadamante, frère de Minos, roi de Crète, devint juge dans le monde souterrain.

Rhéa

La Titanide Rhéa est fille d'Ouranos et de Gaia. Elle épousa le redoutable Cronos, le Titan qui chassa son père du pouvoir pour devenir le maître du monde. Rhéa donna six enfants à Cronos, les dieux et déesses Hestia, Déméter, Héra, Hadès, Poséidon et Zeus. Cronos les dévorait sitôt qu'ils étaient nés, car Gaia lui avait dit que lui aussi serait un jour détrôné par l'un de ses enfants. Seul le plus jeune, Zeus, échappa à ce triste sort, Rhéa ayant remplacé le nouveau-né par une pierre enveloppée d'un lange (*voir* **Cronos**).

Rhéa emmena Zeus en Crète où la nymphe (ou la chèvre) Amalthée se chargea de lui. Sitôt qu'il eut atteint l'âge adulte, Zeus força son père à régurgiter ses frères et sœurs. Une terrible lutte pour le pouvoir opposa alors les dieux les plus jeunes aux Titans (la « guerre des Titans »), dont Zeus et ses partisans finirent par être les vainqueurs.

Originairement, Rhéa était vénérée en Crète, en Arcadie et en Phrygie, où elle était assimilée à Cybèle.

Romulus

Selon la légende, Romulus fonda Rome, la ville qui porte son nom, en 753 avant notre ère.

Romulus et Rémus, son frère jumeau, étaient fils de la princesse Réa Silvia, descen-

Rhéa tend une pierre enveloppée d'un lange à Cronos, son mari qui avait jusqu'alors avalé tous ses enfants sitôt après leur naissance. Cronos avalera immédiatement la pierre, croyant qu'il éliminait ainsi son dernier-né, Zeus.

dante d'Énée, le héros troyen réfugié en Italie après la destruction de Troie pour y fonder un nouveau royaume (*voir* **Énée**).

Ascanius (Ascagne), le fils d'Énée, fonda la cité d'Albe la Longue, dont son descendant Numitor devint le roi quelques siècles plus tard. Ce Numitor fut détrôné par son frère Amulius, lequel, afin d'empêcher Numitor d'avoir un successeur mâle légitime, obligea la fille de ce dernier, Réa Silvia, à se faire Vestale (*voir* **Hestia**) : condamnée à la virginité, Réa ne pouvait donc avoir d'enfant. Mais Mars (l'équivalent romain d'Arès), le dieu de la guerre, s'éprit d'elle et la viola dans une forêt qui lui était consacrée.

Quand Amulius découvrit que Réa Silvia était enceinte, il l'emprisonna, et à la naissance de ses deux fils jumeaux, il ordonna de les noyer dans le Tibre. Mais ses serviteurs ne purent se résoudre à tuer les deux bébés, et ils les abandonnèrent dans leur berceau qu'ils jetèrent dans le fleuve alors en crue. Quand le niveau de l'eau baissa, le berceau se retrouva sur la terre ferme et une louve, qui passait par là, allaita les deux petits garçons affamés.

Peu après, Romulus et Rémus furent trouvés par un berger, Faustulus, et sa femme, Larentia, qui les recueillirent dans leur cabane. Les deux jumeaux grandirent et devinrent de hardis bergers défendant leurs troupeaux contre les bêtes sauvages. Il leur arrivait parfois d'être attaqués par des voleurs,

Les jumeaux Romulus et Rémus, lointains descendants d'Énée, le héros troyen, sont considérés comme les fondateurs de Rome. Ci-dessous, les deux petits garçons caressent la tête de la louve qui les a allaités. Sculpture, Piazza del Campidoglio, Rome.

mais ils leur résistaient et se partageaient leurs butins avec les autres bergers. Un jour, des voleurs s'emparèrent de Rémus et le livrèrent à Amulius. Ce dernier chargea Numitor d'interroger le prisonnier. Numitor reconnut alors la véritable identité des deux jumeaux. Amulius fut ensuite chassé du pouvoir au cours d'une révolte conduite par Rémus et Romulus, et Numitor récupéra son trône.

Les deux frères décidèrent ensuite de fonder une nouvelle ville. Ils choisirent pour l'édifier l'endroit même où ils avaient été abandonnés, sur le Tibre, et où la louve les avait sauvés. Mais une querelle ne tarda pas à les opposer: quel nom allaient-ils donner à cette ville, et lequel des deux frères devait être son premier souverain ? Jumeaux, aucun ne pouvait invoquer un droit d'aînesse. Ils décidèrent donc de s'en remettre aux dieux. Romulus escalada la colline du Palatin, et Rémus celle de l'Aventin. Rémus fut le premier à recevoir un signe: il vit trois vautours dans le ciel. Mais aussitôt après, Romulus rapporta que lui-même en avait vu douze. Une fois encore, ils ne purent trouver un accord : Rémus avait été le premier à voir les oiseaux, mais Romulus en avait vu davantage. Une bagarre éclata entre les deux frères et leurs partisans, au cours de laquelle Rémus fut tué.

Vestiges de la Maison des Vestales sur le Forum romain. La mère de Rémus et Romulus, Réa Silvia, avait été condamnée à devenir Vestale, et donc à rester vierge, afin de l'empêcher d'avoir des enfants. Mais le dieu Mars (Arès) lui fit violence et elle tomba enceinte.

Dans une autre version de l'histoire, c'est Rémus qui provoque son frère en sautant par-dessus le mur qui avait été construit autour de la nouvelle cité : Romulus se saisit alors de l'effronté et le tue, affirmant haut et fort que quiconque sauterait ainsi par-dessus son mur, connaîtrait le même sort. Toujours est-il que Romulus devint le seul maître de la ville et qu'il lui donna son nom: Rome.

Rome devint une cité prospère, notamment grâce au fait que Romulus autorisa les hommes dépourvus de terres à venir s'installer dans sa ville, ce qui provoqua rapidement une importante augmentation de la population masculine. Et les Romains ayant une réputation peu flatteuse, les tribus voisines n'étaient guère disposées à leur donner leurs filles en mariage.

Ce dieu est une personnification du Tibre, le fleuve dans lequel Rémus et Romulus furent jetés et abandonnés. Le dieu tient une corne d'abondance, et on voit, à sa droite, la louve qui allaita les jumeaux. Sculpture jouxtant l'une des Quatre Fontaines érigées sur la colline du Quirinal, Rome, fin du XVIe siècle.

Romulus imagina donc une solution à ce problème. Il profita de la fête de Consus, à l'occasion de laquelle étaient organisées de grandes courses de chevaux dédiées à Poséidon, le dieu de la mer, pour inviter toutes les tribus des alentours. Une foule énorme s'y rendit, comprenant des femmes et des enfants, notamment des Sabines, qu'on accueillit chaleureusement. Quand les jeux commencèrent, les Romains, obéissant à un signal convenu d'avance, se précipitèrent sur les Sabines les plus jeunes et les enlevèrent à leurs pères et à leurs frères. Inutile de dire que l'enlèvement des Sabines provoqua de nombreuses protestations, mais Romulus réussit à convaincre les prisonnières qu'elles seraient bien traitées et que les Romains feraient d'excellents maris. Certains des peuples voisins attaquèrent alors les Romains pour tenter de récupérer leurs femmes, mais ils furent vaincus. Toutefois, à un moment donné, la trahison de l'une des Sabines permit aux assaillants de prendre le contrôle du Capitole, et une grande bataille dut être livrée à l'endroit qui allait devenir plus tard le forum de Rome.

La louve qui allaita Rémus et Romulus est présente un peu partout à Rome. Elle orne ici une fontaine dans un jardin public de la ville.

Romulus invoqua Jupiter (Zeus) et lui demanda de mettre fin au combat : on vit alors les Sabines se jeter au milieu des combattants afin d'empêcher leurs pères et leurs nouveaux maris de s'entre-tuer. Émus par ce geste, les hommes arrêtèrent de se battre : la paix fut signée, et par la suite, Romains et Sabins formèrent un seul et même peuple.

Quatre ans plus tard, l'existence terrestre de Romulus prit fin. Alors qu'il inspectait ses troupes sur le Champ de Mars, à Rome, une violente tempête éclata. Romulus fut soudain enveloppé d'un épais brouillard, et quand

Les rives du Tibre au centre de Rome. C'est à cet endroit que Romulus et Rémus fondèrent leur ville.

revint le calme, on s'aperçut que son trône était vide : il était devenu dieu. Quelque temps après, Julius Proculus déclara qu'il lui était apparu, et qu'il lui avait dit que la volonté des dieux était que Rome devînt la ville la plus puissante du monde.

Toute cette histoire résulte probablement d'une transformation de faits historiques en un récit mythique destiné à rendre plus acceptable une réalité moins glorieuse. Il est plus que vraisemblable que Rome ne fut à l'origine guère plus qu'un repaire de brigands, dirigé par un bandit que rien n'arrêtait. L'attribution de ses origines incertaines aux héros mythiques de Troie et sa divinisation *post mortem* confèrent au personnage une grandeur qui n'a pas grand-chose à voir avec la réalité. Auguste, le premier empereur romain (27 av. J.-C. – 14 apr. J.-C.), allait plus tard utiliser la mythologie à des fins de propagande politique, et faire de sa famille, les Julii, les descendants directs de Julius (Ascanius), fils d'Énée, le héros troyen, lui-même fils d'Aphrodite.

Salmacis

Salmacis est une Naïade (une nymphe des eaux) vivant en Asie Mineure près d'une source aux eaux d'une pureté cristalline. C'était une nymphe paresseuse et indolente, qu'on ne voyait jamais accompagner Artémis et ses suivantes dans ses grandes parties de chasse, et qui passait le plus clair de son temps à se pomponner. Un jour, le beau jeune homme de seize ans qu'était Hermaphrodite, fils d'Hermès et d'Aphrodite, vint se rafraîchir à la source dont Salmacis était la nymphe. Celle-ci s'éprit immédiatement de lui et tenta de le séduire. Hermaphrodite commença par rougir et repousser ses avances. Un peu plus tard, pourtant, il se déshabilla et se plongea dans l'eau fraîche. Incapable de réfréner plus longtemps ses désirs, Salmacis y sauta elle aussi et se précipita sur cet irrésistible garçon qu'elle se mit à couvrir de baisers. Mais en vain. Elle se

C'est sur le site qui allait devenir ultérieurement celui du Forum Romain, que Romulus et ses hommes triomphèrent des Sabins venus récupérer les femmes qui leur avaient été volées. Capriccio présentant des éléments du Forum Romanum, peinture à l'huile, Giovanni Paolo Pannini, XVIIIe siècle.

tourna alors vers les dieux, les suppliant d'être unie à jamais à celui qu'elle aimait. Son souhait fut exaucé, car la nymphe et le jeune homme formèrent désormais un seul et même être, un hermaphrodite, autrement dit un transsexuel (*voir* **Hermaphrodite**).

Sarpédon

Dans la mythologie grecque, trois personnages portent le nom de Sarpédon. Le premier est fils de Zeus et d'Europe, la princesse phénicienne que le roi des dieux allait voir sous la forme d'un taureau. Les frères de Sarpédon sont Minos et Rhadamante (*voir* **Rhadamante**). Tous les trois grandirent en Crète. Mais Minos, un jour, chassa de l'île ses deux frères (*voir* **Minos**). Sarpédon s'établit alors en Lycie, en Asie Mineure. Son fils Évandre épousa une fille du héros Bellérophon et devint roi de Lycie.

Le second Sarpédon est un roi lycien et un allié important des Troyens durant la guerre de Troie. Selon certains, il ne serait autre que le premier Sarpédon, ayant alors atteint un grand âge. Pour d'autres, il est le petit-fils du premier Sarpédon, et selon Homère, fils de Zeus.

Dans l'*Iliade*, Sarpédon est l'un des premiers à participer à l'attaque des navires grecs par les Troyens. Puis Patrocle, le compagnon d'Achille, s'en prend à lui, mais Zeus ne pouvant supporter l'idée de voir périr son fils se prépare à intervenir. Héra lui fait alors remarquer que cela sera mal accepté des autres dieux.

Contre la volonté du roi des dieux, Sarpédon est donc tué. Zeus ordonne ensuite à Apollon de baigner le corps de Sarpédon dans l'ambroisie, et de l'envelopper dans un linceul divin. Enfin, les deux frères Sommeil et Mort (Hypnos et Thanatos) ramènent le corps de Sarpédon en Lycie (*voir* **Thanatos**).

Saturne

Saturne est un ancien dieu italique, identifié avec le Titan Cronos (*voir* **Cronos**). Il est toutefois un personnage légèrement moins cruel que le barbare Cronos.

Après avoir été chassé du pouvoir par son fils Jupiter (Zeus) à l'issue de la guerre des Titans et enfermé dans le Tartare, Saturne se serait installé en Italie. Il aurait épousé sa sœur Ops (l'équivalente latine de Rhéa) et enseigné aux hommes l'agriculture. Les Saturnales étaient célébrées chaque année à Rome, du 17 au 23 décembre : dans une atmosphère

La nymphe Salmacis s'éprit passionnément du bel Hermaphrodite, au point de ne plus faire qu'un avec lui et former ainsi un être ayant des caractéristiques aussi bien masculines que féminines. Peinture à l'huile, Jan Gossoert, XVIe siècle.

Le roi lycien Sarpédon était fils de Zeus, et le roi des dieux fut très affecté par sa mort survenue pendant la guerre de Troie. Après qu'Apollon eut pris soin de son corps, les deux jumeaux Sommeil et Trépas le ramenèrent en Lycie.

de liesse, on s'échangeait des cadeaux, tandis que les serviteurs prenaient la place de leurs maîtres et réciproquement.

Satyre

Un satyre est un être sauvage vivant dans les forêts, et qui fait partie, avec les Ménades, du cortège de Dionysos, le dieu du vin et de la végétation.

Les satyres étaient des créatures d'une sensualité débordante, au comportement souvent peu recommandable. De petite taille, couverts de poils, ils sont souvent représentés dotés de traits d'animaux : parfois avec des pattes et des sabots de cheval (comme chez les Centaures), et fréquemment avec des pattes et des cornes de bouc, ce qui les fait ressembler au dieu Pan, lui aussi personnage à la sensualité exubérante.

L'occupation favorite du satyre est de poursuivre les jolies nymphes qui peuplent la nature. Certains satyres, toutefois, affichent d'autres ambitions, comme Marsyas, qui joue remarquablement de la flûte, et qui n'hésite pas à entrer en compétition avec Apollon. À ses risques et périls (*voir* **Marsyas**).

Les Dionysies, la plus grande des fêtes célébrées à Athènes en l'honneur de Dionysos, étaient l'occasion d'aller au théâtre. Les satyres y étaient présentés comme des sortes de clowns, dans des pièces dites « satyriques » (des satires), mi-pathétiques, mi-comiques, qu'on intercalait entre les tragédies. Il était de coutume de clore par ce genre de farce comique une séance au cours de laquelle trois

L'impressionnante colonnade du temple de Saturne domine toujours le forum romain.

Les satyres ne brillaient pas par la décence et ils donnaient généralement libre cours à leurs désirs charnels. Disciples de Dionysos, le dieu du vin, ils rataient rarement une occasion de boire.

Satyre conduisant un âne. Les satyres figurent dans le théâtre grec au titre de personnages comiques, et, à Athènes, les pièces appelées « satyriques » apportaient une conclusion divertissante au programme des trois tragédies habituellement représentées. Peinture sur un vase athénien, Ve siècle av. J.-C.

Satyre s'adonnant à un plaisir physique solitaire. Peinture sur une kylix *athénienne,* VIe *siècle av. J.-C.*

pièces dramatiques avaient pu être successivement représentées.

Scylla

Scylla est surtout connue par l'épopée d'Homère, l'*Odyssée*, dans laquelle elle est présentée comme un monstre marin terrifiant qui garde, avec le tourbillon Charybde, l'entrée d'un étroit passage entre deux terres (probablement le Détroit de Messine) et le rend impraticable à la navigation. Scylla avait été antérieurement une nymphe marine charmante, qui avait tourné bien des têtes et éconduit d'innombrables soupirants.

Le dieu marin Glaucos faisait partie de ses amoureux. Glaucos avait d'abord été un simple mortel : il était pêcheur. Un jour qu'il avait fait une pêche abondante, il avait abordé sur une île et vidé son filet sur l'herbe d'une prairie, au bord du rivage, pour compter ses prises. À sa grande surprise, il avait vu les poissons reprendre vie et retourner à la mer : comprenant que l'herbe de cette prairie était manifestement magique, il en avait lui-même goûté, ressentant aussitôt une irrésistible attirance pour l'eau. Il avait alors plongé dans les vagues, où il avait été reçu par les dieux de la mer qui lui avaient donné l'immortalité ainsi qu'une forme nouvelle – celle d'un triton à tête et torse d'homme et à queue de poisson.

Il eut beau raconter cette histoire à Scylla, celle-ci ne lui témoigna aucun intérêt. Glaucos se tourna alors vers la magicienne Circé (*voir*

Scylla (en bas) surmonté d'un crabe monstrueux. Les têtes de chiens entourant la taille de Scylla sont nettement visibles. Monnaie d'argent (tétradrachme), Sicile, Ve *siècle av. J.-C.*

Circé) et lui demanda quelque herbe magique pour l'aider à séduire Scylla. La fougueuse magicienne lui déconseilla de procéder ainsi et lui confia qu'elle n'était pas sans éprouver des sentiments pour lui. Glaucos rejeta ses avances, et Circé en fut si offensée qu'elle prépara une potion maléfique qu'elle versa dans une baie où Scylla allait souvent nager. Sous l'effet de l'eau contaminée par le poison de Circé, Scylla se transforma en un monstre doté de douze pattes, de six longs cous et de six têtes de chien abominables : selon Ovide, chacune de ces têtes en train d'aboyer ressemblait à celles de Cerbère, le redoutable gardien du monde des morts.

Voyant sa bien-aimée ainsi transformée, Glaucos fondit en larmes et s'enfuit du palais de Circé, de peur qu'elle ne l'oblige à l'épouser. Scylla, quant à elle, demeura dans le Détroit de Messine. Toujours selon Ovide, elle se vengea de Circé en dévorant une partie de l'équipage d'Ulysse au moment où ce dernier tentait de franchir le détroit, car elle savait qu'Ulysse avait été l'amant de la magicienne. Scylla fut finalement changée en rocher sur lequel les bateaux se brisaient. Encore en usage, l'expression « tomber de Charybde en Scylla » signifie que l'on a échappé à un danger pour tomber dans un autre, plus redoutable encore.

Les têtes de chiens entourant la taille de Scylla se sont emparées d'un marin qu'elles dévorent. Fragment d'une sculpture (pierre à chaux) dans un temple commémoratif, Tarente, IVe-IIIe siècle av. J.-C.

Séléné (déesse romaine: Luna)

Personnification de la Lune, Séléné est la fille des Titans Hypérion et Théia, et sœur du dieu du soleil Hélios. Dotée d'un visage d'une pâleur caractéristique, elle se déplaçait sur un char d'argent tiré par deux chevaux. On la représentait également souvent chevauchant un taureau ou un cheval, ou portant un long voile flottant, tenant une torche à la main, un croissant de lune sur les cheveux. Quand son frère Hélios achevait son voyage pour traverser le ciel, c'était alors au tour de Séléné de commencer le sien. Avant de partir, toutefois, elle prenait un bain dans la mer, et c'est à cette occasion qu'un jour Pan la séduisit après s'être lui-même enveloppé dans la toison d'un mouton blanc. Pan lui donna en présent un troupeau de bœufs blancs.

Parmi ses autres aventures amoureuses, citons celle avec Zeus, dont elle eut trois filles, et selon certaines sources, le fameux lion de Némée, tombé sur terre depuis la lune, et qui fut abattu par Héraclès. Mais même si Séléné eut beaucoup d'amants, elle en eut moins que sa sœur Éos, la déesse de l'aube.

Son mythe le plus connu est son aventure avec Endymion, ce jeune berger dont elle s'était si passionnément éprise qu'elle ne put supporter l'idée qu'il puisse mourir un jour. Elle l'aspergea de rayons de Lune qui le plongèrent dans un sommeil éternel et le firent rester éternellement jeune (*voir* **Endymion**).

Sémélé est visitée par son amant, Zeus, auquel elle a demandé de se montrer sous son véritable aspect. Elle sera brûlée vive par les éclairs foudroyants du dieu et son incandescence insupportable.

Sémélé

Sémélé est la fille de Cadmos et d'Harmonie, et la mère de Dionysos, le dieu du vin et de végétation. Elle fut aimée de Zeus, le roi des dieux, qui se présenta à elle sous la forme d'un mortel. Quand l'épouse de Zeus, Héra, apprit que Sémélé était enceinte, elle fut terriblement jalouse et décida de se venger. Elle prit la forme de la vieille nourrice de Sémélé, Béroé, et sema le doute dans l'esprit de la jeune femme: comment pouvait-elle être certaine que son amant était réellement Zeus? Ne fallait-il pas lui demander une preuve flagrante de son identité ?

Ainsi, quand Zeus vint la retrouver, Sémélé lui demanda si elle pouvait faire un souhait. Zeus accepta tout naturellement et jura sur le Styx, le fleuve infernal, qu'il accéderait à sa requête. Sémélé lui demanda donc de se manifester à elle sous sa forme authentique, celle sous laquelle il s'unissait à Héra. Zeus réalisa immédiatement ce qui allait arriver: mais il avait juré et ne pouvait revenir en arrière.

Le petit Dionysos est baigné par les servantes chargées de l'élever, sa mère Sémélé étant morte juste avant sa naissance. Relief de Nysa, Turquie.

Désespéré, il alla chercher dans le ciel ses attributs habituels : nuages de tempête, roulements de tonnerre et éclairs foudroyants.

Bien qu'il eût fait son possible pour en minimiser les effets, le résultat fut terrible : Sémélé fut brûlée vive par le rayonnement céleste du roi des dieux. Zeus eut juste le temps de retirer de son ventre l'enfant qu'elle portait et de l'implanter dans sa propre cuisse (*voir* **Dionysos**).

Peut-être le sens caché de ce mythe est-il que l'homme ne peut sans danger vouloir se mesurer à la grandeur divine.

Silène s'est allongé pour dormir en utilisant une outre à vin comme oreiller. Vase modelé en forme de Silène, Italie du Sud, IVe siècle av. J.-C.

Ce Silène ivre mort peut à peine se tenir debout et doit être soutenu. Relief de Nysa, Turquie.

Silène

Le vieux Silène fait partie du cortège de Dionysos, le dieu du vin et de la végétation. Fils de Pan (ou d'Hermès) et d'une nymphe, c'est un personnage au nez retroussé et à la corpulence débonnaire. Il est parfois représenté avec des oreilles et une queue de cheval, monté sur un âne ou soutenu aux épaules par un groupe de satyres qui l'aident à marcher tant bien que mal dans l'état d'ivresse où il se trouve constamment.

Tête de Silène. Constamment en état d'ivresse, Silène n'en est pas moins le maître extraordinairement sage et le compagnon de Dionysos, dieu du vin. Antéfixe de terre cuite, Étrurie, 500-475 av. J.-C.

Silène était souvent représenté en personnage comique. Mais il est également probable qu'il jouait un rôle dans les mystères dionysiens, lesquels n'avaient rien de comique : il s'agissait de rites secrets à la gloire de Dionysos sauveur et vainqueur de la mort. Ci-dessous, Silène joue de la lyre. Fresque de la Villa des mystères, Pompéi, Ier siècle av. J.-C.

Son goût prononcé pour l'alcool ne l'empêche pas d'être un personnage plein de sagesse, tuteur et conseiller du jeune Dionysos. Un jour, en Phrygie, il s'éloigna par mégarde du reste de la troupe qui accompagnait le dieu du vin. Des paysans l'emmenèrent chez le roi Midas, qui le reçut amicalement et le fit reconduire auprès de Dionysos. Mais la récompense que lui valut ce geste généreux eut des conséquences désastreuses pour le malheureux roi (*voir* **Midas**).

En dépit de son grand âge, Silène s'unit aux nymphes les plus diverses dont il eut de nombreux fils : les satyres, en tout point les portraits de leur père, et qui étaient au centre des pièces comiques qu'on donnait à Athènes, à l'issue de la représentation des grandes tragédies de Sophocle ou d'Euripide (*voir* **Dionysos** *et* **Satyres**).

Sirènes

Les Sirènes sont des créatures à corps d'oiseaux et visages de jeunes filles, dotées d'une voix mélodieuse, si enchanteresse que presque tous les marins passant au large de leur île (située entre l'île de Circé, Aéa, et le bras de

Selon le poète Ovide, les Sirènes avaient été autrefois des nymphes ou des jeunes filles ordinaires. C'est après qu'Hadès eut enlevé Perséphone en leur présence qu'elles furent dotées d'ailes afin de pouvoir plus facilement partir à sa recherche. Sirène en terre cuite, Athènes, Ve siècle av. J.-C.

mer – probablement le détroit de Messine – gardé par les monstres Charybde et Scylla) tombaient sous leur charme et restaient là éternellement, à les écouter, ou laissaient leur bateau se fracasser sur la côte et rejoindre ainsi les carcasses des innombrables victimes qui les avaient précédées.

Personne ne connaissait exactement leur nombre ni leur origine. Pour Homère, elles étaient au nombre de deux, pour d'autres, il y en avait trois ou quatre. Elles avaient pour noms Hémérope et Thelxiopé, ou Leucosia, Ligia et Parthénopé, ou encore Thelxiépia, Aglaopé, Pisioé et Molpé. Selon certains, elles étaient filles de Phorcys et leur mère était l'une des Muses, tandis que pour Ovide elles étaient filles du dieu-fleuve Achéloos. Ovide raconte qu'elles avaient été autrefois les amies de Perséphone, la fille de Déméter: elles cueillaient des fleurs avec elle quand celle-ci fut enlevée par Hadès, le dieu du monde souterrain (*voir* **Perséphone**). C'est parce qu'elles voulaient survoler la mer, afin de retrouver leur amie disparue, qu'elles furent dotées d'ailes, mais leur chant était si parfait qu'on leur laissa leurs têtes de femme.

Presque tous les navires qui passaient au large de leur île faisaient naufrage : la mythologie cite toutefois deux exemples de bateaux n'ayant pas connu ce triste sort. Ulysse, lors de son long voyage de retour vers Ithaque après la chute de Troie, suivant les conseils de Circé la magicienne, ordonna à ses marins de se boucher les oreilles avec de la cire et de l'attacher lui-même très solidement au mât du navire. Ainsi fut-il en mesure d'entendre les chants trompeurs des Sirènes sans pour autant risquer de conduire son bateau vers les récifs de la côte.

Quant aux Argonautes, les héros qui s'étaient embarqués sur l'Argo sous la conduite de Jason, ils adoptèrent une attitude plus simple mais non moins efficace. À bord, ils avaient avec eux le grand chanteur Orphée, dont la voix magnifique éclipsa complètement les chants des Sirènes (*voir* **Orphée**).

Sisyphe

Sisyphe est surtout connu pour le terrible châtiment qui lui fut infligé dans le Tartare. Fils d'Éole et d'Enarétè, il serait le fondateur de Corinthe. Il était renommé pour son astuce et, selon certains, il était le véritable père d'Ulysse, le héros à l'ingéniosité exceptionnelle (selon la plupart des sources, le père d'Ulysse était Laërte).

Aussi astucieux qu'il ait pu être, Sisyphe ne put éviter l'effroyable châtiment auquel il fut condamné dans le monde souterrain : un vrai « travail de Sisyphe », à recommencer sans fin.

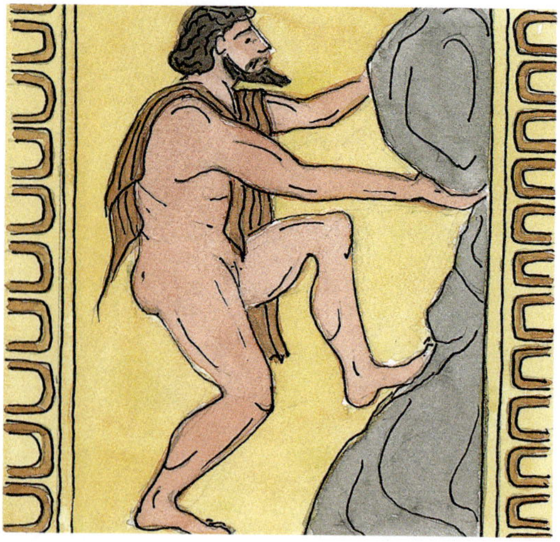

Sisyphe réussit en plusieurs occasions à se jouer des dieux. Un jour, alors qu'il était sur les murs de sa ville, il surprit Zeus, le roi des dieux, en train d'enlever la nymphe Égine. Il alla le dire au père de celle-ci, le dieu-fleuve Asopos, qui le récompensa de l'avoir informé en provoquant le jaillissement d'une source sur l'acropole de Corinthe. Zeus fut évidemment moins reconnaissant, et il ordonna à Thanatos, le dieu de la mort, d'emmener Sisyphe dans le royaume des morts. Mais le malin Sisyphe se montra plus rapide que Thanatos et réussit à l'enchaîner , si bien que plus personne ne mourait ! Zeus fut obligé d'envoyer Arès, le dieu de la guerre, pour venir en aide à Thanatos.

Délivré, le dieu de la mort se remit à traquer Sisyphe, mais ce dernier lui joua un autre tour de sa façon. Il dit à sa femme, Méropé, de ne pas lui donner, quand il mourrait, la sépulture à laquelle il avait droit. Si bien que quand il arriva dans le monde des morts, après son décès, il demanda à Perséphone, l'épouse d'Hadès, de le laisser revenir dans le monde des vivants afin qu'il puisse punir sa femme de sa faute (pour les Grecs, ne pas donner de sépulture à un mort était une faute inadmissible).

Sisyphe réussit donc à convaincre Perséphone de le laisser revenir sur terre. Naturellement, il n'avait aucune intention de retourner chez les morts et il vécut sur terre fort longtemps. C'est finalement Hermès qui se chargea de le ramener dans le royaume des morts, où un terrible châtiment l'attendait pour le punir de ses mauvais tours. Il fut ainsi condamné à pousser un énorme rocher jusqu'au sommet d'une pente, lequel retombait immédiatement en roulant jusqu'au bas de la pente. Sisyphe devait donc recommencer sa tâche, encore, et encore, éternellement. D'où l'expression « un travail de Sisyphe », pour désigner une tâche qui est constamment à refaire.

Sphinx

Créature ailée possédant un corps de lion surmonté d'une tête et d'un buste de femme, le Sphinx était la fille d'Échidna et du monstre Typhon. La déesse Héra l'envoya à Thèbes pour punir le roi de la cité, Laïos, qui avait enfreint les lois de la nature en aimant le jeune Chrysippe, fils du roi Pélops (*voir* **Laïos**). Dans d'autres récits, ce serait Apollon ou Dionysos qui l'aurait envoyé à Thèbes.

Le Sphinx arrêtait les voyageurs dans des lieux déserts, à l'extérieur de la ville, leur posant cette énigme qu'elle tenait des Muses : « Quel est l'animal qui, le matin, marche à quatre pattes, sur deux à midi, et sur trois le soir ? »

Le Sphinx (son nom signifie « l'étrangleur ») tuait et dévorait tous ceux qui s'avéraient incapables de répondre à la question. Beaucoup connurent ce sort tragique, dont l'un des fils de Créon, devenu régent de la ville après la mort de son frère Laïos. Si bien que Créon finit par promettre le trône de Thèbes et la main de la reine Jocaste à quiconque débarrasserait la ville du monstre. Œdipe, le fils qui avait été autrefois abandonné par Laïos, résolut l'énigme sans difficulté. L'animal en question, dit-il au Sphinx, était l'homme : en effet, quand il est bébé, l'homme marche à quatre pattes ; devenu plus grand, il marche sur ses deux jambes, et devenu vieux, il a besoin d'une canne qui lui sert de troisième jambe. Quand il entendit la réponse, le Sphinx se jeta du haut d'une falaise et s'écrasa au sol.

Œdipe devint donc roi de Thèbes, épousa Jocaste (laquelle n'était autre, en fait, que sa mère, mais personne alors ne le savait), et mena durant de longues années une vie familiale prospère. Ce n'est que beaucoup plus tard que le destin allait de nouveau frapper, quand fut connue la véritable identité d'Œdipe et de Jocaste (*voir* **Œdipe**).

Il fallut un homme aussi intelligent que l'était Œdipe pour résoudre l'énigme du Sphinx. Après qu'Œdipe lui eut donné la bonne réponse, le monstre se précipita dans un ravin. Sphinx et corps en deux parties symétriques, sur un autel en terre cuite, Tarente, IVe siècle av. J.-C.

Créature mythique, le griffon ressemblait étroitement au Sphinx, avec sa tête d'oiseau de proie et son corps de lion ailé. Tête de griffon sur une pièce d'argent (tétradrachme) de Phocée, Ve-IVe siècle av. J.-C.

Stentor

Stentor est un héros grec de la guerre de Troie. Il est connu essentiellement pour sa voix extraordinairement puissante, qui était aussi forte que cinquante autres. D'où l'expression « une voix de stentor ».

Styx *voir* Hadès

Ayant servi son fils Pélops en repas aux dieux, Tantale fut condamné après sa mort au Tartare, où il connut une faim et une soif perpétuelles. Les fruits délicieux qu'il croyait pouvoir atteindre restaient hors de sa portée sitôt qu'il tendait la main vers eux.

Syrinx *voir* Pan

Tantale

Fils de Zeus et de la Titanide Ploutô, Tantale est l'un de ces criminels condamnés au Tartare, la partie la plus inhospitalière du royaume des morts.

Il régnait sur un royaume d'Asie Mineure et avait notamment pour enfants Pélops et Niobé. Au début, il fut favorisé par son père, Zeus, le roi des dieux. Il lui était même permis de s'asseoir à la table des dieux et de partager avec eux l'ambroisie et le nectar, nourriture et boisson divines. Déjà, pourtant, il lui arriva de trahir certains secrets des dieux, et de voler un peu d'ambroisie et de nectar qu'il partageait ensuite avec ses amis. Mais ce n'était encore que peccadilles, à côté du crime qu'il allait commettre.

Un jour, donc, alors que les dieux venaient dîner chez lui, il mit à mort son fils Pélops et en offrit la chair cuisinée à ses invités : il voulait vérifier le degré de clairvoyance des dieux. Presque tous découvrirent la supercherie et se refusèrent à goûter de l'horrible plat qui leur était servi. Déméter, qui était alors préoccupée par le sort de sa fille Perséphone (*voir* **Perséphone**), fut la seule à y toucher : elle mangea l'épaule de Pélops. Les dieux offensés ramenèrent à la vie le jeune garçon, qui devint un personnage presque aussi détestable que son père (*voir* **Pélops**).

Le crime de Tantale fut jugé si abominable qu'un châtiment éternel lui fut réservé dans le Tartare, comme ce fut également le cas pour les Danaïdes, Ixion, Sisyphe, et Tityos. Lors de son voyage de retour vers Ithaque, Ulysse eut l'occasion de descendre dans le royaume des morts, et d'y voir Tantale en proie à ses tourments : « Il était dans un lac, debout, et l'eau montait lui toucher le menton ; mais, toujours assoiffé, il ne pouvait rien boire ; chaque fois que, penché, le vieillard espérait prendre de l'eau, il voyait disparaître en un gouffre le lac et paraître à ses pieds le sol de noir limon, desséché par un dieu. Des arbres à panache, au-dessus de sa tête, poiriers et grenadiers et pommiers aux fruits d'or, laissaient pendre leurs fruits, et puissants oliviers et figuiers domestiques ; à peine le vieillard faisait-il un effort pour y porter la main : le vent les emportait jusqu'aux sombres nuées. » (Homère, l'*Odyssée*, XI, 583-592). D'où l'expression « supplice de Tantale », pour désigner une situation où l'on est proche de l'objet qu'on désire sans jamais pouvoir l'atteindre.

Télémaque était déjà un jeune homme quand il retrouva son père, Ulysse, qui était parti pour Troie peu après sa naissance et ne revint que vingt ans plus tard.

Télémaque

Télémaque est le fils de Pénélope et d'Ulysse, roi de l'île d'Ithaque, dont l'ingéniosité permit aux Grecs de l'emporter sur les Troyens.

Télémaque était encore bébé quand son père dut s'embarquer pour Troie. Ulysse essaya bien, pourtant, de ne pas partir à la guerre en simulant la folie. On le vit ainsi bizarrement accoutré labourer la plage de son île et semer du sel dans les sillons. Mais Palamède ne fut pas dupe : il plaça le petit Télémaque devant le soc de la charrue ; réagissant comme quelqu'un de parfaitement sain d'esprit, Ulysse fit un écart pour éviter l'enfant et ne put donner le change plus longtemps.

Télémaque fut donc élevé en l'absence de son père, qui ne put revenir chez lui qu'au bout de vingt années. Durant cette période, il vit sa mère résister opiniâtrement aux propositions de mariage que lui faisaient les jeunes nobles de l'île – les « prétendants ». Télémaque était trop jeune pour les chasser mais, peu avant le retour d'Ulysse, sous l'inspiration de la déesse Athéna, il partit à la recherche de son père. Il se rendit d'abord à Pylos, où régnait le vieux Nestor, puis à Sparte, où Ménélas et Hélène lui donnèrent d'utiles informations (*voir* **Ménélas** *et* **Hélène**).

Ulysse revint à Ithaque alors que son fils était toujours à sa recherche. Avec l'aide d'Athéna, Télémaque put échapper à une embuscade que lui avait tenu l'un des prétendants ; puis, le père et le fils se trouvèrent enfin réunis, chez le pauvre porcher Eumée, lequel était resté inconditionnellement fidèle à Ulysse. Tout ce qu'Eumée savait de l'homme qu'il avait accueilli dans sa modeste demeure était que c'était un Crétois errant de par le monde depuis des années. Ulysse profita de ce que leur hôte était sorti pour se faire reconnaître de son fils. Au début, Télémaque refusa de le croire, mais Ulysse réussit rapidement à le convaincre. « Ulysse reprit sa place et Télémaque, tenant son noble père embrassé, gémissait et répandait des larmes ! [...] Il leur prit à tous deux un besoin de sanglots. Ils pleuraient et leurs cris étaient plus déchirants que celui des orfraies, des vautours bien en griffes, auxquels des paysans ont ravi leurs petits avant le premier vol. » (Homère, l'*Odyssée*, XVI, 213-219).

Dans le combat qui les opposa, peu après, aux prétendants, Télémaque se révéla un compagnon plein d'ardeur, déjà prêt à marcher sur les traces d'un père exceptionnel. Ainsi, lors du concours de tir à l'arc organisé dans le palais d'Ithaque : alors qu'aucun des prétendants n'était en mesure de tendre l'arc puissant d'Ulysse, Télémaque put le faire très facilement (*voir* **Odyssée et Ulysse**).

Les récits varient quant à ce que fut ensuite la destinée de Télémaque. Selon certains, il épousa une fille de Nestor ; pour d'autres, il se

Quand Ulysse revint à Ithaque, Télémaque était encore en Grèce continentale, essayant de découvrir ce qui était arrivé à son père. La déesse Athéna intervint pour que le navire de Télémaque échappe à une embuscade tendue par les « prétendants ».

serait marié avec Nausicaa, la jeune princesse qui avait accueilli Ulysse sur le rivage de l'île des Phéaciens. Dans une autre version, Télémaque aurait épousé la magicienne Circé, après la mort d'Ulysse.

Thanatos

Personnification de la mort, Thanatos est fils de la déesse Nyx (« la Nuit ») et frère d'Hypnos (« le Sommeil »). Quand quelqu'un allait mourir, Thanatos venait lui couper une boucle de cheveux, dédiant ainsi le malheureux mortel au dieu Hadès. On se représentait Thanatos comme un jeune homme ailé portant une torche qu'il tenait à l'envers.

Thanatos n'a pas un rôle très important dans la mythologie grecque. Homère l'évoque ramenant avec son frère, Hypnos, le cadavre de Sarpédon en Lycie. Euripide, le dramaturge athénien, lui accorde un rôle mineur dans sa pièce *Alceste*: on l'y voit se préparer à emporter Alceste qui s'est proposée pour mourir à la place de son mari, Admète (*voir* **Alceste**). Thanatos a ainsi un bref échange avec le dieu Apollon, lequel veut l'empêcher d'emporter l'épouse d'un roi (Admète) qui est son favori. Thanatos se révèle en l'occurrence un personnage inflexible, qu'aucune parole ne peut émouvoir. Dans la mythologie grecque, le seul à avoir réussi à lui échapper est Sisyphe : celui-ci parvint à enchaîner Thanatos un certain temps, durant lequel plus personne ne mourait. C'est le dieu de la guerre, Arès, qui vint finalement le délivrer.

Thésée

Thésée, le héros athénien, est l'un des personnages les plus éminents de la mythologie grecque. Il est fils d'Égée et d'Aéthra, mais selon certaines versions, son père serait en réalité le puissant dieu de la mer, Poséidon.

Égée, roi d'Athènes, avait eu beau se marier deux fois, il ne pouvait avoir d'enfants. Il interrogea l'oracle de Delphes qui l'avertit de ne pas ouvrir son outre à vin avant d'être de retour à Athènes. Déconcerté par cette réponse, Égée en parla à son ami Pitthée, roi de Trézène, et comme ce dernier savait que l'oracle avait également prédit la naissance d'un grand héros, il saisit aussitôt le rapport. Il s'arrangea pour enivrer Égée et le fit coucher avec sa fille Aéthra : le futur héros serait ainsi son petit-fils. Quand Égée réalisa ce qui

Les sarcophages romains étaient souvent décorés de motifs ayant trait à la mort et à l'au-delà. On peut voir ici, le second à partir de la droite, Hermès, qui guidait les victimes de Thanatos vers le monde souterrain. Sarcophage, Aphrodisias, Turquie.

Le jeune Thésée soulève le rocher sous lequel son père, Égée, avait laissé une épée et une paire de sandales bien des années auparavant.

s'était passé, il cacha une épée et une paire de sandales sous un énorme rocher : au cas où son fils viendrait un jour à Athènes, il le reconnaîtrait à ces signes et ferait de lui son héritier.

Thésée grandit à Trézène, et lorsqu'il eut seize ans sa mère lui révéla l'identité de son père. Le jeune homme se rendit au fameux rocher, récupéra l'épée et les sandales, et prit la route pour Athènes. Le territoire entre les deux villes était alors ravagé par les brigands et les bêtes sauvages. À l'exemple d'Héraclès, son héros favori, Thésée résolut de les exterminer. Sa première victime fut un fils d'Héphaïstos, Périphétès, qui sévissait dans la région d'Épidaure. Ce brigand était particulièrement vigoureux : armé d'une gigantesque massue, il attaquait les voyageurs et leur faisait éclater la tête. Thésée réussit à s'emparer de son arme et le tua : la massue est restée depuis sa marque distinctive.

L'isthme dc Corinthe était alors sous la domination d'un guerrier lui aussi d'une force extraordinaire, Sinis, capable de courber deux grands pins auxquels il attachait sa victime : de sorte que les relâchant d'un coup, le malheureux était écartelé. Thésée eut raison de lui et lui fit subir le même sort. Ce Sinis avait une fille ravissante, Périgouné, dont Thésée eut un fils, Mélanippos.

À Crommyon, Thésée vint à bout d'une truie sauvage, issue de l'union des monstres Échidna et Typhon, qui ne cessait de détruire les cultures des paysans.

La route longeant la côte rocheuse jusqu'à Mégare était le terrain de chasse d'un autre brigand, Sciron, qui arrêtait les voyageurs et les forçait à lui laver les pieds : quand ils s'étaient agenouillés devant lui, il les précipitait dans la mer où une tortue géante venait les dévorer. Thésée se mit bien à genoux, lui aussi, devant Sciron, mais il le saisit par les jambes et le jeta à la mer. Dans certaines versions, le brigand fut à son tour victime de la tortue, et dans d'autres, il fut transformé en une suite de Roches qui portent désormais son nom.

Vue de l'Acropole d'Athènes, la cité dont Égée, puis son fils Thésée, furent les rois. Les fameux temples ne furent édifiés que beaucoup plus tard, au cours de l'âge d'or de la démocratie athénienne.

Cercyon, roi d'Éleusis, près d'Athènes, forçait ceux qui passaient par là à lutter avec lui : quand ils avaient perdu, il les tuait. Thésée eut raison de lui, le tua, et devint lui-même souverain d'Éleusis qu'il annexa par la suite à Athènes.

Avant d'atteindre le but de son voyage, Thésée eut un dernier obstacle à franchir. À Érinée, il rencontra un aubergiste du nom de Procuste (ou Procruste), lequel avait une manière très particulière d'offrir un lit à ses hôtes : les plus grands avaient droit à un petit lit, et Procruste leur coupait les pieds pour qu'ils soient à la bonne dimension ; inversement, les plus petits se voyaient attribuer un grand lit, et Procuste les étirait (son nom signifie «L'étiré» en grec) violemment, toujours pour le même motif. Thésée se contenta de demander à l'aubergiste si lui-même était à la bonne dimension de son propre lit : ce n'était pas le cas, il s'en fallait d'une bonne tête, et Thésée s'empressa de le rectifier. Aujourd'hui, l'expression « être dans un lit de Procuste » s'emploie quand on se retrouve placé involontairement dans une situation embarrassante.

Après avoir vaincu les Pallantides qui disputaient à son père le trône d'Athènes, Thésée tua le taureau de Crète qui ravageait la région de Marathon. Rhyton en forme de tête de taureau, palais de Cnossos, Crète, XVIe siècle av. J. - C.

Quand Thésée arriva enfin à Athènes, Égée y régnait, mais son pouvoir était contesté par les Pallantides, les cinquante fils de son frère Pallas. L'épouse d'Égée était Médée, la dangereuse magicienne qui avait trouvé asile à Athènes après s'être enfuie de Corinthe (*voir* **Médée**), et qui était déterminée à voir son fils succéder à Égée. Bien qu'elle eût tout de suite deviné que le jeune héros qui avait rendu plus sûrs les environs d'Athènes était Thésée, elle n'en informa pas son mari. Elle lui dit, au contraire, que Thésée était un allié des Pallantides, et elle proposa de l'empoisonner. Mais, alors que Thésée, au cours d'un banquet, était en train de découper de la viande, Égée reconnut l'épée qu'il avait cachée autrefois sous le grand rocher de Trézène, et il eut juste le temps de faire sauter des mains du jeune homme la coupe qu'il s'apprêtait à boire et qui contenait le poison de Médée. Celle-ci s'enfuit d'Athènes et Égée reconnut officiellement Thésée comme son héritier sur le trône.

Puis, Thésée triompha des Pallantides, qui avaient lancé une attaque contre les Athéniens, et se rendit à Marathon, à une bonne quarantaine de kilomètres d'Athènes. La course du « marathon » tire son nom de cette ville, le premier coureur de marathon ayant été le soldat grec qui vint apporter à Athènes la nouvelle de la victoire que les Grecs venaient de remporter en ce lieu sur les Perses (en 490 av. J.-C.), et qui mourut d'épuisement à son arrivée. La région était alors ravagée par le taureau crétois qu'Héraclès avait autrefois capturé (*voir* **Héraclès**) et qui avait été ensuite remis en liberté. Thésée élimina la bête une fois pour toutes (selon certaines versions, il avait agi sur l'ordre de Médée avant d'avoir été reconnu par Égée) et l'offrit en sacrifice au dieu Apollon.

On en arrive alors à l'exploit le plus connu et le plus héroïque de la carrière de Thésée. Androgée, fils de Minos, roi de Crète, avait été tué par les Athéniens (à moins que ce ne fût par le taureau déjà mentionné ci-dessus). Cela conduisit le puissant monarque à déclarer la guerre à Égée et à obliger les Athéniens à envoyer en Crète, tous les neuf ans, sept jeunes garçons et sept jeunes filles de la ville (*voir* **Égée**), destinés à être sacrifiés au Minotaure : cette créature monstrueuse, à corps d'homme et à tête de taureau, vivait dans le Labyrinthe souterrain que Minos avait fait construire par Dédale (*voir* **Dédale, Minos,** *et* **Minotaure**). La date du troisième de ces sacrifices appro-

Ruines de l'immense palais de Cnossos en Crète, lequel inspira probablement le mythe du Labyrinthe souterrain dans lequel le Minotaure était enfermé.

chait, et selon certains, Minos exigea que Thésée soit lui aussi livré au Minotaure. Pour d'autres, Thésée se serait porté volontaire, d'autant plus que la population d'Athènes aurait vu d'un mauvais œil le fils du roi refuser de se soumettre à la loi commune. Avant de partir, Thésée prévint son père que s'il parvenait à s'en sortir vivant, il hisserait une voile blanche à son bateau.

Thésée tue le monstrueux Minotaure dans le Labyrinthe, sous l'œil attentif d'un jeune homme et d'une jeune fille. Peinture à figure noire sur une kylix *athénienne, env. 535 av. J.-C.*

Quand Thésée arriva en Crète, la fille de Minos, Ariane, tomba passionnément amoureuse de lui, et apporta au héros une aide inappréciable. Elle consulta Dédale, qui lui confirma qu'il n'y avait qu'une seule porte pour entrer et sortir du Labyrinthe. Puis, après que Thésée lui eut promis de l'épouser, elle lui donna une pelote de fil : le fil fut attaché à l'entrée, de sorte que Thésée, l'ayant déroulé, serait toujours en mesure de retrouver son chemin pour sortir.

Thésée laissa les jeunes Athéniens à l'entrée et pénétra jusqu'au cœur du Labyrinthe où il tomba sur la créature monstrueuse. De son épée, ou à mains nues selon les versions, il la tua. Ensuite il n'eut plus qu'à suivre le fil pour retrouver son chemin jusqu'à la sortie. Après quoi, il embarqua sur son bateau Ariane et les jeunes Athéniens et prit la fuite, en ayant auparavant pris soin de percer des trous dans le fond des navires crétois pour rendre toute poursuite impossible.

Thésée, Ariane et leurs compagnons parvinrent ainsi jusqu'à l'île de Naxos. Sur cette île, Ariane est abandonnée par Thésée. À par-

Selon certaines versions du mythe, Dionysos, dieu du vin, prit en pitié Ariane que Thésée avait inexplicablement abandonnée sur l'île de Naxos. Peinture à l'huile, Peter Paul Rubens, XVIIe siècle.

tir de là, les versions diffèrent : selon certains, Thésée aurait été ensorcelé et aurait complètement oublié Ariane. Pour d'autres, il aurait été très content de la quitter parce qu'il était tombé amoureux d'une autre, et Dionysos, le dieu du vin et de la végétation, aurait eu alors pitié d'elle. Mais un autre récit affirme que c'est Dionysos qui demanda la main d'Ariane et partit avec elle. Selon Homère, pourtant, c'est la déesse Artémis qui, à la requête de Dionysos, se serait chargée à Naxos de tuer la jeune femme.

Après avoir fait escale à Délos, Thésée continua sa route vers Athènes. Depuis l'Acropole, son père vit le navire approcher des côtes et, horrifié, s'aperçut que la voile était noire.

Procession de fidèles de Dionysos. Épouse du dieu du vin, Ariane faisait évidemment partie de son entourage. Fragment de relief dans un temple commémoratif, Tarente, IVe-IIIe siècle av. J.-C.

Tout à son chagrin d'avoir perdu Ariane, Thésée avait oublié de hisser, comme convenu, une voile blanche. Il ne vint pas à l'esprit d'Égée que son fils pouvait être vivant, et il se précipita dans la mer où il se noya.

Thésée succéda à son père comme roi d'Athènes et de l'Attique. Il y fit régner l'ordre et la justice et, en l'honneur d'Athéna, fonda les Panathénées, l'une des plus grandes fêtes religieuses de la Grèce antique. Il agrandit également son royaume en lui annexant Mégare et Trézène.

Mais Thésée n'était pas homme à prendre sa retraite et à mener une vie tranquille sous prétexte qu'il était devenu roi. Il continua donc de se lancer dans d'innombrables aventures. Selon certains, il fit partie des Argonautes, ces héros qui s'embarquèrent avec Jason pour aller conquérir la Toison d'or dans la lointaine Colchide (*voir* **Argonautes**). On racontait également qu'il avait pris part à la chasse contre le sanglier monstrueux, envoyé par Artémis, qui ravageait la région de Calydon, et qui fut abattu par Méléagre, le héros local.

Thésée participa également à une campagne lancée contre les Amazones : il en profita pour enlever l'une d'entre elles, sans qu'on sache exactement s'il s'agissait d'Antiopé ou d'Hippolyta ; pas plus qu'on ne sait si cette Amazone s'éprit de Thésée ou si elle fut purement et simplement kidnappée. Toujours est-il que les autres Amazones poursuivirent Thésée jusqu'en Attique où, après avoir mis le siège devant l'Acropole d'Athènes, elles furent finalement vaincues par Thésée. Antiopé – ou Hippolyta – devint l'épouse du héros auquel elle donna un fils, Hippolyte.

Thésée donna également asile à Athènes au malheureux Œdipe et à sa fille Antigone qui avaient été chassés de Thèbes. Il intervint éga-

Dionysos (à droite) aux côtés de son tuteur Silène (au centre). Le personnage à gauche est peut-être Ariane, l'épouse de Dionysos. On ne connaît pas exactement la signification de cette scène référant au culte de Dionysos. Fresque de la Villa des mystères, Pompéi, Ier siècle av. J.-C.

lement quand Créon, le régent thébain, voulut obliger Œdipe à revenir à Thèbes et kidnappa ses filles. Œdipe mourut sur le sol athénien et y fut enterré, mais Thésée resta le seul à connaître l'endroit exact de sa tombe (*voir* **Œdipe**). Dans l'une de ses tragédies, Euripide le fait également intervenir dans la lutte fratricide opposant les deux fils d'Œdipe, Polynice et Étéocle : c'est lui qui oblige Créon à donner à Polynice et à ses compagnons (les « Sept contre Thèbes ») une sépulture décente.

Thésée devint ensuite l'ami du roi des Lapithes, Pirithoos, lequel l'invita à son mariage avec Hippodamie. Et Thésée, bien sûr, participa au terrible combat contre les Centaures lorsque ceux-ci tentèrent d'enlever la mariée ainsi que d'autres femmes présentes à la noce (*voir* **Centaures**).

Étant donné la manière étrange dont prit fin sa liaison avec Ariane, il est d'autant plus intéressant de noter que, devenu beaucoup plus vieux, Thésée épousa Phèdre, une autre fille de Minos (le roi de Crète). Au moment du mariage, Hippolyte était resté à Trézène (avec son arrière-grand-père Pitthée) : c'est quand il se rendit à Athènes que, par l'intervention d'Aphrodite, Phèdre tomba passionnément amoureuse de son beau-fils, qui avait à peu près le même âge qu'elle. Peu après, Thésée, qui avait une nouvelle fois versé pas mal de sang dans son interminable lutte contre Pallas et ses fils, dut partir en exil à Trézène accompagnée par sa jeune épouse. Quand Thésée quitta la ville pour aller consulter l'oracle de Delphes, Phèdre en profita pour faire dire (par l'intermédiaire de sa nourrice) à Hippolyte qu'elle l'aimait. Or, le jeune homme était un farouche adorateur d'Artémis, la déesse virginale de la chasse : il fut donc profondément choqué de cet aveu, mais jura de garder le secret. Quand Phèdre apprit la réaction d'Hippolyte, elle se suicida ; Avant de mourir, toutefois, elle écrivit une lettre à Thésée dans laquelle elle accusait le jeune homme d'avoir tenté de lui faire violence. Quand Thésée revint

Thésée se battit au côté des Lapithes dans la grande bataille qui les opposa aux Centaures lors du mariage de Pirithoos et d'Hippodamie. Peinture d'un Centaure sur une kylix *athénienne, vers 500 av. J.-C.*

à Trézène, il fut bouleversé par la mort de sa femme et crut à sa version des événements. Tenu par son serment, Hippolyte ne put révéler ce qui s'était réellement passé. Thésée appela sur son fils la malédiction des dieux et le chassa. Malheureusement, Poséidon (rappelons qu'il est possible qu'il ait été le père de Thésée) entendit cette malédiction, et ce qui devait arriver arriva : un jour qu'Hippolyte conduisait son char au bord du rivage, un taureau monstrueux envoyé par le dieu de la mer surgit des vagues ; les chevaux d'Hippolyte s'emballèrent et le char se brisa sur les rochers, tuant le jeune homme. Par la suite, Artémis révéla toute la vérité à Thésée. Cette histoire dramatique a inspiré à Racine (1639-1699) l'une de ses plus belles tragédies, *Phèdre*.

Devenu veuf, il ne fallut pas attendre longtemps pour que Thésée se mette en quête d'une nouvelle épouse. Et quelle femme pouvait convenir le mieux à un héros de sa trempe sinon la plus belle du monde, Hélène, la princesse de Sparte ? Accompagné de Pirithoos, il se rendit donc dans cette ville et y enleva la toute jeune beauté, qui n'avait alors que douze ans. De retour en Attique, il la confia à sa mère, Aethra, en attendant qu'elle ait l'âge de se marier. Mais Pirithoos, lui aussi, voulait se marier, et pas question, pour lui non plus, de choisir une vieille femme. Perséphone, la belle jeune femme qui régnait sur le monde souterrain, lui sembla un bon parti. Accompagné de Thésée, il descendit dans le royaume des morts. Mais Hadès, qui savait comment procéder avec ce genre de visiteur, les invita à s'asseoir sur les Chaises de l'Oubli : les deux compagnons perdirent aussitôt la mémoire et ne purent se remettre debout. Dans l'Énéide, Virgile raconte que son héros, Énée, lors de sa descente aux Enfers, vit Thésée sur sa chaise, condamné à y rester assis pour l'éternité. Selon une autre version du mythe, toutefois, Thésée aurait été délivré par Héraclès lorsque celui vint au royaume des morts pour en ramener Cerbère, le chien monstrueux qui en gardait l'entrée (*voir* **Héraclès**). Pirithoos, quant à lui, demeura prisonnier à jamais.

Après son retour à Athènes, Thésée fut attaqué par les Dioscures, Castor et Pollux, venus récupérer leur sœur Hélène. Thésée dut se réfugier dans l'île de Scyros, ce dont le roi local, Lycomède, ne fut pas particulièrement enchanté. Ayant emmené Thésée se promener tout en haut d'une falaise, il l'attaqua par surprise et le poussa dans le vide, mettant fin à la vie du héros athénien.

Les Dioscures Castor et Pollux mirent Thésée dans une situation difficile à la fin de sa vie. Statue de bronze représentant l'un des Dioscures, Turquie, IIe siècle av. J.-C.

La Néréide Thétis inspecte les nouvelles armes qu'elle a demandé à Héphaïstos de forger pour son fils Achille.

Thétis

Thétis est une nymphe marine, une Néréide, fille du dieu marin Nérée (*voir* **Nymphes**). En dépit de ses origines, la belle Thétis fut élevée par Héra sur le mont Olympe, séjour des douze dieux olympiens. Elle revint ensuite dans sa demeure au fond de la mer.

Quand Héra voulut se débarrasser de son nouveau-né Héphaïstos, furieuse d'avoir mis au monde un enfant difforme, Thétis et sa sœur Érynomé eurent pitié de lui. Pendant neuf années, elles se chargèrent d'élever le futur dieu des forgerons, lequel, en retour, garda pour elles une affection particulière et ne refusa jamais son aide à Thétis quand celle-ci la lui demanda. Zeus, le roi des dieux, l'aimait bien, lui aussi : il lui était reconnaissant de l'avoir aidé quand Héra, Athéna et Poséidon avaient comploté contre lui ; Thétis avait alors fait appel à Briarée, le géant aux cent bras doté d'une force exceptionnelle, pour servir de garde du corps auprès de Zeus. Un troisième dieu bénéficia de l'aide de Thétis : Dionysos, le dieu du vin et de la végétation, que la nymphe avait secouru quand il avait dû, encore très jeune, sauter dans la mer pour échapper à Lycurgue, roi des Édoniens (*voir* **Dionysos**).

La beauté de Thétis ne fut pas sans éveiller la convoitise de Zeus et de Poséidon. Or, le Titan Prométhée avait eu connaissance qu'un fils né de Thétis détrônerait son père, et il ne consentit à révéler ce secret qu'après avoir été libéré des chaînes que Zeus lui avait imposées pour avoir fait don du feu à l'humanité (*voir* **Prométhée**). Le roi des dieux ne regretta pas d'être resté chaste, car sinon il aurait connu le même sort que celui qu'il avait infligé à son propre père (*voir* **Cronos**). Aussi décida-t-il de donner Thétis en mariage à un mortel, et non à un dieu.

Pélée, roi de Phtie, qui avait la faveur des dieux, fut l'heureux élu. Mais il lui fallut d'abord convaincre Thétis, et ce ne fut pas facile. À l'instar des autres divinités marines,

Fille de Nérée, Thétis était une superbe nymphe marine. Ci-dessous, Néréide à cheval sur la queue d'un Triton qui souffle avec énergie dans sa conque. Peinture à l'huile, Peter Paul Rubens, XVIIe *siècle.*

Pélée, qui a été autorisé par les dieux à faire de Thétis son épouse, tente ici de la convaincre. Thétis n'y consentira qu'après avoir fait beaucoup de difficultés. Peinture à figures noires sur un vase d'albâtre athénien, vers 470 av. J.-C.

Thétis avait en effet le pouvoir de changer de forme autant qu'elle le voulait, et avec une rapidité extraordinaire. Pélée alla lui rendre visite sur un rivage de Thrace, alors qu'elle dormait dans une grotte. Après qu'elle eut rejeté ses avances, il tenta de la prendre de force, mais elle se transforma d'abord en oiseau, puis en un tronc d'arbre, et enfin en tigresse. Sur le conseil de Protée, un autre dieu marin, il profita de son sommeil pour la ligoter. Elle lui résista encore en prenant d'autres formes, mais finit par lui céder, et de leur union naquit Achille, le futur héros de la guerre de Troie (*voir* **Achille**).

Les origines de cette guerre datent précisément du mariage entre Thétis et Pélée. Tous les dieux participèrent à la noce et apportèrent de somptueux cadeaux. Une divinité, pourtant, avait été oubliée : Éris, déesse de la discorde. Furieuse de ne pas avoir été invitée, elle lança parmi les convives une pomme d'or (la proverbiale « pomme de la discorde ») portant l'inscription « pour la plus belle ». Héra, Aphrodite et Athéna prétendirent chacune avoir droit à la pomme, et ce fut finalement Pâris, le prince troyen, qui eut à trancher : il se décida en faveur d'Aphrodite, qui lui avait promis de lui donner en récompense la plus belle femme du monde, Hélène. Or, Hélène était déjà mariée à Ménélas, roi de Sparte. À peine Pâris l'eut-il enlevée et emmenée à Troie qu'une guerre éclata entre les Troyens et les Grecs, qui prirent le parti de Ménélas (*voir* **Aphrodite, Hélène** *et* **Pâris**).

Thétis savait que son fils Achille n'était pas immortel et qu'il serait tué au combat. Elle fit donc tout ce qui était en son pouvoir pour le rendre invincible. C'est ainsi qu'à sa naissance, elle le plongea dans les eaux noires du Styx, le fleuve du monde des morts : mais elle dut, pour ce faire, le tenir par le talon, lequel resta vulnérable. Et de fait, c'est le « talon

Thétis aimait profondément son fils Achille, et durant la guerre de Troie elle fit tout ce qu'elle pouvait pour lui. Ci-dessous, Héphaïstos offre à Thétis les nouvelles armes superbes qu'il a forgées à sa demande à l'intention d'Achille. Peinture à l'huile, Peter Paul Rubens, XVIIe siècle.

d'Achille » que, plus tard, la flèche tirée par Pâris atteignit, blessant mortellement le héros. Selon un autre récit, Thétis aurait placé l'enfant sur un feu, pendant la nuit, pour le rendre immortel et éternellement jeune, après l'avoir enduit d'ambroisie, la nourriture des dieux, afin qu'il puisse supporter ce traitement. Mais Pélée, une nuit, trouva son fils ainsi étendu sur le feu, et paniqué, il entra dans une violente colère, qui amena Thétis à le quitter.

Inquiète, la déesse continua à faire tout ce qu'elle pouvait pour tenir son fils à l'écart de la guerre et des combats. Elle alla même jusqu'à l'envoyer dans l'île de Scyros où, habillé en fille, il dut vivre parmi les filles de Lycomède : mais cette ruse fut facilement déjouée par Ulysse (*voir* **Achille**). Durant la guerre de Troie, Thétis ne cessa de soutenir son fils en mère aimante qu'elle était. Quand il fut aux prises avec Agamemnon, qui lui avait volé la jolie Briséis (elle lui revenait de droit, comme prise de guerre), Thétis plaida sa cause devant Zeus et lui demanda de favoriser temporairement les Troyens pour qu'Agamemnon fasse amende honorable. Zeus avait conscience du différent que cela allait occasionner entre lui et sa femme, Héra – qui soutenait fanatiquement les Grecs – cependant il accepta, incapable de refuser quoi que ce soit à Thétis.

Peu après, quand Achille pleura amèrement la mort de Patrocle, son frère d'armes, abattu par Hector, le héros troyen, elle pleura à ses côtés. C'est elle encore qui commanda à Héphaïstos une nouvelle armure magnifique destinée à Achille (ce dernier avait prêté ses armes à Patrocle, et Hector s'en était emparé après la mort du jeune Grec).

Quand la mort inévitable d'Achille finit par arriver, les pleurs de Thétis et de ses sœurs furent si terribles que les Grecs, pris de panique, coururent à leurs bateaux, et il fallut toute la sagesse du vieux Nestor pour les ramener à la raison. Thétis et les autres Néréides pleurèrent Achille dix-sept jours durant. Les Muses elles-mêmes vinrent entonner un chant funèbre. Après que le héros eut été incinéré, Thétis plaça ses os dans une urne d'or qui contenait également ceux de Patrocle.

Dans la mythologie grecque, Thétis est l'une des déesses les plus douces et les plus bienveillantes. Sa sollicitude pour son fils bienaimé et sa peine au moment de sa mort lui donnent une dimension humaine qu'on rencontre rarement chez les autres divinités.

Thisbé *voir* Pyrame

Tirésias

Tirésias, le devin aveugle de Thèbes, en train de prédire l'avenir. Ses prophéties n'étaient pas toujours bien accueillies par les mortels comme par les dieux.

Fils d'Evérès et de la nymphe Chariclo, Tirésias, l'aveugle de Thèbes, est l'un des deux devins les plus célèbres de la mythologie grecque.

Il existe deux versions concernant l'origine de sa cécité et de ses pouvoirs surnaturels. Dans la première, il aurait surpris Athéna et sa mère alors qu'elles se baignaient nues. Athéna l'aurait privé de la vue, mais lui aurait donné le pouvoir de comprendre le langage des oiseaux et de prédire l'avenir. Elle lui aurait également offert une baguette magique et accordé une vie excessivement longue.

Selon la seconde version, Tirésias rencontra un jour dans une montagne deux serpents en train de s'accoupler. Il frappa la femelle de son bâton et fut instantanément transformé en femme. Huit années plus tard, il revit les mêmes serpents : cette fois, il frappa les deux serpents et redevint un homme. Un jour, alors que Zeus et son épouse Héra discutaient de savoir lequel des deux sexes tirait le plus de plaisir dans l'amour physique, Tirésias fut invité à les départager : il répondit que c'était la femme qui avait nettement l'avantage. Cette réponse déplut à Héra, laquelle priva Tirésias de la vue. Il fut impossible à Zeus de revenir sur la décision de sa femme, mais pour dédommager Tirésias, il lui donna le don de double vue. Tirésias faisait ses prédictions à

La découverte que fit Tirésias (par expérience), que les femmes avaient sexuellement plus de plaisir que les hommes, déplut à la déesse Héra, et elle le punit en le frappant de cécité. Ci-dessous, statue d'Héra sur l'une des Quatre Fontaines érigées sur la colline du Quirinal à Rome, fin du XVIe *siècle.*

partir du comportement des oiseaux. Il étudiait leurs cris et, si nécessaire, justifiait ses dires par des sacrifices.

Le premier à se voir ainsi prédire son avenir fut Narcisse. Quand la mère de ce dernier demanda au devin si son fils aurait une longue vie, il lui fut répondu que Narcisse vivrait aussi longtemps qu'il ne porterait pas les yeux sur sa propre image. Ce n'est que bien plus tard qu'apparut clairement le sens de cette funeste prophétie (*voir* **Narcisse**).

Tirésias fit nombre de prédictions que les gens concernés ne prirent pas au sérieux. Penthée, le roi thébain, ne comprenait pas pourquoi Tirésias vénérait Dionysos, dieu du vin et de la végétation : il n'écouta pas le devin qui lui conseillait de rendre un culte à ce dieu et paya de sa vie son attitude (*voir* **Dionysos** *et* **Ménades**).

Tirésias joue un rôle important dans les événements tragiques ayant marqué la cité de Thèbes pendant et après le règne d'Œdipe, le prince qui, à son insu, tua son père et épousa sa mère (*voir* **Œdipe**). C'est lui qui indique à Œdipe que la peste qui ravage la ville résulte de ses propres méfaits : dans un premier temps, Œdipe refuse de le croire et l'accuse de mauvaise foi. Il en va de même avec Créon, souverain de Thèbes avant l'arrivée d'Œdipe et après son départ : quand Tirésias lui ordonne de donner au corps de Polynice, le fils d'Œdipe tué en duel par son propre frère, Étéocle, une sépulture décente (obligation sacrée dans la Grèce antique), Créon l'accuse d'être indigne de confiance (*voir* **Antigone** *et* **Créon**).

Tirésias mourut à Thèbes après que les fils des alliés de Polynice l'eurent conquise – événement qu'il avait prévu, naturellement. Dans le monde des morts, l'ombre de Tirésias bénéficie d'un statut tout à fait exceptionnel. Alors que les autres ombres sont toutes dépourvues de conscience, Tirésias continue de faire ses prédictions. Quand Ulysse descend brièvement aux Enfers, il lui donne à boire un peu de sang de mouton, et Tirésias l'avertit de ne tuer sous aucun prétexte le bétail qu'il trouvera sur l'île de Thrinacie et qui appartient au dieu du soleil Hélios : à cette condition, il pourra regagner sain et sauf son île d'Ithaque, massacrer les prétendants qui courtisent son épouse Pénélope, et bénéficier d'une très longue vie. Une fois de plus, les prédictions de Tirésias se révéleront exactes. Détail significatif de ce récit raconté par Homère : l'ombre de Tirésias reconnaît immédiatement Ulysse. Il a donc recouvré la vue après la mort.

Titans

Les Titans étaient des divinités issues de l'union d'Ouranos (le Ciel) et de Gaia (la Terre). De taille gigantesque, ils régnaient sur le monde au début de la création. Les plus importants d'entre eux étaient Cronos – qui émascula son père et resta roi des dieux jusqu'à ce que son fils Zeus l'eût détrôné –, Rhéa, son épouse, Océanos, souverain de l'Océan qui entoure la terre, Téthys, Japet, Hypérion, Coéos, Crios, Phoébé, Thémis, Mnémosyne et Thia. Un certain nombre de leurs descendants étaient également considérés comme des Titans : c'est le cas d'Hélios, dieu du soleil (fils d'Hypérion), de Prométhée, qui défendit les droits de l'humanité, d'Épiméthée et d'Atlas (tous les trois fils de Japet). En revanche, les enfants de Cronos et de Rhéa ne faisaient pas partie des Titans : Zeus, leur plus jeune fils, qui fut le seul, grâce à une ruse de sa mère, à ne pas être dévoré par son père (*voir* **Cronos**), parvint à prendre le contrôle de l'univers avec ses frères Poséidon et Hadès après qu'ils eurent été régurgités par Cronos.

Le Titan Cronos émascula son père Ouranos. Il dévorait également ses propres enfants, et régnait sur l'univers avant d'être détrôné par Zeus.

La guerre des Titans dura dix ans. La plupart des Titans (Prométhée, Océanos, Hélios, et les Titanides restèrent à l'écart des combats)

Selon Hésiode, du temps des Titans, les hommes vivaient en parfaite harmonie avec l'univers, sans que l'on sache exactement s'ils devaient alors leur offrir des sacrifices, comme ce fut le cas avec les dieux postérieurs. Scène de sacrifice, Arco degli Argentari, IIIe siècle av. J.-C.

séjournaient sur le mont Othrys, alors que Zeus et ses partisans résidaient sur le mont Olympe, lequel allait devenir leur lieu de rencontre et de séjour permanent. La guerre continua implacablement jusqu'à ce que Zeus, sur le conseil de sa mère Rhéa, décide de libérer du Tartare où ils étaient enfermés, les Géants aux cent bras, Briarée, Cottos et Gyès (ou Gygès). Ceux-ci soumirent les Titans à un bombardement d'énormes rochers, tandis que Zeus les foudroyait de ses éclairs. Après leur défaite, les Titans furent emprisonnés dans les entrailles du Tartare, sous la garde des géants aux cent bras. L'un d'eux, Atlas, bénéficia d'un châtiment à part : il fut condamné à porter éternellement la voûte du ciel sur ses épaules (*voir* **Atlas**).

On ne sait pas exactement quelle était la vie au temps où les Titans régnaient sur le monde. Ils étaient à coup sûr des êtres primitifs, mais le poète Hésiode parle de l'existence d'une race de mortels, une race « d'or », qui vivaient « aux temps de Cronos, quand il régnait encore au ciel ». Ces premiers hommes vivaient comme des dieux, sans avoir à lutter pour vivre ni endurer les souffrances de la vieillesse. « Mourant, ils semblaient succomber au sommeil. Tous les biens étaient à eux : le sol fécond produisait de lui-même une abondante et généreuse récolte, et eux, dans la joie et la paix, vivaient de leurs champs, au milieu de biens sans nombre. » (Hésiode, *Les Travaux et les Jours*, 116-121).

Triton

Le dieu marin Triton était fils de Poséidon, le dieu de la mer, et d'Amphitrite. On le représentait habituellement à l'image de son nom, comme un « triton » doté d'un buste d'homme et d'une queue de poisson. Le trident faisait partie de ses attributs, ainsi que la grande conque marine, cette coquille en spirale dont le son, quand Triton y soufflait comme dans une trompe, pouvait calmer les eaux les plus turbulentes. Selon certains, il y avait plusieurs Tritons, et ils faisaient partie de l'escorte de Poséidon.

Dans l'histoire des Argonautes, les héros partis à la conquête de la Toison d'or sous la conduite de Jason, Triton apparaît sous la forme d'un jeune homme qui leur apporte une aide précieuse au moment où ils sont bloqués avec leur bateau, l'Argos, sur le lac Triton en Libye, sans savoir comment retrouver la mer. Voici comment Apollonios de Rhodes raconte cet épisode dans ses *Argonautiques* : « Orphée

Le dieu marin Triton avait à la fois un torse d'homme et une longue queue de poisson. Relief sur une lampe romaine en terre cuite.

suggéra de tirer du navire le grand trépied d'Apollon afin d'en faire offrande pour leur retour aux divinités du pays [...] à peine l'avaient-ils dressé que survint le puissant Triton. Prenant une motte de terre, il la tendit aux héros en présent d'hospitalité et leur dit : « Amis, acceptez ce don : je n'ai pas ici sous la main de plus beau présent à offrir à mes visiteurs. Mais si vous voulez connaître les passes de cette mer, comme en ont souvent besoin les hommes qui naviguent vers une terre étrangère, je vous les indiquerai. Mon père Poséidon m'a instruit de ces parages marins ; quant à moi, je règne sur le littoral. Peut-être avez-vous entendu parler de moi bien que vous veniez de si loin. » Euphémos s'empressa de mettre ses mains sous la motte et lui adressa ces paroles : « Si par hasard la mer de Minos et le Péloponnèse te sont connus, réponds en toute vérité à nos questions. C'est bien malgré nous que nous sommes venus ici : jetés aux confins de ce pays par les tempêtes de Borée, nous avons porté sur nos épaules le navire jusqu'à l'eau de ce lac, à travers les terres, accablés sous le poids ; mais nous ne savons par où gagner la haute mer pour faire voile vers la

Ce Triton souffle simultanément dans deux conques marines. Il est doté de deux jambes couvertes d'écailles, et non d'une queue de poisson. Sculpture de la fontaine de Moro, Piazza Navona, Rome, XVIe siècle.

À la Renaissance, les Tritons redevinrent à la mode et servirent d'ornements dans les fontaines et autres monuments se rapportant au monde marin. Ce Triton est l'œuvre du sculpteur Moratti, fontaine des Tritons, Piazza Santa Maria in Cosmedin, Rome.

terre de Pélops. » À ces mots, Triton étendit la main et leur montra au loin le large et la bouche profonde du lac : « Elle est là-bas, l'issue vers le large, à l'endroit où l'onde immobile des grands fonds est la plus noire ; de chaque côté luit la blancheur des brisants qui frissonnent : c'est là, entre ces brisants, qu'une route étroite mène au dehors. [...] Quand vous aurez gagné la houle marine, dirigez-vous à main droite en serrant la terre de près aussi longtemps qu'elle remonte vers le nord ; puis, quand la terre fait un coude pour s'infléchir en direction opposée, elle est alors sans danger la route qui s'ouvre à vous. [...] .» Aussitôt ils embarquèrent, et déjà ils se mettaient en route quand Triton, prenant le grand trépied, leur sembla entrer dans le lac, et personne ne le vit plus, tant il avait soudainement disparu avec le trépied. Offrant un sacrifice, Jason souleva la brebis et l'égorgea du haut de la poupe tout en faisant cette prière : « Ô dieu, qui que tu sois qui nous es apparu sur les bords de ce lac [...], sois-nous propice et accorde-nous le terme du retour si doux à nos cœurs. » Pendant sa prière, il trancha la gorge à sa victime qu'il précipita dans les flots du haut de la poupe. Alors le dieu sortit des profondeurs et se manifesta sous son aspect véritable.[...]

Fils de Gaia et Tartare, Typhon était bien décidé à dominer l'univers et le monstre mena la vie dure au dieu suprême, Zeus.

Saisissant par son étrave leur barque creuse, il l'entraînait en avançant vers la mer. Du haut de la tête jusqu'au ventre, en passant par le dos et les hanches, son corps avait tout à fait l'apparence de celui des Immortels par sa merveilleuse prestance ; mais, au-dessous des flancs, se déployait de part et d'autre la fourche à deux pointes d'une queue de monstre marin et il fendait la surface de l'onde de ses épines dorsales qui se divisaient à leur extrémité en aiguillons recourbés à la façon des cornes d'un croissant de lune. Il menait le navire jusqu'à ce qu'il l'eût conduit sur les routes de la mer. Alors il plongea soudain dans le grand abîme et les héros poussèrent des cris en voyant de leurs yeux cet étrange prodige. » (*Les Argonautiques*, Livre IV).

Dans certains récits, Triton – ou les Tritons – fait apparaître un aspect moins bienveillant du personnage. Ressemblant à des « satyres marins », les Tritons se plaisaient à s'attaquer aux femmes et aux jeunes gens en train de se baigner. Un jour, alors que Triton poursuivait des femmes adeptes de Dionysos, le dieu du vin et de la végétation, en Béotie, un combat opposa les deux divinités, et se termina par la défaite du dieu marin. On disait qu'Héraclès avait dû lui aussi lutter contre un monstre marin nommé Triton.

Chacune des cent têtes de Typhon produisait un son différent. L'une rugissait comme un lion, une autre mugissait comme un taureau. Lion et taureau sur une pièce d'argent (statère) de Lydie, VIe *siècle av. J.-C.*

Typhon

Typhon était un monstre terrifiant issu de l'union entre Gaia et Tartare, personnification de la partie la plus inhospitalière du monde souterrain. Doté d'une force prodigieuse,

Après avoir fui Typhon jusqu'en Égypte, Zeus se changea en bélier. L'équivalent égyptien de Zeus, Zeus-Amon, était représenté avec des cornes de bélier. Tête de Zeus-Amon sur une monnaie de bronze, Alexandrie, IIIe *siècle av. J.-C.*

Typhon avait une centaine de têtes de serpents aux langues noires et aux yeux qui lançaient des flammes. Chacune de ces têtes avait sa voix particulière qui émettait des sons indescriptibles. L'une parlait le langage des dieux, tandis que d'autres mugissaient comme un taureau, rugissaient comme un lion, aboyaient comme une meute de chiens de chasse ou produisaient d'abominables sifflements. Et Typhon ne voulait qu'une chose : dominer le monde.

La lutte entre Zeus et Typhon ébranla jusqu'aux fondations de l'Olympe. Le tonnerre et les éclairs du roi des dieux, et le feu lancé par le monstre provoquèrent de tels ravages sur la terre que même Hadès et les Titans, enfermés dans le Tartare, en tremblaient de peur. Zeus rassembla sa foudre et ses éclairs, sauta du haut de l'Olympe, et frappa Typhon et sa centaine de têtes. Brûlé, le monstre s'enfuit et s'effondra, allumant d'immenses incendies sur toute la terre. Zeus le jeta dans le Tartare où le monstre donna naissance à d'épouvantables vents de tempête – d'où le nom de « typhon » qu'on a donné aux cyclones.

Dans d'autres versions du mythe, Zeus éprouve les plus grandes difficultés à venir à bout du monstre. C'est ainsi, par exemple, que Typhon réussit à dérober la faucille de Zeus et à s'en servir pour lui couper les tendons, ce qui fait du roi des dieux un malheureux boiteux. Le monstre prend ensuite le contrôle des éclairs foudroyants, et il faut l'intervention d'Hermès et de ses ruses pour voir Zeus récupérer sa mobilité. Ce dernier retourne sur l'Olympe, où il rassemble encore davantage de munitions (sa foudre et ses éclairs) ; puis il poursuit le monstre jusqu'au mont Nysa ; là, Typhon est victime d'une ruse des déesses du Destin (*voir* **Moires**), qui lui conseillent de manger de la chair humaine afin de devenir encore plus fort ; mais ce repas a pour effet de l'affaiblir, et la grande confrontation entre les

Aphrodite, déesse de l'amour et de la beauté, naquit de l'écume qui s'était formée dans la mer autour du membre viril amputé d'Ouranos. Bien que jugée moins puissante que ne l'était Ouranos, elle demeura l'objet d'un culte fervent tout au long de l'Antiquité. Le temple de Vénus qui lui était dédié à Rome était l'un des sanctuaires les plus importants de la ville.

deux adversaires a lieu sur une montagne de Thrace ; Zeus poursuit alors Typhon jusqu'au sud de l'Italie et finit par l'enfouir sous la Sicile, où jusqu'à ce jour l'Etna, le volcan, continue de vomir le souffle brûlant et mortel du monstre.

Selon une autre version, l'apparition de Typhon dans le monde provoqua la fuite des dieux qui se réfugièrent en Égypte où ils se déguisèrent en animaux – ce qui expliquait que les Égyptiens donnaient une forme animale à leurs dieux. Apollon devint un milan, Dionysos un bouc, Artémis un chat, Héra une blanche génisse, Aphrodite un poisson, et Hermès un ibis. Zeus lui-même dut se transformer et se changea en bélier. C'est pourquoi, Amon, le dieu auquel Zeus s'identifiait, était représenté avec des cornes de bélier. Selon l'historien Hérodote, Typhon fut ensuite tué par Apollon, lequel est identifié en Égypte à Horus, fils du dieu de la mort et de la résurrection, Osiris.

Avant d'être finalement vaincu, Typhon a engendré, en s'unissant au serpent Échidna, quantité d'autres monstres, parmi lesquels la Chimère, le dragon Ladon, le Sphinx, la truie de Cromyon, le lion de Némée, et l'aigle qui dévorait le foie de Prométhée.

Ulysse *voir l'*Odyssée

Uranus/Ouranos

C'est sans l'aide d'aucun élément mâle que Gaia, la Terre, née de Chaos, le monde primordial, engendra Ouranos, le Ciel. De l'union entre Gaia et Ouranos naquirent les Titans, ces géants qui régnaient sur le monde avant que les dieux olympiens ne prennent le pouvoir sous la conduite de Zeus. Les Cyclopes et les géants aux « cent mains » étaient également des descendants d'Ouranos et de Gaia. Mais Ouranos se révéla un mari et un père d'une extrême brutalité. Sitôt après leur naissance, il repoussa les Cyclopes et les géants aux « cent mains » dans les profondeurs de la Terre, lui causant des souffrances considérables. Gaia ne supporta pas cette violence. Elle fabriqua une faucille de silex et demanda

Vertumne se déguisa en une vieille femme dont le récit pathétique séduisit Pomone, la nymphe romaine qui veillait sur les fruits. Peinture à l'huile, Emmanuel de Witte, XVIIe siècle.

à ses enfants de l'aider à donner à leur père une bonne leçon. Cronos, le plus jeune et le plus vigoureux des Titans, fut le seul à oser lui porter secours. Il se mit en embuscade, la faucille à la main, attendant qu'Ouranos vienne se coucher près de Gaia. Le moment venu, il se rua sur Ouranos et lui coupa les organes sexuels, avant de les jeter dans la mer. Les Érinyes, les Géants et les nymphes de Mélos jaillirent des gouttes de sang tombées sur Gaia. Quant aux organes sexuels d'Ouranos, la mer les poussa jusqu'à Cythère, ou jusqu'à Chypre, et Aphrodite, la déesse de l'amour (*voir* **Aphrodite, Cronos** *et* **Gaia**) naquit de l'écume qui les environnait.

Venus *voir* Aphrodite

Vertumne

Vertumne est le dieu latin du changement et des saisons. À l'instar des dieux marins des Grecs, il avait un pouvoir presque illimité de changer de forme. C'est ce don qu'il tenta d'utiliser pour séduire Pomone, une nymphe des vergers dont la vie était entièrement consacrée à la culture des arbres fruitiers et qui n'éprouvait pas le moindre intérêt pour l'amour. Vertumne se manifesta à elle sous les formes successives d'un paysan, d'un conducteur de bestiaux, d'un horticulteur, d'un viticulteur, d'un ramasseur de pommes, d'un soldat et d'un pêcheur, mais rien n'y fit : Pomone ne s'intéressait qu'à ses pommes.

Vertumne prit alors la forme d'une vieille femme, et fit l'éloge des pommes de la nymphe, de la beauté de son verger, tout en lui donnant ses conseils quant à la manière de se trouver un homme. Est-ce que ce Vertumne, qui partageait ses goûts et l'aimait sincèrement, ne représentait vraiment rien pour elle ? Pour la sensibiliser aux conséquences d'une attitude trop rigide, il lui raconta l'histoire d'Iphis, jeune homme désespérément amoureux d'Anaxarétè qui s'était pendu après que celle-ci l'eut éconduit à de nombreuses reprises. Quand elle se rendit compte de ce qu'elle avait fait, Anaxarétè fut changée en pierre.

Tel ne fut pas le destin de Pomone. Quand la « vieille femme » eut fini son histoire et repris la forme de l'éblouissant jeune homme qu'était Vertumne, Pomone tomba immédiatement amoureuse de lui.

Vesta *voir* Hestia

Victoire *voir* Nikê

Vulcain *voir* Héphaïstos

Xanthos et Balios, les chevaux immortels d'Achille, étaient des animaux exceptionnellement sensibles et intelligents. Jeune garçon donnant à boire à un cheval, peinture sur vase, Tarente, vers 380 av. J.-C.

Zéphyr était un vent plein de douceur et de bienveillance, mais il pouvait également se révéler méchant et jaloux.

Xanthos et Balios étaient issus de l'union de Zéphyr avec la Harpye Podargè. Cheval de bronze grec, IXe-VIIIe siècle av. J.-C.

Zeus, le tout-puissant roi des dieux, qu'on voit ici tenant dans les mains son sceptre et l'un de ses éclairs foudroyants, trônait sur le mont Olympe.

Xanthos et Balios

Xanthos et Balios sont les deux chevaux immortels d'Achille, le plus redoutable des héros grecs de la guerre de Troie (*voir* **Achille**). Ces animaux extraordinaires étaient fils de Zéphyr, le vent d'Ouest, et de la Harpye Podargè, qui s'était unie à lui un jour qu'elle pâturait, sous la forme d'un cheval, au bord de l'Océan, la mer qui entourait le monde. Héra avait également octroyé aux deux chevaux le don de la parole avant qu'ils soient offerts en cadeau de mariage au père d'Achille, Pélée (*voir* **Pélée** *et* **Thétis**).

Quand Patrocle fut tué sur le char d'Achille tiré par Xanthos et Balios (*voir* **Patrocle**), ceux-ci étaient si attristés qu'ils cessèrent d'obéir aux ordres de leur cocher, Automédon. Pris de pitié, Zeus, le roi des dieux, s'en voulut alors d'avoir offert à Pélée des chevaux aussi sensibles et intelligents, et fit en sorte qu'ils réussissent à revenir au camp des Grecs.

Un peu plus tard, alors qu'il se préparait au combat, Achille leur reprocha de ne pas avoir su ramener son ami sain et sauf du champ de bataille. À quoi Xanthos répondit que cette fois ils ramèneraient Achille vivant, mais qu'il périrait peu après et qu'eux-mêmes n'y pourraient rien. Achille ne put en savoir davantage car les Érinyes firent taire le cheval.

Zéphyr

Fils du Titan Astrée et d'Éos, la déesse de l'aube, Zéphyr personnifie le vent d'Ouest, qui est un vent doux et agréable, à l'inverse du redoutable vent du Nord, Borée. Il engendra, avec la Harpye Podargè, les chevaux immortels d'Achille, Xanthos et Balios. Selon certaines

Pour enlever le beau Ganymède, Zeus prit la forme de l'aigle, l'oiseau qui lui était associé. Les deux aigles ci-dessous ont capturé un lièvre. Pièce d'argent (tétradrachme), Sicile, Ve siècle av. J.-C.

Le tout-puissant Zeus ne tolérait aucune faute. Quiconque commettait un crime grave pouvait s'attendre à être impitoyablement puni. Il fut une fois si furieux contre son épouse, Héra, qu'il la suspendit par les poignets à un rocher de l'Olympe, des enclumes aux pieds. Zeus avec aigle et éclair, peinture sur un vase athénien, env. 480 av. J.-C.

traditions, il s'était épris de Hyacinthos, et quand le dieu Apollon tomba lui-même amoureux du beau jeune homme, il en fut si jaloux qu'il détourna de sa course un disque lancé par le dieu, qui atteignit Hyacinthos à la tête (*voir* **Hyacinthos**). Zéphyr joue un rôle plus amical dans l'histoire de Psyché. Lorsque la malheureuse princesse fut contrainte de se rendre au sommet d'une montagne pour y attendre le dragon dont un oracle avait prédit qu'elle devait l'épouser, c'est Zéphyr qui vint la chercher pour l'emmener auprès d'Éros, qui se lia à elle d'un amour éternel (*voir* **Psyché**).

Zeus

Zeus est le fils des Titans Cronos et Rhéa et le roi des dieux de la Grèce antique. Sa résidence était située sur le mont Olympe, montagne qui existe réellement au nord-ouest de la Grèce et qui culmine à environ trois mille mètres. Il y séjournait en compagnie d'Héra, sa sœur et épouse, et des dix autres dieux.

Homère le désigne souvent sous la formule « l'assembleur de nuées ». Il préside à toutes les forces célestes, de la pluie à la neige, à la grêle et au tonnerre. La créature qui lui est associée est l'aigle, l'oiseau de proie qui règne dans les airs (Zeus prit un jour la forme de l'aigle pour enlever le jeune Ganymède dont il s'était épris). L'arbre qui lui est consacré est le chêne, et ses armes sont les éclairs dont il foudroie ses adversaires. Il possède également l'égide, une peau de chèvre qu'il porte sur les épaules et qui lui sert de bouclier (sa fille Athéna porte elle aussi l'égide). Il annonçait son apparition en brandissant cette égide ; alors le ciel s'assombrissait, sillonné d'éclairs.

Zeus était considéré non seulement comme le dieu du ciel, mais également comme « le père des dieux et de l'homme » – titre honorifique car, bien qu'il ait engendré une abondante descendance autant divine que mortelle, nombre de dieux ne sont pas ses enfants, pas plus qu'il n'est le créateur de l'espèce humaine. Sous cet aspect, il octroyait aux nobles telle ou telle royauté. Il était le protecteur de la vie familiale et le garant des valeurs morales, ces lois divines non écrites que nul ne pouvait transgresser.

Ainsi, le devoir sacré de l'hospitalité à offrir aux étrangers et aux voyageurs : quiconque violait cette loi pouvait s'attendre à en être sévèrement puni. De même, les coupables de parjure, ou ceux qui s'en prenaient à un suppliant réfugié dans un temple.

Pour les auteurs des crimes les plus graves, le châtiment pouvait être terrible. Tantale, qui donna à manger aux dieux son fils Pélops, fut condamné aux tortures éternelles du Tartare, la partie la plus inhospitalière du monde des morts (*voir* **Tantale**). Les Danaïdes, qui violèrent les lois sacrées du mariage en assassinant

On représentait Zeus comme un personnage majestueux, imposant, doté d'une barbe et d'une chevelure abondantes. Statue d'argent, Égypte, période romaine.

Ci-dessous, la grotte du mont Dicté en Crète, où Zeus aurait été élevé par la nymphe (ou la chèvre) Amalthée. Selon certains, c'est même là que le dieu naquit.

leurs maris durant leur nuit de noces, et Sisyphe, qui réussit par ruse à tromper la mort, subirent le même sort (*voir* **Danaïdes** *et* **Sisyphe**). Les dieux eux-mêmes n'étaient pas autorisés à transiger avec les principes fondamentaux de la vie et de la mort. Quand Asclépios, le dieu de la médecine, réussit à redonner la vie aux morts, Zeus le frappa mortellement. Prométhée, le Titan protecteur de l'humanité, fut soumis à d'effrayantes tortures sur l'ordre d'un Zeus fou de rage qu'il ait révélé aux hommes un secret divin – le feu.

Zeus est représenté comme un personnage majestueux, imposant, à la barbe et à la chevelure abondantes, qui ne cesse d'avoir l'œil sur les dieux olympiens : son rôle est celui d'une figure paternelle rigoureuse (un pater familias), encore que parfois capricieuse. Les autres dieux défendent leurs intérêts, mais en dernière analyse, c'est toujours la volonté de Zeus qui a force de loi. Ce n'est donc pas tant pour discuter qu'il convoque les assemblées de dieux sur l'Olympe, que pour y annoncer ses décisions. Quand Zeus veut en informer les mortels, il se sert habituellement des présages, comme le vol de l'aigle ou le tracé des éclairs. Il peut également envoyer sur terre l'un de ses messagers, Hermès ou Iris.

Zeus est le fils le plus jeune (le plus vieux, selon Homère) de Cronos et Rhéa, lesquels avaient déjà engendré Hestia, Déméter, Héra, Hadès et Poséidon. Peu après leur naissance, leur père, sachant que l'un de ses descendants devait le détrôner, avait pris la précaution de les dévorer. Ce triste sort fut épargné à Zeus, Rhéa ayant donné à avaler à son mari, au lieu de l'enfant, une pierre enveloppée d'un linge. Zeus fut emporté sur l'île de Crète où la nymphe (ou la chèvre) Amalthée l'éleva secrètement sur le mont Ida (ou sur le mont Dicté). Les habitants d'Arcadie prétendaient eux aussi que Zeus était né dans leur région, mais les Crétois maintenaient obstinément que son lieu de naissance était bien la Crète. Devenu adulte, Zeus força Cronos à régurgiter ses frères et sœurs, probablement avec l'aide de Mêtis (personnification de la sagesse et de l'intelligence). S'ensuivit une lutte féroce pour le pouvoir, la guerre des Titans (*voir* **Titans**) : elle se termina par la victoire de Zeus et de ses frères, qui se partagèrent l'univers. Hadès se vit attribuer la domination du monde souterrain, Poséidon celle des eaux, et Zeus celle du ciel. En tant que chef de la révolte contre les Titans, Zeus fut proclamé roi des dieux.

Zeus était loin d'être monogame. Son épouse officielle était sa sœur, Héra, déesse et protectrice du mariage. Ils eurent pour enfants Arès, le dieu de la guerre, Ilythie, déesse des enfantements, et Hébé, déesse personnifiant

L'une des mortelles aimées par Zeus fut Léda, qu'il séduisit en prenant la forme d'un cygne. Au sommet de la colonnette jouxtant cette statue représentant Léda, on peut voir un petit cygne amoureusement blotti contre la hanche de la jeune femme. Sculpture de terre cuite, Béotie, IVe siècle av. J.-C.

la jeunesse. Héphaïstos, dieu des forgerons et patron des artisans, était également considéré comme un fils de Zeus et d'Héra, mais Hésiode fait de lui un fils de la seule Héra. S'étant uni à quantité de déesses, de nymphes et de mortelles, Zeus eut par ailleurs d'innombrables descendants.

Selon Hésiode, Héra fut en fait la septième épouse de Zeus. La première fut l'Océanide Mêtis, enceinte de Zeus mais qui ne put accoucher de l'enfant qu'elle portait : Gaia et Ouranos avaient en effet dit à Zeus que cet enfant le surpasserait. Par précaution, Zeus avala donc Mêtis et peu après leur enfant naquit de la tête du roi des dieux lui-même : c'était Athéna (*voir* **Athéna**).

Toujours selon Hésiode, la seconde femme de Zeus fut la Titanide Thémis, personnification de la Justice. Les Moires, qui président à la destinée humaine, font partie des enfants qu'elle lui donna. Sa troisième épouse fut la séduisante Océanide Eurynomé, qui lui donna entre autres enfants les Charites. Avec sa sœur Déméter, il engendra Perséphone, qui fut plus tard enlevée par son frère Hadès (*voir* **Perséphone**). De Mnémosyne (la « Mémoire »), il eut les Muses ; de Léto, les jumeaux Apollon et Artémis, et ce n'est qu'ensuite, selon Hésiode, qu'il épousa Héra.

Peu importe qu'elle ait été la première ou la septième épouse de Zeus, toujours est-il qu'Héra était excessivement jalouse. Dans ses aventures amoureuses, Zeus se révèle d'une inventivité quasiment sans limite. C'est ainsi qu'il séduisit la belle princesse Danaé, que son père avait enfermée dans une tour de bronze, en prenant la forme d'une pluie d'or (*voir* **Danaé** *et* **Persée**). Il enleva la princesse phénicienne Europe en se métamorphosant en taureau (*voir* **Europe**), puis en cygne pour s'unir à Léda, avec laquelle il engendra Hélène et l'un des Dioscures (*voir* **Léda**). Héra infligea de terribles punitions à plusieurs des maîtresses de Zeus et à ses enfants « illégitimes ». Sémélé, mère de Dionysos, dieu du vin et de la végétation, à laquelle Zeus s'était manifesté sous la forme d'un mortel « ordinaire », fut victime de la fureur d'Héra, qui conseilla à sa rivale de demander à son amant de se montrer sous sa véritable forme : la malheureuse fut brûlée vive par l'intense lumière émanant du roi des dieux (*voir* **Sémélé**). Alcmène, mère d'Héraclès, et le héros lui-même furent sans cesse en butte aux persécutions d'Héra (*voir* **Alcmène** *et* **Héraclès**). Zeus fut si irrité de l'attitude de son épouse qu'il en arriva à la pendre par les poignets avec deux enclumes attachées à ses pieds.

Le culte de Zeus était répandu dans tout le monde grec et au-delà. Ci-dessous, ruines du sanctuaire dédié à Zeus, à Pergame, en Asie Mineure.

La tentative d'Héra, soutenue en l'occurrence par Athéna et Poséidon, d'enchaîner Zeus et de le destituer illustre bien l'état de leurs relations. Ce plan échoua grâce à l'intervention de la Néréide Thétis et de Briarée, le géant aux cent bras (*voir* **Thétis**).

Pendant la guerre de Troie, Héra n'eut aucun scrupule à prendre son mari au dépourvu pour favoriser la victoire des Grecs qu'elle soutenait. Elle eut même recours un jour au dieu du sommeil, Hypnos, qu'elle soudoya en lui promettant la main d'une des Charites ou des Moires (*voir* **Hypnos**).

Tous ces récits montrent que l'omnipotence de Zeus n'avait rien d'absolu ni d'incontestable. D'autant plus que Zeus était lui aussi soumis aux décisions des Moires. C'est pourquoi le roi des dieux devait parfois se résigner à ce qu'interviennent des événements tragiques, comme la mort d'un mortel (ou d'une mortelle) qu'il aimait. D'autres récits, toutefois, donnent l'impression que c'est en fait Zeus, et lui seul, qui décidait de ce qui se passait dans le monde (*voir* **Moires**).

La vénération de Zeus se répandit très tôt dans l'ensemble du monde grec. Un important sanctuaire lui était consacré à Dodone, en Épire. Depuis un chêne sacré, qui fonctionnait comme un oracle, il révélait aux hommes ses décisions et leur prédisait l'avenir par le bruissement des feuilles de l'arbre. On pouvait également avoir recours aux coups de foudre des orages et au vol des oiseaux, notamment de l'aigle.

Olympie (à ne pas confondre avec le mont Olympe) était l'un des centres du culte de Zeus, et c'est en son honneur que se tenaient les jeux Olympiques tous les quatre ans. Un temple magnifique lui était consacré, où se dressait la célèbre statue du roi des dieux haute de douze mètres, sculptée par Phidias, et qui était réputée être l'une des sept merveilles du monde.

L'équivalent romain de Zeus est Jupiter, divinité du ciel comme du temps qu'il fait. Son temple le plus connu est situé à Rome, sur la colline du Capitole, et surplombe le Forum.

Bibliographie

APOLLONIOS DE RHODES *Argonautiques* (3 vol.), Les Belles Lettres, Paris, 1974

BALDRY H. C., *Le Théâtre tragique des Grecs*, Pocket, coll. « Agora », Paris, 1985.

BONNEFOY Yves, *Dictionnaire des mythologies* (2 vol.), Flammarion, Paris, 1981.

BRUIT ZAIDMAN Louise et SCHMITT PANTEL Pauline, *La Religion grecque*, Armand Colin, Paris, 1989.

CARLIER Christophe et GRITON Nathalie, *Des mythes aux mythologies*, Ellipse, Paris, 1994.

CAZENEUVE Jean, *Les Mythologies à travers le monde,* Hachette, Paris, 1966.

DEFORGE Bernard, *Le Commencement est un dieu : un itinéraire mythologique*, Les Belles Lettres, Paris, 1990.

DELCOURT Marie et GREEN Andréris, *Héphaïstos ou la Légende du magicien,* Les Belles Lettres, Paris, 1982.

DELCOURT Marie, *Œdipe ou la Légende du conquérant*, Les Belles Lettres, Paris, 1981.

DÉTIENNE Marcel et SISSA Giulia, *La Vie quotidienne des dieux grecs*, Hachette, Paris, 1989.

DÉTIENNE Marcel, *L'Invention de la mythologie*, Gallimard, Paris, 1981.

DUMÉZIL Georges, *Mythe et Épopée*, Gallimard, coll. « Quarto », Paris, 1995.

ÉLIADE Mircéa, *Aspects du mythe*, Gallimard, Paris, 1963.

ESCHYLE, *Théâtre*, La Différence, Paris, 2004.

EURIPIDE, *Tragédies complètes* I et II, Gallimard, coll. « Folio classique », Paris, 1989.

FLACELIÈRE Robert, *Devins et Oracles grecs*, Paris, 1961.

FLACELIÈRE Robert, *Thésée : images et récits*, De Boccard, Paris, 1958.

FRONTISI-DUCROUX Françoise, *Dédale : mythologie de l'artisan en Grèce ancienne*, La Découverte, Paris, 2000.

GRAVES Robert, *Les Mythes grecs*, Fayard, Paris, 1981.

GRIMAL Pierre, *Dictionnaire de la mythologie grecque et romaine*, Seghers, Paris, 1962.

GRIMAL Pierre, *La Mythologie des grecs*, PUF, Paris, 1987.

HÉSIODE, *Théogonie – Les Travaux et les Jours – Le Bouclier*, Les Belles Lettres, Paris, 1979.

HOMÈRE, *l'Iliade*, Flammarion, coll. « GF. Étonnants classiques », Paris, 2000.

HOMÈRE, *l'Odyssée*, La Découverte, coll. « La Découverte poche », Paris, 2004.

LÉVÊQUE Paul, *Bêtes, dieux et hommes*, Paris, 1985.

MARTIN René, (sous la direction de) *Dictionnaire culturel de la mythologie gréco-romaine*, Nathan, Paris, 2003.

NILSSON M. P., *La Religion populaire dans la Grèce antique*, Gérard Monfort, Paris, 1982.

OTTO Walter Friedrich, *Les Dieux de la Grèce*, Payot, Paris, 1993.

OVIDE, *Les Métamorphoses*, Gallimard, coll. « Folio classique », Paris, 1992.

SABBATUCCI Dario, *Essai sur le mysticisme grec*, coll. « Idées et recherches », Flammarion, Paris, 1982.

SAÏD Suzanne, *Approche de la mythologie*, Nathan, coll. « 128 », Paris, 1993

SÉCHAN Louis et LÉVÊQUE Pierre, *Les Grandes Divinités de la Grèce*, De Boccard, Paris, 1966.

SOPHOCLE, *Théâtre complet*, Flammarion, coll. « GF », Paris, 1964.

SOPHOCLE, *Tragédies* I, II et III, Les Belles Lettres, paris, 1958.

VERNANT Jean-Pierre, *Les Origines de la pensée grecque*, Maspéro, Paris, 1975.

VERNANT Jean-Pierre, *Mythe et Pensée chez les Grecs*, Maspéro, Paris, 1971.

VERNANT Jean-Pierre et VIDAL-NAQUET Pierre, *Mythe et Tragédie en Grèce ancienne* I et II, La Découverte, coll. « La Découverte poche », Paris, 2001.

VEYNE Paul, *Les Grecs ont-ils cru à leurs mythes ?*, Seuil, Paris, 1983.

VIRGILE, *L'Énéide*, LGF, coll. « Le Livre de poche », Paris, 2004.

Gladiateurs combattant des panthères. Mosaïque d'Afrique du Nord, période romaine.

Index

A

Achéloos 93, 140-141, 227, 232
Achille 19, **24-29**, 36, 37, 38, 42, 51, 55, 81, 96, 120, 121, 122, 126, 162, 163, 172, 173, 175, 178, 180, 182, 197, 198, 207, 242, 244, 254
Actéon 13, 14, **29**, 62, 74, 81
Admète 39, 55, 61, 136, 169, 236
Adonis **30**, 48, 71
Aegeus *voir* Égée
Aeneas *voir* Énée
Agamemnon 25-27, **36-37**, 38, 48, 61, 68, 70, 71, 75, 77, 104, 107, 121, 123, 151, 156, 162, 163, 178, 182, 188, 197, 198, 211, 212, 245
Ajax 28, **38-39**, 68, 77, 96, 163, 179, 198, 210
Alceste **39**, 61, 119, 136, 142, 169, 236
Alcinoos 183
Alcmène **40-41**, 83, 114, 127, 129, 130, 221, 257
Amalthée **41**, 84, 109, 110, 112, 222, 256
Amazones 27, 28, **41-42**, 72, 136, 211, 240
Amphitrite 176, 208
Andromaque 34, **42-44**, 121, 122, 172
Andromède **45**, 89, 202, 203
Antée 138, 209
Antigone **45-46**, 83, 187, 188, 240
Aphrodite 12, 24, 30, 31, 33, 35, **46-49**, 54, 55, 65, 74, 77, 79, 90, 92, 96, 97, 107, 108, 109, 112, 123, 124, 125, 126, 129, 143, 145, 146, 149, 159, 162, 163, 196, 197, 214, 225, 241, 244, 252, 253
Apollon 20, 26, 28, 33, 37, 39, **49-53**, 59, 61, 63, 75, 77, 81, 82, 90, 91, 96, 100, 107, 109, 113, 115, 117, 120, 136, 144, 148, 151, 156, 157, 159, 164, 165, 169, 170, 174, 179, 188, 189, 191, 194, 197, 198, 200, 205, 207, 209, 215, 227, 233, 236, 238, 248, 252, 257
Apollonios de Rhodes 54, 162
Aréopage 54, 68, 78, 107, 189, 200
Arès 31, 35, 41, 47, 48, 49, **53-54**, 55, 68, 74, 78, 96, 105, 108, 125, 126, 127, 129, 136, 141, 200, 223, 232, 236, 257
Argo 55, 154, 232
Argonautes 21, **54-58**, 64, 73, 83, 103, 120, 134, 139, 153, 154, 159, 161, 191, 232, 240, 248
Argos 55, 72, 89, 96, 97, 129, 132, 136, 150, 248
Argus 128, 145, 150
Ariane 32, **58-59**, 88, 100, 166, 167, 239, 240, 241
Arion **59-60**, 61
Artémis 13, 14, 25, 29, 36, 39, 41, 48, 50, 51, 52, **61-62**, 64, 74, 75, 76, 82, 90, 91, 92, 105, 106, 115, 120, 124, 129, 133, 151, 157, 160, 162, 174, 175, 189, 190, 194, 200, 205, 240, 241, 252, 257
Ascagne 33, 35, **62-63**, 222, 225
Asclépios 52, **63**, 81, 255
Atalante **64-65**
Athéna 18, 38, 45, 48, 49, 53, 54, 55, 63, **65-70**, 74, 77, 78, 90, 92, 96, 97, 107, 115, 116, 117, 125, 129, 130, 131, 132, 133, 135, 136, 139, 141, 151, 155, 159, 177, 179, 180, 183-185, 189, 195, 196, 201, 203, 208, 209, 210, 213, 235, 240, 243, 244, 245, 255, 257
Athènes 31, 65, 68, 127, 188, 189, 195, 200, 210, 227, 237, 238
Atlas 15, **69-70**, 84, 138, 139, 144, 147, 174, 176, 190, 201, 204, 214, 247
Atrée 36, **70-71**, 154, 162, 190, 200
Attis **71**, 85
Augias 134, 135, 140
Auguste 35, 53, 62
Aulis 25, 75, 151

B

Bacchantes 157
Battos 144
Bellérophon 68, **72-73**, 81, 97, 199, 201, 209, 226
Borée 55, **73**, 120, 175, 248, 254

C

Cacus 137
Cadmos 29, 73, **74**, 83, 97, 98, 109, 110, 149, 229
Calchas **75**, 151
Calliope 30, 49, 169, 191
Callisto 62, **76**, 127, 194
Calypso 176, 183
Carthage 34, 49, 95, 142
Cassandre 33, 37, 39, 52, 68, 76, **77**, 196, 210, 211
Cassiopée 45, 202
Castor 55, 102, 123, 131, 156, 171, 205
Cécrops 68, **77-78**, 145
Centaures 64, **78-79**, 81, 134, 139, 141, 152, 173, 227, 241
Cerbère **79**, 119, 139, 218, 228, 242
Cérynie (Biche de) 133
César 35, 62, 63
Chaos 108, 112, 252
Charites **79-80**, 149, 257, 258
Charon **80**, 118, 139, 146, 192, 218
Charybde 83, 182, 183, 228, 232
Chimère 72, 79, **80-81**, 252

Chiron 24, 29, 55, 63, 78, 79, **81**, 134, 153
Chloris 51, **82**, 157, 174
Circé 58, **82-83**, 125, 145, 159, 161, 181, 228, 231, 232, 236
Clio 49, 169
Clyméné 64, 69, 204, 205
Clytemnestre 26, 36, 68, 71, 77, 102, 104, 107, 123, 151, 156, 163, 188, 189
Coeos 120, 157, 247
Colosse de Rhodes 125
Corinthe 58, 60, 72, 84, 132, 154, 155, 161, 166, 186, 199, 232, 237, 238
Créon 45, **83**, 131, 154, 161, 187, 188, 233, 241, 246
Crète 32, 59, 74, 88, 120, 129
Crios 247
Cronos 16, 47, 81, **84**, 86, 92, 106, 110, 112, 113, 117, 127, 147, 194, 207, 214, 222, 226, 247, 253, 255
Cybèle 65, 71, **85**, 92, 164, 222
Cyclopes 84, **86**, 112, 119, 126, 180, 181, 206, 208, 252
Cycnos 26, 141, 205, 209

D
Daidalos *voir* Dédale
Danaé **89**, 200, 201, 257
Danaïdes **89**, 119, 234, 255
Daphné 20, 52, **90**, 109
Daphnis **91**, 145
Dédale 32, 59, **87-89**, 166, 167, 198, 239
Déjanire 79, 100, 139, 140
Delphes 32, 50, 55, 74, 101, 107, 113, 131, 141, 148, 153, 154, 155, 157, 167, 172, 186, 189, 236, 241
Déméter 74, 84, 85, **92-94**, 98, 112, 120, 125, 139, 199, 203, 204, 209, 218, 222, 232, 234, 256, 257
Deucalion **94**, 214
Didon 20, 34, 49, **95**, 109, 219
Diomède 33, 49, 54, **96**, 135, 136, 163, 179
Dionysos 48, 59, 74, 79, 91, **97-102**, 126, 134, 140, 145, 148, 149, 157, 158, 164, 175, 193, 227, 229, 231, 240, 243, 246, 250, 257
Dioscures 55, 56, **102-103**, 123, 131, 156, 171, 205, 242, 257

E
Éaque 118, 167, 221
Écho 171
Égée **31-32**, 58, 161, 167, 236, 240
Égisthe 37, 71, 77, 104, 151, 188
Électre 36, **104**, 188, 189
Élysées (champs) 41, 74, 119, 162, 163, 193, 221
Endymion **105**, 229
Énée 20, **33-36**, 48, 49, 62, 86, 89, 95, 96, 97, 109, 110, 119, 155, 222, 225, 242
Éole 181
Éos 61, 73, **105-106**, 113, 114, 190, 254
Épiméthée 94, 195, 247
Érinyes 68, 105, **106**, 112, 113, 189, 253, 254
Éris 24, 48, **107**, 129, 196, 244
Éros 46, 47, 49, 52, 90, **108**, 159, 216-219, 255
Erymanthe (Sanglier d') 79, 133
Eschyle 20, 37, 77, 105, 186, 189, 214
Étéocle 45, 83, 187, 188, 241, 246
Étrusques 35, 111
Euménides 107, 189
Euphrosyne 79
Euripide 20, 39, 44, 72, 104, 124, 142, 162, 186, 188, 207, 236, 241
Europe 74, **109**, 145, 165, 221, 226, 257
Euros **110**, 175
Eurydice 13, 119, 158, 191-193
Eurynomé 126, 257
Eurysthée 40, 69, 79, 131-139, 147

F
Faunus **110-111**, 195
Flora 82
Fortuna **111**

G
Gaia 16, 51, 66, 69, 84, 86, 106, 108, **112-113**, 114, 138, 147, 177, 205, 209, 222, 247, 250, 252
Ganymède **113**, 255
Géants 40, 112, **113-115**, 130, 140, 181, 252
Géryon 136
Glaucos 72, 97, 228
Gorgone 45, 66, 72, 79, 89, **116**, 136, 201, 209
Griffons **117**, 171

H
Hadès 15, 39, 61, 79, 80, 84, 85, 86, 92, 93, 94, 112, **117-120**, 125, 139, 146, 190, 192, 203, 204 208, 210, 218, 222, 232, 236, 242, 247, 251, 256, 257
Harmonie 41, 47, 54, 74, 99, 149, 229
Harpyes 33, 56, 73, **120**, 254
Hébé 127, 142, 257
Hécate 61, 93, 115, **120-121**, 159
Hector 19, 27, 33, 38, 42, **121-122**, 126, 145, 172, 197, 198, 199, 207, 211, 212, 245
Hécube 26, 77, 121, 196, 206, 207, 211
Hélène 25, 36, 48, 77, 96, 102, 119, 121, **123-124**, 156, 162, 163, 164, 171, 172, 178-180, 189, 196, 197, 205, 212, 235, 242, 244, 257
Hélénos 33, 43, 52, 96, 172, 211
Hélicon 169
Hélios 20, 47, 82, 93, 105, 112, 114, **124-125**, 134, 137, 160, 166, 182, 190, 197, 205, 229, 247

Héphaïstos 27, 28, 34, 35, 36, 47, 54, 66, 68, 74, 77, 86, 109, 113, 115, 124, **125-126**, 127, 135, 179, 190, 195, 199, 213, 218, 237, 243, 256
Héra 24, 34, 40, 46, 48, 50, 53, 55, 61, 62, 69, 74, 75, 78, 79, 84, 92, 96, 97, 98, 99, 107, 112, 115, 125, 126, **127-129**, 130-142, 145, 147, 149, 150, 152, 153, 157, 159, 169, 190, 196, 208, 213, 218, 222, 226, 229, 233, 243, 244, 245, 252, 255-258
Héraclès 17, 24, 32, 39, 40, 42, 54, 55, 56, 68, 69, 70, 79, 82, 83, 96, 113, 114, 115, 119, 127, **129-142**, 147, 149, 161, 166, 178, 182, 197, 201, 209, 211, 214, 221, 229, 237, 250, 257
Herculanum 137
Hermaphrodite 20, 48, **143**, 145, 225
Hermès 27, 34, 40, 45, 47, 48, 52, 63, 70, 74, 83, 90, 91, 93, 115, 118, 128, 139, 143, **144-146**, 149, 150, 181, 183, 189, 194, 195, 200, 201, 211, 214, 218, 219, 225, 231, 232, 252, 256
Hermione 43, 44, 123, 162-164, 172, 189
Héro **146**
Hérodote 18, 252
Hésiode 19, 121, 125, 127, 147, 169, 195, 248, 257
Hésioné 136, 140, 211
Hespérides 69, 137, 138, **147**, 201, 214
Hestia 48, 84, 92, 112, **147**, 222, 256
Hippolyté 42, 136, 240
Homère 18, 24, 29, 33, 36, 37, 38, 42, 47, 48, 61, 67, 77, 79, 86, 97, 102, 105, 108, 119, 121, 122, 126, 142, 163, 169, 173, 178, 179, 187, 191, 204, 207, 212, 226, 228, 234, 235, 240, 246, 255
Horace 111
Hyacinthos 52, **148**, 255
Hydre de Lerne 79, 132
Hyménaeos **148**, 191
Hypérion 105, 124, 247
Hypnos 79, **149**, 236, 258

I

Icare 88, 89, 167
Ino 55, 74, 98, **149**, 183
Io 127, 128, 145, **150**, 213
Iphigénie 25, 36, 37, 61, 75, 104, **151**, 188, 189
Iris 93, 120, 256
Ismène 45, 187, 188
Ixion 78, 81, 119, 128, **151-152**, 234

J

Janus **152-153**
Japet 69, 213, 247
Jason 31, 54-58, 64, 68, 73, 81, 83, 84, 103, 134, **153-154**, 159-162, 191, 232, 240, 248
Jocaste 45, 74, 83, 155, 186, 187, 188, 233

L

Labyrinthe 32, 59, 88, 166, 167, 168, 198, 238
Laïos 74, 83, **154-155**, 186, 187
Laocoon **155**
Laomédon 51, 106, 113, 136, 140, 209, 211
Latinus 34, 110
Léandre **146**
Léda 102, 123, **156**, 171, 205, 257
Lestrygons 181
Léto 49, 50, 51, 61, 82, 119, 120, **157**, 174, 205, 257
Leucé 29
Lycomède 24, 25, 29, 172, 178, 245
Lycurgue 99, 243

M

Marathon 32, 166, 195
Mars 35, 129
Marsyas 52, **159**, 165, 227
Médée 31, 57, 58, 82, 83, 84, 121, 154, **159-162**, 238
Méduse 45, 63, 66, 70, 72, 79, 89, 116-117, 136, 139, 201, 202, 203, 209
Méléagre 64, 139, 140, 169, 240
Melqart 144
Ménades 49, 97, 98, 99, **157-158**, 193, 194, 227
Ménélas 36, 43, 48, 70, 96, 119, 123, 156, **162-164**, 172, 178, 184, 190, 196, 197, 211, 235, 244
Mentor 184, 185
Mêtis 66, 84, 257
Midas 20, 53, 71, 100, **164-165**, 194, 231
Minos 32, 36, 49, 59, 74, 88, 89, 100, 109, 117, 118, 125, 135, **165-167**, 197, 198, 210, 221, 226, 238-239
Minotaure 13, 32, 49, 58, 59, 88, 100, 135, 166, **167**, 198, 210, 238
Mnémosyne 169, 247, 257
Moires (Parques *ou* Destins) 39, 115, **168-169**, 250, 257
Muses 28, 30, 49, 52, 159, **169-170**, 233, 245, 257
Mycènes 25, 36, 70, 86, 104, 123, 131, 162, 178, 188

N

Naïades 170, 175, 225
Narcisse **170-171**, 246
Nausicaa 183, 236
Naxos 32, 59
Nélée 173
Némée (Lion de) 132, 252
Némésis 117, 156, **171**
Néoptolème 24, 28, 29, 43, 164, **171-172**, 178, 189, 190, 207, 212
Nérée 24, 28, 113, 138, 175, 176, 208, 243
Néréides 45, 175, 176, 206, 214, 243, 245, 258

Nessus 79, 141
Nestor 78, **173**, 184, 198, 235, 245
Nikê **174**
Niobé 51, 61, 82, 157, **174**, 199, 200, 234
Notos 110, **175**
Nymphes **175**, 252
Nyx 80, 107, 149, 169, 171, 236

O
Océanides 66, 84, 125, 176, 177, 197, 204, 256
Océanos 15, 79, 93, 105, 116, 136, 176, **177**, 247
Odyssée 29, 86, **177-186**
Œdipe 12, 45, 68, 74, 83, 96, 154, 155, **186-188**, 233, 240, 246
Olympe (mont) 46, 49, 53, 61, 65, 73, 92, 113, 125, 127, 144, 147, 169, 176, 182, 207, 219, 243, 248, 251, 255
Olympie 200, 258
Olympiques (jeux) 140, 258
Oreste 36, 68, 70, 71, 104, 107, 151, 163, 172, **189-190**, 200
Orion 61, 106, **190-191**
Orphée 13, 49, 55, 101, 119, 158, 164, **191-193**, 232
Ouranos 17, 47, 66, 84, 86, 106, 108, 112, 113, 175, 177, 205, 222, 247, **252**
Ovide 12, 20, 51, 54, 70, 76, 86, 90, 91, 93, 109, 116, 162, 174, 192, 201, 204, 205, 220, 228, 232

P
Palamède 178, 235
Pan 53, 91, 110, 145, 164, 175, **194**, 206, 217, 228, 230
Pandore 94, **195**, 213, 214
Pâris 24, 28, 36, 48, 51, 77, 107, 121, 123, 124, 129, 142, 156, 162, 163, 178, **196-197**, 211, 244
Pasiphaé 49, 88, 125, 135, 166, 167, **197**, 210
Patrocle 19, 27, 29, 37, 38, 42, 121, 169, 173, 180, **198**, 245, 253
Pégase 72, 73, 81, 116, 201, 209
Pélée 24, 43, 48, 55, 74, 81, 107, 140, 172, 176, 196, 198, 208, 214, 243, 253
Pélops 70, 71, 154, 190, **199**, 208, 233, 234, 255
Pénélope 19, 178, 183-185, **200**, 235, 246
Penthésilée 28, 42
Penthée 74, 99, 158, 246
Persée 16, 40, 45, 68, 70, 72, 89, 116, 117, **200-203**, 209
Perséphone 30, 39, 92, 93, 94, 99, 119, 121, 125, 139, 192, **203**, 218, 232, 234, 242, 257
Phaéton 20, 105, 125, **204**
Phèdre 241
Phidias 67, 258
Philoctète 97, 124, 142, 178, 197
Phoebé 103, 120, 156, 157, **205**, 247
Pholos 79, 82, 133, 134
Pirithoos 78, 119, 241
Platon 193
Pléiades 174, 190, 191
Pollux 55, 56, 102, 123, 156, 171, 205
Polybos 186, 188
Polynice 45, 83, 96, 187, 188, 241, 246
Polyphème 87, 181, **206**, 209, 210
Polyxène 26, 29, **206**, 211
Pontos 112
Poséidon 15, 24, 26, 39, 45, 47, 54, 67, 78, 84, 85, 86, 92, 112, 115, 116, 118, 135, 136, 155, 165, 166, 167, 176, 183, 197, 201, 206, **207-210**, 222, 224, 236, 242, 243, 248, 256
Priam 27, 33, 43, 48, 52, 77, 96, 113, 122, 124, 140, 145, 178, 196, 206, **211-212**
Priape 48, 145
Procruste 238
Prométhée 82, 94, 134, 138, 195, **213**, 243, 247, 256
Protée 163, 164, 208, 244
Psyché 49, 109, 119, **214-219**, 255
Pygmalion 95, **219**
Pyrame **220**
Pyrrha 94
Pythie 31, 51, 113, 139
Python 50, 51, 113, 157

R
Rémus 54, 62, 222-225
Rhadamante 40, 41, 74, 109, 118, 165, 167, **221**, 226
Rhéa 16, 41, 81, 84, 92, 112, 117, 127, 147, 207, **222**, 226, 247, 255
Rome 33, 48, 53, 54, 62, 137, 147, 153, 156, 222-225
Romulus 35, 54, 62, **222-225**

S
Salmacis 143, **225**
Sarpédon 74, 109, 136, 165, 169, 198, **226**, 236
Saturne 85, 110, **226**
Satyres 98, 165, **227**, 231
Scylla 83, 166, 182, **228**, 232
Séléné 61, 105, 114, 194, **229**
Sémélé 29, 74, 97, 98, 99, 127, 149, **229-230**, 257
Silène 98, 164, **231**
Sirènes 93, 182, 191, **231**
Sisyphe 72, 119, 178, **232**, 234, 236, 255
Sophocle 19, 38, 45, 46, 104, 142, 186, 188
Sparte 36, 54, 102, 123, 148, 156, 162, 178, 184, 196, 235
Sphinx 83, 117, 154, 155, 186, 187, **233**, 251
Stentor **233**
Stymphale (Oiseaux du lac) 135

Styx 24, 80, 118, 139, 171, 173, 192, 205, 218, 229, 233, 244

T
Talos 109, 161
Tantale 119, 174, 199, **234**, 255
Tartare 16, 51, 61, 84, 86, 90, 112, 114, 119, 128, 152, 157, 182, 192, 221, 226, 232, 234, 248, 250, 255
Télamon 38, 136, 140, 179
Télémaque 124, 163, 164, 173, 178, 179, 183, 184, 185, 200, **235**
Téthys 176, 177, 247
Thanatos 136, 149, 232, **236**
Thèbes 29, 40, 45, 74, 83, 96, 99, 110, 130, 131, 154, 155, 174, 186, 233, 240, 246
Thémis 168, 247, 257
Thésée 17, 31, 32, 42, 45, 55, 58, 59, 78, 84, 88, 100, 103, 119, 123, 135, 136, 139, 161, 167, 188, 201, 209, **236-242**
Thétis 24, 27, 28, 48, 55, 74, 82, 94, 107, 122, 126, 172, 176, 196, 199, 208, 214, **243-245**, 258
Thisbé **220**
Tirésias 40, 46, 75, 83, 119, 128, 170, 181, 182, 187, **245-246**
Titans 16, 69, 73, 84, 86, 99, 105, 114, 119, 120, 124, 138, 147, 157, 169, 173, 176, 177, 190, 195, 205, 213, 222, 229, 234, 243, **247**, 251, 254, 255, 256
Tityos 51, 61, 119, 157, 234
Toison d'or 54, 55, 57, 58, 134, 149, 153, 159, 160, 191, 240, 248
Triton 209, **248-250**
Troïlos 26, 211
Troie 24, 26, 33, 36, 43, 48, 51, 68, 75, 77, 86, 95, 96, 113, 121, 136, 140, 151, 155, 163, 173, 177, 178, 190, 196, 206, 210, 211, 222, 232, 233, 244
Turnus 34, 35, 89
Typhon 72, 79, 80, 112, 233, 237, **250-252**

U
Ulysse 18, 19, 25, 28, 29, 36, 37, 38, 68, 83, 86, 87, 96, 97, 119, 124, 142, 145, 162, 163, 164, 172, 173, 176, **177-186**, 196, 200, 204, 206, 210, 228, 232, 235, 245, 246

V
Virgile 12, 33, 86, 89, 91, 96, 109, 155, 186, 221, 242
Vertumne **253**

X
Xanthos et Balios 26, 208, **254**

Z
Zéphyr 73, 110, 148, 175, 215-216, **254**
Zeus 12, 14, 15, 17, 24, 27, 30, 33, 34, 39, 40, 41, 43, 46, 47, 48, 49, 53, 55, 56, 58, 61, 62, 63, 66, 69, 70, 73, 74, 76, 78, 79, 82, 83, 84, 85, 86, 88, 89, 90, 92, 93, 94, 97, 99, 102, 103, 109, 110, 111, 112, 113, 114, 115, 118, 120, 123, 125, 126, 127, 129, 130, 131, 137, 138, 140, 141, 144, 145, 147, 149, 150, 151, 152, 156, 157, 165, 167, 168, 169, 171, 174, 175, 183, 185, 194, 195, 196, 198, 200, 201, 203, 205, 207, 208, 209, 210, 213, 214, 218, 219, 221, 222, 224, 226, 229, 230, 232, 234, 243, 245, 247, 248, 251, 252, 254, **255-258**

Remerciements

L'auteur et les éditeurs souhaitent remercier les personnes, organismes et institutions suivantes :

Allard Pierson Museum, Amsterdam, Artis Planetarium, Amsterdam, Fokke Van Balen, Maarten Van Balen, B. te Boekhorst, Museum Boijmans Van Beuningen, Rotterdam, Michiel Bootsman, Dick Coert, Kitty Coert, Dordrechts Museum, Dordrecht, Renate Hagenouw, Peter Homan, Frans de Jong, Geralda Jurriaans-Helle, H. Knol, Janneke Maas, Phœbe Maas, Surhuisterveen Coins and Medals, Christine Waslander, Mieke Zilverberg.

Pièce d'or (1/2 statère) de Cyzicos, IIe siècle av. J.-C.

Crédits Photographiques

S'il s'avère que nous avons oublié de citer un nom, en dépit des efforts déployés pour retrouver les détenteurs des droits de reproduction, nous nous en excusons d'avance et nous engageons à apporter les rectifications qui nous auront été communiquées à l'occasion des éditions suivantes.

Abréviations :
h haut ; **c** centre ; **b** bas ; **g** gauche ; **d** droite

Allard Pierson Museum, Amsterdam :
pages 8 gh, 9 db, 9 dc, 14 h, 15 h, 19, 20, 26 b, 27 b, 28 b, 30 gh, 38 gh, 40 h, 41 b, 42 b, 42 h, 43 b, 45, 46 b, 47 h, 48 gh, 50 gb, 50 dh, 51, 52 gb, 52 db, 53 db, 56 gb, 56 db, 56 h, 57 db, 57 h, 60 gb, 60 db, 61 b, 64 h, 65 b, 65 h, 67 b, 67 dh, 69 h, 70 b, 71, 72 gh, 72 dh, 74, 77 gh, 78 db, 78 h, 79, 80 gh, 82 h, 83, 85 dh, 86 dh, 89, 91 b, 92 dh, 93, 96 dh, 98 gb, 98 c, 100 h, 101 db, 103 h, 105 gh, 106 gh, 107 h, 108 b, 108 dh, 109 h, 110 gb, 111 h, 116 h, 117 b, 118 b, 118 gh, 119 b, 123 db, 124, 131 gh, 132 dh, 133 h, 134 gb, 134 h, 135 db, 135 c, 136 b, 137 db, 140 h, 141, 144 gb, 145 b, 145 dh, 146 gb, 146 h, 147 db, 148 db, 149 b, 150 b, 154, 155 dh, 157 db, 158 gb, 158 db, 158 gh, 158 dh, 160 db, 162 dh, 164 dh, 165 gb, 169, 170 dh, 171 dh, 172 gb, 173 b, 173 h, 174 c, 175 c, 176 gh, 179 db, 180 gh, 181 db, 182 db, 184, 187 dh, 190, 193 h, 194 b, 194 gh, 198 b, 198 h, 200, 202 h, 204 dh, 206 gb, 207 dh, 209 b, 210 gb, 213 h, 215 dh, 217 gb, 217 db, 218, 219 gh, 219 dh, 227 dh, 228 gb, 228 db, 229 gb, 230 gh, 231 dh, 233 h, 239 h, 240 db, 241 h, 242 gh, 243 dh, 248, 253 gh, 254 gb, 254 dh, 255, 256 gb, 257.

Artis Planetarium, Amsterdam :
pages 8 dh, 44 gh, 44 dh, 57 gb, 60 h, 64 db, 69 db, 73 b, 75 h, 81 dh, 104 gh, 110 db, 114 h, 133 b, 191 b, 204 gh.

Artmaster/Cinemaster (C. T. Waslander/ P. J. Homan), Bergen :
pages 9 gb, 13 h, 16 db, 16 h, 17 b, 17 h, 27 h, 28 h, 31 b, 33, 37 b, 38 dh, 39 b, 43 h, 47 b, 48 dh, 49 gb, 50 c, 52 c, 54 gh, 54 dh, 66 b, 75 b, 85 gh, 91 gh, 92 gh, 98 h, 99 b, 99 gh, 100 b, 101 gb, 102 db, 102 h, 113 b, 115 db, 115 h, 117 gh, 118 dh, 119 h, 129 b, 131 dh, 136 h, 137 gb, 138 db, 139, 140 b, 142 gh, 143 gb, 143 db, 143 h, 151 h, 153 dh, 160 gb, 163 dh, 177 dh, 178, 180 dh, 187 gh, 189 dh, 194 dh, 196 gh, 203 gh, 208 db, 208 dh, 210 db, 212 gb, 212 db, 220 dh, 230 b, 230 dh, 231 gh, 235, 236, 238, 241 b, 259.

Fokke Van Balen :
pages 36, 70 h, 237 h.

Boymans Van Beuningen Museum, Rotterdam :
pages 7, 13 b, 15 b, 25, 26 h, 29, 30 dh, 34 h, 35 gb, 37 h, 53 h, 62 gb, 62 db, 63 c, 68, 76 b, 77 dh, 81 gh, 88 c, 97 b, 98 db, 102 gb, 109 gb, 112 gb, 121 h, 122, 123 gb, 125 db, 126 db, 128 h, 130 b, 132 b, 145 gh, 152 gb, 156 gh, 157 gb, 161, 168 b, 171 gh, 174 dh, 179 gb, 192 b, 192 h, 197 gh, 202 b, 203 dh, 211 b, 214 gh, 221, 225 h, 226 gh, 240 gb, 243 gh, 244, 252.

Kitty Coert :
pages 12, 34 b, 84 gh, 87 b, 87 gh, 91 dh, 101 h, 113 h, 115 gb, 126 h, 129 h, 130 dh, 181 gh, 186, 188.

Dordrechts Museum, Dordrecht :
pages 8 b, 67 gh, 107 c, 128 b, 150 dh, 196 dh.

Renate Hagenouw:
pages 9 h, 58 h, 59 h, 87 dh, 88 h, 110 h, 165 h, 166 b, 166 gh, 166 dh, 168 h, 195 dh, 239 b, 256 db.

Guus Houtzager:
pages 10 gb, 11 b, 11 h, 16 gb, 18, 32 h, 35 db, 35 h, 40 b, 55 gh, 55 dh, 63 b, 63 h, 64 gb, 84 dh, 95 gh, 95 dh, 103 db, 104 b, 127 h, 138 gb, 146 db, 148 gb, 148 h, 151 b, 152 gh, 163 gh, 170 gh, 175 gb, 175 db, 177 c, 182 gb, 183 h, 193 b, 199 h, 207 gh, 209 h, 211 gh, 216, 223 b, 223 0, 224 b, 224 0, 225 b, 227 gh, 246, 247 h, 249 b, 249 h, 251, 261.

Mieke Zilvedberg, art dealer:
pages 99 dh, 116 db, 120, 162 gh, 185, 231 c.

Coins and Medals, Surhuisterveen:
pages 10 db, 39 h, 66 dh, 80 c, 94 gb, 94 db, 105 dh, 114 gb, 132 gh, 135 gb, 142 dh, 152 dh, 159 b, 174 gh, 183 b, 214 dh, 233 b, 250 db, 250 dh, 267.